U0511501

# 国家社科基金后期资助项目
## 出版说明

  后期资助项目是国家社科基金设立的一类重要项目，旨在鼓励广大社科研究者潜心治学，支持基础研究多出优秀成果。它是经过严格评审，从接近完成的科研成果中遴选立项的。为扩大后期资助项目的影响，更好地推动学术发展，促进成果转化，全国哲学社会科学规划办公室按照"统一设计、统一标识、统一版式、形成系列"的总体要求，组织出版国家社科基金后期资助项目成果。

全国哲学社会科学规划办公室

# 中国古龠考论

Research on Chinese Ancient Yue

刘正国 著

上海三联书店

龠者,五声之主宰,八音之领袖,十二律吕之本源,度量权衡之所由出者也。

——[明]朱载堉《律吕精义》

# "中华国乐·经典文献库"总序

方立平[①]

《中国古龠考论》被编入"中华国乐·经典文献库"是带有特别涵义的。

"中华国乐",即中国民族音乐文化之国粹。其涵化着"民族音乐"、"传统音乐"、"民间音乐"及包括器乐、史学、理论、音乐考古等共通的"乐本体"意义指代;又融合着"文明中华"和"家国天下"的深厚的文化意象。

能同时将悠远的"文明中华"和雄达的"家国天下"意象透射于一个概念里,这在纯音乐文化内是不多见的。这也正是我长期来筹编这套以"中华国乐"为"品牌符号"的"经典文献库"时,很期待能告诉读者的。

中华文明源远流长,经对黄帝炎帝(包括蚩尤)及尧舜禹、夏商周的研究,学界公认有五千年历史。但如从音乐考古的视角解读:从贾湖"古龠"出土,已测得历时越八九千年。这贾湖的出土物,黄翔鹏先生等称"骨笛",刘正国先生考论为"龠"(如还有争论,笔者以为暂且以"骨龠,俗称'骨笛'"概念复合称之)。该"古龠"经测音后,已知其音律文化很先进,在人类文明史上有里程碑意义,因此是有理由将中华文明史的年份往更远处推数的。一直以来,在与古陶器、青铜器等比肩同行的中华最具代表性的考古音乐器物给世人展示着奇观,如先秦时期的"双音编钟",成型的"曾侯乙墓钟鼓乐队",诞生时,其超前性、完备性在这个星球上均属绝无仅有。这些灿烂的中华音乐古文明,伴随着中华古陶文明、中华古青铜器文明,一起带动了先秦时期的礼仪文明(礼乐制度)、文学与绘画艺术(如许多古乐器,包括龠,都成了诗经中的"主角";而出土的一些绘画艺术作品中也都出现了不少古代音乐生活场景)。世界上曾产生过四大古文明:中国、古印度、古埃及和古巴比伦(这一说法,最早是由梁启超先生于1900年的《20世纪太平洋歌》中首次使用。梁启超的说法来源于当时世界学术界公认的"四大文明发源地"定义)。而目前国际学术界公认的文明古发源地有五个:古巴比伦、古埃及、古印度、古代中国、古希腊(见美国威廉·麦克高希的《世界文明史》)。但无论是"四大"还是"五大"古文明说里,至今硕果仅存的仅吾中华文明。故以"中华国乐"概念编这么一套"经典文献库",将悠远的八九千年中华音乐古文明的"音乐意象"传递开去,是有兴奋感的。

---

① 方立平:文化学者,编审,"中华国乐·经典文献库"主编。《中国古龠考论》是"中华国乐·经典文献库"的一个学术项目,经举荐被列入"国家社科基金后期资助项目"。

"中华国乐"中"家国天下"的意象极佳。"家国天下"是古代贤哲们常有的一种治国胸怀，我很希望现代人如吾等之辈及年轻的子孙辈也都能日日胸怀之。《大学》、《中庸》、"四书五经"，其实都不只是"古文献"，而是依然有着实实在在的能实现现代中华抱负的"修身、齐家、治国、平天下"之强国、治国的家国理念。中国人只有不忘"家国天下"，才能去实现几代人一直在浴血奋战、苦苦求索的"强国梦"。对了，"强国梦"！这"中华国乐"中的"家国天下"意象，让我们产生很多联想，其中之一就是"强国梦"。"强国梦"不仅仅要"强"经济、"强"军事，同时也要"强"文化，现在似乎已有人提出要建"文化强国"了。这中间，中华一国之"乐"自然也就要"强一强"的。文化是最能从一个特有的层面展示出一国的软实力或者是巧实力的。在这一点上，"中华国乐"是能借八九千年音乐古文化之优势为"强国梦"好好地"造势"，并做出一番事业。这"家国天下"的意象和"强国梦"，又让我时时想起海外华人文化圈至今还保留着的"华乐"、"(中华)国乐"称谓，这正是他们对"中华文明"与"故国家园(家国天下)"根深蒂固、永难磨灭的"恋情"。我一直关注与研究"文化的互动与共建"现象，"华乐"、"(中华)国乐"概念能一直在海外流行至今，这就让"中华国乐"在海外华人文化圈进行"互动与共建"形成极为有益的文化共鸣"语境"。我因此也经常想：在当今"全球一体化"及"国际化"大背景下，能以"中华国乐"的姿态向海外传播，或在与世界音乐的比对中去彰显中华文明的"悠远华彩"，那一定是很有利于"文化强国"建设的。

　　正因为有了上述"文明中华"与"家国天下"的意象，我感到编一套以"中华国乐"为标志的中国音乐文化国粹之"经典文献库"，就一定是要突出一个"大"字的。要是"家国天下"的"大"，要是"博大精深"的"大"，要是"大中华"、"大国乐"的"大"。因此就要编入如《中国云南少数民族音乐考源》这样在中国博大的土地上能说清楚云南地区 25 个少数民族的古往今来的文化渊源和编入如《中国古龠考论》这样能探究中华八九千年前的"史前乐器"和先进音律的好课题。"大"，就不能有任何框框，无需有任何束缚，不能老是循着某种狭隘的习惯思维，谈到"国乐"就只想到某种乐器的演奏；或者一提"经典"就只有几个现成的传统的东西，如同有人一提"国学"就只是列数"易经"、"老子"、"论语"、"弟子规"、"三字经"等等。在这一点上，我很认同季羡林老先生提议的要讲"大国学"。"大国乐"肯定是与季老先生的"大国学"一样，要打破原有的狭隘思维模式来考虑问题。

　　"中华国乐·经典文献库"是一项大工程，要编好它就一定要有"大抱负"、"大情怀"、"大视野"方可，要能放眼 960 万平方公里的国土上的每个大大小小的文化带；要能通观古今；不仅需集历代经典文献，又可揽现实研究新成果(有独特见地、有突破性成果，何以不能视为"经典文献"！)。这项文化工程的建设目标只有一个，就是：要让"中华国乐"真正实现几代人梦寐以求的"百年夙愿"——自立于世界民族之林，"与世界音乐并驾齐驱"！

# 目　　录

中国
古龠考论

# 图谱目录

中国
古龠考论

目　录　005

# 引　言

我们常津津乐道:中国是世界上极少数具有独立起源的文明古国,而中华文明则更是东方诸文明中唯一没有断流的古老文明(他如古埃及、古印度及古代美索不达米亚文明,皆因外族的侵入或岁月的尘埋沙掩而断流)。然而,我们也毋庸讳言:在这泱泱数千年的中华文明长河中,有一些关乎我们文明源头的、不该失落的文化却失落了。"龠"——便是这样一个关乎中华音乐文明源头的、不该失落而又失落了的重要原生文化。

古龠文化,原生质朴,其于中华音乐文明中的重要作用及尊崇地位,已如明代大乐律学家朱载堉所言:"龠者,五声之主宰、八音之领袖、十二律吕之本源、度量权衡之所由出者也。"即以今日"文化"一词所涵之"物质"、"精神"乃至"制度"三个层面而论之,古龠亦远非其他任何器乐文化所可比,堪称独一无二。

首先,作为"物质"层面的文化所涵,"龠"是一件广泛应用于远古音乐活动的奏乐之管,是一个实实在在的物质存在。它创制于远古、辉煌于先秦。据史籍所载,至迟在距今五千多年前的神农(伊耆氏)时期就有了以自然植物苇管制成的"苇龠"(《礼记·明堂位》),此所谓"淳古苇籥,创睹人籁之原"(《隋书·律历志》)。黄帝时期,有乐官伶伦奉命截竹作为"黄钟之龠"——即一种中空无孔的定律之标准音管,是为"律吕之本";后乃依之调音律、铸乐钟,铭之谓"龢钟"("龢"者,调也,即以"龠"相调)。上古三代:夏禹时期,有智者皋陶首倡古龠,且舞且吹,是为"夏籥九成"(《吕氏春秋》);两周时期,穆王西游,随行"大奏广乐"之宫廷乐队便见有古"籥"之器(《穆天子传》);宫廷中的雅乐之教,更有专职的"籥师"掌教国子"舞羽吹籥"(《周礼》)。作为一种"物质"的存在,先秦古龠之器,诚可谓"八音"之领袖、"律吕"之本源。

复次,作为"精神"层面的文化所涵,"龠"之器,实与"伦理"教化相通。汉许慎《说文》释龠云:"从品龠,龠理也。"而《乐记》则曰:"乐者,通伦理也。"是乃"龠"与"乐"音同义也通,实皆与伦理道德相关联;二字同见于商代甲骨之文,并皆作祭名或地名。先秦"六乐",皆为祭典仪式之乐,故其传习不在于"铿锵鼓舞",而在于所涵"伦理"之义。即如王光祈《中国音乐史》所云:"吾国之'舞'与西洋近代乐舞根本不同之点,即西洋为'美术的舞',中国为'伦理的舞'。……明末朱载堉《乐律全书》中所载各种舞图:手如何举,则表示'忠';足如何动,则表示'孝'之类……"先秦"乐舞",故亦谓之"籥舞","左手执籥、右手秉翟"(《诗经》),其所表彰的正是一种伦理道德之舞。作为先秦雅乐之重器,

"籥"被阐扬为华夏礼乐文明的一种标帜。这种包含"伦理"的文明标帜之"舞籥",历千百年而未变,至今仍在海内外的孔庙祭祀乐舞中传习。其器虽已不能吹之成声,而其持式的"俯、仰、缀、兆"所涵忠孝"伦理"教化之义却未曾泯灭,世代相传。

再次,作为"制度"层面的文化所涵,"籥"不仅是声律之原,它还是古代度、量、衡三者法制制度之根本,此为古籥文化所独有。稽考远古,大约自黄帝时代始便有了统一的度量衡,其长短、容积及所容黍粒的分量等,实皆本于"黄钟之籥"。所谓"度"者,尺度也——即用"黄钟之籥"的管长为标准,以一黍粒的纵长为一分,九分为一寸,九寸(八十一分)为一尺。此谓之古籥(律)尺,又名纵黍尺。所谓"量"者,容量也——古有五量:籥、合、升、斗、斛,亦起于"黄钟之籥";一籥容一千二百黍,两籥为合,十合为升,十升为斗,十斗为斛。所谓"衡"者,权衡也——古有五权:铢、两、斤、钧、石,同样也是以"籥"为计量;一籥容一千二百黍,重十二铢,两籥的容黍称重之为两,十六两为斤,三十斤为钧,四钧为石。此度、量、衡三者法制制度,为各朝起代立国之根本,亦为"万事之根本"!而这根本所赖的标准器便是"籥",故历朝历代之始都要考定"黄钟之籥"的律高,也即"黄钟"音高的律管(籥)长度,依此来统一国家的度量衡,社会赖此而运转。此即《尚书》所谓"协时、月、正、日,同律、度、量、衡"。

由上可见,无论是作为一种演奏乐管的"物质"存在、还是作为礼乐文明标帜的"精神"所涵、抑或是作为度量衡标准器的"制度"所本,先秦之"籥"文化,乃是如此的尊崇、如此的独一无二!故文献上索之:"苇籥"、"夏籥"、"幽籥"、"羽籥"、"管籥"以及"籥人"、"籥师"、"籥章"等斑斑载述,遍见于先秦诸籍;而此时,尚还不见"笛"字的一丝踪影。

然而,自春秋、战国以降,随着宫廷雅乐的沦丧,古籥文化便渐趋式微。大抵至秦汉之时,一种由古籥破口(即于管端开"豁口")变革而来的竖吹乐管之"笛"(篴)勃然风行,且后来者居上。从此则"笛"名兴而"籥"名衰,古"籥"的吹法也随之渐于宫中失传;雅乐之"籥"只舞不吹,仅是一根徒有"籥"名的棍状舞具而已。而自汉魏以来,历代文献皆以"笛"来类说"籥"——即"籥如笛"、"籥似笛"或"籥谓之笛"等。其语焉不明、吹法失载,"籥"的确凿真实形制则一直千古难解。及至近现代,更由于古文字学家对"籥"、"龠"等字的象形误释,致使音乐学界出现了将本为单管如笛的"籥"定论成状若排箫的"编管乐器"之重大误说,至此,悠久古远的"籥"文化便失落得一干二净。今人若问:古籥者何?求知于当代的辞书、史著,得到的却是一个与千百年来历史载说完全相悖的错误定说——即编管乐器"排箫"或"笙"的前身和雏形;更有甚者,"籥"被直接误说成是远古"箫"(排箫)的别名。

有道是:大道不泯,真器难灭!至上个世纪的 80 年代间,一种形状像笛却没有吹孔的、距今八九千年的骨质"斜吹"乐管,成批地(30 多支)于当代考古发掘的舞阳贾湖新石器遗址中现身,引起了举世的瞩目和震惊!同时,也引发了人们对一惯漠视的民间一息尚存之"斜吹"乐管的关注和比类考察,从而为当代破解史载"籥如笛"的千古之谜提供了坚确的实器之证;古籥"如笛"、"似笛"的单管真象,遂有幸逐渐大白于天下。

事实上,自汉魏以降,古"籥"之器虽于宫廷雅乐中"名存实亡",却于民族民间音乐中"名亡实存","龠"失正可求诸野:现今仍流行于中原地区的道教乐管"竹筹"（筊），其实就是古"南籥"在民间的孑遗；新疆天山一带塔吉克族世代相传的骨质乐管"奈依"（鹰骨笛），正是古代被称之为"籁"的"三孔龠"之活化石；而以天然苇类草秆制成的蒙古族"绰尔"（楚吾尔）、哈萨克族"斯布斯额"等原生态乐管实皆为远古"苇籥"之遗制。这些形制上"如笛"、"似笛"、甚至被误称为"笛"的古朴乐管，虽不见于大雅之堂，却一直生生不息地繁衍在民间。其名虽各异，其器却都保持着一个共同的结构特征，即:不开吹孔，而以自然的管端作吹口，演奏持式上大都为"斜吹"。这种简单质朴的原生形态乐管，历千秋万世而未变。在中国吹管乐器家族中，它是一个明显区别于笛、箫类乐管的群体，属于一种截然独立的吹奏体系；其器名于字源或语源上考之，也都正与记载极为古远的"龠"名相涉。而当代考古学的确凿资料（贾湖"骨龠"）已证，这种质朴的"斜吹"乐管至少已有八九千年的历史可考。它其实就是后世横吹之"笛"、竖吹之"箫"、乃至于直吹之"管子""唢呐"等众多乐管的先祖，也正是中国吹管乐器的真正源头之所在。

《礼记》曰:物有本末，事有始终，知所先后，则近道矣。本书的考论，集图文史料、考古文物和民间遗存等多重之证据，相互释论，探始明先、寻源逐本，旨在疏通一贯九千年文明的华夏管乐之道。书首之"序论"，对"龠"的古老渊源与载说、当代辞书史著对"龠"的错误定说以及学界学者对"龠"的考证诸家异说，进行了详细的综合论叙；并通过大量确凿可凭的文字、图像及民间孑遗实器等综合资料的征引与辨析，论证了"龠"就是一种单管如笛的、不开吹孔而由管口"斜吹"的乐管。末附"先秦古龠流变图示"，展华夏九千年的音乐文明藉"龠"器可以一以贯之。

书的主体考论，乃将当今所存所见的五种"龠"类乐管:贾湖"骨龠"、中原"竹筹"（南籥）、塔族"乃依"（三孔龠）、蒙族"绰尔"（苇籥）以及当代创制的刘氏"九孔龠"等，分置五大章。各章的考述，以丰富的图、谱相辅衬，对各"龠"类乐管的名属、形制、渊源、流变及其演奏、音律、乐人、乐曲和传承等，分别作了详实而系统的论述与考辨。所论广涉音乐考古学、目录文献学、文字训诂学、乐器学、图像学、民族学及文化人类学等诸科领域。这其中，包括对贾湖出土"骨龠"的正名、炊火管"鬻"（无孔龠）与音律缘起之关联；中原"Chou"器之名所涉"筹"、"楚"、"筊"三字的音义发覆；塔族"乃依"为"三孔龠"之活化石、"籁"字本义与庄子的"三籁"（天籁、地籁、人籁）之辨、中国"乃依"乐管的西传推说、"唢呐"（苏尔奈）器名语源之新解；蒙族"冒顿·绰尔"的析辨、"绰尔"渊源与远古"苇籥"的考探……等多所阐说，皆发前人所未发，是为先此未有的原创之论。

本书所持:学术者，天下之公器也。故考论不为尊者讳、不为贤者讳、也不为师者讳；乃秉笔而直书，执理而阐论，只为学术之辨彰、真理之发扬！此所以尽学人之天职也。或有以微词罪我者，吾心自坦荡。惟古龠之论，纷繁复杂，所涉上下几千载、纵横无数家，囿一我之识见，当有不逮或舛误，愿同道中人不以蚁缺废淳钩，而有以谅我者、有以教我者。诚此，谨期于诸家大方。

乙未岁冬月　　正国识于沪上"国风堂"

# 序论 中国古龠综说

中国的民族民间乐管,源远流长,缤纷各异。即以其外观的形制而言,约可以分之为二:一为"单管"、一为"编管"。所谓"单管"者,独管数孔,一管吹多音,此笛、篪、尺八和洞箫是也;所谓"编管"者,多管无孔,一管吹一音,此笙、竽、排箫属之。若以其发声原理别之,则又可以二而分之为:"边棱"、"簧哨"两大类。属"边棱类"者,如笛、箫、篪等气鸣诸器;属"簧哨类"者,则有笙、竽、管子、唢呐等簧鸣诸管。如上两种之分类,皆各有所重,却并不能体现出管乐器的"吹奏"之特征。本人独以中国管乐器的吹法持势而论,将其概之为四,即"横、直、竖、斜"四大吹法:① "横吹"者,气鸣的笛、篪一类乐器是也;"直吹"者,簧(哨)鸣的唢呐、管子诸器属之;"竖吹"者,则为洞箫、尺八诸管。此三种持势吹法皆寻常习见,为大众所熟知。而独有"斜吹"一法,几乎不被人识,更不知何器属之。其实,"斜吹"之器,就是先秦典籍中记载极为久远的、并被汉以后世描述为"如笛"、"若笛"状的、至今仍生生不息地存活在中国民间的古老"龠"类乐管。此类乐管,浑然天成、别为一格,渊源极其古远,是一个关乎中国管乐源头和音律音阶的缘起,乃至于贯通华夏九千年音乐文明的、但却又失落久远至今仍不被人识的重要原生文化。

## 一、"龠"的古老渊源与载说

"龠"类乐管,质朴"斜吹",管体不需另设吹孔,只于自然管口的一端作吹口,管身斜持,管端与口风形成一个约 45° 的斜角,破气成声,即可鸣奏出奇妙的乐音。此法天然去雕琢,具有厚重的原始感,是为后起"竖吹"、"直吹"及"横吹"诸种吹法之根本。溯其源,它极可能滥觞于人类早期的重要生活炊具——"炊火管"。此不仅于民间的炊火之法乃为"斜吹"可以察之,即于字源学上"龠"之本义亦可究之。老子《道德经》曰:"天地之间,其犹橐籥乎。"其"橐籥"之"籥"即为通风吹火之管,宋人范应元《老子道德真经古本集经》云:"囊几曰'橐',竹管曰'籥'。冶炼之处,用籥以接囊橐之风气,吹炉中之火。"号草庐先生的宋元人吴澄也云:"橐籥:冶铸所用,嘘风炽火之器也,为函以周罩于外者,'橐'也;为辖以鼓扇于内者,'籥'也。"(《道德真经注》)。可见,"龠"(籥)的字义本身便可作

---

① 有关"横、竖、直、斜"四大吹法的最初提出,参见拙文《中国龠类乐器述略》,载《人民音乐》2001 年第 10 期。

"炊火管"解；又汉许慎《说文》收有"龠"字，这一古老的"龠"字，从"炊"从"龠"，许慎释作："龠音律，管埙之乐也。"清人段玉裁注曰："八字一句。音律者，如王者行师，大师吹律合音是也。"所谓大师吹律合音者，见于《周礼·春官·大师》："大师执同律以听军声而诏凶吉。"吹律乃远古之遗制，古之帝王出行、戎征，便有大师吹律听声，以测吉凶。吹律合音为"音律"曰"龠"。"龠"字"从龠，炊声"，乃为形声字。"炊"为声符，却并不独用为声符，实也会其意也。所谓"炊"，烧火做饭是也；古人烧火必吹管助燃，其下所从之"龠"字也正可训作"管"，用为形符。如此，"龠"字的上下构形正可暗合"炊火"助燃之"管"的构意。这便是"龠"字声符取火部烧饭之"炊"，而不取口部鸣吹之"吹"的奥秘之所在。其字形上透露的正是古代大师吹律合音之"音律"发源于"炊火管"的荒远古老之信息，此乃中国古文字的玄妙之所在。许慎去古未远，知"龠"字与"音律"相关之古意，然其所释"管埙之乐"却并未尽得其妙；愚以为，正解当作"龠音律，炊火管龠之乐也"：

音律 炊火管龠之乐也

　　实则，"炊火管"即为无音孔之"龠"，也就是后世开口的律管之滥觞。这种"断两节间"的中空之管，运用"斜吹"之法（也即人类的自然炊火之法），至少可以吹奏出三个不同音高的自然音列（do mi so），此也即上古三代所谓的"吹律"。古龠蕴涵的这种音律的本源之道，也正是启迪人类早期音阶意识觉醒的关键所在。

　　可以遥想：当荒古之世，原始人揖别了"茹毛饮血"的年代，开始变生食为熟食，"炊火管"便伴随着人类用火的文明而出现，而最初的"炊火管"应该就是骨质之管。人们将狩获来的禽兽熟食后，取长长的翅骨或腿骨，敲去两端的关节骨，吸干管中的骨髓，再将管端口磨平，一根中空的"吹火管"便浑然天成了。初民们用它来吹火助燃，日复一日地操弄于唇吻之间。在不知有多少万千年的炊火实践中，人们从管端"斜吹"的吹火筒中忽然发出了音响，"炊火管"管体中实际存在的自然泛音列逐渐被人们发现和认知——原来，"音"是高低有阶和有序的。一根中空的管中，不需开设任何孔，即可以发出：一个音——两个音——三个音,好像还有更多音……。藉此,人类朦胧的"音阶"意识逐渐开始觉醒,[1]这才有了尔后的音乐艺术创造和律调理论的产生,故"炊火管"——无孔之"龠"遂在后世被尊奉为声律及度、量、衡制度之根本。此即如明代大乐律学家朱载堉《律吕精义》所云:

> 龠者,五声之主宰,八音之领袖,十二律吕之本源,度量权衡之所由出者也。[2]

古龠发源于"炊火管",至少在近万年前的新石器时代就已经发展成为一种以鹤禽类尺骨制成的多音孔吹奏乐管——"骨龠"(贾湖出土"骨龠"距今八、九千年,是一种完型的吹奏乐管)。这种骨制之"龠"管,经数千年的传承和衍变,至距今约五千年左右的炎黄时期,便开始出现了制作材料上的重大变革,即变动物的骨管为自然植物的苇、竹之管。据先秦典籍《礼记·明堂位》载:"土鼓、蒉桴、苇籥,伊耆氏之乐也。"伊耆氏为上古原始氏族,约当神农之世(《路史》载:"炎帝神农氏,姓伊耆"),可见,神农时的"伊耆氏之乐"已有了用苇类自然植物材料制成的"苇籥"。至黄帝时期,又有了竹制之"籥"的出现,据《吕氏春秋·古乐》载:

> 昔黄帝命伶伦作为律。伶伦自大夏之西,乃之阮隃之阴,取竹于嶰谿之谷,以生空窍厚钧者,断两节间,其长三寸九分而吹之,以为"黄钟之宫"……"黄钟之宫",律吕之本。

此截竹为之、断两节间的"黄钟之宫",实即后世所称的"黄钟之籥"(见诸《史记·律书》、《汉书·律历志》等);宋蔡元定《律吕新书》载蔡邕铜龠自铭曰:"龠,黄钟之宫,长九寸,空围九分,容秬黍一千二百粒,称重十二铢,两之为一合,三分损益转生十一律。"是乃度、量、权衡皆起于"黄钟之龠","黄钟之龠"不独为律吕之本,实亦为万事之根本也(《宋会要》:"古者,黄钟为万事根本")。[3]后历唐尧、虞舜二世,古龠之制,薪火传递,渐趋昌明。至大禹时期,便有皋陶(通礼、乐、刑、政之智者)作为《夏籥》九成,此《吕氏春秋·古乐》所载:"禹立,勤劳天下,日夜不懈……于是,命皋陶作为《夏籥》九成,以昭其功。"竹制之"籥"遂被首倡为宗教伦理性乐舞的标志性乐器,是边舞边吹的。殷商时期,"龠"字已然成形,乃见于甲骨文,多用作祭名。至西周时期,礼乐咸备,古龠之器更是被阐扬得光焰四射。据先秦众多典籍所载:武王伐殷,祀庙谒祖有"龠人"(《逸周书》);穆王西游,大奏广乐有"籥"器(《穆天子传》);国祭中,击鼓歌诗有"籥章"(《诗经》);宫廷里,掌教国子舞羽吹籥有"籥师"(《周礼》)……正是在这"郁郁乎文哉"的周代昌盛的礼乐中,

---

① 关于这一命题的详论,可参看拙稿《古龠与十二律吕之本源·吹火管与人类音阶意识的觉醒》,"第3届中国律学学术讨论会"宣讲论文,载唐朴林主编《古龠论》(2002年1月版,津内部资料准印证:图第01254号);拙文《贾湖遗址二批出土的骨龠测音采样吹奏报告》之"无孔骨龠:函宫吐角激徵清"一节(载《音乐研究》2006年第3期),"上海市第九届哲学社会科学优秀成果奖"论文"一等奖"。

② [明]朱载堉《律吕精义》(冯文慈点注),人民音乐出版社1998年7月出版,第629页。

③ 明版《新刊性理大全·律吕新书》(木刻本),明嘉靖三十一年叶氏"广勤堂"刻本,"第二十三卷"第六页,"面壁斋藏本"。

古龠遂被进一步隶定为宫廷伦理性乐舞的代表性乐器兼舞具——"左手执籥、右手秉翟"(《诗经·简兮》)是为华夏礼乐文明的重要标帜;后又被历代宫廷雅乐所秉承,谓之为"文舞",足可见古龠之器在先秦时期的灿烂与辉煌。

然自春秋以降,诸侯纷争,雅乐沦丧,作为伦理道德标帜的"龠"遂渐趋式微。至秦汉之世,随着"龠"的换代乐器——"竖吹"的笛类乐管(古"笛"为竖吹)的兴起,古龠的"斜吹"之法也渐于宫廷中失传。至迟自宋元以后,历朝宫廷雅乐及孔庙祭祀乐舞中所持之"籥",皆不能演奏,只是一根徒有"籥"名的棍状舞具而已。此如朱载堉《律吕精义》所云:"近世文舞,虽执籥而籥师不吹,是故籥失其制,亦不能成声矣。"及至今日,作为祭孔乐舞所持的棍状"舞籥"虽还在孔庙中传习,但作为乐器演奏的"吹龠"似乎已完全销声匿迹;在现存的民族民间丰富多彩的吹管乐器中,根本不见有名之为"龠"的乐器。"龠"遂被公认为久已失传,其真实的形制也成了千古不解之谜。

检点先秦旧籍,"龠"的记载虽然十分丰富,但却没有关于"龠"乐管形制的任何描述;及汉儒解经,这才开始出现了"龠如笛"、"龠似笛"或"龠谓之笛"的有关古龠形制的注疏载说。尽管这些注疏载说有些模棱两可、语焉不详,但自汉至清,代代相因,并无大异。兹将各朝学者所说辑录一二,示之如下:

**汉人说:**

"龠,六孔。"　　　　　　　　　　　　　　　　　　　　　(毛亨《毛诗传》)

"龠如笛,三孔。"　　　　　　　　　　　　　　　　　　　(郑玄《周礼注》)

"龠,乐之竹管,三孔,以和众声。"　　　　　　　　　　　(许慎《说文》)

**魏晋人说:**

"龠谓之笛,有七孔。"　　　　　　　　　　　　　　　　　(张揖《广雅》)

"龠如笛,三孔而短小。"　　　　　　　　　　　　　　　　(郭璞《尔雅注》)

**唐人说:**

"籥,长三尺,执之以舞,是舞籥长于笛有半。"　　　　　　(陆德明《释文》)

"《尔雅》释乐曰:大籥谓之产。注:籥如笛,三孔而短小。"

　　　　　　　　　　　　　　　　　　　　　　　　　　　(李善《长笛赋注》)

**宋人说:**

"三窍成籥,三才和寓焉。"　　　　　　　　　　　　　　　(《宋史·乐志》)

"龠如笛而六孔,或三孔。"　　　　　　　　　　　　　　　(朱熹《诗集传》)

**元人说:**

"登歌乐器……籥二,制如笛,三孔。"　　　　　　　　　　(《元史·乐志》)

"许慎以籥为籁,是不知籥如笛而三窍。"　　　　　　　　　(马端临《文献通考》)

**明人说:**

"《毛诗传》曰:龠六孔,其或曰七孔者,连吹孔而言也。"(王圻《续文献通考》)

"笛乃楚音,《左传》所谓'南籥'是也,俗呼为'楚',有以也夫。"

　　　　　　　　　　　　　　　　　　　　　　　　　　　(朱载堉《律吕精义》)

**清人说:**

> "今之箫乃古之龠,名异而体同。" （王渔洋《香祖笔记》）
>
> "今之所谓箫者,古不名箫而名龠。" （毛奇龄《竟山乐录》）

　　综上所辑,历代学者对"龠"的形制约有两说之不同:一说"龠如笛"——即形状像"笛"但又并不是"笛"的吹器;二说"龠谓之笛"——即"龠"就是"笛","龠""笛"名异而体同。此二说虽约略有异,但却有一个共同点,即皆以"笛"器而类说之,可见,"龠"当为单管之器无疑。这其中,虽也有"三孔"、"六孔"和"七孔"之不同,但却与单管乐器的基本形制无碍(单管之器,所开音孔之多寡本无定数,乃在常理之中)。然须明辨的是,所谓"笛"之一名,古今有易,指示不同。今之所谓"笛"者,为"横吹"之器;而古之"笛"则为"竖吹",即今之所谓"箫"(洞箫)者。故上录清人毛奇龄与王渔洋所语"今之所谓箫者,古不名箫而名龠"、"今之箫乃古之龠,名异而体同",实也即"龠谓之笛"说。纵览汉代以来两千多年的载述,"龠谓之笛"说较为后起,盖因"龠"与"笛"形制十分接近,加之年代久远,学者不辨其详所致也。而历代学者大都皆谓"龠如笛"或"龠似笛",足可见,"龠"当是一种形状像"笛"却又并不是"笛"的单管多孔吹器。尽管由于历代文献载说的语焉不明和"龠"名乐器在民间的无传,这"如笛"、"似笛"的"龠"究竟又是怎样一种吹器,我们尚不得进一步而知,但它是一件形状像笛的"单管"乐器则是毫无疑义的。

## 二、"龠"在当代的错误定说

　　由上述可见,"龠如笛"是一个历史的成说,此说自汉至清,两千多年来众口一致,并无大异。然而,降及近现代,有著名古文字学家郭沫若先生根据甲骨文中的"龠"之字形而断之,认为"龠"像编管之形,与"排箫"相类,从而将自汉代以来承袭了两千多年的"龠如笛"的载说一概斥之为"全不可信"。郭氏此说见载于他的早期论著《甲骨文字研究》一书,在该书的《释龢言》①一章中,郭氏以"龢"、"和"为古今字起论,并据《尔雅·释乐》中有"小笙谓之和"一语,认定"和"字的本义就是"笙"。"龢"既与"和"同,那么"龢"字的本义也是"笙",其所从之"龠"正示其为编管乐器,从而进一步推定"龠"字本身就是编管乐器"箫"(即排箫)的象形。兹将郭氏所述的主要观点摘录如下:

> 龠字既像编管,与汉以后人释龠之意亦大有别。后人均以为单独之乐管似笛,然或以为三孔,或以为六孔,或以为七孔,是皆未见古器之实状而悬拟之耳。形之

---

① 郭氏《释龢言》也作《释和言》,在上海大东书局 1931 年首版的《甲骨文字研究》中作《释和言》,尔后在 1950 年代后出版的各种版本中郭氏改"和"为"龢",遂作《释龢言》。其实,"和""龢"异字,《说文》"和"在"口"部,训曰"相应也";而"龢"在"龠"部,训曰"调也"。二字各有其义,同见于先秦故籍,并非"古今字",郭氏为立新说,强而为之合。

序论
中国古龠综说

相悖既如彼，说之参差复如此，故知汉人龠似笛之说全不可信。

……盖由龠可以知龢，由龢也可以返知龠也。

……由上数项之推证，可知龠当为编管之乐器，其形转与汉人所称之箫相类。

作为一种由文字的字形推断而来的一家之言，且又与历史文献的载说完全相悖，郭老先生以上所论，实际上只能算是提出了一种新颖的"假说"。根据学术的惯例及逻辑学的原理，任何"假说"在未得到实际的佐证之前，是不可以用来作定论的，最多仅可聊备一说。然而，遗憾的是，自20世纪50年代开始（即《甲骨文字研究》发表20多年后），郭氏之说在没有得到任何实器证明的情况下，却渐被学术界普遍所接受（不仅是音乐界，也包括文字学界）。在当代所编的各类辞书及音乐史著中，"龠"（或"籥"）几乎被众口一致地定说成是一种状若排箫的"编管"乐器，本是"如笛"、"似笛"的龠却完全成了另外一种乐器——即"排箫"的雏形或别名。请看如下辑录：

（一）《辞海》、《汉语大字典》、《现代汉语词典》中的相关词条：

籥，古管乐器。在甲骨文中"籥"本作"龠"，像编管之形，似为排箫之前身，传说禹时乐舞《大夏》用籥伴奏。 　　　　　——《辞海》（89版）

龠，一种用竹管编成的乐器……。 　　　　　——《汉语大字典》（徐中舒主编）

龠，古代一种乐器，形状像箫。① 　　　　　——《现代汉语词典》（修订版）

（二）《中国大百科全书·音乐舞蹈卷》中的相关词条：

原来是传说中的龠，在甲骨文中已有了它的象形字𝌆和𝌄，可以看出是编管乐器。它的进一步发展便是见于周代的箫（排箫）。

　　　　　——"中国古代音乐"（郭乃安撰）

传说伊耆氏时期（约公元前3000年前）有以多支苇管组成的类似排箫的乐器籥。 　　　　　——"气鸣乐器"（朱起东、关肇元撰）

排箫，古代称籥、龠、箫、凤箫、比竹等，在商代甲骨文中已有籥字。

　　　　　——"排箫"（金建民等撰）

（三）《中国音乐词典》（中国艺术研究院音乐研究所编）中的相关词条：

夏籥——即大夏。……《夏籥》所用乐器以竹、苇制成的编管乐器"籥"为主。

排箫——古代吹奏乐器……近人从甲骨文龠字作𝌆形，认为龠或籥是一种编

---

① 此《现代汉语词典》旧版本作"形状像笛"，从史载的"龠如笛"说，不误；而修订版改作"形状像箫"，即从了郭氏的"编管"龠说，乃谬。因古之"箫"即"排箫"，为"编管"乐器；今之所谓"箫"者，古不名"箫"而名"笛"。《现代汉语词典》在修订中反而改正为误，足可见"编管"龠说，影响殊深。

管乐器,接近排箫原始形制。

## (四) 当代著名音乐史家著述中所见的相关论说:

　　龠籥——伊耆氏时,有一种用苇管编排而成的吹奏乐器,叫做苇籥。
　　龠　卜辞中作𠎁、𠎁,像编管吹奏乐器之形,可能是后来排箫的前身。
——杨荫浏《中国古代音乐史稿》

　　龠为编管乐器,后世误以为笛状六孔或三孔之管。
——沈知白《中国音乐史》

　　关于吹奏乐器……还有就是籥,由芦苇管子编成,称为苇籥,它不可能是伊耆氏的创造,但与大夏同时则是可能的。这个字在甲骨文中写为𠎁或𠎁,照字形推测,可能是编管乐器。
——廖辅叔《中国古代音乐简史》

　　龠的形制,因累经变迁,以致历来说法不一。周以后的文献通常认为是一种单管横吹、有三个指孔的管乐器。但早期的龠,显然并非如此。甲骨文中有龠字作"𠎁"或"𠎁",形似编管,郭沫若《甲骨文字研究·释和言》认为,"龠"就是"籥",乃编管乐器,再参以"苇籥"的说法,可见早期的籥当是一种编排两三支苇管而成的管乐器。
——夏　野《中国古代音乐史简编》

　　如此,本来在历代文献中一直被描绘成是单管"如笛"的"龠",在当代已完全被误说成了一种状若排箫的"编管"乐器;更有甚者,"龠"竟然还变成了"箫"(排箫)的别名。此诸种辞典、各家书著皆言之凿凿,似已成不易之定说。这其中,除夏野先生在《中国古代音乐史简编》中还客观地将历史文献中关于龠为"单管"多孔之器的记载约略提及了一下、沈知白先生在《中国音乐史》中也以正为误地说了一句"后世误以为笛状六孔或三孔之管",其他辞书史著皆独取郭氏的"编管"龠说,而将历史上承袭了两千多年的"龠如笛"的载说遽然废弃,只字不提。更值得注意的是,几乎所有的辞书史著都是以历史典籍中记载的"苇籥"一词来附会"编管"龠说,认为"苇籥"就是"苇管编制而成的籥",好像"苇"字本身就含有"编"的意思,"苇籥"一词似乎已约定俗成地当作了"编管"龠说的文献之证。其实,这完全是一个误解,这一误解可能是由历史上的一句成语叫"韦编三绝"的生发而来。但"韦编三绝"的"韦编",却并不是"苇编"。"韦"是熟牛皮,古时以竹简写书,再将竹简用牛皮带编联起来,称作"韦编",这与一些学者所想象的"苇编"(用苇管编制)的概念是风马牛不相及的。实际上,"苇"即"芦苇",为植物名词,本身并无"编"义。汉毛苌《诗》疏云:"苇之初生曰葭,未秀曰芦,长成曰苇。"所谓"苇籥",其实就是用一根生长成熟的苇管制成的"籥",它与用竹管所制的称"竹籥"、骨管所制的称"骨龠"一样,只是标明其制作材料的属性,并不含有任何"编"的意思。若"以今之所见求取古代之真实"(黄翔鹏语)而论之,在今天所见的新疆少数民族民间吹管乐器中,正是有一种以苇类的自然植物为制作材料的单管多孔的古老吹奏乐器,蒙古族称之为"绰尔"、"潮儿"或

"楚吾尔"，哈萨克族则称之为"斯布斯额"，它其实就是远古"苇籥"的孑遗（详参本书"第四章"）。而迄今为止，在中国的民族乐器中，无论是民间的抑或是出土的，我们似乎还没发现有任何一件吹奏乐器是用"苇管编制"而成的。可见，将"苇籥"一词说成是"用苇管编制而成的籥"来附会郭沫若的"编管"籥说，完全是一种错误的想当然，而决非事实之然。

毋庸讳言，当代学界遽然将传承了两千多年的"籥如笛"的历史成说一笔勾销，而独取并未得到证实的一家之言——郭沫若氏的籥为"编管"说为定论，确是一个令人惊憾的非正常学术现象。当然，这一非正常的学术现象是有其特定的历史成因，自不必说。翻开 50 多年前《人民日报》的旧页，一位著名的历史学家在题为《历史研究必须厚今薄古》的文中就有这样一段话：

> 郭老曾用不多的功夫，研究甲骨文、金文，把这个阵地占领过来，不然的话，资产阶级搞这一部分的学者，不知道要表现多大的骄气。这个经验是值得学习的。①

当是时也，提出"编管"籥说的郭沫若先生属"今人"，而历代典籍的"籥如笛"的载说属"古人"，对郭沫若学术观点的取舍，实际上是涉及"厚今薄古"还是"厚古薄今"的重大学术立场问题；在那个特殊的历史时期，此乃生存攸关之事，几乎无人敢悖。仅就杨荫浏先生的音乐史著来看，他在 40 年代所撰的《中国音乐史纲》中还明确地写道"（周代）管乐器……有一管多孔而竖吹的，如籥"，②根本没有接受郭氏早在 30 年代就已提出的籥为编管"排箫"说，而是尊重了历史典籍的记载；但到了 70 年代，在他重新编写出版的《中国古代音乐史稿》中，"籥"则被改说成了编管乐器"排箫的前身"，完全无条件地接受了郭说，而此时的郭说并没有得到任何的实器之证。仅此，即可窥见当时学术界出现郭说一统的籥为编管"排箫"错误定论之一斑。

然而，不论沧海桑田、河东河西，历史的真实终究是挥抹不去的。随着时间的推移，当代的一些辞书字典在编撰和修订中对旧籍的检点时，开始意识到两千多年来不绝于史的有关"籥如笛"的记载是不可以遽然废弃的，遂将历史载籍中相关的"三孔"、"六孔"籥说客观地予以补说和引征。但遗憾的是，这种补说和引征仍然是在籥为"编管"乐器的错误定论的前提下附加上去的，更是造成了一种新的舛误。请看徐中舒主编的《汉语大字典》"籥"词条所释：

> 籥，一种用竹管编成的乐器，似笛而短小，有三孔、六孔、七孔之别。

又 1999 年修订版的《辞海》释"箫"词条也在原来的籥为"编管"乐器定说的基础上，

---

① 范文澜《历史研究必须厚今薄古》，载《人民日报》1958 年 4 月 28 日版。
② 杨荫浏《中国音乐史纲》，上海万叶书店 1952 年 2 月 10 日初版，第 72 页。

新增加了古代典籍中有关"舞籥"和"吹籥"的三孔、六孔之说,其文曰:

> 籥,中国古管乐器。在甲骨文中"籥"本作"龠",像编管之形,似为排箫之前身。有吹籥、舞籥两种,吹籥短,三孔;舞籥长,六孔,可执之作舞具。《诗邶风简兮》:"左手执籥,右手秉翟。"传说禹时《大夏》用籥伴奏。

如上所列两家大型辞书的释"龠"词条,仅就字面上看,似乎并无什么错讹,但实际上,却都是一种不能成立的自相矛盾的误说。因为,龠既为状若排箫的"编管"乐器,就不可能有什么"三孔"、"六孔"之别;反之,龠既有"三孔"、"六孔"之别,就不可能是"编管"乐器。识乐者皆知,"编管"如排箫一类的乐器是不需要开任何音孔的,它是以一根根长短不同的管子编排而成,一管吹一音,多管吹多音,其声的清浊、高下全在于管体之长短,无关乎音孔。而只有"单管"如笛的吹器这才会开设音孔,一管可以吹多音,其声的清浊、高下乃在于音孔之开闭。实则,"编管"者,无孔;有孔者,"单管"也。一件吹管乐器,既是"编管",就不需要开设音孔;既有"三孔"、"六孔"之别,就不可能为"编管"。二者非此即彼、非彼即此,而不可能亦此亦彼,此乃乐管形转之常理。故此,徐中舒主编的《汉语大字典》和 99 版《辞海》的释"龠"词条虽尊重旧籍,重拾了历史文献中的"龠如笛"说,但却又不能摈弃错误的"编管"龠说,二说并立,自然又成了一种新的不能成立的自相矛盾的误讹之说。而这一误讹之说,为一般学者所不辨,非通管乐之道者莫能察之。

值得注意的是,关于辞书中的释"籥"词条,《辞海》先后曾出现过三个不同的修订版本,这在当代辞书的释"籥"词条中是颇具典型的意义,如下就此作一专述。

《辞海》是一部以字带词,兼有字典、语文词典和百科词典功能的大型综合性辞典。其初版于 1936 年的民国期间,由当时上海的中华书局出版,分甲、乙、丙、丁四种版本,是为"首版"。1949 年建国后,于 1958 年在上海成立专门的辞海编辑出版机构——中华书局辞海编辑所,自此开始了对《辞海》的系统修订工作,1965 年初步完成了对旧版《辞海》的系统改造和重编,由内部出版发行(第二版)。1979 年《辞海》修订本得以公开出版(第三版)。此后,《辞海》每十年都要修订一次,迄今为止已经正式出版了"79 版"(第三版)、"89 版"(第四版)、"99 版"(第五版)和五年前出版的最新"09 版"(第六版)。

古人云:校书如扫尘,随扫随生。是谓书的校勘再精,误讹也在所难免。辞书的修订实亦如此,即如新版《辞海》(09 版)在"前言"所言:《辞海》涉及的学科领域极为广泛,虽经反复修订,不足或错误之处仍属难免。现就《辞海》中的一个"籥"字词条的三番修订而论之,即可管窥《辞海》修订之艰辛及其所反映出的时代印痕和与时俱进的学术记忆。

如前所述,先秦典籍中并没有关于古龠形制的具体描述,及汉儒解经,这才开始出现了"龠如笛"、"龠似笛"或"龠谓之笛"的相关疏说。1936 年民国期间"首版"的《辞海》释"籥"词条即以此为据撰写而成,释如下录:

籥　乐器,本作龠。《尔雅·释乐》:"大籥谓之产,"注:"籥如笛,三孔而短小。"《礼·明堂位》:"苇籥,伊耆氏之乐也。"注:"籥如笛三孔。"《诗·邶风·简兮》:"左手执籥,"传:"籥,六孔。"释文:"籥以竹为之,长三尺,执之以舞。"《广雅·释乐》:"籥谓之笛,有七孔。"综上诸说,籥之形制不一,为用亦异,其为普通吹籥,盖即短于笛而三孔者;其为舞时所执,盖即长于笛而六孔或七孔者。参阅龠字注及象籥、舞勺条。①

这一释条完全尊重了历史典籍的载说,客观地描述出"籥"是一种开有多孔("三孔"、"六孔"或"七孔")形状像笛的单管吹奏乐器。但在建国后五十年代开始重新修订的、至七十年代末这才公开出版的"79版"(第三版)《辞海》中,释"籥"词条却出现了本质性的变化和完全不同的改写,即如前所列:

籥　中国古管乐器。在甲骨文中"籥"本作"龠",像编管之形,似为排箫之前身,传说禹时《大夏》用籥伴奏。②

在这里,"籥"被说成是"编管"乐器——排箫的前身。所谓"编管",即编排许多竹管而成的一种乐器,如排箫(古称一个字"箫")、笙、竽等,它与"单管"的笛类乐器是完全不同的两种形制的吹器。如此,原本在古代载籍中一直被描述为"如笛、似笛"的"单管"之籥,一下子就变成了完全不同的"编管"乐器(排箫)了。"79版"《辞海》的释"籥"词条中,并没有点明"编管"籥说的具体出处,只是说到了甲骨文中的"龠"字像"编管之形"。由此而透露出了这一异说的来由,其实就是如前所述的郭沫若先生对甲骨文字"龠"的"编管"象形考释。《辞海》的初次修订,正当郭说被普遍接受的特殊历史时期,自然不会例外。

关于《辞海》这一释"籥"词条的修订撰写者,据笔者的查考,应与上海音乐学院的著名音乐史家沈知白先生相关。沈先生是一个德高望重的、对中外音乐都有着高深造诣的著名学者,可惜的是,他于十年动乱中被迫害致死了。沈氏在建国后曾参加并主持了《辞海》音乐词目的修订工作,这一点,我们可以从贺绿汀及姜椿芳为沈氏的遗著《中国音乐史纲要》一书所作的"序言"中推知,"贺序"中曰:"(沈)主编了中央音乐学院华东分院(即上海音乐学院)的音乐丛书以及《辞海》的音乐分册";"姜序"中说到了"(沈)后来又被邀请主持《辞海》(未定稿)音乐词目的具体编写工作,全部音乐词目都经他审阅,有些词目还出于他的手笔。"③"79版"《辞海》的释"籥"词目的撰写是否就是出自沈氏的手笔,目前似无确证;但从贺绿汀及姜椿芳的"序言"中所述,再结合沈氏遗著《中国音乐史纲要》中有"龠为编管乐器,后世误以为笛状六孔或三孔之管"的观点来看,这应是极有

中国古籥考论

①　民国版《辞海》"丁种本"(铅印本),中华书局民国二十六年八月首版,"未集"第37页,"面壁斋藏本"。
②　"79版"《辞海》(下)上海辞书出版社1979年9月出版,第4334页。
③　沈知白遗著《中国音乐史纲要》,上海文艺出版社1982年12月出版,第1、7页。

可能的事实。那么,沈氏作为一个"学识渊博、治学严谨"(贺渌汀语)的学者,缘何在《辞海》修订的释"籥"词目中遽然将传承了两千多年的"籥如笛"的历史成说一笔勾销,而独取并未得到证实的一家之言——郭沫若氏的籥为"编管"说为定论呢? 如前所述,当时的五、六十年代,正处于一个大力倡扬"厚今薄古"的特殊历史时期,对郭说的取舍,实际上是涉及到"厚今薄古"还是"厚古薄今"的生存攸关之立场问题。如此,沈氏并不例外地"薄古",摒弃了"古人"记载的"籥如笛"说;而"厚今"地独取"今人"郭沫若氏的"编管"籥说,实亦在情理之中。

如上所析,《辞海》释"籥"词目的第一次修订是有其特定的时代背景和历史成因,而随着时间的推移,《辞海》在十年一度的修订中对旧籍的检点时,开始意识到两千多年来史载"籥如笛"的记载不可废弃,1999 年修订出版的"99 版"《辞海》的"籥"词目中,在原有释文的基础上,增加了古代典籍中有关"舞籥"和"吹籥"的三孔、六孔之说,是为《辞海》释"籥"词条的第二次修订,修订后的释文已见前述所列。很清楚,这一释文对古代单管"籥如笛"说的引征,仍然是在籥为"编管"乐器的定论前提下附加上去的,实际上更是造成了一种自相矛盾的舛误,前述已及,此不赘说。

《辞海》对"籥"词目的第三番修订,见于 2010 年出版的"09 版"《辞海》,是目前的最新版本。此次修订,编写者显然注意到了前版出现的自相矛盾的讹误,重新给予了较大的改写。兹摘录如下:

> 籥　亦作"龠"。边棱音气鸣乐器。"八音"属"竹"。早在周代礼乐中已有乐师掌教吹籥。其形态有三说。一说,为三孔单管。汉代郑玄注《周礼》、《礼记》:"籥如篴,三孔。"二说,为六孔管乐器。《诗·国风·简兮》汉代郑玄笺:"籥,六孔。"三说,为编管吹奏乐器。杨荫浏《中国古代音乐史稿》:"籥,卜辞作 ⼁⼁、⼁⼁⼁,像编管吹奏乐器之形,可能是后来排箫的前身。"籥有大、中、小三种,分别称"产"、"仲"、"箹"。《尔雅·释乐》:"大籥谓之产,其中谓之仲,小者谓之箹。"①

这一释条,似乎不再固守郭说、继续蹈谬踵误了。它重新检点了故籍、尊重了历史的成说,对汉人解经的"三孔"、"六孔"之疏说予以了相应的征引;而将先前奉为圭臬的"编管"排箫说作为一说并列之,这在学术上是一个实事求是的进步。当然,这一释条的撰写仍有一些值得商榷的地方。比如:其所述的"三说"其实应归纳为两大说,即:一为"单管"(如笛)说、一为"编管"(似排箫)说,这是真正两种截然不同的籥说;至于所谓的"三孔"、"六孔"(其实还有"七孔"的载说),只是单管乐器所开的孔数不同而已(即有"三孔籥"、"六孔籥"等),并不触及乐器形制的本质。故此,将同为"单管"笛说的"三孔"、"六孔"作为两大说而与"编管"排箫说并列,应是不妥当的。此外,"编管"排箫说的文献征引,选用杨荫浏先生的《中国古代音乐史纲》似也不当,因为,杨氏并非"编管"籥说的

———————————
①　"09 版"《辞海》(缩印本)上海辞书出版社 2010 年 4 月出版,第 2356 页。

创说者,他只是接受了郭沫若对甲骨文字"龠"的考说,而最早接受郭说的似也并非是杨氏之著,从前述沈知白遗著《中国音乐史纲要》所述"龠为编管乐器,后世误以为笛状六孔或三孔之管"来看,沈著接受郭说当在杨著之前。故此,关于"编管"龠说的文献征引,当以郭著《甲骨文字研究》的第一手资料为首选,其次为"沈著",再次为"杨著"才是。

上述《辞海》释"箫"词条的三番修订,从初次修订的"79 版"错误地独取郭沫若的"编管"龠说;到二次修订的"99 版"以"编管"龠说为主,兼及历史记载"龠如笛"说;再到"09版"以历史记载的"龠如笛"为主,兼及"编管"龠说,足可见辞书编辑的与时俱进之旨及其影印时代的学术记忆。如今,随着当代音乐考古的新发现,有关史载"龠如笛"的真相业已渐趋昌明,而当代辞书史著对"龠"的错误定说也正有待于全面的拨谬返正。

# 三、"龠"的考证诸家异说

"龠"在当代的辞书史著中,虽被众口一致地说成是编管乐器"排箫"的雏形或别名,但此说并没有得到真正的实器之证,其本质仍是一种"悬揣"。故此,有关"龠"乐器形制的探赜与讨论,其实一直都没有停止过。既然,一种乐器的形状是可以通过字形来"悬揣"的,那么,谁不可为呢? 于是,当代文字学界及音乐学界的一些学者也都根据自己的想象,对"龠"乐器作了各种的揣测和悬拟,又产生了不少异说。这些异说,有的是在郭沫若先生"望形生训"的"编管"龠说的基础上,进一步推阐其义,作更加想象的发挥;有的则是对郭氏"编管"龠说的否定和质疑,并试图对"龠如笛"的历史载说进行新的解绎。诸说皆各持己见,莫衷一是。迄今为止,除上述几乎是众口一致的龠为"排箫"说之外,所见的其他异说主要还有:龠为"笙"说、龠为"双管"说、龠为"口笛"说及龠由"编管"变"单管"说等四种。如下,仅就诸家异说作一略陈与评析。

## (一) 龠为"笙"说

此说主要为文字学者所持。最早似见于约斋(傅东华)的《字源》一书,该书编著于20 世纪 50 年代初,1968 年由上海书店影印出版。傅氏在书中对"龠"字的一段释文,应是关于龠为"笙"说所见的最早史料:

龠是古代像笙一类的乐器。‖‖像竹管,∪∪或∪∪∪像管口,○或二像束管的箍,或又加人,那是像口在吹它。

傅氏此说,纯由文字上的"望形生训"而来,他将字形的各部分结构想当然地与某些具体的器物来进行附会,第一个提出了龠是"像笙一类的乐器"的较为模糊之说。稍后所见者,则有徐中舒先生在其主编的《甲骨文字典》中明确地提出了龠为"笙之初形"的说解,其文曰:

《说文》："龠,乐之竹管,三孔以和众声也。"甲骨文作,正像编管之乐器,▽▽▽、○○像管端之孔,此即乐器笙之初形。卜辞用为祭名,盖用乐以祭也,后世增示作禴。①

以上两家的龠为"笙"说与郭沫若的龠为"箫"说约略有异,郭氏的甲骨文字考证是以"龢"字为笙、"龠"字为箫(排箫)的。"笙"与"箫"有所不同也,"笙"为簧鸣乐器、可吹和音;"箫"为气鸣乐器、只奏单音。但两者皆属"编管"之器,故龠为"笙"说的本质仍是"编管"说。如此,说者既从郭氏的"编管"龠说,那么缘何又不取郭氏的"箫"说而提出"笙"说呢? 究其因,可能与许慎《说文》释"籁"相关。许氏《说文》曰:"籁,三孔龠也。大者谓之笙、其中谓之籁、小者谓之箹。"其所言"大者谓之笙"是在释"籁"名下,但由于许氏先以"三孔龠"释"籁",故可能导致了文字学者将"大者谓之笙"误解在了释"龠"的名下。盖"籁"之一名,实为古时吹管乐器之概称,本就有"单管"、"编管"之分。庄子《齐物论》曰:"人籁则比竹是已,地籁则众窍是已"。其所谓"比竹"之人籁,即"编管"无孔如笙、箫(排箫)者;而其所谓"众窍"之地籁,也即"单管"多孔如龠、笛者(详参本书"第三章")。许氏《说文》释"籁"所言"三孔龠",是为单管"众窍"之籁;而其所言"大者谓之笙",则为编管"比竹"之籁,非为释"龠"也。此文字学者概莫能辨,故据此释句将"龠"误为之"笙"说。

顾当代音乐学界,也有持龠为"笙"说者,较早的见于牛龙菲所著《古乐发隐》(甘肃人民出版社 1985 年出版)一书。牛氏也从郭氏"编管"龠说,进而又误以许慎《说文》释"籁"的"大者谓之笙、其中谓之籁、小者谓之箹"之句为释"龠"名下而推阐之曰:

《说文解字》在龠之属下,把"笙"、"籁"、"箹"相提并论,由此可以推知:最初的笙不过是一种无簧无斗的多管编组乐器⋯⋯《尔雅·释乐》说:"大笙谓之巢,小者谓之和。""和",即是"龢"。"龢"从"龠",是编列竹管以和众声的意思。无簧无斗之龠,其管数比"籁"、"箹"更多者,即是古时之龢笙,其制与今日之排箫相似。②

牛氏此说系从郭说而来,其新奇之处在于他提出了所谓的"无簧无斗"之笙说,但他又谓这种"无簧无斗之龠"的"龢笙"之形制又"与今日之排箫相似"。其说亦此亦彼、模棱两可,颇令人费解。若依牛氏所言推之,远古时期的"笙"即"排箫"、"排箫"也即是"笙",那么,牛氏的龠为"笙"说其本质还是未脱龠为"排箫"说之窠臼。

近年来,所见推阐龠为"笙"说者,又有王秉义氏撰写的《"龠"考辨》一文。值得注意的是:王氏本人并不通文字学之道,但却对古文字学家的释说充满着极端的"迷信"。在文中,他不谙"格物致知"之理,也不以乐器的实物考察为准则,而是成篇累牍地引用了

---

① 《甲骨文字典》(徐中舒主编),四川辞书出版社 1986 年出版,第 199 页。
② 牛龙菲《古乐发隐》,甘肃人民出版社 1985 年出版,第 287 页。

古文字学家的悬揣说解，本末倒置地认为"考龠求真，首推字形"，并将古文字学家只从"望形生训"而得来的龠为"笙之初形"说奉为圭臬，其开篇既未"考"、也未"辨"，竟置两千多年来不绝于史的"龠如笛"之载说于不顾，一口便咬定"龠"就是簧管乐器"笙"：

> 龠（籥），为古史传说时代的先民所创制的一件气鸣簧管乐器。经多方考证，既非"排箫"，更非"单管、多孔"之笛类乐器，而是"笙之初形"。①

在《"龠"考辨》一文中，王氏由于断章取义，未能读通郭沫若《甲骨文字研究·释和言》中的相关释句，竟错误地将"龠为笙"说理解成了郭沫若的论断。他说："郭沫若在《甲骨文字研究·释龢言》中作出了'龠为笙'的论断，其观点已获得古文字学界普遍的认同。"其实，这是王氏完全误解了郭沫若《释和言》中所述的"字之从龠，正表示其为笙"一语所致。实际上，郭氏所语"字之从龠"的"字"，说的是"龢"字，而不是"龠"字，此语是延续上句论"龢"字而来的，其完整的表述如下：

> 龢固乐器也，《尔雅》云："大笙谓之巢，小者谓之和"，此即龢之本义矣。当以龢为正字，和乃后起字，字之从龠，正表示其为笙。

很清楚，郭氏是说"龢"字为"笙"，因为"龢"字从"龠"，"龠"字像"编管"之形，正可表意"龢"字是编管乐器"笙"。而对"龠"字，郭氏在《释和言》中则十分明确地论道："其形转与汉人所称之'箫'相类。"王氏未能读通《释龢言》的相关释句，竟错误地曲解郭说，并据此大发异论，实皆为不皮之毛。事实上，龠为"箫"（排箫）说乃为郭氏所创（此为学者所周知、学界所共识）；而龠为"笙"说，则如前所论，不过是古文字学家依据郭氏"编管"龠说，加之对《说文》释"籥"的"大者谓之笙"一句误解为释"龠"之名下而提出的又一异说罢了。

**（二）龠为"双管"说**

"双管"说者，约有二见。一见于康殷所著《文字源流浅释》（容宝斋 1977 年出版），其文曰：

> "𝍫"甲文中很多，但大都作两管并列之状，并无增减，概商龠本即双管之故……

另一见于香港学者唐健垣先生所撰《商代乐舞》（1987 年中国史学会江阴会议论文稿）一文。该文中，唐氏一方面认为郭沫若氏《甲骨文字研究·释和言》将𝍫或𝍫形隶定为"龠"字大体不误，但另一方面他又不同意郭氏的龠为"排箫"说，而是以𝍫为"并两而吹"的"管"字的初文，也提出了𝍫为"双管"象形之说：

---

① 王秉义《"龠"考辨——答唐朴林先生兼与刘正国先生商榷》，载《音乐研究》2004 年第 2 期。

此字于甲骨文中只像双管之形，无从三管、四管者。所以完全应定为管字之原形。《周礼·春官·小师》："箫管弦歌"郑注："管如篴，六孔。玄谓管如篪而小，併两而吹之"即此。

唐氏此说与此前康氏的"商龠本即双管"说十分相似，但又有所不同：康氏以甲骨之"𝍏"为商代的龠，像双管之形；而唐氏却以"𝍏"字为"管"字的初文，合于古代"併两而吹之"的"管"之训说。如此，唐氏是释"𝍏"为"管"的，而非释"𝍏"为"龠"。但他似乎又赞同郭氏及甲骨学界对"𝍏""𝍏"形作为"龠"的隶定及其"编管"的考说，其文中又曰："唯考虑小笙之'和'字，甲文作𝍏(宁1—477)作𝍏(屯南2622)，则𝍏字亦未尝不可为排箫或笙，待考。"①如此，唐氏既持"𝍏"为"双管"说，又谓龠为"箫"说、龠为"笙"说"未尝不可"，其论乃亦此亦彼、莫衷一是，实难自圆，盖皆因"望形生训"所误识也。

如上所述的"编管"龠说者，或谓龠为"箫"（排箫）、或谓龠为"笙"、或谓龠为"管"（双管），实皆为毫无证据的由文字到文字的"皮相之说"。事实上，"龠"、"箫"、"笙"、"管"为四种不同的吹管乐器，同行于上古之世，此《周礼》所载："（笙师）掌教歗竽、笙、埙、龠、箫、篪、篴、管……"是也。该四种管乐器之名，于上古时期实皆各有所指："龠"为单管气鸣吹器、"箫"为编管气鸣吹器、"笙"为编管簧鸣吹器、"管"为双管哨鸣吹器，此四器并不存在所谓的某一器为另一器的"前身"或"初形"。

龠为"编管"说者，望"形"生训，貌似深奥，颇能炫学者之目，而其实大都荒谬。道理很简单，因为，没有任何证据表明，乐器器名的字形与乐器本身的器形是有着必然的联系。就吹管乐器而察之，其器名大都与器形毫不相干，如，我们从单管的"笛"、"篪"二字的字形根本看不出所谓的"单管"之象；而作为编管乐器的"竽"、"笙"二字也无从任何"编管"之形。可见，管乐器名之起是与器形无关的。既然乐器的器名与器形无关，并非"象形"字，"形训"自然荒谬。实际上，真正说来，乐器的器名之起，往往倒是与乐器的声音相关，因为，音乐是声音的艺术，乐器是以它的特有音色诉诸人耳的，故乐器的器名是多见有"象声"字的，尤其是管乐器的器名，如："笛"乃吹之"笛笛然"而得名，"篴"因"其声音篴篴，名自定也"（应劭《风俗通义》）；②"篪"则训"啼"——"声出孔出，如婴儿啼声也"、"埙"则训"喧"——"声浊喧喧然也"、"箫"则训"肃"——"其声肃肃而清也"（刘熙《释名》）③……凡此种种声训，皆可明证，管乐器名之起与"声"相关而与"形"无干的。如此，考证器名，关注字音，施以"声训"往往可以得之；而不明此理，汲汲于"形训"，则终会谬之千里。这一点，文化大师胡适先生早在80年前就曾说过："文字学须从字音一方面入手，此乃清儒的一大贡献，之前那些从'形'下手的人，大半都是荒谬。"④信哉斯言！

---

① 有关唐氏之"双管"说，可参看王子初《汉籥余解》，载《中国音乐学》1993年第2期。
② 清版《风俗通义》（［汉］应劭撰），练江汪述古山庄校刊，"卷之二"第十页，"面壁斋藏本"。
③ 清版《释名》（［汉］刘熙撰），长洲吴氏璜川书屋本"小学汇函"第二，"卷第七"第一页，"面壁斋藏本"。
④ 参见《胡适家书》（陆发春编），安徽人民出版社1996年出版，第353页。

### (三) 龠为"口笛"说

此说为甘肃学者高德祥所持,最早见其所撰的《说龠》一文。该文中,高氏认为古人的"龠如笛"记载是正确的,只是"不甚详尽,造成了后世的曲解"。他对根据郭沫若"编管"龠说推阐而来的牛龙菲"笙"说之"三孔"即"三管"说进行了驳斥,并以郭注《尔雅》"龠如笛,三孔而短小"的记载合于当今的"口笛"之制,又结合考古出土之实器,提出了龠为"口笛"的新颖之说:

> 1973 年在浙江余姚河姆渡一带出土了与今世之"口笛"相同之物,发掘时又出土了四十余根。考其历史,约在公元前五千年之前。所出之物均为细骨管制成,上开二孔或三孔(发掘报告将此器称为哨)。可以说,它就是最早的"口笛"。我认为,今世中称之为"口笛"之物,正是古文献中所记载的似笛、如笛而又不是笛的龠。①

高文发表后,有王子初氏撰文《汉籥再解》提出质疑。王氏认为高氏未能以有力的证据推翻郭沫若的"编管说","高文只着眼于龠的概念的传承——相对稳定的一面,而忽视了它发展、变化的一面"。他对高文中所谓吹管乐器的孔数计算"是在古有的孔数上再加两孔,即为今世所计的实有孔数"的新奇说法予以了辩驳,遂指斥高文"在并无直接证据、一些重要问题尚无法自圆其说的情况下,匆匆下此断语,且如此斩钉截铁,恐太草率了吧"?② 针对王氏的质疑,高氏以《再说龠》一文给予了回应,并坚定地认为:"(龠)从它以'三孔'能'和众声'的特殊功能来看,除'口笛'之外,它乐莫属。"③王氏遂又以《汉籥余解》再次作复,并于文末作了极有见地的申言道:"目前,有关龠的研究不断有所进展。但对先秦作为乐器的龠究竟是怎样一种具体形制这一问题,我以为远未到下最后结论的时候。"④此后,高氏无以为复,王、高之争自此便偃旗息鼓。

应当看到,高氏的龠为"口笛"说确有其闪光之处,其一是:在龠为"编管"说几成不易之定论的情况下,高文能坚持"龠如笛"的单管说,并对史载的汉儒龠论作了有价值的梳理与分析,确属难能可贵;其二是:他将目光由文字资料转向了考古资料,试图"取地下之实物与纸上之遗文相互释证"来破解"龠如笛"之谜,为先此学者所未逮。

但遗憾的是,高氏所关注的"口笛",并非是有传统渊源的常规乐器之器名,实为当代创制的一种特色独奏乐器。所谓"口笛",乃是一种极其短小的、开孔简单的细竹管乐器,是由已故著名"海派"笛子演奏家俞逊发先生于 1971 年间创制的。当时,即以一曲口笛独奏《苗岭的早晨》风靡了大江南北。而在 6 年后的 1977 年,浙江河姆渡遗址考古出土了成堆的带孔的细骨管,有的学者便以行世已久的俞氏创制的"口笛"来进行附会,认为那就是像"口笛"一样吹法的"骨笛"(骨哨),说什么"口笛"早在七千

---

① 高德祥《说龠》,载《中国音乐学》1986 年第 2 期。
② 王子初《汉籥再解》,载《中国音乐学》1988 年第 2 期。
③ 高德祥《再说龠》,载《中国音乐学》1989 年第 2 期。
④ 王子初《汉籥余解》,载《中国音乐学》1993 年第 2 期。

年前就有了。一时间,对俞氏"口笛"发明的质疑声四起。后来,连俞逊发先生本人也不得不这样说:

> 从1971年新生的"口笛"到1977年浙江河姆渡出土的"骨哨"、"骨笛",人们惊奇地发现二者竟是如此地相似,而这个相似却走过了七千多年的历史。[1]

而实际上,河姆渡的骨管是成堆出土的,其开孔粗糙且杂乱无章,极可能是与捕鱼有关的一种器具,并非是真正的乐器,更不是什么"口笛"。笔者曾于1999年10月间借赴杭州参会之机,与张前、袁静芳、陈应时等学界前辈一起实地考察了河姆渡遗址,并现场以实器的比对揭示了:现今舞台上演奏的所谓河姆渡"骨笛"(仿制),实为俞氏"口笛"的附会,而绝非河姆渡骨管的原型!这种"差之毫厘、失之千里"的所谓仿制"骨笛",是一种极不严肃的考古学术造假行为。鉴于此,由于音乐考古学材料的不真实,高氏所持的龠为"口笛"说当然是不可能令同行学者们信服的。

高德祥氏的龠考,能运用到考古学材料,确是不错,但可惜的是,他却摸错了庙门,未能关注到当时刚刚出土不久的、真正"如笛""似笛"而又被误称为"骨笛"的河南舞阳贾湖新石器遗址的骨质斜吹乐管(骨龠),从而最终与揭示古龠的真相失之交臂。

### (四)龠由"编管"变"单管"说

关于此说,最早隐约可见者,似为上海的音乐史学前辈夏野先生。本文前述所引夏氏著《中国古代音乐史简编》(1983年定稿)的一段话:"龠的形制,因累经变迁,以致历来说法不一。周以后的文献通常认为是一种单管横吹、有三个指孔的管乐器。但早期的龠,显然并非如此……"似乎是隐含了龠由早期的"编管"变为后来的"单管"之意。然,夏氏此说并未明确彰显,而正式明确提出龠由"编管"变"单管"说者,则为北京学者王子初先生。

早在1984年初,王子初氏在其所撰的《汉籥初解》文中便首倡了此说:他一方面认定,郭沫若氏"编管"龠说是"从古文字的角度入手,作了全面的考证,提出了令人信服的观点";另一方面又以为,"汉儒论龠(单管),非止一家,虽然说法不一,然仔细分析起来,仍有理法可寻,不可一概视作无稽之谈"。于是,便来了个兼收并蓄、两不偏废,提出了"龠"是由先秦的"编管"变为汉时的"单管"的新说,其文曰:

> 古龠较原始的形貌(商周时代)为编管乐器……汉儒们的错误在于以汉时所说的单管之龠去释先秦的编管龠。
> 汉代流行的"龠"这一概念,已脱离了其原来的编管之形,以单管乐器存在于世间……仅从汉朝时来说,古龠并未"失传",只不过换了个名称而已,后世排箫从中国古代乐坛上消隐,才是古龠真正的"失传"。[2]

---

[1] 《中国竹笛名曲荟萃·序》,上海音乐出版社,1995年5月出版。
[2] 王子初《汉籥试解》,载《艺苑》1984年第1期。

王氏此说,颇谓新论,为先此学者所未及。嗣后,在对高氏的龠为"口笛"说质疑的论辩中,王氏先后又以《汉龠再解》、《汉龠余解》(合前《汉龠试解》,以下统称"汉龠三解")二文对其所持的新说作了进一步的阐发,并明确地提出了龠由"编管"变"单管"的历史成因在于"秦火"的文化断层说:

> 中国文化发展史上的一个重要现象,即秦汉之际出现的文化"断层",音乐器物名实关系的发展与变更……《周礼》中尚有笙师掌教吹龠的明确记载,到汉人口中已是众说纷纭了,其受秦汉"断层"的影响不言而喻。……弄清龠的情形,充分把握住这一文化断层现象,无疑将有助于其他乐器的辨析。①

在王氏看来,"龠"在先秦本是"编管"乐器的器名(即以郭沫若的"编管"龠说为据),而到了秦代,由于秦始皇"焚书坑儒"的那一把"火",便烧成了"单管"乐器的器名(又以汉儒的"龠如笛"说为证)。王氏在他的"汉龠三解"中,并没有对"秦火"为什么会给乐器的名实关系造成重大变更作出具体的论述,也没有列举任何旁证来说明他所谓的"周汉之际的箫、篴、簏、龠这一类乐器的名与实,曾有过一次较大的变革"。只是在其"初解"一文中,约略提及到了"胡琴"一词的名实变易(唐谓弹拨乐器、今则谓弓弦乐器),然却已是近晚之事,无关乎"秦火"。实则,中国古代乐器的名实关系的变易并不鲜见,特别是古管乐器更为纷繁,笔者尝以"易者其名,不易者其实"和"易者其实,不易者其名"二语概之。所谓"易者其名,不易者其实"者,如单管竖吹之器,汉名为"笛"(篴)、唐名"尺八"、今名则为"洞箫";所谓"易者其实,不易者其名"者,即如"箫"之一名,古为编管之器(即排箫),而今则谓单管之器(即古之笛)。但这些乐器名实关系的变易,都是于史可稽的,在古代典籍中也都是斑斑可考的,而且都皆与所谓的"秦火"断层无关。事实上,中国古代的礼乐文化是一脉相承的,汉承秦制、秦从周来,周则借鉴于夏、商二代,此所以孔子云:"周监于二代,郁郁乎文哉!吾从周。"(《论语·八佾》)作为先秦宫廷礼乐文化重要标帜的"龠",虽经春秋以降的"礼崩乐坏"后,渐趋式微,但其乐管的基本形制却决不会无缘无故地突然由"编管"变成了"单管"。据《汉书·礼乐志》载,虽然汉时,宫廷中"世世在太乐官"的制氏,对雅乐已经"不能言其义",但却仍能"记其铿锵鼓舞",这其中就包含有"舞龠"的传习(孔庙"文舞"至今有传)。实际上,秦始皇的那把"火",烧得是有其特定历史原因的,本与乐器的传承无关,后世学者对此多有不实之论,如宋王灼《碧鸡漫志》所谓:"战国秦火,古器与音辞亡缺无遗"②云云。事实上,"秦火"并未"毁乐",反倒有"铸乐"之事实。此《史记·秦始皇本纪》所载:"二十六年……收天下之兵,聚之咸阳,销以为钟鐻。金人十二,重各千石,置廷宫中。"③便是明证。可见,以"秦火"的所谓文化

---

① 王子初《汉龠再解》,载《中国音乐学》1988 年第 2 期。
② 清版《碧鸡漫志》(木刻本),[南宋]王灼著,清乾隆"知不足斋辞书丛书",述古堂主人手校本。"卷第一"第4 页,"面壁斋藏本"。
③ 清版《百五十家评注史记》(石印本),上海文瑞楼发行,鸿章书局石印,"卷六"第 19 页,"面壁斋藏本"。

断层为由,遽云"龠"的名实关系发生了变革,一下子由"编管"变成了"单管",实际只是一种个人的悬揣之说,并非是历史之真实。

究王氏"龠"之名实变更说的由来,可能是与日本学者林谦三先生的一段"龠"论相关。在林氏著名的《东亚乐器考》一书中,对中国周代的管乐器有这么一段论说:

> 《说文》里的羌笛三孔,是很原始的笛。汉人所用,也是同样的,那就是篪。周代的篪字,郭沫若氏以为是箫(排箫)的象形,所以不在讨论范围之内。而汉人所谓篪,则是三孔之笛。[1]

对于这段论述,王氏似乎十分欣赏,他认为"在龠的研究者之中,真正领悟个中三昧的唯有这位林谦三"。因为,林氏用"周代的篪"和"汉人所谓的篪"这两个概念,一下子将本为矛盾的"郭说"与"汉说"都兼收并蓄了,遂使两者各不偏废(《汉篪再解》)。其实,这是王氏未能真正地理解林氏的本意所致。林氏的这段话,乍看上去,似乎是提出了"周代的篪"与"汉人所谓的篪"的两种不同的概念;而实际上,此乃林氏为尊重"龠如笛"的历史记载而婉言拒绝郭氏"编管"龠考的、不得已而为之的权宜之说。我们知道,林氏与郭氏乃至交好友,上世纪20年代末,郭氏流亡日本期间开始染指甲骨学,在史料的查阅上,曾得到了林氏不少的帮助,二人交往甚密。林氏是个雕塑家,曾为郭氏塑过一尊半身雕像;而其论乐专著《隋唐燕乐调研究》一书则是赖郭沫若氏的生花译笔方得以中文版首行于世,足见二人情谊之笃。然于"龠"的学术问题上,林氏并不为私人情感所累,而是以历史记载的客观事实为重,在《东亚乐器考》中他坚定地认为:汉代学者所说的"篪"就是单管乐器(笛),而决不是编管乐器(箫)。他以"周代的篪字,郭沫若氏以为是箫(排箫)的象形,所以不在讨论范围之内"为由,巧妙而礼貌地回避了正面对郭说的否定。从其谓郭氏"以为是"的措辞来看,林氏认为郭说只是一种个人的揣测,并非事实。而接下来的一句"汉人所谓篪,则是三孔之笛",其语气之肯定、言辞之凿凿,则是从一个侧面完全地否定了郭氏的"编管"龠说。为什么呢?因为"汉人所谓的篪"其实就是"周代的篪"。学者皆知,汉儒的"龠如笛"说,大都见于对先秦经籍的训解,其所释的"龠"乐器(不论是毛传《诗》还是郑注《周礼》)指的就是先秦周代的"龠"。如此,"汉人所谓的篪"其实就是"周代的篪",而"周代的篪"也就是"汉人所谓的篪";是乃"篪"本无周、汉之分欤!林氏强而为之分,实在是学术良知与私人情感之间不得已而为之的权益之说,其用心良苦可以知矣。然而,王子初氏于此似乎未察,故藉以发为新论,并首次提出了所谓的"汉篪"一词的概念(以区别于先秦的"周篪"),为之作"试解"、"再解"和"余解"的系列之论,从而将郭氏的龠为"编管"说和汉人的"龠如笛"说真正来了个兼收并蓄、两不偏废。而事实上,如前所述,汉儒所释之"龠"就是先秦的周代之"龠",并不能称之为"汉龠";而古乐器之名,也鲜有冠以朝代为名之例。关于这一点,牛龙菲先生有专门的

---

① [日]林谦三《东亚乐器考》,人民音乐出版社1962年2月首版、1996年1月二版,第337页。

《评所谓"汉龠"》一文,辩之甚详,可供参看,兹摘其"结语"示之如下:

> 汉代有龠,但并非"汉龠";汉代有说龠者,但所说并非"汉龠"。一言以蔽之,汉无"汉龠"、史无"汉龠"。不仅如此,汉儒说龠与先秦古龠,也不能完全等同。①

当然,应该指出的是:王子初氏的"龠"之名实变更说,虽囿于从文字到文字、从书本到书本的考说,故难真正的有所突破,并不能成立;但其所撰的"汉籥三解"之文,对古代龠说史料的梳理和考说之功还是显而易见的。特别是他与高德祥氏的那场关于古龠形制的相互质疑与争辩,虽然"没有结果、但却是十分有价值的一场争论"②,它为后来学者的古龠考证夯定了一个厚实的基础。自此,音乐学术离真正揭示"龠如笛"的真相便越来越近。

# 四、"龠"为单管之器的文征、图说

就上述关于古"龠"考证的诸家异说,可以窥见当代学术界在古龠研究问题上的纷繁复杂。而造成这一纷繁复杂局面的关键在于,说者皆以为:以文字的字形来考证乐器的器形似乎是天经地义的、是科学的。殊不知,这却是一个本末倒置的严重误区。实际上,一件乐器器名的字形,只是这件乐器的书面指示符号,而这一书面指示符号与其所指示的乐器器形并无必然的联系,也决不是乐器的本身。更何况,甲骨卜辞之"龠",并非能释作乐器,乃为地名或祭名。③故此,对古龠乐器的考证,仅以甲骨之"龠"的字形而望形生训,极尽猜度、戏如"射覆",当然会异说纷纭、莫衷一是。

前述所及,根据古代字书典籍中汉、魏学者对龠字的训释与注疏来看,龠是一种"如笛"、"若笛"的单管多孔之器应是确定无疑的。其多孔说者,主要有东汉许慎、郑玄的"三孔说"(《说文解字》、《礼记注》),西汉毛亨的"六孔说"(《毛诗注》)以及三国魏张辑的"七孔说"(《广雅》)等。大体自汉儒说龠以后,历代儒子凡有述龠者,似皆未脱此窠臼,"龠如笛"成为自汉至清承袭两千余年并无异议的一致成说。因此,有人则认为:"龠"为单管之器,是古代儒者"述而不作"的结果,汉儒注疏错了,后世学者也就跟着错。那么,事实果真如此吗? 回答当然是否定的。

## (一) 文征

据笔者多年来的查考,"龠如笛"的载说并不仅见于儒者"述而不作"的注疏,也同样见于一些学者的古文论著,从这些古文论著的描述中,我们可以窥见,在汉以后世的历

中国古龠考论

020

① 牛龙菲《评所谓"汉龠"》,载《乐器》1995 年第 3 期。
② 刘正国《道是无缘却有缘——忆对黄翔鹏先生的唯一一次拜谒》,载《交响》2006 年第 4 期。
③ 崔恒昇《简明甲骨文字典》,安徽教育出版社 1992 年 3 月出版,第 370 页;徐中舒主编《甲骨文字典》,四川辞书出版社 2003 年 5 月出版,第 199 页。

朝,"龠"仍是一件倍受文人雅士们的青睐、且为他们所熟悉的重要吹管乐器,故在他们的相关文论中多见有对"龠"乐器的论及,而且,都是作为单管乐器来描述的。但这些文论,并没有引起音乐学者们应有的瞩目。

如下,就笔者的孤陋所及,选取两篇古代著名文人述及"龠"的相关文论,作一辨析,由此可以得到"龠"为单管之器的进一步确证。一篇是南朝梁人刘勰的名著《文心雕龙》中的"声律"、一篇则是宋代大学者苏轼的《日喻》。

1. [梁]刘勰《文心雕龙·声律》:

> 若夫宫商大和,譬诸吹龠,翻回取均,颇似调瑟。瑟资移柱,故有时而乖贰;龠含定管,故无而不壹。陈思潘岳,吹龠之调也;陆机左思,瑟柱之和也。概举而推,可以类见。[①]

《文心雕龙》是刘勰的一部传世名著,这段"声律"的论说,以器乐喻诗文,即借"吹龠"和"调瑟"来论说诗文声律上的调和之不易,颇为独到。

刘氏以宫商大和的"吹龠"来比譬陈思(曹植)、潘岳之文的声律协调;而以翻回取均的"调瑟"来形容陆机、左思之作的声律欠谐。在文中,刘氏用十分在行的准确语言描绘出了"龠"和"瑟"这两种乐器形制的根本不同,其曰"瑟资移柱,故有时而乖贰",是说"瑟"的调音"翻回取均"要依赖柱码的移动,故而会造成音律的不协调;而对"龠"乐器,他则认为"龠含定管,故无而不壹"。所谓"定管",其实就是定调之乐管。大凡中国传统的笛类单管乐器,都有长短不同的定调乐管,实际演奏中,可根据不同乐曲的调高选择不同音高的定调乐管,故而,它在演奏中的音律是十分谐调的,即所谓"无往而不壹"。而"瑟"乐器却不一样,它是一弦一音,碰到不同的调高,就要通过移动弦上的柱码来调谐音阶,"瑟"在移柱调音时往往会不尽准确,因而"有时而乖贰"。反过来说,如果"龠"是编管乐器的话,其形制的本质则和"瑟"是一模一样的,所不同的是:"瑟"为一弦一音,而编管乐器则为一管一音,即如"排箫"那样,翻回取均反倒更不如"瑟"("瑟"可移柱,而编管若"排箫"则犹不能),如此,刘氏决不可能用"吹龠之调"来比喻宫商大和的陈思、潘岳之诗文。

由刘勰《文心雕龙》这段借"龠"喻诗文声律的论说可见,"龠"是一件定调的单管多孔乐器,而不可能是一种与"瑟"相类的一管一音的编管乐器;此外,由这一文征足以可以推定,在汉以后世的魏晋时期,"龠"仍是时人所普遍熟悉的一件吹管乐器,否则,刘勰就不会以"龠"来比譬诗文声律的谐和。而郭沫若先生在《甲骨文字研究》一书中,对甲骨文字望形生训地提出"编管"龠说,其理论前提就是认为:汉人的"龠如笛"说,全都"是未见古器之实状而悬拟之耳"——也就是说,汉代人就没有见到过"龠"的实物,都是在瞎猜,故而"全不可信"! 这,当然决不是历史的事实!

---

① 祖保泉《文心雕龙解说》,安徽教育出版社 1993 年 5 月出版,第 641 页。

上引《文心雕龙》中的"声律"一段可以足证，且莫言汉代，即便是后世的魏晋时期，"籥"的单管如笛的形状仍为人们所熟知，故梁人刘勰遂以此器来比譬入文；而以下一篇著名学者苏轼的《日喻》一文，则更可证明，在近晚时期的宋代，"籥"仍是一件为时人所熟悉的单管之器。

2.［宋］苏轼《日喻》：

　　生而眇者不识日，问之有目者，或告之曰："日之状如铜盘。"扣盘而得其声，他日闻钟以为日也；或告之曰："日之光如烛。"扪烛而得其形，他日揣籥以为日也。日之与钟籥亦远矣，而眇者不知其异，以其未尝见而求之人也。

　　道之难见也甚于日，而人之未习也无异于眇，达者告之，虽有巧譬善导，亦无以过于盘与烛也。自盘而之钟，自烛而之籥，转而相之，岂有既乎！故世之言道者，或即其所见而名之；或莫之见而意之，皆求道之过也。①

苏轼的这则文论是赠渤海学人吴彦律求学于礼部之作，苏子以天生的盲者不知"太阳"是什么，明眼人以"日之状如铜盘"、"日之光如烛"比譬而告之，致盲者听到若铜盘敲击的钟声、摸到若蜡烛一样棍状的籥，便以为这就是"太阳"。苏子以"日喻"来说明真正要知道"道"是很难的，谓"道之难见也甚于日"，任何人的巧譬妙喻都是徒劳的，它要靠自己勤奋的笃行去体悟，即"道可致而不可求"，以此来警悟开导求学之士。

苏轼的这篇《日喻》也就是著名成语"扣槃扪籥"的出处之所在，"扣槃扪籥"亦作"扣槃扪烛"，笔者在民国时期中华书局出版的儿童读物《中华成语故事》中见有一"扣槃扪烛"的故事，就是根据苏子的《日喻》来编衍给孩子们听的，倒是很有意思。为清晰起见，兹将这一成语故事概录如下：

### 扣槃扪烛（出苏轼文）

　　有一个天生的瞎子，不论世界上的什么东西，他一样也没有瞧见过。

　　一年夏天，他那在城里做生意的父亲患了时疫，很是危险。瞎子坚决要跟着母亲进城去探望。一路上，他们被炎炎的太阳炙着，熏蒸得汗流浃背，口渴神疲。到了城里父亲的病室中，这才清凉了不少。那瞎子便问母亲，为什么来的路上那么热？母亲告诉他：那是因为太阳酷烈的原因，瞎子便道："哦！太阳？太阳竟有这么厉害！那到底是个什么东西？"

　　这时，躺在病床上的父亲听到了，觉得自己的瞎儿子看不见东西怪可怜的，的确有告诉他的必要，便说道："太阳的形状是圆圆的，正好像一只铜盘一样！…你过来，摸摸这只铜盘，就可以明白太阳的形状了。"父亲说着，便将床前小几上的一只铜盘递给了他，瞎子接过来用手指扣了几下，那铜盘便发出一阵"当当"的响声来，

①　民国版《苏东坡全集》，国学整理社编，上海世界书局民国二十五年五月出版，第298页，"面壁斋藏本"。

瞎子点点头道:"哦! 知道了,原来太阳是像这个东西的。"

后来,父亲的病痊愈了,他们便动身回乡。这天傍晚,当他们走到村边的社庙前时,庙里正在撞钟,传出一阵"当当"的钟声来,瞎子听了一会,便手舞足蹈地说:"这不就是太阳发出来的声音吗? 我知道太阳是怎样一件东西了。"父亲皱着眉头道:"哎,你弄错了! 太阳只是形状像铜盘,并不能发出声音来的啊!"

他们走进庙里的大殿,父亲扶着瞎子到神龛前面对他说:"你要知道,太阳还能够发出光呢,就像这神龛前燃烧的蜡烛一样。"瞎子听罢,便在那支蜡烛上下抚摸了一会,便觉悟似地道:"我明白了,我明白了!"

到家后,吃过晚饭,有几个亲戚过来问候,其中有个人身上恰巧带了一管籥,不知怎么碰到了瞎子的手,他一伸手就将籥管给抓住了,并很得意地叫了起来:"哈,这个可恶的太阳,今天给我捉住了!"

大家惊愕地不懂他是什么意思,父亲便把刚才庙里的经过说给大家听,并解释道:"他,可怜的他! 或以为太阳的形状就像蜡烛一般的;现在,却又将这管籥当作了蜡烛!"

大家听说,这才恍然大悟。①

这则根据苏子《日喻》一文编写而成的成语故事,可以更加清晰地告诉我们,"籥"就是一种棍状如"蜡烛"一般的单管乐器。因为,"蜡烛"都是一根一根的单独棍状物,汉王符《潜夫论》曰:"知脂蜡之可明镫也,而不知甚多则冥之。"故从未见有集众多"蜡烛"编排一起而燃的,蜡烛之状皆单个独支;余疑"烛"与"独"不仅声近,其形义似也有通。"籥"亦一管,和"烛"一样,也是单独之管状物,所以,当瞎子摸到"籥"乐器时,感觉和在庙里摸到的那根"蜡烛"是一样,从而以为这就是人们描述的"太阳"。如此,我们从苏子《日喻》一文中对盲者"扣籥"如"蜡烛"状,从而联想到"日之光如烛",便以为是"太阳"的描述,可以确知,"籥"就是一件棍状若"烛"的单管之器。

如上引征的两则文论可以明确的是,"籥"在魏晋乃至宋元时期仍是文人们十分熟悉的一件单管如笛的乐器,故而,他们才会用"籥"来描述和比譬事物。因为,古代文人决不会用自己没见过的、或不熟悉的东西来进行比譬论说的。此二则文论,可谓是除历代文人"述而不作"的"籥如笛"注疏之外,所见到的"籥"为单管之器的确凿文证。这还仅仅是笔者一人所及,相信在浩如烟海的古代典籍中,一定还有更多的与"籥"乐器的单管形制相涉的文字佐证材料,有待于我们进一步的搜寻和发现。

(二) 图说

事实上,"籥"就是一种形状像笛而又并不是笛的"单管"乐器,这确是一个不容置疑的、客观存在的历史事实! 因为,不仅仅如前所述,自汉至清两千多年来不绝于史的"籥如笛"的文字载说和文论赫然在目,尚还有众多的古代遗留下来的标明为"籥"乐器的形

---

① 民国版《中华成语故事》,中华书局编刊,"第九集"第51页,"面壁斋藏本"。

制图像资料,更可以作进一步的佐证。如下,就魏晋以来的文献典籍中,笔者所见到的有关"龠"为单管乐器形制的确凿图证,试撷数例辨说之:

1.［晋］郭璞《尔雅音图》中所附的"大籥谓之产"图

《尔雅》被认为是自战国初到汉初时期,由小学家们陆续缀辑当时解说经传的旧文材料递相增益而成的一部编著,宋时被列入"十三经",也是"十三经"中唯一的一部专门

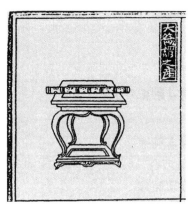

解释词语的训诂名物之书。《尔雅》中有专门的"释乐"一篇,其中有"大籥谓之产,其中谓之仲,小者谓之箹"的解说。《尔雅音图》中即绘有"大籥谓之产"和"小者谓之箹"的两幅图,均为单管之器。本文截取的这幅"大籥"图所绘之籥,单管三孔,管身并无吹孔,管端似也未见开有豁口,接近"龠"的本形(图0.1)。

《尔雅音图》原题:晋郭璞撰,但一般学者认为其中的插图似乎为宋元时代的人所绘,反映的是宋元人的认识和理解。然而,据《尔雅音图》书前的"尔雅图重刊影宋本叙"所载,尔雅音图三卷(上、中、下),元人写本题影宋钞绘图《尔雅》,案郭璞《尔雅》叙云"别为音图",则郭璞《尔雅》本来应该就有图及音义

图0.1 ［晋］郭璞《尔雅音图》
"大籥谓之产"图①

与注别行。《隋书·经籍志》称:梁有《尔雅图》二卷,《唐书·艺文志》载:郭璞之后《尔雅》又有晋人江灌图赞一卷。如此,现存的《尔雅音图》一书虽传为宋元人所绘,疑其必有所本,即非郭璞原本之旧,抑或为晋人江灌之所为。

今从《尔雅音图》所绘的两幅"籥"图来看,可以证其图绘并不完全出自宋元人之手。因为,自宋代开始,宫廷为恢复雅乐,造了不少乐器上的假古董,宋元以后所见之"籥"大都管端开有豁口,与洞箫相类。若此图果真为宋元人所绘,必当管端开有"豁口";而谛观此图,管端完整无缺,保持了古龠乐管之本形。故就这一点来看,该图所反映的应该是宋代之前的人对"籥"的认识,据此,我们有理由认为:《尔雅音图》并非定为宋元人所原绘,如其《叙》中所云:其图"必有所本,即非郭氏之旧,亦江灌所为也"。

2.［明］韩邦奇《恭简公志乐》"周舞"中的执"籥"之舞图

《恭简公志乐》亦名《苑洛志乐》,是明人韩邦奇的一部著名论乐之著。韩邦奇(1479—1556)明代官员,字汝节,号苑洛,陕西大荔县人。正德三年进士,官吏部员外郎,以疏谕时政,谪平阳通判。为官屡起屡罢,以南京兵部尚书致仕。嘉靖三十四年,因关中大地震,死于非命。韩邦奇嗜学,诸经子史及天文、地理、乐律、术数、兵法之学,无不精悉。《关学编》称他"文理兼备,学问精到,明于数学,胸次洒落,大类邵尧夫,而论道体乃独取张横渠"。其著述甚丰,尤以《苑洛志乐》一书备受推崇,奠定了他作为明朝著名作曲家和音乐理论家的地位。据杨继盛(椒山)《苑洛先生志乐序》云:《苑洛志乐》一

---

① 清版《尔雅音图》(石印本),光绪十年仲夏月上海点石斋石印,"卷中"第13页,"面壁斋藏本"。

书初刻之日,有"九鹤飞舞于庭"的瑞兆之象。①清《四库全书》将《苑洛志乐》与《律吕新书》、《瑟谱》、《韶舞九成乐补》、《律吕成书》、《钟律通考》等一并列入"经部"。

《恭简公志乐》一书首取蔡元定《律吕新书》为之直解,凡二卷。前有邦奇《自序》,后有卫淮《序》,第三卷以下皆为韩邦奇所自著,共二十卷。其卷十四即载有"周舞"的舞图版画十余幅,其中就有舞生执"籥"之舞图(图0.2):

图 0.2  [明]韩邦奇《恭简公志乐》之"周舞"图②

以上的右图为"武舞"之图,武舞生一手持盾(干)、一手持斧(戚),是为"干戚"之舞;而左图即为"文舞"之图,文舞生一手执籥、一手秉羽,是为"羽籥"之舞。也即《诗经·简兮》中描述的宫廷万舞"左手执籥,右手秉翟"之孑遗。画面中的文舞生为文官装饰,左手所执之"籥",乃单管如笛之状,分节缠线清晰可辨。

3. [明]朱载堉《六代小舞图》中的"文舞"所执"籥翟小样"图、及《律吕精义》中的"大籥小样"图

朱载堉是明代著名乐律学家,他的《乐律全书》之《六代小舞图》中绘制的"文舞"所执"籥、翟小样"图,其"籥"长注明二尺而有三个音孔,音孔居籥管的下半截,籥的上端管口清晰完整,未见开有豁口(图0.3左)。而在同书《律吕精义》中所考的"大籥小样"图则不尽一样,其管端明显开有若洞箫那样的豁口(或谓之"山口")。《律吕精义》所绘"籥"图,按"黄钟"、"大吕"十二律名由低到高排列,分为"大籥"、"中籥"和"小籥"三幅小样图示,其中每一律都有三孔、六孔之分,均为单管如笛之器(图0.3右)。

实际上,朱氏的"籥翟小样"图所绘制的是为"舞籥",而"大籥小样"图所展示的则是"吹籥"。所谓"舞籥",那是宫廷雅乐乐舞及孔庙祭孔乐舞中文舞生所执的、代代相传的棍状之器,是为"籥"器的本形(管端无豁口);而所谓"吹籥",则是宋代之后出现的宫廷复古雅乐器的假古董,其管端开有竖吹之豁口,已失古籥的本真。真正的古籥是以自然

①  清版《杨椒山先生集》(木刻本),康熙三十七年版,"卷之二"第5页,"面壁斋藏本"。
②  清版《恭简公志乐》(木刻本),乾隆十二年开中式古堂刻本,"卷之十四"第1、6页,"面壁斋藏本"。

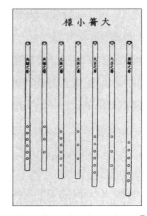

图 0.3　[明]朱载堉《六代小舞图》"籥翟小样"图　　　　《律吕精义》"大籥小样"图①

的管端来"斜吹"的，而"斜吹"之法大约自汉代以后便在宫廷中失传，籥师只舞不吹，故籥失其本真的形制。开有"豁口"的籥，是"竖吹"的，即如今之洞箫，它其实是宋以后人对"龠"的认识，即如前所录清人王渔洋《香祖笔记》云："今之箫乃古之龠，名异而体同。"

4. 朝鲜李朝时期成伣《乐学轨范》中的"吹籥"与"舞籥"图

朝鲜的李朝相当于中国的明代时期，是朝鲜历史上很重要的一个时期。在此期间的 1443 年，朝鲜文字发明了，是朝鲜文化史上划时代的大事，《乐学轨范》便是这一时期出现的朝鲜历史上最重要的音乐学著作。该书是 1493 年间成伣用汉文所编撰的，这本书以文字和图像的形式详细地记录了当时在宫廷中表演的乡乐、唐乐和雅乐，并追述了朝鲜历史上的乐器、音乐理论和有关制度，是研究朝鲜古代音乐史的重要文献。成伣《乐学轨范》中绘制的"吹籥"和"舞籥"图与朱载堉《乐律全书》中的特征基本一样，其"吹籥"管端有豁口如洞箫，还附有演奏指法的孔示（下左图），而所绘的"文舞"籥、翟之"舞籥"则没有明显的竖吹豁口，也应是真正的古龠原形（下右图）。

图 0.4　[明]成伣《乐学轨范》"吹籥"图　　　　《乐学轨范》"舞籥"图②

---

①　朱载堉《律吕精义》（冯文慈点校本），人民音乐出版社 1999 年出版，"卷之八"第 633 页、"卷之九"第 771 页。

②　[明]成伣《乐学轨范》，明万历三十八年刻本，韩国 1986 年影印出版（蒙上海音乐学院陈应时先生提供复印本）。

从成书的年代上看,成伣的《乐学轨范》要早于朱载堉的《乐律全书》约数十年。更值得关注的是,现韩国孔教音乐中仍见有雅乐三孔之"籥"的实器,与《乐学轨范》的文献载述相印证,至今吹之尚可成声(详后述)。

5. [明]王圻、王思义《三才图会》中的"籥、翟"图

明人王圻与朱载堉差不多为同一时代之人,《三才图会》是王圻与其子王思义共同辑撰的一部类书,成书时间大约为万历三十五年。该书汇集了诸家书中有关天地诸物的图像,"图绘以勒之于先,论话以缀之于后",对每一实物配之以图,并加以相关的文字说明。全书分天文、地理、人物、时令、宫室、器用等十四类,其"器用"卷四中有"乐器类",见有箫、管、笛、篪、笙、竽、埙等吹管乐器之图,并无"籥"器图。而有一幅"籥、翟"之图见于"器用"类卷四的"舞器"图中,后缀文字解曰:"籥,周官籥师祭祀鼓羽籥之舞,籥所以为声,翟所以为容;翟为五雉之一,取其毛羽以秉之,《诗》曰:右手秉翟。"(图0.5):

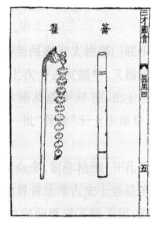

图0.5 [明]王圻《三才图会》"籥、翟"图①

该图所绘之"籥",较之朱载堉《律吕精义》和成伣《乐学轨范》中的"籥"图要清晰得多,其管身的三孔之制及自然的管端没有开"豁口",十分了然,与上两图一样是为"舞籥"无疑。盖"舞籥"者,乐管只舞不吹也。然王氏所缀文字却言"籥所以为声、翟所以为容",此乃依上古之制,即《周官》所载宫廷"籥师"教国子"舞羽吹籥"是也;汉以后世,雅乐沦丧,籥遂失响,若朱氏《律吕精义》所云:"近世文舞虽执籥而籥师不吹,是故籥失其制,亦不能成声矣,有志于复古者,当使吹籥以舞可也。"

6. 清乾隆四十五年"钦定四库全书·乐类"应撝谦《古乐书》中的"籥"图

"钦定四库全书"之《古乐书》是清人应撝谦所撰的一部"乐"类著作,该书分上下两卷,"卷上"论律吕之本原,大旨本宋蔡元定《律吕新书》而参以注疏及朱熹之说;"卷下"论乐器制度则本宋陈祥道《礼书》及明李之藻《频宫礼乐疏》者为多。《四库全书提要》称其"议论醇正,考订简核,颇得要领"。该书中有一"籥"图,见诸"卷下"之"竹音制度第十六"(图0.6):

该"籥"图刻绘线条简洁,乐管上端吹口处自然平截,无豁口,是为古籥之正形。乐管下截刻绘有三个音

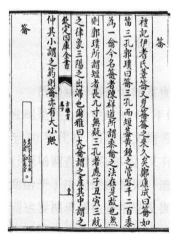

图0.6 [清]应撝谦《古乐书》中的"籥"图②

---

① [明]王圻《三才图会》,"器用四卷"第5页。
② 民国版"四库全书珍本初集"《古乐书》(石印本),商务印书馆受教育部中央图书馆筹备处委托景印故宫博物院所藏"文渊阁"本,"卷下"第53页,"面壁斋藏本"。

孔,中间一孔明显距上孔较近而据下孔略远。自上孔旁而下两边镌刻文字曰:"去吹口八寸又三分七厘为太簇,六毫为大吕。"正文中述有:"三孔者,应子、丑、寅三统之律,象三阳之出滞也。《尔雅》曰:大籥谓之产,其中谓之仲,其小谓之箹。则籥亦有大小欤!"

7. 清康、乾年间木刻版《状元四书》、《诗经体注图考》二书中所载的解经之"籥"图

先秦的经书中多见有"籥"的记载,十分丰富,"籥"其实是周代宫廷礼乐文明的一种标帜,周代的宫廷中专门有籥师来教世子、国子们"舞羽吹籥"。清代的经学昌盛,许多的解经之书对先秦的一些重要的名物都附有图示,在本人书斋("面壁斋")所收藏的清代中早期木刻经书中,就见有解经所附的两幅"籥"图。

一"籥"图见于《状元四书·大学中庸》(乾隆五十四年镌),绘制于书首,虽非官版刻本,"籥"的图示略为简单,附有"如笛六孔"的文字解说,而图示却只绘有四个孔,但其单管无吹孔之制却是十分明了的(图0.7)。

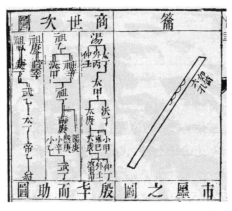

图 0.7　清乾隆版《状元四书》古"籥"图①

另一"籥"图见于《诗经体注图考》(召溪范紫登先生原本,书无明确年代牌记,由版本不避"弘"讳来看似应为清康熙年间版),《诗经》是先秦五经中出现乐器最多的经书,出现的乐器名达二三十种,而"籥"是见于诗篇最多的吹管乐器,共有三见:《简兮》、《鼓钟》和《宾之初筵》(其他吹管乐器如箫、管、埙、篪均不过一见)。本斋所藏的《诗经体注图考》一书,既标明为"图考",当然少不了古"籥"之图。

该幅"籥"图看上去很像开有吹孔的横吹之笛,其实不然。据笔者察之,其右边的管端应是吹口,而其管身的一个单独之孔并不是吹孔,而应是膜孔,即如中原一带民间至今还流行的"竹籥"吹器;而"竹籥"亦名之为"楚",据朱载堉《律吕精义》考证,南籥俗呼为"楚","篝"(楚)即古代"南籥"之遗制(详参本书的第二章),此图所示疑即为有膜孔之制的"南籥"(图0.8)。

---

① 清版《状元四书·大学中庸》(木刻本),乾隆五十四年冬镌,金闾书业堂梓行,"四书图"第4页,"面壁斋藏本"。

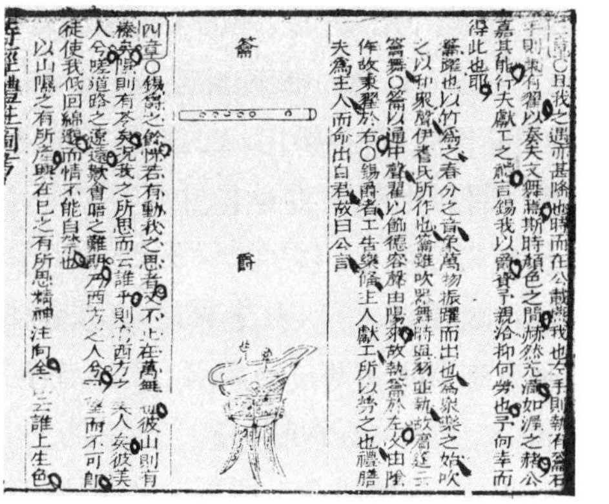

詩經體注圖考

章○且我之遇而甚降也時而在公執籥我也左手則執籥右手則秉有翟以奏夫文舞焉斯時顏色之間赫然充滿如渥之赭公嘉其能行夫獻工之禮言錫我以爵賚予覩洽抑何勞也予何幸而得此也耶

籥躍也以竹爲之春分之音萬物振躍而出也爲衆樂之始吹之以和衆聲伊耆氏所作也籥雖吹器舞時與羽並執故屬這云籥舞○籥以通中聲翟以飾德容聲由陽來故執籥於左以由陰作故秉翟於右○錫爵者工告樂備主人獻工所以勞之也禮膳夫爲主人而命出自君故曰公言



四章○錫爵之餘悵若有動我之思者又不止在萬舞也彼山則有榛矣隰則有苓矣况我之所思而云誰乎則於西方之美人矣彼美人兮嗟道路之遼遠歎會晤之難期乃西方之人兮望而不可即徒使我低回綿邈而情不能自禁也

以山隰之有所産興在已之有所思精神注向全○云誰上生色

图 0.8　清康熙版《诗经体注图考》古“籥”图①

8. 日本天保年间（清道光）和刻本《小学图说》中的“舞勺（籥）”图

和刻本《小学图说》亦名《小学书图概括撰要》，为日本所刊印的中国古籍（北京谭志远写刻）刻本。②本斋所藏为“卷下”之一册。《小学》一书，旧题为宋代大儒朱熹所撰，其实为朱熹与其弟子刘清之合编之书，其发凡起例出于朱熹，而类次编定则出于弟子刘清之之手。中国通行的版本是明人陈选注本《小学集注》，此《小学图说》应是日本学者以绘图的形式对《小学》一书内容进行说解。其“上卷”（可能二册）应为《小学》一书的原文，而“下卷”二册则主要是以图而说解。其中涉及音乐的有“八音之图”的各种乐器的图说，还有“五声之图”、“六律六吕图”的音律学图解等。缘《小学》原著的“立教第一”中就有“十有三年，学乐、诵诗、舞勺；成童，舞象”③的内容，该刻本即绘有“舞勺舞象图”列于音乐图说之首（图 0.9）：

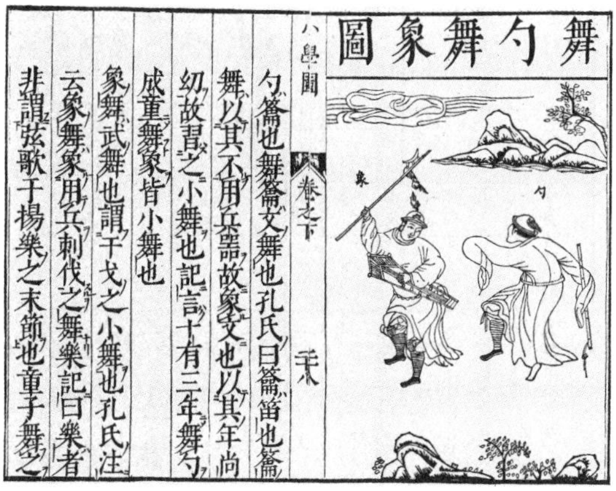

舞勺舞象圖

八學圖　卷之下

勺籥也舞籥文舞也孔氏曰籥笛也籥舞以其不用兵器故象文也以其年尚幼故習之小舞也記言十有三年舞勺成童舞象皆小舞也

象舞武舞也謂干戈之小舞也孔氏注云象舞象用兵刺伐之舞樂記曰樂者非謂弦歌干揚樂之末節也童子舞之



图 0.9　和刻本《小学图考》中的舞“勺（籥）”图④

① 清版《诗经体注图考》（木刻本），召溪范紫登先生原本，三槐堂藏版，“卷二”第 13 页，“面壁斋藏本”。

② “和刻本”即日本刊刻的中国古籍，主要是指日本的江户后期至明治时期的汉籍刻本，其中不少刻本都是东渡的中国镌刻高手所镌刻。

③ 清版《小学集注》（木刻本），莱郡戊戌新刊，“卷一”第 3 页，“面壁斋藏本”。

④ 和刻本《小学图说》（木刻本），日本天保年间刊本，北京谭志远写刻，“卷之下”第 28 页，“面壁斋藏本”。

此"舞勺舞象图"之右者为"舞勺",舞童手持一管如笛之器作舞状,其右页附释文曰:"勺,籥也;舞籥,文舞也。孔氏曰:籥,笛也;籥舞,以其不用兵器,故象文也;以其年尚幼,故习之小舞也。《记》言:十有三年,舞勺;成童,舞象。皆小舞也。"查"勺"字的释义为从盛酒器中舀酒的铜制器具,形如有曲柄的小斗。《礼记·内则》所言的童子"舞勺"之"勺"当决非此器,而其实为"籥"也。疑此"勺"字不读作"sháo",而就是读作"yuè"(约)音的。《尔雅·释乐》云:"大籥谓之产,其中谓之仲,小者谓之箹。"①其小籥之名的"箹"字,似应读作"约"音,从"勺"陪声;"勺"为声符,其音当作"yuè",与"籥"字同音,故借为童子所舞的"小籥"之名。"勺舞"也就是"籥舞",实由一手执籥、一手秉羽的"文舞"而来;只是为童子所舞,去其秉羽,唯单手执"小籥"(勺)而舞。该图中的舞童,右手所持之"小籥"(勺)单管如笛,十分清晰,管尾还系有近古以来笛所常见的饰穗,似为历代文献载籍的"籥舞"图像所未见,疑出于东瀛学者的理解所附。

9. 同治十年官版《皇朝祭器乐舞录》中的"籥"图和"籥舞"图

《皇朝祭器乐舞录》系由湖北崇文书局同治十年官版开雕的礼乐专书。大体从清康熙年间开始,清朝政府便出面编撰了如《律吕正义》等讲述古代礼乐的丛书,对中国古代礼乐制度做了系统的总结。该书即同治年间,湖北巡抚叶树森等人员依据《律吕正义》重新编撰的。其将《律吕正义》一书中有关祭祀文庙及关帝庙的部分辑合出来,并对原来的制度做了一些改良,配以大量的图示。书的上卷分"礼器图志"、"乐器图志"、"舞器图志"等;下卷有"春秋乐谱"、"节乐鼓谱"、"歌声口谱"、"六佾舞谱"、"行礼仪注"、"经理章程"等,并附录"关帝文昌乐舞谱"。其庙堂礼乐制度皆有文字规范,并有百余版画以明其制式、规矩,书中内容广泛,涉及典章制度,人伦礼教,文化教育等,不但艺术价值极高,对于考订清末礼乐制度的变化有着重要的参考价值。

在该书的上卷"舞器图志"中,有一幅专门的"籥图",形制单管如笛(图0.10):

图 0.10　清版《皇朝祭器乐舞录》"舞器图志"之"籥图"②

---

①　明版《尔雅注疏》(木刻本),皇佑崇祯改元古虞毛氏镌,"书业德"印刊,"卷之五"第5页,"面壁斋藏本"。

②　清版《皇朝祭器乐舞录》(木刻本),同治十年楚北崇文书局开雕,"卷上"第53页,"面壁斋藏本"。

左附"簰考"一段文字曰:"簰考:朱红竹管为之,六孔,管径四分六厘八毫,管径通长一尺七寸五分一厘。最下一孔距管端一尺三寸一分三厘二毫,第二孔距管端一尺一寸六分七厘三毫,第三孔距管端一尺零一分一厘二毫,第四孔距管端八寸七分五厘五毫,第五孔距管端七寸三分八厘七毫,第六孔距管端五寸零五厘六毫。文舞生左手执之。"

该书的下卷"六佾舞谱"载"钦颁文庙舞容谱式"绘图版画约五十幅,文庙佾舞即"文舞",舞生"左手执簰、右手秉羽",随乐歌而作各种舞式。下图右为"初起乐就班式":佾正立,羽植、簰平如十字。左图为乐歌唱词"予怀明德"的舞式图示及文字说明:唱"予"字,"正立,羽簰植";唱"怀"字,"身作向内势,两足勾后面转向外,簰指内,羽植如十字"等(图0.11)。余下一图为"关帝庙亚献舞谱",每幅舞图皆然(图0.12)。

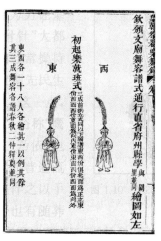

图0.11 《皇朝祭器乐舞录》文庙之"六佾舞图"①

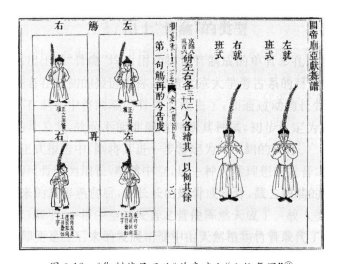

图0.12 《御制律吕正义》关帝庙之"六佾舞图"②

---

① 清版《皇朝祭器乐舞录》(木刻本),同治十年楚北崇文书局开雕,"卷下·文庙"第1页。

② 清版《御制律吕正义》(木刻本),同治十年楚北崇文书局开雕,"中祀合编"第12页,"面壁斋藏本"。

上列《皇朝祭器乐舞录》及《御制律吕正义》中所载文庙与关帝庙的“六佾舞图”，舞者皆“左手持籥、右手秉羽”，其所持之“籥”，单管如笛作棍状，为自汉代以来千百年代代相传之舞器，以此一管之“龠”来标帜华夏礼乐之文明，“此圣人所以一天人、赞化育之道也”①，其渊源即为先秦周代“六乐”的《大夏》九成之籥舞。此佾舞所持之“籥”虽不能吹之成声（大约自汉代吹法失传），但其单管“如笛”之制，传自远古，当凿凿可据。

10. 民国二十六年首版《辞海》释“籥”词条中的“籥图”

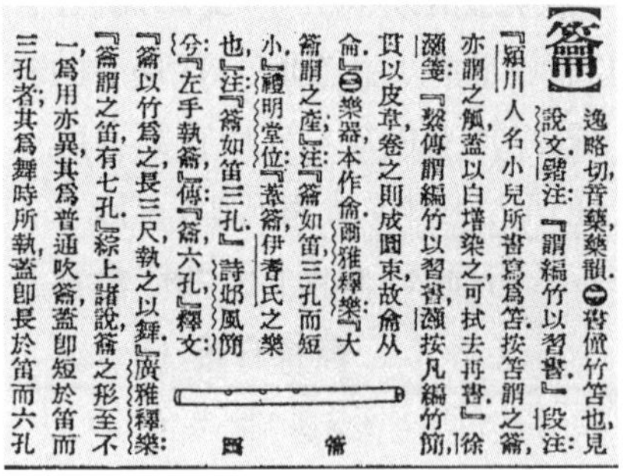
【籥】逸略切，音藥，藥韻。㊀書僮竹笘也，見說文。段注：『謂編竹以習書。』段注：『潁川人名小兒所書寫爲笘，按笘謂之籥，亦謂之觚，蓋以白墡染之，可拭去再書。』徐灝箋：『繫傳謂編竹以習書。』灝按凡編竹簡，貫以皮韋卷之則成圜束，故籥从龠。㊁樂器，本作龠。爾雅釋樂：『大籥謂之產。』注：『籥如笛，三孔而短小。』禮明堂位：『葦籥，伊耆氏之樂也。』注：『籥如笛三孔。』詩邶風簡兮：『左手執籥。』傳：『籥六孔。』釋文：『籥以竹爲之，長三尺，執之以舞。』廣雅釋樂：『籥謂之笛，有七孔。』綜上諸說，籥之形至不一，爲用亦異，其爲管通吹，籥蓋即短於笛而三孔者；其爲舞時所執，蓋即長於笛而六孔



图 0.13 民国首版《辞海》释“籥”图示②

《辞海》是一部以字带词，兼有字典、语文词典和百科词典功能的大型综合性辞典。其初版于 1937 年的民国期间，由当时上海的中华书局出版，分甲、乙、丙、丁四种版本，是为“首版”。首版《辞海》的释“籥”词条，是以汉儒解经的“龠如笛”、“龠似笛”及后世所见的“龠谓之笛”等相关疏说为据撰写的，词目不仅尊重了自汉至清不绝于史而代代相因的历史文献的载说，还特别附有一幅“籥图”（图 0.13）。




令人惊异的是，这幅“籥图”所绘的乐管形制，其管端并没有如前述宋、明时期所见的“豁口”，而是保留着完整的管口；管身所开的三孔都是音孔，并没见有“吹孔”的设置。这一简朴的单管形制，正是保留了古龠以管端作吹口的本真原形，应是十分的珍贵。它说明，即便是在近代的民国时期，“籥”的单管如笛的真实形制也并没有完全失落，仍被一些有识之士所认知，故入《辞海》之图示。然而，在新中国成立后，重新修订而公开出版的“79 版”（第三版）《辞海》中，随着释“籥”词条出现的本质性的变化和截然不同的改写，即被描绘成了“像编管之形，似为排箫之前身”（参前述），这幅珍贵的单管之“籥”的图示，也随之消失得无影无踪。

以上所列古代文献中所见的文论、图像资料，均可足证，“籥”就是一种单管如笛的吹奏乐器，此正与历代学者的“龠如笛”注疏文字相印证，可谓不容置疑。

其实，除了这些单管如笛的文征、图证之外，在当代的古文化遗存中，还见有更加确凿的、可与上列之图相辅证的“龠如笛”实器之证，那就是中国孔庙祭孔乐舞中“文舞生”左手所持的棍状之舞具——籥。这种孔庙的“舞籥”，虽然已经不能吹之成声，但其形制乃为单管“如笛”之状，而且也正名之为“籥”的，它是自汉代以来孔庙文舞生代代传习之物，是先秦宫廷万舞“左手执籥，右手秉翟”（《诗经》）的远古礼乐文化之遗存。时至今日，在中国的台湾孔庙及山东曲阜孔庙的祭孔乐舞中，仍秉承着“左手执籥、右手秉翟”的远古雅乐之遗风（参图 0.14/0.15）。

① 安南本《性理大全节要》（木刻），越南绍治三年新镌，“卷之二”第 5 页，“面壁斋藏本”。

② 民国版《辞海》“丁种本”（铅印本），上海中华书局民国二十六年首版，“下卷・未集”第 37 页，“面壁斋藏本”。

图 0.14　台湾孔庙祭孔乐舞　　　　　　　图 0.15　山东曲阜孔庙祭孔乐舞

以上图片中"台湾孔庙祭孔乐舞"的舞生所持之"籥"似为右手,当系该黑白照片洗印时面反之误;盖孔庙祭典佾舞(文舞)皆为"左手持籥、右手秉翟",此世代相传,千百年来无变。中国孔庙的这种祭孔雅乐之舞,自唐宋以后还曾传入日本、朝鲜等周边邻国。特别是朝鲜的李朝时期,即用中国王侯"六佾"乃至天子"八佾"之雅乐舞列;即今之日,孔教仍为韩国之国教。田边尚雄《中国音乐史》的"中亚音乐之扩散"一章中,就载有朝鲜李王家雅乐——文庙之乐的"六佾"舞式图片,该图片虽然较为陈旧,但其舞生左手所持的棍状单管之"籥"却仍清晰可辨(参图 0.16)。

图 0.16　朝鲜李朝时期的雅乐"六佾"之舞(文舞)①

与中国本土孔庙祭孔乐舞所不同的是,在韩国的孔教音乐中,除佾舞中只舞不吹的"舞籥"之外,至今还见有能吹之成声的三孔"籥"的实器,只是其吹口处类中国本土"竖吹"之洞箫。承蒙韩国著名学者权五圣先生相赠,笔者有幸收藏到了两支韩国孔教音乐的雅乐之"籥"实物,均为三孔之制,吹口处开有近半圆的小山口,状类中国的古洞箫,即吹口处通洞、无封节,其形制既与陈旸《乐学轨范》中所绘的"吹籥"图形基本一致,又与

① 民国版《中国音乐史》(铅印本),[日]田边尚雄著,陈清泉译,商务印书馆民国二十六年出版,第 143 页,缪天瑞旧藏,"面壁斋藏本"。

田边尚雄《中国音乐史》的"籥"图极其相合(参图0.17)。

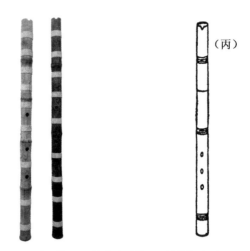

图 0.17　左:韩国孔教音乐的"三孔籥"实器(权五圣赠)
右:田边尚雄《中国音乐史》载雅乐古"籥"图

此韩国孔教之"籥",实乃是中国宋代宫廷复古雅乐器之遗制,其管端吹口处已破为豁口(山口),显然已失古籥之本真(古籥不破口);盖因当宋之时,复古雅乐风兴,欲使古籥吹响作声,却不知有管口"斜吹"之法(汉以后世的宫廷雅乐"籥"只舞不吹,故"斜吹"失其传),从而破为豁口"竖吹"之所致。其实,它就是由"籥"衍变而来的古代竖吹之"笛",也即宋元以后人们通常所称的"箫"(洞箫),若清人俞樾《茶香室丛钞》所曰"今之箫为古之笛"[①],其与前述的明代朱载堉《律吕精义》中所绘的"籥"图也正相一致。此韩国孔教的破口之"籥",实即中国汉魏之"笛"、明清之"箫",虽然已失正宗,但却是千百年来"籥"为单管之器的图证之外,更加不容置疑的、至今仍名之为"籥"的海外遗存之凿凿物证。

## 五、"籥"的考古发现与民间孑遗略说

由上可见,不论是两千多年来的文字记载,还是历代图像资料的显现,抑或是当代古器物的遗存,都已确凿无误地证明:"籥"就是一种单管"如笛"的吹奏乐器。宋元以后所见的"籥"图和"籥"器,其实都等同于"笛"(即今之"箫"),而不是"如笛"、"似笛",并非古籥之本真。那么,古代的"籥"究竟又是怎样一种既像"笛"又不等同于"笛"的吹管乐器呢? 这却不是文字学的字形解说和文献学的文本考释所能真正解决的。

有道是"纸上得来终觉浅",古人尝谓"格物"方能"致知","一物不格,一物不知"

---

① 民国版《茶香室丛钞》(石印巾箱本),清俞曲园著,进步书局校印,"续钞"之卷二十二,第7页,"面壁斋藏本"。

（［清］颜元）。故真正要考证一件乐器，须从乐器器物的本身下手才是真道理。黄翔鹏先生生前曾经说过这样一句卓识睿智之语："以今之所见，求取古代之真实。"那么，在我们今天所见的民间吹管乐器中，有没有一种形状像"笛"而又并不是"笛"的吹管乐器足资考察与求取呢？回答当然是肯定的，有！而且还不止一件乐管。那就是：中原豫、皖一带民间道士所吹的"竹筹"（籁）；新疆塔吉克族民间流行的骨质吹管"乃依"（鹰骨笛）；蒙古族、哈萨克族的苇类乐管"绰尔"和"斯布斯额"等。这些名称各异的乐管都有一个共同的结构特征，即：不开"吹孔"，是以乐管的自然管端来作吹口的；其形制至为拙朴，而其"斜吹"之法尤为别致，实为有吹孔的"笛"类乐器的先祖。这类"斜吹"乐管，在我国的不同民族的民间生生不息地传承着，及至当代，不知已有几千百年了，但它一直并没有引起当今学者的任何注意。直到上个世纪八、九十年代起，一个惊天的音乐考古大发现，遂使这类拙朴的"斜吹"乐管一下子映入了人们的眼帘，因为，这一考古的新发现以凿凿的实器证明，中国这种形制质朴的乐管可考年代至少已达八九千年之遥，是为中华乃至世界音乐文明的重要源头和杰出代表。

**（一）贾湖"骨龠"——中国吹管乐器的鼻祖**

1986年5月—1987年6月，中国音乐考古发生了一件令世界音乐史学界为之瞩目的大事。那就是，在河南省舞阳县贾湖村新石器遗址的发掘中，出土了一批骨质的多音孔"斜吹"乐管，它们大多为七孔之制，其精美的制作，近乎齐备的七声，标志着已属完全意义上的乐器形态。经碳十四及树轮校正数据测定，此器为距今8 000—9 000年左右的文化遗存。[①]这批骨管吹器的出现，一下子将人类音乐音阶的形成可考年代提前了数千年，足使世人为之瞠目结舌。当是时，中国音乐界的有关专家学者几乎无一异议地将这种无吹孔形制的骨质"斜吹"乐管定名为"骨笛"，于是，贾湖"骨笛"便如天外来客般地闯入了中国音乐学的史册。

作为彼时彼地的考古新发现，贾湖"骨笛"的定名曾起到过及时将该器见诸新闻媒体的作用，似也无可非议。然而，此后许多年过去了，尽管也有不少寻幽探秘者在骨管的测音、仿制及演奏上做出了一些有价值的试验与探索。但是，"贾湖骨笛"似乎仍只是个孤零零的出土器物，以"笛"命名人们无法究其来龙去脉。当代音乐史学家们可以针对贾湖"骨笛"的发掘及其久远的年代而津津乐道，却无法对其后所出现的数千年的音乐文化断层做出任何令人信服的阐解。因为，在现存的先秦典籍史料中，无论是传说中的远古氏族音乐抑或是可纳入信史的夏、商、周时的音乐，均不见有"笛"的记载（"笛"名在汉代才出现）。也就是说，如此重要的、八九千年前就已成形了的骨管乐器的现身，不但得不到先秦任何音乐史料的印证，反倒将中国远古音乐的历史平添了数千年令人不可思议的空白。显然，这是有睽常理的。

事实上，贾湖新石器遗址出土的这种骨质"斜吹"乐管虽然形状很像"笛"，但它的形制结构（无吹孔）和吹法（斜吹）都与"笛"类乐器（无论竖吹之古"笛"还是横吹之今"笛"）

---

① 张居中《考古新发现——贾湖骨笛》，载《音乐研究》1988年第4期。

有着本质的区别；它其实就是"如笛"、"似笛"的远古之"龠"。笔者自上个世纪 90 年代初开始对贾湖骨质"斜吹"乐管进行了深入的理论研究和演奏探索，通过对出土文物、民间遗存和文字训诂的综合研究，上通故训、下谐时俗，比类考原、多重释证，终于揭示出贾湖骨管乐器的"龠"名真相，在 1996 年发表的《笛乎　筹乎　龠乎——为贾湖遗址出土的骨质斜吹乐管考名》一文中对贾湖"骨龠"作出了如下的论断：

> 无论是史料研究、实器考证，还是文字训释、逻辑推理，均可推证 1986—1987 年在河南舞阳贾湖遗址出土的距今八千年的无吹孔骨质斜吹乐管，既不是"骨笛"也并非"骨筹"，而实实在在就是华夏吹器之鼻祖——"骨龠"。[①]

该文考定贾湖遗址出土的这种"斜吹"乐管的正名为"骨龠"，其主要比物连类的民间实器与文献典籍相互释证的确凿证据有以下两点：

其一，与贾湖骨管同类的、今被汉语称为"鹰骨笛"的塔吉克族三孔骨质乐管，塔语称之为"乃依"（也被写作"奈依"、"纳伊"、"那艺"等），其实就是汉语"籁"的音译。"籁"在中国古代典籍中一直是被释作吹管乐器名的，汉许慎《说文解字》明明白白地释解："籁，三孔龠也。"今之所谓的塔吉克族"鹰骨笛"，乐管形制正是"三孔"，而塔语仍然称之为"乃依"——即汉语"籁"的音译。塔族"乃依"实际上就是古代被称之为"籁"的"三孔龠"在今天的活化石，此可谓是无吹孔的"斜吹"乐管与"龠"名相关的凿凿证据之一。

其二，作为贾湖骨管乐器"斜吹"之法的重要参比物、结构上同型的河南当地民间流行的"筹"乐器，在明代的文献中被称之为"楚"，"楚"字正是读作"chóu"（筹）音的。朱载堉《律吕精义》云："笛乃楚音，《左传》所谓'南籥'是也，俗呼为'楚'。"可见，"楚"是"南籥"乐器在民间的俗称，那么，河南民间流行的"筹"（楚）当然就是古"南籥"的孑遗。此为无吹孔的"斜吹"类乐管与"龠"名相关的凿凿证据之二。

实际上，"龠"就是中国"笛"类乐器的先祖，贾湖"骨龠"的正名，不仅从字源学上看，其骨质乐管与"龠"字的本形并不从"竹"正好相符（从竹之"籥"乃后起）；而且，"龠"名于先秦文献中斑斑可考，合于其久远的年代，不会像"笛"名那样产生五、六千年的断层，其渊源流变乃灿然可稽，九千年音乐文明可以藉"龠"名一以贯之。本书的第一章将对贾湖"骨龠"的考古出土、测音研究、名属考辨及乐管仿制的舞台呈现等作一系统而详实的考论，揭示出这一重要乐管，在中国音乐史上无与伦比的理论意义和学术价值。

**（二）中原"竹筹"——古"南龠"的孑遗**

考古发现的贾湖"骨龠"其实并不是学术界先前所认为的那样，是"孤零零的天外来客"，因为，在中国的民族民间现仍存活着这类原始质朴乐管的各种孑遗，这些孑遗也正是考证贾湖骨管乐器的真正名属，为其"骨龠"正名的重要民间物证。流行于中原一带

---

① 刘正国《笛乎　筹乎　龠乎——为贾湖遗址出土的骨质斜吹乐管考名》，载《音乐研究》1996 年第 3 期；1998 年安徽省第四届社会科学"优秀成果奖"论文。

的河南、安徽等地的民间一种形状很像笛的竹制吹管乐器"箎",正是这其中的一件代表性乐管。

"箎"是一种既不同于笛之"横吹"、又有别于箫之"竖吹"的另类"斜吹"乐管,因其为竹制,故名之为"竹箎"。"竹箎"在结构上的特点是不设吹孔,以自然的管端作吹口。演奏时,管身斜持,嘴唇撅起半堵管端,形成一个约 45 度斜角的吹口,破气而成声。制有"膜孔",音色若笛,民间多以竹笛来改制。"箎"器在上个世纪初曾流行于中原一带的豫、皖地区,多为民间道士、僧人所操。

关于"竹箎"的器名,今人多写作"箎"。然而,这个"箎"字,在古代的典籍中,如《尔雅》、《释名》以及现代各种词书中都没有作为乐器名称的解释,但在河南、安徽的民间吹箎的艺人都是这么称呼这件乐器。其实,"箎"的器名只是今人的写法,该器的正名则应是《说文》中被训作"吹筩"的"籔",而在明清的古文献中则被称为"楚","楚"的古音正是读若"chóu(箎)"的。"楚"字念作"箎"音,在现今的地方语音中仍有遗存,如人们熟悉的黄梅戏道白所用的安庆方言中,"清清楚楚"的"楚"正是念作"cǒu"(音若"箎")的。也正是这个"楚"名,为我们考证此类"斜吹"乐管与"龠"相关提供了重要的证据。在明代大乐律学家朱载堉的《律吕精义》中,有这样一段论说:

> 龠乃北音,《礼记》所谓"夏籥"是也;笛乃楚音,《左传》所谓"南籥"是也,俗呼为"楚",有以也夫。

由此可见,"楚"(箎)名乃是"南籥"乐器在民间的一种俗称,那么,中原"竹箎"实际上也就是古"南籥"在今天的孑遗。如此,也为同样"斜吹"的贾湖"骨龠"名属的考定提供了确凿的民间比类物证。

中原"竹箎"的音色及音域皆与竹笛相似而略感柔和,其特点是通过吹口角度与气息的有机结合,可以随温度对调高作一个小二度左右的微调。河南的"竹箎"主要见于大相国寺以及民间道、佛的祭祀活动,而安徽的"竹箎"则在早期作过黄梅戏文场的特色伴奏乐器。本书的第二章将对流行于中原河南、安徽两地"竹箎"乐器的民间寻访、名属辨正及其演奏的乐曲进行较为详实的论述。

**(三)塔族"乃依"——"三孔龠"的活化石**

"乃依"是流行于新疆天山一带少数民族的骨质吹管乐器,也即今人所谓的"鹰骨笛"。塔吉克人称之为"乃依",柯尔克孜人则称之为"却奥尔"。"乃依"取大鹰翅骨制成,骨管中空,开有三个音孔,没有吹孔,与贾湖"骨龠"一样是以翅骨的一段管口作吹口来"斜吹"的。"乃依"形制简单拙朴,几乎与贾湖"骨龠"完全同制,它也是贾湖"骨龠"正名考定的最重要的参比物证。

塔吉克族"乃依"乐管,汉语称其为"鹰骨笛",其实是个掩盖了乐管真相的不适之称。考"乃依"一名本身就是汉语"籥"字的读音在塔语中的遗存。在现代汉语中,"乃依"也被写作"那艺"、"奈伊"、"奈依"等,这些词的实际意义就是一种标音,按汉语发音规律均应合音读作 nai 或 lai，即与"籁"字的音谐相近。在我国古代汉语方言中，"籁"字的发音并无 nai、lai 之分，而"籁"字的本意也正是作乐器名解的。汉代的许慎《说文解字》和高诱所注的《淮南子》中，对"籁"字都是一种相同的训释：

籁，三孔龠也。

由此可见，我国古时的"三孔龠"就是被称之为"籁"（乃依）的；而今时的塔族"乃依"却也正是只开有三个音孔的"斜吹"乐管，这种三孔"斜吹"骨管其实就是古代称之为"籁"的三孔之龠在今世的孑遗，其"乃依"一名也就是"籁"字的汉语音译。关于"籁"字，世有"人籁"、"地籁"和"天籁"之分，语出庄子《齐物论》："地籁则众窍是已，人籁则比竹是已，敢问天籁。"此语中的"人籁"一句自古至今均大致被释作"编管乐器竹箫发出的乐声"，而此语前的"地籁"一句却被误释为"地面上种种孔穴发出的风声"，与乐器无关。实际上，庄子此二语是个对应的概念，均为借乐器之形来喻自然物象。"人籁"指的是"比竹为之"的编管乐器，而"地籁"则是指"众窍为之"的单管乐器。塔族"乃依"乐管，其实就是庄子所称的"众窍"之"地籁"的"三孔龠"在今天的活化石。

作为中国境内的唯一还保留着远古"籁"的音译的"斜吹"骨管乐器，塔族"乃依"对我们探赜远古华夏音乐的文明及中国音乐文化对西方的交流和影响，有着极其重要的学术意义。本书的第三章将对塔族"乃依"乐管的传说、器名"籁"之语源与"三孔龠"的考释、以及"乃依"乐管的西传推说等作一前所未有的论述。

**（四）蒙族"绰尔"、哈族"斯布斯额"——远古"苇籥"的遗存**

蒙族"绰尔"（也称"潮儿"、"楚吾尔"等）是流传于新疆阿勒泰地区蒙族部落的一种特殊的竖斜吹乐管，其制作十分简便，艺人们一般都就地取材，用该地区的霍木及喀纳斯等地生长的一种叫"扎拉特"的蒿草茎秆制成（现在也有用红松木挖空制作、或以竹管及金属管代替的）。"绰尔"的形制极其拙朴，中空，上下皆通，管端无任何哨片或簧片，也无类似于洞箫那样的"山口"，只在管身正面的下方开设三个音孔。演奏时竖持略斜，一般以左手食指按最上方的第三孔；右手则以拇指与食指张开呈八字形，分别按下方的第一、二孔。这种持法非常特殊，而其吹法也极其独特，即以管端抵于上门牙齿一侧，张口隐齿，以舌尖控制吹奏的风门，而以喉声引出管声及其泛音。其音色十分奇妙，即如"天际自然而来"。其乐曲大多表现人们对家乡自然山水的赞美和热爱，如《喀纳斯河的波浪》、《美丽的阿尔泰山》等。"绰尔"乐管在内蒙、外蒙及前苏联都瓦自治共和国的境内都有所流传。

哈族"斯布斯额"为北方游牧民哈萨克人的吹奏乐器，与"绰尔"形制相同，器以草原上的苇类"丛文依草"或松木制成，套以羊肠，缠以弦绳。管长约 50 多厘米，一般开有 3—5 个音孔。持势特点与蒙族"绰尔"一样，下把也是以拇、食二指按孔，吹奏以口半含管端，舌控吹口大小。演奏时，以喉声引出乐管声，并持续在整首乐曲进行中。其代表曲目有《思念》、《额尔齐斯河的波浪》等。

以上流行于新疆地区的两种少数民族的吹管,虽然名称各异,其持势与吹法都是一样的独特,实为同一种乐器。关于这类乐管的渊源,当代有学者据古文献中(《晋书》及魏繁钦《与魏文帝笺》)描述"胡笳"的演奏有"喉啭引声"一法,认为"斯布斯额"类的乐管即汉魏时期的"胡笳"。而从制作的材料和乐管形制特征来看,"绰尔"一类乐管的渊源应更为久远,它应该就是远古的"苇籥"在民间的遗存。

关于"苇籥",相传原始部落的伊耆氏就是用草槌敲击土鼓、吹着以苇管制成的籥来歌舞以乐的,此即先秦古籍所载:"土鼓、蒉桴、苇籥,伊耆氏之乐也。"(《礼记·明堂位》)正史之籍《隋书》中也见有"伊耆有苇籥之音"(《音乐志》)和"淳古苇籥,创睹人籁之源"(《律历志》)的载说。[1]然而,"苇籥"究竟是怎样一种吹管乐器,古代载籍中并无具体描述。本文前已述及,今人为附会郭沫若"编管"籥说,将古代的"苇籥"说成是"用苇管编制而成的籥","苇籥"一词被错误地当作了"编管"籥说的文献之证。其实,"苇籥"就是用一根生长成熟的苇管制成的"籥",蒙古族的"绰尔"及哈萨克族的"斯布斯额"的制作材料就是一根苇类天然植物的中空之管,而其以自然管端作吹口的拙朴形制,也正是"籥"类乐器的典型特征(与"三孔籥"活化石的"乃依"及古"南籥"遗存的"竹筹"一样)。如此,蒙族"绰尔"和哈族"斯布斯额"其实就是远古"苇籥"之孑遗。本书的第四章将对这一特殊乐管的渊源——自汉代"胡笳"到远古"苇籥"作一具体详实的考论。

综上所说,中国的古籥乐器乃是一个渊源极为古远的原生文化,它以考古出土"骨籥"的凿凿实器之证,贯通了华夏九千年的音乐文明:从音乐最初发轫的无音孔吹火管籥——→多音孔之制的贾湖"骨籥"——→神农伊耆氏的"苇籥"——→黄帝时期的"竹籥"——→大禹时期的"夏籥"——→殷商的甲骨之"籥"——→西周礼乐文明的"羽籥"、"南籥"、"幽籥"——→汉以后世雅乐之"舞籥"——→直至今世民族民间遗存的"竹筹"(南籥)、"乃依"(三孔籥)、"绰尔"、"斯布斯额"(苇籥)等原始质朴的"籥"类乐管,源远流长的华夏九千年音乐文明,藉古"籥"之器可以一以贯之。正所谓:"华夏一管籥、文明九千年"!对于这样一个关乎中国管乐源头乃至于音律缘起的不该失落的原生文化之重拾,必将为我们揭示远古人类音阶意识的觉醒、华夏吹器的西传东渐、古乐舞的发展演进以及整个吹管乐器的正本清源等学术理论,产生重大而深远的影响。

---

① 清版《隋书》(木刻本),同治十年淮南书局刊成,"静盦"旧藏,卷十三"音乐志"第1页;卷十六"律历志"第1页,"面壁斋藏本"。

中国古龠考论

附:图0.18　先秦古龠流变图

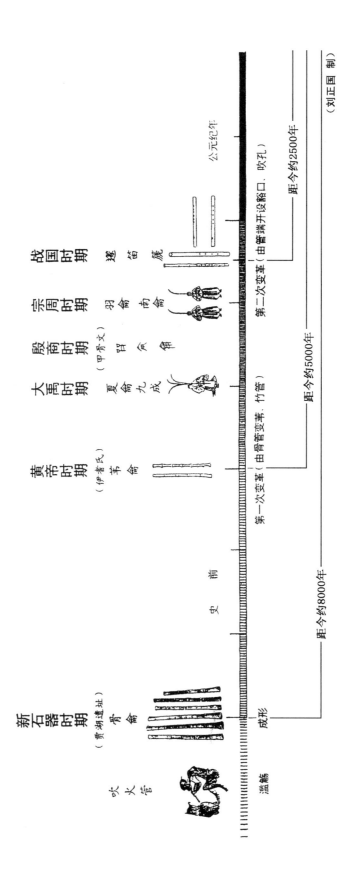

（刘正国制）

# "先秦古龠流变图"解

此图于 1996 年间,绘制于北京的"中国音乐研究所"左家庄大楼内的《中国音乐文物大系》编辑部。当是时也,余于编辑"大系"之暇,应邀赴中国音乐学院作"古龠"专题讲座,特制此图辅之以示。

图以一线贯穿其中,自左而右,由史前及公元纪年,一贯 6 000 余载,古龠形迹于文物、文献皆斑斑可考;华夏旧器乐管形制之因循变革,观此也参参如贯。以下为之详解:

1. 古龠"滥觞",所示为"吹火管",发轫于洪荒远古。此据"龠"字的本义乃有"炊火管"之解,老子《道德经》所谓"橐籥",许慎《说文》所收"龠"字,皆其确凿文证。示图为古人竹禅所绘"钟馗与小鬼吹管图"(取自《中国音乐文物大系·湖北卷》),画中钟馗与小鬼各持其管,一为笛类乐管、一为炊火之管(籥),二管渊源正相关联,可谓生动贴切。

2. 古龠"成形",所据为贾湖遗址出土的"骨龠",距今约 8 000—9 000 年。"骨龠"为新石器时期贾湖先民们的杰作,器以鹤禽类的尺骨打磨、钻孔而制成,其与狩猎时代及新石器时期生产劳动工具相关联。贾湖多音孔"骨龠"实由无孔骨龠(吹火管)发展衍变而来,其间不知要经几多万年!殊不可逆。贾湖"骨龠"制作精良,七声齐备,是为真正意义上的吹奏乐管。

3. 古龠乐管的第一次变革——"材质变革",即由动物的骨管变为自然植物的苇类、竹质乐管,其时约当距今 5 000 年左右的黄帝时期。这一重要变革,是由渔猎向农耕文化转变随之而来的生产劳动工具进化之结果,"截苇"、"断竹"皆须利器方可为之。伊耆氏之"苇籥"(《礼记》),伶伦截竹为十二管律(《吕览》),文献之征凿凿,其时当在炎帝神农氏(姓伊耆)、黄帝轩辕氏时期。

自此尔后,大禹之兴有"夏籥",殷商甲骨有契"龠",宗周礼乐则有"羽籥"、"南籥"、"龡籥"及"龠人"、"籥章"等文献之载述,不绝如缕。

4. 古龠乐管的第二次变革——"破口变革",即由完整的管端吹口演变为外削成豁口(山口)或管身开设吹孔。这一重大变革是在古龠的长期吹奏中,乐管形制自身发展之必然。先由管端破口,削为"山口"而"竖吹"之(籆);再由管身一侧,专设"吹孔"而"横吹"之(篪),其时当在纷扰变革的战国前后。及至大汉,"笛"名始兴,"竖吹"、"横吹"乐管自此风行;而祖制"斜吹"之龠,则随雅乐的沦殇渐趋式微,流落于民间,器名无考、踪迹难寻。

由此"先秦古龠流变图示",足见华夏九千年音乐文明,藉古龠之器可以一以贯之。而以贾湖"骨龠"称之为"笛"者,此先秦六千年文明则夷为一片空白;盖"笛"乃生乎大汉(马融语),先秦唯有"龠";而"龠"乃"如笛"、"似笛",进而衍变成为"笛",累累乎数千载,观此图可以了然一目也。

# 第一章　贾湖"骨龠"

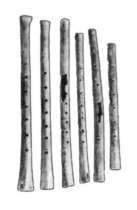

贾湖"骨龠",20 世纪 80 年代中考古出土于河南省舞阳县贾湖村的新石器遗址,是一种骨质的以管端作吹口的古老"斜吹"乐管。器以鹤禽类的尺骨制成,管体中空,管身开有 5—8 个均匀的等距离音孔,无吹孔,其形状很像单管多孔的笛,故一直被学界普遍误称为"骨笛"。其实,这种形状像笛的古老"斜吹"乐管并不是"笛",而是"笛"类乐器的先祖,也就是古代先秦文献中记载极为久远的"如笛"、"若笛"的"龠"。贾湖"骨龠"是中国当代考古发现的最古老的乐管,可谓是中国吹管乐器的鼻祖,也是中华音乐文明有着八九千年历史可考的确凿可凭的重要物证。

出土"骨龠"的贾湖村新石器遗址,是位于我国淮河上游、属河南省舞阳县境内的一处新石器时期中原古人类的聚居地。该地处黄淮大平原西南部的边缘,是我国第二、三阶梯的过渡地带,为南北、东西交流的要冲。贾湖遗址属北亚热带向暖温带过渡的大陆性季风气候的淮北平原易涝区,温暖多雨,光照充足,四季分明;其河流纵横,交通便利,有着适应人类生存的良好自然地理条件。考古发掘的材料证明,早在一万多年前的旧石器时代末期,这一带就有了人类活动的遗存;而距今约 8 000—9 000 年,聚居在这里的贾湖先民们就已经创造出了极其灿烂的"贾湖文化","骨龠"——一种形状像笛的骨质斜吹乐管,便是这"贾湖文化"中最为杰出的代表。

图 1.1　河南舞阳贾湖村新石器遗址

贾湖"骨龠"的考古发掘先后分两批出土：

首批出土于 1983—1987 年间，当时的河南省文物部门连续对舞阳县境内的贾湖村新石器遗址进行了六次大规模的考古发掘，总共揭露面积 2 300 多平方米，发现房基 40 多座、窖穴 300 多座、陶窑近 10 座及墓葬 300 多座，出土了陶、石、骨质的各类遗物数千件。这其中，就有 20 多支用鹤禽类尺骨制成的单管多音孔斜吹"骨龠"，经碳 14 及树轮校正测定为距今 8 000—9 000 年的遗物。1988 年底，考古发掘者张居中先生以《考古新发现——贾湖骨笛》一文，向音乐学界正式公布了这一重大发现。[1]

第二批出土于 2001 年 4 月—6 月间，由中国科技大学出资与河南省文物部门联手组织科技考古专业研究生的田野作业，在对贾湖遗址进行的第七次考古发掘中，又揭露面积 300 多平方米，发现房基 8 座、灰坑 66 座、兽坑 2 座、陶窑 3 座及墓葬 96 座，出土了陶、石、骨质的各类遗物数百件。最令人惊奇的是，这其中又有一批"骨龠"于土中现身，总数竟也超过了 10 支（包括一些残断的乐管）。[2]

贾湖遗址两批出土的"骨龠"乐管总共计有 30 多支，其数量众多、制作精细、开孔规范，虽经近万年的掩埋，至今仍能吹之成声，且七音可备，这在世界音乐考古史上还是绝无仅有的发现，它的出土，一下子将中国乃至世界的音乐文明史向前推进了数千年，曾经如"狂飙一般的冲击波"极大地震撼了中外音乐学界。英国著名科学杂志《自然》曾以《贾湖新石器遗址发现最古老的可演奏乐器》为题，[3]向全世界报道了这一重大考古新发现，引起了包括美国在内的世界众多国家媒体和学界的普遍关注和反响。作为一种完型、规范的吹管乐器，贾湖"骨龠"无可争辩地成为人类史前音乐文明的杰出代表性器物。

## 第一节 贾湖"骨龠"的首批出土

贾湖新石器遗址的发现、发掘和整理是经过了一个相当漫长的过程。遗址的最早发现是在上个世纪的 60 年代初，是由当时的舞阳县博物馆馆长朱帜先生最先发现的；至 80 年代初，河南省文物考古研究所的赵世纲、安志敏等人先后到舞阳贾湖村遗址进行现场调查考察；尔后，又有安金槐、郝本性先生对该遗址的选点、发掘方案和决策等方面给予了决定性的意见。遗址的发掘项目实施后，作为项目的领队裴明相先生曾多次到达发掘现场检查指导发掘工作，而张居中先生更是在 1984—1987 年贾湖遗址的第二次至第六次的发掘工作中主持了该项目的具体实施，也是亲历贾湖遗址首批"骨龠"考

---

[1] 张居中《考古新发现——贾湖骨笛》，载《音乐研究》1988 年第 4 期。

[2] 中国科技大学科技史与科技考古系、河南文物考古研究所、舞阳县博物馆《河南舞阳贾湖遗址 2001 年春发掘简报》，载《华夏考古》2002 年第 2 期。

[3] JZ Zhang, Garman Harbottle, CS Wang, ZC Kong: *Oldest playable musical instruments found at Jiahu Neolithic site in China*, Nature 401, 366—368(23 September, 1999).

古出土现场的发掘者和见证者。[1]

据张居中先生《考古新发现——贾湖骨笛》一文所述,贾湖"骨龠"的首次发现,是在1986年的5月12日。当时的考古发掘者在清理M78号墓时,于墓主人骸骨的左股骨两侧各发现一支有孔的骨管,两件骨管上都开有七个一排的小圆孔,形状似乎很像现在的横吹的笛,但却没有膜孔,也没有吹孔或像洞箫那样的山口,器形很特殊,当即引起了发掘者们的注意。[2]尔后,在接下来的继续发掘中,于M73和M121两个墓葬中又各发现了一支残碎的骨管;1986年秋,又先后在M253、M263、M233和M270等墓葬中发现了多支同类骨质乐管;1987年5月14日,在M282号墓发现了完整的七孔骨质乐管;同年的发掘,还在M344、M411等墓葬中发现多支此类乐管。在持续数年的六次考古发掘中,贾湖新石器遗址首批总共出土了"骨龠"吹管乐器达25支之多,这在中国乃至世界考古史上还是前所未有的新发现。

图 1.2　贾湖遗址第 1—6 次发掘现场

## 一、"骨龠"出土的墓葬

首批发掘的二十多支"骨龠",除1支无孔骨管出于窖穴中、2支残管被弃置于地层中之外,全部都出土于墓葬,为随葬之器。有一墓1支,也有一墓2支的,共涉及15座墓葬。这其中,一墓2支者有7座,余均为一墓1支。出土"骨龠"或置于死者的右股骨内、外侧,或置于右胫骨的内、外侧,或置于左股骨内、外侧,也有置于左臂之内侧者。随葬有"骨龠"的墓葬一般都比较大,随葬品也较为丰富,有的多达60件(如M282),最少的也有6件以上。随葬品大都为石器、骨器和陶器,此外,还有部分墓葬的"骨龠"与成组的龟甲或叉形器同出。[3]现据河南省文物考古所《舞阳贾湖》公开载述的资料,将贾湖

①　萧兴华《中国音乐文化文明九千年》,载《音乐研究》2000年第1期。
②　张居中《考古新发现——贾湖骨笛》,载《音乐研究》1988年第4期。
③　河南省文物考古所《舞阳贾湖》,科学出版社1999年版,第447页。

"骨龠"出土的主要墓葬类型分别列述如下:

### (一) 出土于骸骨两臂交叉于腹部的墓葬

此类墓葬在贾湖遗址中共有 25 座,其特征是骸骨的两小臂,即左右尺、桡骨向内侧置于腹部,腕部或双手交叉于盆骨处,"骨龠"乐器一般置于股骨处,例如下列三墓:

1. M121 号墓,为男性骨架一具(年龄在 25—30 岁间),随葬品 25 件,有折肩壶、骨镖、骨镞、石斧、石饰、龟甲和牙削等,骨龠 1 支纵置于左股骨外侧(图 1.3)。

2. M233 号墓,为成年男性骨架一具,随葬品 15 件,有折肩壶、侈口壶、浅腹钵、骨镖、骨锥、骨镞、龟甲和牙削等,骨龠 2 支置于右股骨右侧(图 1.4)。

3. M270 号墓,为年长男性(约 55 岁)骨架一具,随葬品 6 件,有圆腹壶、骨板、骨针和牙削等;骨龠 2 支,一支纵置于左股骨外侧和左骨盆上,另一支纵置于左股骨的中段(图 1.5)。

 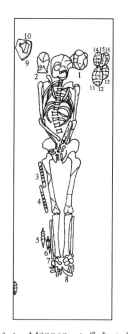 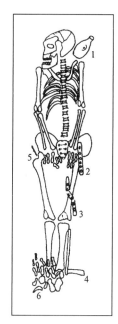

图 1.3  M121(8.骨龠一支)　　图 1.4  M233(3、4.骨龠二支)　　图 1.5  M270(2、3.骨龠二支)

### (二) 出土于无头颅骸骨墓葬

此类墓葬共有 14 座,其特征是墓主人缺头骨或头骨易位,却均无被打破或扰动的现象,似应是入葬时的原始状态。一墓随葬两支骨龠的墓葬列举如下:

1. M78 号墓,为男性骨架一具,无头骨。随葬品 4 件,有骨板、牙削等;骨龠 2 支分别置于右股骨下端两侧(图 1.6)。

2. M344 号墓,为壮年男性骨架一具,无头骨。随葬品 33 件,有折肩壶、叉形器、龟、骨镖、骨镞、牙削、牙饰、牙刀和砺石等;骨龠 2 支置于左肱骨外侧(图 1.7)。

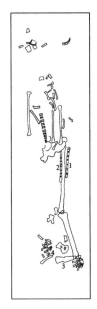

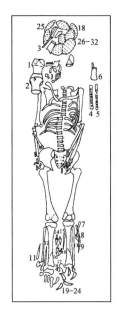

图 1.6　M78(1、2.骨龠二支)　　　　　　图 1.7　M344(4、5.骨龠二支)

### (三) 出土于双人合葬的墓葬

此类墓葬共发现 25 座(包括一次葬和二次葬),特征基本为:墓底一具仰身直肢一次葬骨架,另有一个个体的二次葬人骨,有的大部分骨骼都迁来,有的只有两三根长骨或一下颌骨,仅具象征意义。出土有"骨龠"的此类墓葬列举如下:

1. M253 号墓,墓底两个个体的人骨,分编为甲、乙,均为成年男性,年龄在 45—50 岁间。随葬品 10 件,有圆腹壶、骨叉形器、龟甲、骨镞和牙削等;骨龠 2 支,一支八孔骨龠纵置于甲左膑骨外侧,一支七孔骨龠斜置于乙肢骨堆的东侧(图 1.8)。

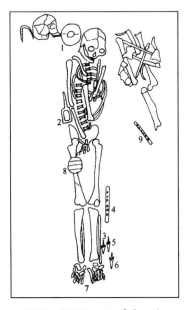

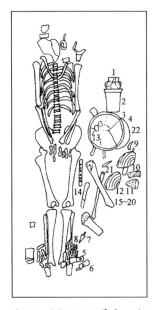

图 1.8　M253(4、9.骨龠二支)　　　　　　图 1.9　M263(14.骨龠一支)

2.M263号墓,墓底两个个体的人骨,甲仰身肢体一次葬,乙为二次葬,两者均为成年男性。随葬品22件,有扁腹壶、侈口罐、浅腹钵、骨柄、骨镞、骨镖和龟甲等;骨龠1支纵置于甲左股骨外侧(图1.9)。

3.M282号墓,墓底两个个体人骨,甲位于墓正中,身首异处;乙仅有右下颌骨,置于甲的胸部,经鉴定甲乙均为壮年男性。随葬品达60件之多,有侈口罐、折肩壶、骨镞、骨镖、骨锥、骨凿、骨刀、骨针及石斧、石凿、砺石等;七孔骨龠2支,各置于左股骨的内、外侧(图1.10)。

贾湖遗址的20多支"骨龠",共出土于15座墓葬,这其中,只有一座墓葬的主人为女性(M411),似为特例。除另有一座骨骸太少无法鉴定外,余13座皆为男性墓葬。这些"骨龠"大都出土于男性墓葬,就像"骨针"大都随葬于女性墓葬一样,应为墓主人生前生活中经常操持和珍爱的器具。依此推断,在八、九千年前的贾湖先民生活中,"骨龠"应该主要为男人们所操吹的乐器。这一点,似乎与今天新疆的天山一带的塔吉克族"乃依"(俗称"鹰骨笛",实为"三孔龠")的吹奏情况十分相似。"乃依"也为骨制(取大鹰的尺骨),是塔族民间非常古老而普遍流行的吹奏乐管,演奏者皆为男性,而女性则往往伴之以手鼓(详参本书第三章)。塔族的"乃依"吹管是否也有随葬

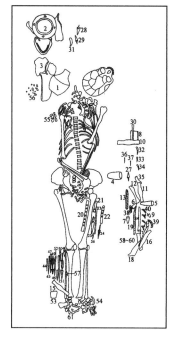

图1.10 M282(20、21.骨龠二支)

的习俗,尚有待于查考。贾湖遗址中出现的众多男性墓葬随葬"骨龠"乐器的现象,是值得很好地与现今仍流行骨管吹器"乃依"(三孔龠)的塔族风情遗俗进行参比考察和研究的。

## 二、出土"骨龠"的类型

贾湖遗址考古出土的"骨龠"均为用动物骨管制成的单管多孔之器,究竟是什么动物的骨管?据发掘者在最初的报道中称:曾请北京大学考古系的吕遵谔教授帮助鉴定,但由于出土"骨龠"在制作中将两端的骨关节截去了,而通过动物长骨鉴定其种属的关键就是要看两端的骨关节,故而不能准确地判断其种属,初步认定为猛禽一类的动物。尔后,在发掘者的正式报告中,则将其进一步鉴定为丹顶鹤的尺骨。

鹤禽类动物的尺骨较为细长,壁薄中空,是一种天然理想的发音之管。在那荒远的年代,人们将狩获来的禽兽熟食后,取长长的翅骨或腿骨,截去两端的骨关节,吸干管中的骨髓,再将管端口磨平,一根中空的发音之管便浑然天成了。故人类早期的吹管大都取自动物的骨管,即便是在后来的发展衍变中由天然植物竹管取代了动物的骨管,但仍见有用动物骨管来制作吹管乐器的记载。如唐人段成式撰《酉阳杂俎》卷六"乐"类载:"(昔晋时)有人以猿臂骨为笛,吹之其声清圆,胜于丝竹。"[1]又明代《玉芝堂谈荟》卷八载

---

[1] 明版《酉阳杂俎》(木刻本),唐段成式撰,汲古阁校本,卷六"乐",第3页,"面壁斋藏本"。

冯海粟《鹤骨笛》诗一首曰："胎仙脱骨字飞琼，换羽移宫学凤鸣。喷月未醒千载梦，彻云犹带九皋声。管含芝露吹香远，调引松风入髓清。莫向岭头吹暮雪，笼中媒鸟正关情。"①据明人余庭璧《事物异名》及清人历荃《事物异名录》载，诗中的"胎仙"、"九皋"皆为鹤之异名，诗所描述的正是以鹤骨制成的笛。

从贾湖遗址出土的"骨龠"来看，由于鹤禽类动物有大有小，其尺骨也有长有短，故贾湖先民们制作的"骨龠"管长也参差不一，基本上都是随形的长短，而在其开孔数上则有五孔、六孔、七孔和八孔之不同。此外，在贾湖遗址的发掘中，还见有一孔都不开的特殊的空骨管（实即"无孔骨龠"），这种空骨管的出土，其实是有着极其重要的学术意义，但却并没有引起学界的任何注意。

以下，就河南省文物考古所的发掘报告中所见贾湖出土"骨龠"的孔制类型，分"多孔骨龠"和"无孔骨龠"列而述之：

### （一）多孔骨龠

#### 1. 五孔龠（1 支）

"五孔龠"仅见一支，编号为 M341:1，管体通长 20.9 厘米，器形完整，两端骨关节被完全截去。通体呈棕色，把握光滑，似经长期使用。管身开有 5 个音孔，基本为等距离的匀孔之制，所开音孔甚圆，径约 0.45—0.32 厘米。其第 1 孔（孔序自管尾而上）开设略为偏右，而第 4 孔开设则略为偏左，是否为便于演奏中左右手把持而着意所为，不得而知（图 1.11）。

图 1.11　M341:1 五孔龠

#### 2. 六孔龠（2 支）

"六孔龠"在发掘者的报告中也为一支，但据笔者对出土"骨龠"公布资料的辨识，实际上应为二支。

一支编号为 M341:2，与 M341:1 号"五孔龠"同出一墓。管体通长 17.3 厘米，器形完整，是贾湖出土骨龠中最短的一支。乐管通体呈浅棕色，把握光滑，也似经长期使用。管身开有 6 个音孔，等距离呈一线整齐排列，音孔细小，径约 0.3—0.2 厘米，是贾湖出土"骨龠"中音孔最细小的一支（图 1.12）。

图 1.12　M341:2 六孔龠

---

① 　清版《玉芝堂淡荟》（木刻本），［明］徐应秋辑，清早期刻本，"卷八"第 66 页，"面壁斋藏本"。

另一支编号为 M344:5,管体中部偏上残断不可复原,据出土时原地测量管体的长度应为 22.6 厘米。由于管体中部残断,清晰可见的音孔只有 4 个,发掘者在报告中称该管的音孔原为 7 个。但笔者根据其公布的孔距数据来进行的复原测量推定,该管准确的孔数应为 6 个。从其最下一孔距管底为 7.1 厘米、最上一孔距吹口的管端为 6.3 厘米来算,依其管长为出土原地测量的 22.6 厘米,那么,由最下一孔到最上音孔的距离约为 9.0 厘米,而从残存的三个音孔的距离来看,其孔距的平均距离约为 1.8 厘米左右,如此,上下两孔中间 9.0 厘米的长度则可分为 5 个 1.8 厘米的间距,正好可以开列 4 个等距离的音孔,此管骨龠的确切孔制当应是六孔,而非发掘者所称的七孔。

　　如果,该乐管是开设七孔的话,其上部 4 个孔的孔距与下部 3 个孔的孔距则相差较大,看上去极不协调,而贾湖出土"骨龠"的孔制基本都是接近等距离的匀孔之制。故依此推定,该管骨龠的真实形制应为六孔龠(图 1.13)。

图 1.13　M344:5 六孔龠①

### 3. 七孔龠(13 支)

　　"七孔龠"是贾湖多孔骨龠中的代表性类型,它标志着贾湖"骨龠"作为远古先民制作的吹管是一种有一定规范孔制的完型乐器。"七孔龠"出土的数量多达 13 支,这还不包括一些残断不能确定所开孔数的残管,就占去了出土"骨龠"总数的一半以上。八九千年前的贾湖先民们就能制作出如此之多的规范孔制的乐管,真正是世界音乐考古史上从未发掘到的一个令人叹为观止的奇迹。

　　13 支"七孔龠"中,较为完整的大体有 7 支,以下,就这 7 支主要的"七孔龠"附图以述之:

　　M282:20,管长 22.7 厘米,通体呈浅棕色,油亮光滑,制作精细,尺骨两端的骨关节略显,是贾湖出土"七孔龠"中最为标致和完整的一支,也是用于测音采样吹奏的主要代表性的乐管。七孔序列基本为一直线,音孔钻挖甚圆,孔径约 0.36 厘米。以孔序自下而上的第 1、5、6 孔②旁见有似为设计而钻的小圆点,径约 0.1 厘米,呈锥状,极浅,均未钻透。该乐管最为特别的是在第 1 孔边上方另开有一个孔径约为 0.15 厘米的极小的附加孔,其用途大都认为是为调整第 1 孔的音高而钻,然而,事实却可能未必如此(参后述)。乐管具体形制参见下图(图 1.14):

① 此图在《舞阳贾湖》的"图版一八一"中标记为 8.M344:4,实误,与同图的 7.M344:5 弄颠倒了。
② 关于贾湖"骨龠"的孔序问题,考古者在《舞阳贾湖》发掘报告中是以"骨笛"的管端吹口为基点,将最上孔标记为第 1 孔,依次向下推算,这种孔序标记与乐管制作及演奏中的实际开孔顺序是完全相悖的。本书所述的孔序依管乐演奏实践中的开孔先后为序,即以管尾"筒音"为基点依次向上推算,原发掘报告中的第 7 孔实为第 1 孔,而原第 1 孔则实为第 7 孔。这也是吹管乐器实际制作中的开孔顺序,符合事物的本来面目和客观规律。

图 1.14　M282:20 七孔龠

　　M282:21，与 M282:20 同墓出土。管长约 23.6 厘米，通体棕色，把握光滑，两端留有明显的骨关节特征。出土时断为三节，且并列置之，曾以为是不同乐管，后经缀合，三节的连接处均有缀合孔，在第 4 孔断裂处有四组共八个缀合孔，在第 6 孔断裂处则有三组共六个缀合孔。所见缀合孔都很小，径约 0.1 厘米，整个开设音孔的一段管身布满缠裹痕，可能为断裂缀合后为加固管身、以防漏气所为。管体所开音孔皆径圆，径约 0.35 厘米，音孔一线排列，似以第 1、7 孔为中轴，第 4 孔居正中，个别音孔间依稀见有刻痕（图 1.15）。

图 1.15　M282:21 七孔龠

　　M78:1，管长 20.45 厘米，通体呈土黄色，两端皆保留有部分骨关节。乐管出土时断为三节，粘合在一起为一基本完整的乐管，只是尾端略有缺残。所开七个音孔较圆，孔径约 0.3 厘米。该管"骨龠"最值得关注的是：它的每个音孔旁都见有设计的刻痕，自管尾而上察之：第 1 孔两侧均有短横刻痕，第 2、3、4 孔的两侧及上方各有一道横刻痕，第 5 孔的两侧及上方均有刻痕，其上方的刻痕为并列的两道，第 6 孔两侧及上方也均见有横刻痕，其上方的两道短横刻痕，一道平直、一道略斜，第 7 孔的两侧及上、下方均见有横刻痕，其下方的刻痕较浅不明显。这样多的明显刻痕，是其他出土"骨龠"所没有的。考古发掘者在对刻痕进行研究分析后认为，刻痕反映出该乐管在音孔开设上大体经过了三次修改设计：

　　第一次孔位设计：第 1、2 孔距为 1.8 厘米，第 2、3 孔距亦为 1.8 厘米，第 3、4 孔距为 1.85 厘米，第 4、5 孔距为 1.9 厘米，第 5、6 孔距为 1.4 厘米，第 6、7 孔距为 1.6 厘米。

　　第二次修改设计：第 1、2、3、4 孔距不变，第 4、5 孔距为 1.7 厘米，第 5、6 孔距为 1.5 厘米，第 6、7 孔距为 1.1 厘米。

　　第三次孔位设计：即最后的钻孔定位，音孔两侧的横短刻痕位置对应，系钻孔前一次所刻，孔位居其中，故两侧各留有短刻痕。依孔中心计各孔的间距如次：第 1、2 孔距为 1.6 厘米，第 2、3 孔距为 1.7 厘米，第 3、4 孔距为 1.68 厘米，第 4、5 孔距为 1.7 厘米，第 5、6 孔距为 1.8 厘米，第 6、7 孔距为 1.6 厘米（图 1.16）。

图 1.16　M78:1 七孔龠

M78:2，与 M78:1 同墓出土。管体尾端已残，残长 18 厘米，从吹口的管端保留有部分骨关节来看，其残去的尾端可能也保留有相应的骨关节。管体呈土黄色，音孔细圆，径约 0.27 厘米，七孔一直列，较齐整。在第 1、5、6、7 孔的一侧见有锉痕，疑为制作设计时的残迹，第 2、3 孔同侧则见有刻痕（图 1.17）。

图 1.17　M78:2 七孔龠

M411:14，管长约 22.4 厘米，两端骨关节全部截去，切割非常整齐，通体棕色，把握光滑，似经长期使用之器。出土时断为三节，其中两节被压扁。乐管中部有音孔的一段满布缠裹痕，当属管体上原有某种缠裹物在数千年的掩埋中腐烂而留下的遗痕。所开音孔较小而圆，径约 0.3 厘米，音孔旁未见有任何设计刻痕，足可见开孔制作技术之娴熟（图 1.18）。

图 1.18　M411:14 七孔龠

M233:3，管体呈浅棕色，管尾已残，出土时原地测量管长为 22 厘米，现存残长 21.3 厘米，吹孔一端保留有部分的骨关节。该乐管与众不同的是，在开设音孔的中段正面刮磨出一道平而微凹的条面来，音孔即在其上钻挖。音孔旁未见有设计刻痕，音孔圆、孔壁直，径约 0.32 厘米，七孔排列很直，呈一直线（图 1.19）。

图 1.19　M233:3 七孔龠

M253:9，管长 24.6 厘米，为贾湖遗址首批出土"骨龠"中最长的一支，只是管的尾端有部分缺残。乐管出土时从第 2 孔处断为两节，两端骨关节制作时均被截去。开钻音孔的一面稍经刮削，音孔圆而较大，孔壁倾斜，上径 0.55 厘米、下径 0.35 厘米。音孔间时见有设计的刻痕，第 1—6 孔的一侧均有刻痕，第 5 孔和第 7 孔的上方均见有刻痕，同时，乐管的背面 1—7 孔的对应部位均有横刻痕，只是略显潦草。正面第 5 孔上方的刻痕距吹口端约 9.46 厘米，背面刻痕距吹口端：第一道 6.17 厘米，第二道 7.4 厘米，第三道 10 厘米，第四道 11.92 厘米，第五道 13.74 厘米，第六道 15.8 厘米，第七道 17.85 厘米。孔列明显不直，第 2—6 孔均偏向一侧（图 1.20）。

图 1.20　M253:9 七孔龠

### 4.八孔龠(1支)

"八孔龠"仅见一支,编号为 M253:4,与 M253:9 号"七孔龠"同出一墓。管长 22.7 厘米,两端骨关节全部截去,器身把握光滑,八个音孔开设较圆而略小,孔壁稍斜,孔径约 0.54—0.3 厘米。所开的音孔自下而上的第 1、4、5、6、7、8 音孔一侧见有刻痕,第 2、3 孔的两侧均有对应的刻痕,在管身的一侧吹口管端与第 8 孔(最上一孔)之间见有一个"彐"形的刻符,八个音孔的孔列基本较直,个别两个音孔略有所偏(图 1.21)。

图 1.21　M253:4 八孔龠

### 5.骨龠残管(6支)

贾湖"骨龠"的残管共发现有 6 支,其中,残存有 4 个孔的 1 支,残存 2 个孔的 3 支,残存 1 个孔的 1 支,另有残存一端未见音孔的 1 支。这 6 支残管中,带有音孔者,能确认为"骨龠"管尾一端的有 3 支、吹孔一端的有 1 支。兹将这 4 支残管列述如下:

标本 M73:6,残存为管尾一端,残长 8.93 厘米。残管器身把握光滑,残存音孔 4 个,其中 3 个似为主孔,即多孔"骨龠"的第 1、2、3 孔,孔距约 1.3 厘米。另有 1 个略小的圆孔,居第 2、3 孔之间而靠近第 2 孔偏向一侧,其开设用途不明。发掘者认为是调音孔,但在出土的完整"骨龠"中从未见有如此类型的孔制(图 1.22)。

图 1.22　M73:6 残管

图 1.23　M387:13 残管

标本 M387:13,残存为管尾一端,残长 7 厘米。器身把握光滑,残存乐管的第 1、2 音孔两个,孔圆,壁略斜,径约 0.44—0.34 厘米,孔距约 2.1 厘米。最低 1 孔距管尾端约 4.6 厘米,第 2 孔残端处管外径 0.98—1.12 厘米,壁厚约 0.12 厘米,孔侧未见设计刻痕(图 1.23)。

标本 T18③:16,残存为管尾一端,残长 7.37 厘米。器身把握光滑,残存音孔 2 个,仅第 1 孔保存完好,孔形略呈椭圆形,孔壁斜,孔径上约 0.55—0.44 厘米、下约 0.34—0.4 厘米,两孔孔距为 1.94 厘米。第 1 孔距管尾端约 4.87 厘米,尾端外径 1.39—1.95 厘米,壁厚约 0.09—0.23 厘米,第 2 孔残端处管外径约 1.01—1.36 厘米,壁厚 0.13 厘米,孔侧未见设计痕(图 1.24)。

图 1.24　T18③:16 残管

图 1.25　T61④:6 残管

标本 T61④:6,残存为吹孔口一端,残长 8.05 厘米。器身把握光滑,残存音孔 2 个,相当于七孔龠的第 6、7 孔,仅第 7 孔保存完整,略呈三角形,壁斜,孔径上约 0.5—0.55 厘米,下约 0.29—0.34 厘米,两孔孔距约 2.4 厘米,最上一孔距吹口管端约 5.35 厘米,孔侧未见设计刻痕(图 1.25)。

除以上所列四支"骨龠"的残管外,另外还有两支残管为:M90:4 和 M99:1 号残管。标本 M90:4,残存尾部一段,残长 6.2 厘米,未见音孔。标本 M99:1,仅残存一段又成碎片状,残片最大者长约 3 厘米,残片上见有一残音孔,较圆,壁斜,余皆不详。

### (二) 无孔骨龠

所谓"无孔骨龠",其实就是一根不开任何音孔的空骨管。这种空骨管,在贾湖遗址的前六次发掘中共出土有两支:一支出土于墓葬,一支出土于灰堆。但由于其管身未开任何音孔,且出土时又严重残断,故未引起音乐学者们的任何注意,而考古发掘者则在报告中将其简单地称之为"骨笛的半成品"[①]。以下是这两支无孔骨龠的详细发掘资料:

标本一:M55:7 无孔骨龠,出土于墓葬。两端骨关节均已截去,中空,管身未见有任何钻孔,也未见设计刻痕,可能有意专为陪葬所特制。该骨管出土为两段均略残,系因长期埋藏中条件不好,出土时破碎所致。乐管残长 20.66 厘米,中部管径约 0.94—1.04 厘米(图 1.26)。

图 1.26 M55:7 无孔骨龠

标本二:H87:2 无孔骨龠,出土于灰坑。仅一端截去了骨关节,当作吹口,另一端骨关节则保留完好。管身全长 21.2 厘米,管身未开任何音孔,也无设计刻痕,出土时断为两节。因发现于灰堆,发掘者疑其为制作过程中不慎折断而丢弃(图 1.27)。

图 1.27 H87:2 无孔骨龠

上述这两支空骨管出土于墓葬或灰坑,实际上是决非偶然的。特别是出土于墓葬作为随葬之品的 M55:7 空骨管,更不可能真的是什么"半成品"。笔者通过对贾湖多音孔"骨龠"的研究推断认为:从器物的衍变规律来看,"椎轮必为大辂之始",不开任何音孔的空骨管应是多音孔骨管的原始形态;再从字源学上究之,"龠"字的本义正与空管相关,中国古代的"管"、"龠"、"律"三字的名实是可以互通的。《吕氏春秋》所载伶伦奉黄帝之命截竹为律,首先制作的一根断两节间的空竹筒——"黄钟之宫",实即后世的《史记·律书》、《汉书·律历志》等正史载籍中所称的"黄钟之龠",被尊之为"律吕之本",它

———————————
① 参见河南省文物考古所《舞阳贾湖》,科学出版社 1999 年版,第 452 页。

实际上就是一根截去两端竹节的不开任何音孔的空管。而从"龠"字的本形并不从"竹"（从竹之"籥"为后起）来看，作为律吕之本的"龠"的早期自然型态很可能就是一种骨质的空管，这种断两节间（截去两端骨关节）的空骨管——无孔骨龠，应该就是远古人类用来度律、抑或就是直接用于演奏的乐管。

贾湖遗址首批出土的这两支空骨管，实际上并非是发掘者所称的"骨笛半成品"，而是关乎人类音律音阶起源的有着极其重要学术意义的一种乐管——"无孔骨龠"。遗憾的是，由于它的原生质朴，管体不开任何音孔，加之出土时的残碎，故而未能引起考古和音乐学者的任何关注，更不可能对其进行测音试验的吹奏。所幸的是，这种遗憾在2001年的贾湖遗址第七次发掘中得到了相应的弥补，其时，又有一支相对完整的空骨管于此次发掘中现身，笔者有幸作为"骨龠"研究及演奏的专家，对这管"无孔骨龠"的出土原件进行了测音采样的实物吹奏，成功地揭示出蕴含在这种空骨管中玄妙的"音律"之道，详情请参看本章的第二节，此不具述。

### 三、"骨龠"的鉴定与测音

据考古发掘者称，在贾湖遗址发现开有多孔骨管的伊始，他们曾经携带最初的一支五孔骨管到北京请教过一位音乐考古学的专家，请予鉴定是否为吹管乐器，但被告知的结果是："不可能是乐器！"因为，当时的音乐界的学者们还正在对中国古代三千年前的周代是否已经出现五声音阶而喋喋不休地论争着，说距今八千年前就有了如此规范的开有多音孔的吹管乐器，当然是令人不能接受的。然而，考古新发现的事实却是无情的！随着贾湖遗址多孔骨管发掘数量上的增多和形制上的规范，这种骨管作为乐器的可能性越来越为彰显。在遗址的六次发掘结束后，发掘者又携带了一支 M282:20 号七孔骨管到北京再一次请音乐专家组织进行鉴定。当时，找到了中国艺术研究院音乐研究所的萧兴华先生及中央民族乐团的刘文金先生，经过中央民族乐团的笛子演奏家宁保生先生的反复琢磨和试奏，首先吹出了音阶，基本得知了该七孔骨管的大致音程关系。大家一致肯定该多孔骨管是一件吹奏乐器，由于它的形制很像单管多孔的笛，遂将其初步定名为"骨笛"。并认为，其吹奏方法应和至今仍流传于河南民间的"竹筹"、塔吉克族的"鹰骨笛"（乃依）及蒙古族的"潮尔"、哈萨克族的"斯布斯额"等不设吹孔的乐管相似。

通过此次初步的测定和试奏，贾湖出土的骨管乐器立即引起有关音乐史和音乐理论家的重视。1987年11月上旬，中国音乐研究所黄翔鹏先生，武汉音乐学院童忠良先生，肖兴华先生以及音乐研究所的测音员徐桃英先生和顾伯宝先生一行五人携带最先进的测音仪器来到郑州河南省文物研究所，对出土的"骨笛"进行了系统的鉴定和测试。通过此次鉴定，专家们进一步确认，贾湖"骨笛"已经具备了七声音阶的结构，而且发音准确，音质较好，至今仍可吹奏出旋律。鉴定中，他们还用骨笛演奏了河北民歌《小白菜》。1987年12月10日，发掘者就贾湖的重大考古发现举行了新闻发布会，到会者都为七八千年前我们的祖先能制作出如此精美的乐器而震惊。

此后，学者们对贾湖"骨龠"的研究主要集中在测音工作方面。由于贾湖骨管在地

中国古龠考论

下的保存条件较差,已历 7 800 年至 9 000 年的历史,因此,除 M341:1、M341:2、M282:20 号 3 支骨笛之外,其他的骨笛大多都有一定程度的损伤,为使测音工作能得以顺利进行,发掘者在极其困难的条件下对一些损伤较轻的骨笛进行了适当的修补。据《舞阳贾湖》(考古发掘报告)一书所述,贾湖首批出土"骨龠"的测音工作大体分四次进行的:

第一次测音工作是在 1987 年 11 月 3 日,萧兴华约请了中国艺术研究院音乐研究所所长黄翔鹏、武汉音乐学院院长童忠良教授及徐桃英、顾伯宝工程师一行五人,携带 Stroboconn 闪光频谱测音仪来到了郑州,由萧兴华、徐桃英二位吹奏,顾伯宝操作仪器,黄翔鹏和童忠良二位先生监测。这次只对 M282:20 号一支骨笛进行了测音,经测音后,大家慎重地认为舞阳贾湖"骨笛"是我国最早的乐器之一;贾湖"骨笛"已具备了音阶状态,并初步认定对贾湖"骨笛"的深入研究可能会揭开我国远古时期音乐文化发展的一些奥秘。

第二次测音是在 1992 年 6 月,萧兴华与顾伯宝第二次赴郑州,对发掘出的所有"骨笛"进行了认真的观察,并和张居中一道对其中 5 支:M341:1、M341:2、M282:20、M282:21、M253:4"骨笛"进行修复和测音,发现舞阳贾湖"骨笛"可以吹奏出四声、五声、六声和完整的七声音阶,根据这个测音结果,对产生不同年代的骨笛进行了综合分析和研究,发现了不同时期制作的"骨笛",在音阶形态上的发展和变化,初步地说明远在七八千年之前,在东方这块土地上已奠定了中华民族音乐文明的基础,并认定河南舞阳贾湖"骨笛"是近半个世纪以来音乐考古的最大发现之一。

第三次测音工作是 1993 年 10 月,在北京中国历史博物馆进行的,由张居中监测和操机,萧兴华吹奏,对已调入中国历史博物馆的舞阳贾湖 M78:1 号"骨笛"进行测音,这支"骨笛"在测音前由中国历史博物馆保管部的技术人员予以修补。由于这次测音人员与仪器均不完备而且杂音较多,测音失败。

第四次测音工作是在 1994 年 5 月 25 日,在北京中国历史博物馆进行的,由崔宪监测,王铁锤演奏,韩宝强、刘一青操机并记录,对 M78:1 号"骨笛"进行了重新测音。

鉴于在数次测音吹奏过程中,出土乐管时见有些微坼裂声,从有效保护这一珍贵出土器物出发,四次测音后,贾湖遗址首批出土的二十多支"骨龠"实物基本上一直封存于河南省文物考古研究所内,随着时间的推移及骨管风干程度的日趋增加,首批出土"骨龠"的实物便越来越不会有再度用来试吹的可能了。

**(一)测音数据的发布**

对于贾湖遗址出土骨管乐器实物的测音研究及数据的发布,在当时是众所期待的,也是为学术界普遍关注的大事。1987 年 11 月的第一次测音工作进行后,测音小组便委托参与测音工作的著名音乐学者黄翔鹏先生,将此次对出土"骨龠"实物的考查和测音研究的成果撰写成文,布告天下。1989 年初,黄翔鹏先生撰写了《舞阳贾湖骨笛的测音研究》(以下简称"黄文")一文刊载于《文物》1989 年第 1 期,文中,黄先生主要以六个图表的形式公布了首次对贾湖"骨龠"测音研究的成果。其中"表一"——"表四"是对 M282:20

号出土"骨龠"实物的采样吹奏的测音数据(吹奏者应为萧兴华和徐桃英),是由两人两次用同一支 M282∶20 号"骨龠"分别作音阶的上行、下行吹奏的测音基本数据:

表一

| 编号 1 | ↑行 | ↓行 |
|---|---|---|
| 1 孔 | $^{\sharp}A_6 -42$ | $^{\sharp}A_6 -42$ |
| 2 孔 | $G_6 -40$ | $G_6 -50$ |
| 3 孔 | $E_6 +16$ | $E_6 +21$ |
| 4 孔 | $D_6 +16$ | $D_6 +14$ |
| 5 孔 | $C_6 +24$ | $C_6 +22$ |
| 6 孔 | $B_5 -25$ | $B_5 -39$ |
| 7 孔 | $A_5 +8$ | $A_5 +13$ |
| 筒音 | $^{\sharp}F_5 +44$ | $^{\sharp}F_5 +52$ |

注:7 孔表示该孔的大小孔同时开放

表二

| 编号 2 | ↑行 | ↓行 |
|---|---|---|
| 1 孔 | $^{\sharp}A_6 -15$ | $^{\sharp}A_6 -63$ |
| 2 孔 | $G_6 -36$ | $G_6 -63$ |
| 3 孔 | $E_6 +22$ | $E_6 +0$ |
| 4 孔 | $D_6 -1$ | $D_6 -1$ |
| 5 孔 | $C_6 +15$ | $C_6 +0$ |
| 6 孔 | $^{\sharp}A_5 +49$ | $^{\sharp}A_5 +43$ |
| 7 孔 | $A_5 -20$ | $A_5 -10$ |
| 筒音 | $^{\sharp}F_5 -30$ | $^{\sharp}F_5 +29$ |

注:7 孔表示该孔的大小孔同时开放

表三

| 编号 3 | ↑行 | ↓行 |
|---|---|---|
| 1 孔 | $A_6 +36$ | $A_6 +14$ |
| 2 孔 | $G_6 -45$ | $G_6 -74$ |
| 3 孔 | $E_6 -4$ | $E_6 -15$ |
| 4 孔 | $D_6 +1$ | $D_6 -8$ |
| 5 孔 | $C_6 -12$ | $C_6 +5$ |
| 6 孔 | $B_5 -49$ | $B_5 -40$ |
| 7 孔 | $A_5 +9$ | $A_5 +0$ |
| 筒音 | $G_5 +28$ | $^{\sharp}F_5 +32$ |

注:7 孔表示该孔的大小孔同时开放

| 编号4 | ↑行 | ↓行 |
|---|---|---|
| 1孔 | $A_6 - 36$ | $A_6 - 47$ |
| 2孔 | $\sharp F_6 + 3$ | $\sharp F_6 + 36$ |
| 3孔 | $E_6 - 44$ | $E_6 - 20$ |
| 4孔 | $D_6 - 51$ | $D_6 - 20$ |
| 5孔 | $C_6 - 37$ | $C_6 + 0$ |
| 6孔 | $B_5 - 60$ | $B_5 - 47$ |
| (小)7孔 | $A_5 - 11$ | $A_5 - 12$ |
| (大)7孔 | $\sharp G_5 + 16$ | $\sharp G_5 - 18$ |
| 筒音 | $\sharp F_5 + 16$ | $\sharp F_5 + 18$ |

　　以上四表对 M282:20 号"骨龠"测音的基本数据,是由中国艺术研究院音乐研究所音响实验室提供的。需要指出的是:这四个图表中所列的 1孔—7孔 的孔序与考古发掘报告《舞阳贾湖》一书的孔序一样,都是以"骨龠"的管端吹口为基点,由上而下来计算的。这一孔序的标记是与管乐器实际制作中的开孔顺序及管乐演奏实践中的开孔顺序完全相悖的。正确的孔序标记,应以管尾的"筒音"为基点依次向上推算,也就是说,其所标记的"第7孔"实际上应为"第1孔",而其"第1孔"则实际上应为"第7孔"。

　　对于以上的测音数据基本资料,黄翔鹏先生在文中进行了相关的归纳分析和整理,又以两个图表(参见表五、表六)的形式分别对"骨龠"的主要音程关系及其音阶结构的属性给出了一个相应的基本结论,并审慎地表述认为:这支骨笛(指 M282:20 号七孔"骨龠")比起后世的竖吹之管,只是少了背面的"六"、"勾"二音,正应是竖吹管乐器的祖制。其音阶结构至少是以筒音为角声的清商六声音阶,也可能是七声齐备的、古老的下徵调音阶。

| 音程位置 | 平均值 | 应有的音程性质 |
|---|---|---|
| 1孔与2孔间 | 284 音分 | 小三度 |
| 2孔与3孔间 | 244 音分 | 大二度略大 |
| 7孔与筒音间 | 260 音分 | 小三度略小或大二度略大 |

| 筒音 $\sharp F_5$ 或 $G_5$ | 7孔 $A_5$ | 6孔 $B_5$ | 5孔 $C_6$ | 4孔 $D_6$ | 3孔 $E_6$ | 2孔 $\sharp F_6$ | 1孔 $A_6$ | 结论 |
|---|---|---|---|---|---|---|---|---|
| 工角 | / | 六徵 | 五羽 | 下乙闰 | 上宫 | 尺商 | 工角 | 清商音阶六声 |
| | 合宫 | 四商 | 乙角 | 上和 | 尺徵 | 工羽 | 凡变宫 | 五商　下徵调音阶七声 |

上述"黄文"中的测音数据发表,是贾湖出土"骨龠"音响解读的最早公开发布。但此次入测的只有 M282:20 号一例,据黄文所述,当时的测音,除 M282:20 号外,曾同时另取过两支较为完整的"骨龠"准备一同测音,只是在进行试吹时,这两支乐管的微裂处稍闻有坼裂声,便没有正式入测。这是"骨龠"的第一次测音,此后,在接下来进行的另外三次测音中,入测的"骨龠"数量便增加到了六例,除 M282:20 号之外,还有:M341:1、M341:2、M282:21、M253:4 和 M78:1 号等五支"骨龠",其具体的测音数据在 1999 年 2 月科学出版社出版的《舞阳贾湖》(贾湖遗址发掘报告)一书中均附有详细的列表。由于《舞阳贾湖》一书为专业考古发掘报告类的卷帙较大的书籍(上、下卷),其所发布的"骨龠"测音数据不便查考,亦为一般学者所难见,本书特将其所载的"测音记录表"迻录如下,以供研究参比查看:

### M341:1 五孔骨笛测音记录表

| M341:1 五孔骨笛 | | | M341:1 五孔骨笛 | | |
|---|---|---|---|---|---|
| 音孔位 | ↑ | ↓ | 音孔位 | ↑ | ↓ |
| 1孔 | C7−20 | C7−20 | 1孔 | C7−7 | C7−7 |
| 2孔 | G6−20 | G6+4 | 2孔 | G6+5 | G6+10 |
| 3孔 | ♯D6+13 | ♯D6+40 | 3孔 | ♯D6+15 | ♯D6+17 |
| 4孔 | C6−10 | C6+35 | 4孔 | C6−17 | C6+20 |
| 5孔 | ♯A5−27 | ♯A5+20 | 5孔 | ♯A5−4 | ♯A5+10 |
| 筒音 | ♯F5+41 | G5−27 | 筒音 | G5−40 | G5−5 |

M341:1"五孔龠"自然音序:1=♯D 3 5 6 1 3 6

### M341:2 六孔骨笛测音记录表

| M341:2 | 六孔骨笛 | | M341:2 | 六孔骨笛 | |
|---|---|---|---|---|---|
| 音孔位 | ↑ | ↓ | 音孔位 | ↑ | ↓ |
| 1孔 | D7+10 | D7+10 | 1孔 | D7+11 | D7+1 |
| 2孔 | ♯A6+10 | ♯A6+10 | 2孔 | ♯A6−10 | ♯A6+5 |
| 3孔 | G6+19 | G6+10 | 3孔 | G6+8 | G6+8 |
| 4孔 | F6+19 | F6+9 | 4孔 | F6−20 | F6−13 |
| 5孔 | D6+50 | D6−5 | 5孔 | D6+20 | D6+5 |
| 6孔 | C6+24 | C6−12 | 6孔 | C6+8 | C6−10 |
| 筒音 | ♯A5+5 | ♯A5−67 | 筒音 | ♯A5+16 | ♯A5−33 |

M341:"六孔龠"自然音序:1=♯A 1 2 3 5 6 1 3

| M282：20 | 七孔骨笛 | （堵小七孔） | M282：20 | 七孔骨笛 | （堵小七孔） |
|---|---|---|---|---|---|
| 音孔位 | ↑ | ↓ | 音孔位 | ↑ | ↓ |
| 1孔 | A6＋45 | ♯A6－19 | 1孔 | ♯A6－18 | ♯A6－18 |
| 2孔 | ♯F6＋45 | G6－19 | 2孔 | ♯F6＋45 | G6－18 |
| 3孔 | E6＋8 | E6＋48 | 3孔 | E6＋11 | E6＋45 |
| 4孔 | D6＋8 | D6＋40 | 4孔 | D6＋11 | D6＋45 |
| 5孔 | C6＋24 | C6＋40 | 5孔 | C6＋35 | C6＋45 |
| 6孔 | B5－35 | B5－11 | 6孔 | B5－22 | B5－7 |
| 7孔 | A5－15 | A5－11 | 七孔 | A5－4 | A5＋2 |
| 筒音 | ♯F5＋46 | ♯F5＋46 | 筒音 | ♯F5＋50 | ♯F5＋69 |
| M282：20 | 七孔骨笛 | （堵小七孔） | M282：20 | 七孔骨笛 | （堵小七孔） |
| 音孔位 | ↑ | ↓ | 音孔位 | ↑ | ↓ |
| 1孔 | ♯A6－34 | ♯A6－18 | 1孔 | A6－39 | A6－20 |
| 2孔 | G6－40 | G6－18 | 2孔 | ♯F6－34 | ♯F6－34 |
| 3孔 | E6＋13 | E6＋37 | 3孔 | E6－46 | E6－34 |
| 4孔 | D6＋10 | D6＋37 | 4孔 | D6－46 | D6－34 |
| 5孔 | C6＋15 | C6＋37 | 5孔 | C6－10 | C6－50 |
| 6孔 | B5－30 | B5－30 | 6孔 | B5－52 | ♯A5＋18 |
| 7孔 | A5－4 | A5－13 | 7孔 | A5－31 | ♯G5＋23 |
| 筒音 | G5－40 | G5－40 | 筒音 | ♯F5－31 | ♯F5－10 |
| M282：20 | 七孔骨笛 | （堵小七孔） | M282：20 | 七孔骨笛 | （堵小七孔） |
| 音孔位 | ↑ | ↓ | 音孔位 | ↑ | ↓ |
| 1孔 | A6－30 | A6－30 | 1孔 | A6＋25 | A6＋25 |
| 2孔 | ♯F6－30 | ♯F6－40 | 2孔 | ♯F6＋4 | ♯F6＋25 |
| 3孔 | E6－30 | E6－45 | 3孔 | E6－32 | E6－5 |
| 4孔 | D6－30 | D6－45 | 4孔 | D6－32 | D6－5 |
| 5孔 | C6－30 | C6－33 | 5孔 | C6－16 | C6－5 |
| 6孔 | B5－82 | B5－65 | 6孔 | B5－43 | B5－48 |
| 7孔 | A5－60 | A5－55 | 7孔 | A5－11 | A5－9 |
| 筒音 | ♯F5－10 | ♯F5－2 | 筒音 | ♯F5＋8 | ♯F5＋13 |

| M282:20 | 七孔骨笛 | （开小七孔） | M282:20 | 七孔骨笛 | （开小七孔） |
|---|---|---|---|---|---|
| 音孔位 | ↑ | ↓ | 音孔位 | ↑ | ↓ |
| 1孔 | A6＋39 | A6＋39 | 1孔 | A6＋40 | A6＋40 |
| 2孔 | ♯F6＋39 | ♯F6＋45 | 2孔 | ♯F6＋40 | ♯F6＋40 |
| 3孔 | F6＋1 | F6＋15 | 3孔 | E6－9 | E6＋6 |
| 4孔 | D6＋10 | D6＋17 | 4孔 | D6－9 | D6＋2 |
| 5孔 | C6＋10 | C6＋8 | 5孔 | C6＋4 | C6＋2 |
| 6孔 | B5－33 | B5－33 | 6孔 | B5－41 | B5－40 |
| 七孔 | A5＋10 | A5＋5 | 7孔 | A5－1 | A5＋0 |
| 筒音 | ♯F5＋10 | ♯F5＋35 | 筒音 | ♯F5＋34 | ♯F5＋37 |

M34282:20"七孔龠"自然音序:1＝D　3 5 6 ♭7 1 2 3 5

## M282:21 七孔骨笛测音记录表

| M282:21 | 七孔骨笛 | | M282:21 | 七孔骨笛 | |
|---|---|---|---|---|---|
| 音孔位 | ↑ | ↓ | 音孔位 | ↑ | ↓ |
| 1孔 | ♯A6－33 | A6＋37 | 1孔 | A6＋15 | A6＋30 |
| 2孔 | ♯F6＋50 | ♯F6＋33 | 2孔 | ♯F6＋50 | ♯F6＋50 |
| 3孔 | E6＋15 | E6＋0 | 3孔 | E6－22 | E6＋20 |
| 4孔 | D6－32 | D6－20 | 4孔 | D6－48 | D6－8 |
| 5孔 | C6＋12 | C6－20 | 5孔 | C6－30 | C6－20 |
| 6孔 | ♯A5＋35 | ♯A5＋15 | 6孔 | ♯A5＋10 | ♯A5＋10 |
| 7孔 | A5－31 | A5－55 | 7孔 | ♯A5－50 | ♯A5＋10 |
| 筒音 | ♯F5＋5 | ♯F5＋3 | 筒音 | ♯F5＋3 | ♯F5＋0 |
| M282:21 | 七孔骨笛 | | M282:21 | 七孔骨笛 | |
| 音孔位 | ↑ | ↓ | 音孔位 | ↑ | ↓ |
| 1孔 | ♯A6－45 | ♯A6－40 | 1孔 | A6－17 | A6－8 |
| 2孔 | ♯F6＋55 | ♯F6＋65 | 2孔 | ♯F6－17 | ♯F6－8 |
| 3孔 | E6＋8 | E6＋40 | 3孔 | E6－40 | E6－15 |
| 4孔 | D6－30 | D6＋5 | 4孔 | ♯C6＋32 | D6－25 |
| 5孔 | C6－10 | C6＋5 | 5孔 | C6－50 | C6－15 |
| 6孔 | ♯A5＋20 | ♯A5＋35 | 6孔 | ♯A5－3 | ♯A5＋20 |
| 7孔 | A5－45 | A5－38 | 7孔 | ♯G5＋30 | ♯G5＋46 |
| 筒音 | ♯F5＋10 | ♯F5＋11 | 筒音 | ♯F5－18 | ♯F5－28 |

M282:21"七孔龠"自然音序:1＝D　3 5 ♭6 ♭7 1 2 3 ♭6

**M253∶4 八孔骨笛测音记录表**

| M253∶4 | 八孔骨笛 | | M253∶4 | 八孔骨笛 | |
|---|---|---|---|---|---|
| 音孔位 | ↑ | ↓ | 音孔位 | ↑ | ↓ |
| 1 孔 | G6＋15 | G6＋15 | 1 孔 | G6＋15 | G6＋0 |
| 2 孔 | F6＋15 | F6＋30 | 2 孔 | F6＋20 | F6＋22 |
| 3 孔 | ♯D6＋38 | ♯D6＋47 | 3 孔 | ♯D6＋50 | ♯D6＋35 |
| 4 孔 | D6－8 | D6＋12 | 4 孔 | D6＋15 | D6－8 |
| 5 孔 | ♯C6－32 | ♯C6－28 | 5 孔 | ♯C6－5 | ♯C6－30 |
| 6 孔 | C6－50 | C6－48 | 6 孔 | C6－26 | C6－40 |
| 7 孔 | ♯A5＋35 | ♯A5＋22 | 7 孔 | ♯A5＋45 | ♯A5＋35 |
| 8 孔 | A5－20 | A5－20 | 8 孔 | A5－10 | A5＋0 |
| 筒音 | ♯F5＋5 | ♯F5＋10 | 筒音 | ♯F5－5 | ♯F5＋15 |

M253∶4"八孔龠"自然音序∶1＝♯D　♯2♯456♯67123

**M78∶1 七孔骨笛测音记录表**

| M78∶1 | 七孔骨笛 | |
|---|---|---|
| 音孔位 | ↑ | ↓ |
| 1 孔 | | C7＋13 |
| 2 孔 | ♯A6＋10 | ♯A6＋13 |
| 3 孔 | | G6－21 |
| 4 孔 | | F6－36 |
| 5 孔 | | ♯D6－48 |
| 6 孔 | | ♯C6－40 |
| 7 孔 | | B5－9 |
| 筒音 | | ♯G5＋43 |

### (二) 测音研究的误区

如上所述的贾湖出土"骨龠"的测音数据及其音阶构成,曾被众多音乐学者所期待和看重,尤其是对出土实物吹奏的测音数据,更是一直被奉为圭臬,认为这便是"科学"研究的依据。特别是时当80年代末及90年代初,西方的一些声学电子测音仪器刚刚传入中国不久,国内的音乐学研究者正处于对电子测音仪的音分分析的追捧热潮中,对音乐中的音律、音阶进行电子测音的量化分析和乐律学解绎,成为音乐学研究中的一种时髦和先进的代表。贾湖出土"骨龠"的测音研究也正当其时,对这一古老乐管的音响解读便集中体现在测音数据的量化分析、并由此而得出其客观存在的音阶结构的构成上。大凡贾湖"骨龠"的研究者们都以为,似乎只有依靠先进的电子测音数据的分析,才能准确解读出该乐管的音阶结构的构成。然而,真正的事实却并非如此,贾湖"骨龠"的音阶构成并不是非得依靠测音仪器才可以测出,即用人的"耳测"便可获得,而且简单、自然、直感,符合远古人"以耳齐其声"的客观历史实际。此即如唐《乐书要录》所云:"古之为钟律者,以耳齐其声。后人不能,则假数以正其度,……以度量者,可以文载口传,与众共知,然不如耳决之明也。"①

事实上,任何电子测音仪器的数据显示,都并非是神圣的、绝对不可变易的。大凡使用过像"Cool Edit Pro"这样先进的电子测音仪器的人都知道,同样一个音高,取其不同的音段(如音头、音尾等)测音仪器显示的数据往往差距很大,甚至能有几十音分的差别。此外,测音的环境温度、吹管乐器的乐管温度变化等,都影响着测音数据的显示。更何况,在贾湖"骨龠"的四次测音采样的吹奏中,吹奏者实际上都没有真正掌握骨龠正确的"斜吹"之法(即只是将管身略斜,而吹法仍为"竖吹"),其所吹出的音响并不能准确地反映乐管的实际音高,由此而获得的测音数据当更非确切可据。实际上,任何形式的测音数据,都只是具体乐音音高的一种便于文本呈现的量化形式的表述,其准确性并不是绝对的,同样是要受到各种因素的制约,即如方建军先生在《中国古代乐器概论》中所说:"乐器的测音结果,不同时地、人次、方法,表现在音高数据上也会有一定出入。尤其是边棱音乐器,如笛子、埙之类,更是如此。为此,对测音数据的处理分析应该取谨慎的态度。"事实上,无论什么形式的测音数据,只能是作为一种便于"文载口传、与众共知"的、提供给具体研究的参照系,而决不能奉之为不可动摇的金科玉律!

然而,正是在这一问题上,作为音乐学界关注和探赜热点的贾湖"骨龠"的测音研究领域里,却一直存在着严重的误区,惜学者们大都未辨。如下,笔者试从两个方面对此略作辨析和指摘:

### 1. 对乐管"客观音响"的误觉

据黄翔鹏先生《舞阳贾湖骨笛的测音研究》一文所述,贾湖"骨龠"的第一次测音入测的 M282:20 乐管的吹奏,是有意让非专业的演奏人员来担任的,这样做的目的,是为了求得入测乐管音响的客观性,其曰:

> 吹奏方法,据骨笛的形制,用鹰骨笛斜出 45°角的方法竖吹。为求发音最自然,避免出自主观倾向的口风控制,未请专业演奏人员参与,而由两人两次各分别作上行、下行吹奏,并列不同数据测音结果,以免偏颇。②

在黄先生看来,要想求得吹管乐器本身存在的"客观音响",就要请不通管乐演奏的人来吹,这样得到的音响就没有主观倾向的口风控制,是相对客观的;而专业的演奏人员掌握一定的口风控制技巧,其所吹出的音响就具有一些主观倾向而缺乏客观性。这种说法听上去似乎很有道理,也被一般学者所认同。记得大约在上个世纪九十年代中,

---

① 赵玉卿《〈乐书要录〉研究》,中央音乐学院出版社 2004 年 7 月出版,第 49 页。
② 黄翔鹏《舞阳贾湖骨笛的测音研究》,载《文物》1989 年第 1 期。

笔者应聘于中国音乐研究所《中国音乐文物大系》总编辑部工作期间,曾用仿制的贾湖"骨龠"向相关学者进行吹奏演示,得到的也是这样的回应:你是一个演奏家,所以能吹出如此流畅的音阶和乐曲,并不能算数。真正要体现贾湖"骨龠"客观存在的音响,应该排除人的主观因素,要用"橡皮嘴"来吹才是! 面对如此的说法,笔者感到无比的愕然! 那么,吹管乐器果真有所谓的"客观音响"吗? 乐管音响的解读真的能排除所谓"人"的主观因素吗? 回答当然是否定的! 然而,正是在这一问题的认识上,音乐学界却普遍存在着错觉,不能不加以辨析。

首先,我们要明白吹管乐器的发声原理究竟是什么? 作为乐器本体的乐管,特别是气鸣的边棱类乐管,不论它是何种的材质,如:骨质、竹质、木质、苇质乃至金属、塑料质材的,其乐管本体只是一个限定的形式,并不直接发声,这一点,是与体鸣的钟、磬完全不一样的。管乐器的发声实际上是靠乐管内空气柱的振动来实现的,管内空气柱振动波的长短决定着乐音的高低,管体上开设的音孔就是通过"人"的手指按捺来改变空气柱振动波长的,而管内空气柱的振动则是要靠"人"用气来吹。也就是说,气鸣的管乐器的乐管本体并不发音,乐管必须和"人"结合,要"人"用气来吹,以振动管内的空气柱,这才会发音;而只有会吹的人才能掌握正确的口风控制,使乐管内的空气柱得到有效的、规则的振动,其发出的音高才是准确的。一个不争的事实是:现代制笛师都争相约请一流的演奏家来吹奏,以鉴定其所制作的笛子的音准度,从未闻有谁会要一个初学者抑或不会吹笛的人来进行音准鉴定的吹奏。一个很简单的道理是:任何一支制作精良音准很好的笛子,若让一个非专业的不甚会吹的人来吹,其所发出的音高却是不准的。这一点,我们在平常的生活实践中似乎很容易碰到也容易感知到,大体人人都能明白。然而,在对贾湖出土"骨龠"的测音研究上,学者们却在一种"唯科学主义"[①]的思潮支配下,大都陷入了试图排除"人"的主观因素、追求乐管本身存在的所谓"客观音响"的误区中,错误地认为:非专业的不甚会吹奏的人吹出的音响似乎才是客观正确的!

事实上,任何一种乐器都是"人"的创造,也是由"人"来操持演奏的;任何一种乐管,都不存在什么排除"人"的"主观倾向的口风控制"的所谓"最自然的"客观音响。对管乐器的测音采样吹奏,当然应该要精于管乐演奏的人来吹,只有正确掌握了管乐器演奏气法、指法的人,才能准确地解读出乐管的实际音响。故此,对乐管考察的真正科学的研究都不能离开"人",都不能排除"人"的主观因素。即如音乐学前辈郭乃安先生的《音乐学,请把目光投向人》一文所指出的那样:

> 箫笛之类的管乐器皆有一定的指孔,这些指孔的数量、形状、位置等,无疑都对乐器的音律产生重大的影响,但如果以为只要精确地测量出有关指孔等的数据便能全面掌握乐器的音律,而无需考虑人在具体演奏实践中的主观因素,那就

---

① 所谓"唯科学主义"可被看作是一种在与"科学"本身几乎无关的某些方面而利用"科学"威望的一种倾向,"唯科学主义"认为:宇宙万物的所有方面都可以通过"科学"方法来认识。详参[美]郭颖颐著、雷颐译《中国现代思想中的唯科学主义》一书,江苏人民出版社 1989 年 3 月出版。

大错特错了。①

　　郭先生的这番话具是有相当真知灼见的,其发表的20世纪90年代初,正当贾湖"骨龠"出土不久的测音研究热点时期,这种"音乐学,请把目光投向人"的有感而发,在当时是具有一定针砭时弊的作用。然而,遗憾的是,它并没有引起学界足够的重视和应有的响应,学者们对贾湖出土"骨龠"乐管所谓客观音响的感知,大都一直深陷在那种要排除"人"的主观因素的误觉之中,从而对当时并没有掌握正确演奏方法而勉强吹奏的贾湖首批出土"骨龠"的测音数据深信不疑,并据此而发为深论。

　　2. 求之过甚的"乐律学"解绎

　　由于贾湖"骨龠"的出土是一件震动世界乐坛的大事件,围绕这一乐管测音结果的研究也就特别为世人所瞩目。自贾湖"骨龠"的首批出土之后,随着测音数据的发布,音乐史学研究的一个热点就是对贾湖"骨龠"测音资料进行乐律学的探究。直至21世纪以来,古代音乐史学领域对这一热点问题的研究似乎经久未衰。据相关资料的查考,依据首批出土"骨龠"测音资料研究的主要成果大体有如下一些文论:

　　黄翔鹏《舞阳贾湖骨笛的测音研究》,吴钊《贾湖龟铃骨笛与中国音乐文明之源》,肖兴华《中国音乐文化文明九千年——试论河南舞阳贾湖骨笛的发掘及其意义》,肖兴华执笔《舞阳贾湖》下卷第九章"骨笛研究",陈通、戴念祖的《贾湖骨笛的乐音估算》,童忠良《舞阳贾湖骨笛的音孔设计与宫调特点》,陈其射《河南舞阳贾湖骨笛音律分析》及《上古"指宽度律"之假说——贾湖骨笛音律分析》,陈其翔《舞阳贾湖骨笛研究》,夏季、徐飞、王昌燧《新石器时期中国先民音乐调音技术水平的乐律数理分析——贾湖骨笛特殊小孔的调音功能与测音结果研究》,郑祖襄《关于贾湖骨笛测音数据及相关论证问题的讨论》及《贾湖骨笛音高音阶再析》,李寄萍的《骨笛仿古实验及分析推测》等。此外,还有不少兼及舞阳贾湖骨笛研究的专著和关乎舞阳贾湖骨笛测音研究的博士、硕士学位论文等。②

　　在所见的这些研究文论中,学者们大都是以贾湖"骨龠"乐器的测音资料为据,运用乐律学的理论来解绎和探赜八九千年前中原贾湖时期的音乐奥秘。这其中,当然不乏有一定意义的、饶有价值的考论。然而,毋庸讳言的是:对测音数据的过度迷信,用现代人的所谓"律学"思维,强行去揣摩远古人自然感知和生发出来的原始音乐文明,并认为这就是"科学"的解绎! 应该是这一研究领域中普遍存在的一种误区。在这一点上,萧兴华先生的《中国音乐文化文明九千年——试论河南舞阳贾湖骨笛的发掘及其意义》(以下简称"萧文")可谓是一篇具有典型性的代表之作。

　　"萧文"的作者是音乐学界对贾湖出土"骨龠"乐器的最早接触者,也是四次测音采样中的吹奏者之一,更是一个对贾湖"骨龠"测音研究持续时间最长的学者。其文《中国

　　① 郭乃安《音乐学,请把目光投向人》,载《中国音乐学》1991年第2期。
　　② 详参郭树群《上古出土陶埙、骨笛已知测音资料研究述论》,载《天籁》2008年第3期。

音乐文化文明九千年——试论河南舞阳贾湖骨笛的发掘及其意义》的正式发表是在距贾湖"骨龠"出土的十二年后,据"萧文"的作者在文中声称:"自 1987 年 5 月 14 日在河南舞阳贾湖发现用鹤的尺骨制作的骨笛以来,我们用了 12 年的时间对发掘出的二十多支骨笛进行了测音研究。"然而,在这篇历时 12 年的研究后所发表的论文中,作者仅仅根据贾湖骨管的开孔数的多少及其浅尝辄止的、并不准确的音阶吹奏认识,对舞阳贾湖骨笛提出了所谓的由四声音阶发展到完整的七声音阶的"早期"五孔或六孔(距今 8 600 多年—9 000 年左右)、"中期"七孔(距今 8 200 年—8 600 年左右)和"晚期"七孔及八孔(距今 7 800 年—8 200 年左右)的三个历史分期的理念,并试图以此来证明,中国古代音乐文明由旧石器时代晚期的四声音阶到新石器时代的五声、六声乃至七声音阶的发展历程。而更令人惊愕的是,作者在文中依其所得的测音数据研究,竟得出了这样一个论断:生活在八九千年前的贾湖先民们就已经具有了"十二平均律"的认识和思维,并懂得运用"律"和"数"的概念,"精心设计调整"骨笛上的开孔位置,使其完全符合"十二平均律"的音分数。如下是其文中的所述:

> 这只骨笛(指 M282:20 号七孔骨龠)在开孔时,在预先计算的开孔点上,也做了适当的调整,即把第二孔原计算开孔的位置向下移动了 0.1 厘米,使第一孔与第二孔的音距为 300 音分;把第三孔原计算开孔的位置也向下移动了 0.1 厘米,使第二孔与第三孔的音分值也相应地调整到 200 音分,而第三孔与第四孔之间的音距也成了 200 音分。通过调整后的 M282:20 号骨笛从第四孔至第一孔的四个音被调整为:

> 经过对两个音孔位置的调整,它们之间音距与音分数与今天十二平均律的音距和音分数完全相同,并且形成了 1 2 3 5 四个声音组合的、以十二平均律为基础的相互关系,这不能不使今人为之惊奇。它说明了在九千多年前,贾湖人已经具有了对十二平均律某些因素的认识和可以接受的范围(应该说十二平均律在当时并不占有统治地位)。

在"萧文"的后半段的论述中,作者利用同样的方法,对贾湖遗址同批出土的 M341:2 号骨笛的音程亦作出了"与十二平均律完全相同"的判断,其曰:

> 贾湖 M341:2 号骨笛所发出的音及其它们相互之间所能构成的音程,除 4 个音程与十二平均律完全相同之外,其他所有能构成音程的音分值与十二平均律的音

程音分值,相差最大的音分值系数都没有超过 5 个音分数的,也就是说,现代专业的器乐演奏者都难以听出它与十二平均律有何差别。①

由于"萧文"的作者是贾湖出土"骨龠"最早的接触者,也是一直与考古界的发掘者保持着亲密合作关系的音乐学者,他掌握着有关贾湖出土"骨龠"的第一手资料,拥有一般学者所未有的话语权,其研究的成果当然引起学界的特别关注。但"萧文"作者在贾湖"骨龠"研究上明显存在着求之过甚的乐律学思维及其令人瞠目结舌的结论,还是引起了一些学者的争鸣和质疑。郑祖襄先生撰文《关于贾湖骨笛测音数据及相关论证问题的讨论》从"萧文"所能提供的测音数据太少;仅取一两支骨笛的测音数据进行推断的局限,骨笛缺乏管口校正资料以及人类对于律学方法的认知规律等方面进行了较全面的反思和诘问,他认为只凭"这批骨笛(25 支)中一支骨笛的测音数据,用它来说明平均律在贾湖时期的存在"说服力不足,"人类的律学史上,五度相生律和纯律在先,十二平均律在后,是完全符合人类认识音乐和律学由简单、直观到复杂、理性的规律。如果说平均律产生在先,而五度相生律和纯律产生在后,则不符合人类认识音乐和律学的规律。所以总的来说,提出贾湖骨笛平均律问题,牵涉到的相关问题还不少"。②

郑先生的质疑是很有道理的,其所说的"五度相生律"、"纯律"及"十二平均律"的先后关系确系问题的关键所在。《礼记·大学》曰:"物有本末、事有始终,知所先后,则近道矣。"③探求一个事物内在的隐秘之"道",首先要厘清事物的本、末和始、终,若能将事物发生的先后次序弄明白,也就近乎知"道"了。那么,真正的音律之"道"究竟又是什么呢?郑祖襄先生所列的"五度相生律"、"纯律"在先,"十二平均律"在后的音律学规律,还仅仅是就"算律"而言的。而在真正的"音律"之"道"中,"算律"只是一种晚起之律,关于这一点,我们先来看看明代大乐律学家朱载堉《律学新说》一书中所说的一段话:

> ……上古造律,其次听律,其后算律。《虞书》、《周礼》有听律之官,无算律之法。典同所谓数度,为乐器言之。至于律同合声,阳左旋而阴右旋,观其次序,不以算法论矣。算法之起殆因律管有长短,此算家因律以命数,非律命于算也。④

朱氏是真正通"音律学"之道者,其所言正是依古代典籍文本记载的"音律"产生之次序,道出了大体的本末与始终。所谓"上古造律",所指应是《吕览》中记载的"黄帝令伶伦作律",伶伦截竹制为十二律管;"其次听律"乃是先秦典籍所说的"以耳齐其声";而

① 萧兴华《中国音乐文化文明九千年——试论河南舞阳贾湖骨笛的发掘及其意义》,载《音乐研究》2000 年第 1 期。
② 郑祖襄《关于贾湖骨笛测音数据及相关论证问题的讨论》,载《中国音乐学》2003 年第 3 期。
③ 清版《徽郡聚文堂四书》(木刻本),朱熹章句,程聚文堂藏版,卷一"大学",第 1 页,"面壁斋藏本"。
④ [明]朱载堉《律学新说》,人民音乐出版社 1986 年出版,第 12 页。

"其后算律"则是指用"三分损益法"数理的方法所产生的"五音"、"十二律",乃至汉京房的"六十律"、南朝何承天"十二等差律"、钱乐之"三百六十律"及朱载堉本人的"新法密律"之"十二平均律"等数算演绎之律。这些"算律"都是在"上古造律"之后,而上古所谓的"造律",并非是"创造音律"之意,乃是伶伦截竹制造的十二根"律管"之谓。《吕览》中所述的"伶伦作律"是中国古代文献中有关"十二音"定律的最早文本记载,故朱氏据此言之为"上古造律"。此处的"律"其实指的就是定律之"管",汉蔡邕《月令章句》曰:"截竹为管谓之律";唐《乐书要录》亦曰:"截十二管,以察八音之上下、清浊,谓之律"[①];宋蔡元定《律吕新书》云:"律亦以寸分长短为度,故曰:黄钟之管长九寸"[②];明朱载堉《律吕精义》亦云:"管即律、律即管,一物而二名也"。是乃管、律二名实互通。所谓"上古造律",其实就是伶伦奉黄帝之命,将高低不同的"十二音"以长短不同的竹管固定下来,其所造的是十二个不同音高的"律管",而非"音阶"概念的"十二音律"。实际上,"十二音律"不是人类的创造,而是声学上的一种物理使然(详参本章"第三节")。《吕氏春秋》中关于"伶伦奉命截竹作十二律管"的记载,说明了早在五千年前的黄帝时期,我们的先民们就已认识到乐音乃有"十二律"之分,所以才会用"管"的形式将其固定下来,以便用乐取律。伶伦所作的十二音律管并不是算出来的,而是"以耳齐其声",听"凤凰之鸣"——即依"琴声"来比音校定的。[③]正是在这"十二律管"造出以后,人们通过不同管长的比对,便逐渐发现了这种长短不同的律管乃有一定的规律可寻,这才用简单的等分概念发明了如"三分损益法"那样的"算律"。此即如朱载堉所说:"算法之起殆因律管有长短,此算家因律以命数,非律命于算也。"遗憾的是,今天的学者却多不明"算家因律以命数"之理,而误以为"律命于算也",遂身陷"算律"的迷阵不能自拔。

事实很清楚,"造律"在前、"听律"次之、"算律"在最后。"算律"之起,乃是因为律管有长短不同,"算家因律以命数,非律命于算也",那种认为"音律"是通过计算才能获得的观点,显然是一种以"末"为"本"的误识。"萧文"的作者正是有着这种明显的误识,他在文中错误地认为:

> 乐律是和数的计算密不可分的,只有通过不断的实践,才能把单个的音,按照一定的关系把它们排列起来,成为音乐中的乐音。

在"萧文"的作者看来,音乐中的乐音(音阶)只有经过计算以后才能获得,再通过不断的实践,将单个的音排列起来,这才形成了"音阶"。因为古代载籍中似乎有这样的显示:西周时期的雅乐没有"商"音,是为四声音阶;至春秋战国时期《管子》一书运用"三分

---

① 赵玉卿《〈乐书要录〉研究》,中央音乐学院出版社 2004 年 7 月出版,第 91 页。

② 明版《律吕新书》(木刻本),[宋]蔡元定著,明万历吴勉学校刊本《性理大全书》"卷之二十三",第 2 页,"面壁斋藏本"。

③ 所谓"凤凰之鸣",其实就是"琴声"的拟神话描述,详考请看拙文《伶伦作律"听凤凰之鸣"解谜》,载《音乐研究》2005 年第 2 期;《田连考——嵇康〈琴赋〉中的上古乐人发隐》,载《中国音乐》2007 年第 2 期。

损益法"算出了"宫、商、角、徵、羽"的五声音阶;尔后,到秦相吕不韦的《吕氏春秋》这才依法推算出了完整的"十二律"(半音阶)。"音阶"(或"音律")似乎就是这样由少到多才计算出来的。正是带着这种对"律"与"数"的误识,"萧文"除了对贾湖遗址出土的"骨笛"依音孔的多寡来定音阶,强行进行了所谓的"早、中、晚"三个分期外,还在文中对贾湖骨笛在制作上进行了"数"与"律"专门论述,得出的结论是:九千年前的贾湖人已具备了相当的数学水平并掌握了"复杂的计算方法",这才创制出如此精确的"骨笛",而贾湖人的"复杂的计算方法"至今还是个未能揭开的迷! 以下是"萧文"部分论述的摘录:

在 M282:20 号骨笛的制作过程中,制作者在不规则的异形管上的计算本来已是非常复杂的难事,但是,他们还是在骨笛制作前就经过了一定的计算程序,并在制作过程中不断进行调整,开出了他们认为比较满意的、使他们能够接受的音高开孔。这只骨笛留下的三处计算开孔痕迹,才使我们对中期制作的骨笛精品得以认识。这对研究我国古代的数学和音律学提出了新的研究课题,也是对数学界和音律研究者的有力挑战,它将迫使我们去重新研究和认识这一难题。

......

(贾湖人)他们在骨笛制作的精确度上几乎是令人难以置信,因为它需要一定的计算,他们打破了等分的原则,利用不等长的孔距,来适应骨管内径的粗细变化来确定开孔的位置得到自己满意的音高,因为我们现在拿不出证据来说明贾湖人计算的方法及过程,但我们至少可以说他们是在积累了上万年经验的基础上,才制造出了 M341:2 号这样的骨笛精品。

......贾湖人在实践中已经告诉我们,制造骨笛、尤其是要制造出比较理想的骨笛不但要靠经验,还要根据每根不同的天然骨管进行研究和计算,尽管这种复杂的计算方法之谜我们目前尚未揭开,但它已经是贾湖的先人们所考虑的问题了,他们在制作实践中已经达到了世界上最先进的水平了。

通过以上的分析和研究得知,中国的数学和音律,在旧石器时期向新石器时期过渡的时期内,人们对数的等分与不等分这样简单的区别早已经得以灵活运用了,当时的人们对骨笛的制作,已经不是现代数学史学家们所说的,人们只是简单的认识 1 到 10 之间的差别,也不是只从陶器上从 1 到 8 简单点的排列去认识当时数学的水平,从贾湖骨笛的制作水平来看,当时贾湖的智者已经能把自己对音的高度感觉,和对管的长度及其变化的、不规则形的管内径粗细变化加以综合的考虑和计算,并在无数的制骨笛和开孔的实践中,找到自己在骨管上所需要的音高排列,制造出世界上第一只最精确的乐器——中国河南省舞阳市贾湖 M341:2 号骨笛。

显而易见,"萧文"的所述完全是在一种"律"与"数"的误识统摄下,对贾湖骨管乐器进行所谓"乐律学"的解绎。实际上只是一种求之过甚的揣测臆断，而决非是历史的真实！就贾湖出土的"骨龠"乐器形制来看，基本上就是一种等距离的匀孔之制，也就是一种经验式的开孔，而不可能经过什么"对管的长度及其变化的、不规则形的管内径粗细变化加以综合考虑"的精密计算。不消说八九千年前的先民，即便是今天的制笛师们，大都还仍是经验式的制作，以耳齐其声，根本不对乐管的开孔进行所谓的"精密计算"。而民间乐管的制作，更就是遵循着一种简单的等分原则，即如南音洞箫的传统之制那样：管长不以尺度计，而取十目九节为制式，管身八孔自根部起向上，三目开凤眼二，五目起开音孔，一目二孔，前五后一，十目开窍作 V 形吹口。阿拉伯的"奈依"乐管也是如此，开孔不以尺度计，而是以一节之内均匀开两孔为准则；更还有中国境内的蒙古族"绰尔"乐管的制作，民间乐手都是经验式"以身为度"、"布手为尺"来设定音孔位置的（详参本书"第四章"）。凡此种种所见"以耳齐声"、"以身为度"、"以手为尺"的经验式制作之法，皆不赖以任何的"精密计算"，世代相传，至今依然；此即如黄翔鹏先生所言：以今之所见，可以求取古代之真实也！

此外，对贾湖出土"骨龠"的测音研究求之过甚的"乐律学"解绎，还比较典型地反映在对 M282:20 号七孔骨龠所开的附加小孔的研究上。参与讨论的主要文章大体有前述的黄翔鹏《舞阳贾湖骨笛测音研究》、萧兴华《舞阳贾湖·骨笛研究》、夏季等人的《新石器时期中国先民音乐调音技术水平的乐律数理分析——贾湖骨笛特殊小孔的调音功能与测音结果研究》、孙毅的《舞阳贾湖骨笛音响复原研究》等。说者的共同观点都认为这一附加小孔的开设具有调节音律的功能，然就其成因和开设过程则各有不同见解。"黄文"认为"应系钻孔（大孔）过低，再打小孔进行校正的"，而"萧文"则认为是"先开一个小孔，经过人耳的审听，觉得它比实际需要的音略高，因此在它下方 0.44 厘米处又开了一个正式的音孔"。如果说"黄文"所说的先开大孔、后开小孔还基本能符合乐管制作上的客观实际的话，那么，"萧文"的说法则是一种完全不能成立的个人想象！因为，如果不开大孔而先开小孔，这个仅仅只有一两个毫米左右的小孔基本上是发不出声的，其所吹出的音应该还是乐管的最低音（即筒音），根本就不会出现所谓"比实际需要的音略高"的情况。这一点，学者只要自己动手实验制作一下，就会全然明白，正所谓"物格"尔后"知至"。那种仅凭案头的想象，而不能做到"格物致知"者，往往免不了会出现常识性的误讹。

事实上，学界对 M282:20 号七孔骨龠上的附加孔进行的测音研究及"乐律学"解绎，正是一种典型的求之过甚的"唯科学主义"之现象。根据笔者的实验制作和吹奏实践证明，这一微小的附加孔，对音高的影响几乎是微乎其微的，根本就不具备对音高的调节功能。其实，像这样的小孔，在现今仍流行的与贾湖骨龠同类的塔吉克族"乃依"（鹰骨笛）骨管上也有所见，只是它是开设在管尾的端口处，对乐管筒音的音高并无任何影响，其功能应该是为便于穿系绳索或在管尾悬挂某种饰物。贾湖 M282:20 号七孔骨龠上的小孔开设是否也是属于这种功用，我们不得而知；但它的所谓"调音功能"，显然是今人以所谓"乐律学"的思维，对远古遗物求之过甚"为做学问强作解"的一种主观臆断。因为，就乐器的制作原理来看，如果乐管的某个音孔发声果真是偏低了的话，只要将该孔的内径稍稍上挖一点，或将孔径约略扩大，即可有效地调整音高；而不可能在该孔旁再钻一个小孔，这是乐管开孔调音的最简单的常识。再就吹管乐器的实际演奏而言，演奏者的口风、气流及指法技巧都会有效地制约着音孔所发音高的变化，乐管的任何音孔的发音都并非是精确不变的一个音高，而往往是"一孔兼三音"，即如朱载堉《律吕精义》所论述的那样：

> 箫、篪、笛、管皆一孔兼三音，其吹之极难分晓，全在口唇之俯仰、吹气之缓急，唇仰则清一律，唇俯则浊一律，仰而急者则为本律之半声，如第一孔太蔟也，俯则兼大吕，仰则兼夹钟，而急则为太蔟之半声。……故今之箫、篪、篴、管欲全乎律吕者，其妙处在兼音也。然吹之甚难，非精熟者不能到。[1]

朱氏不愧为律学之大家，这段论说极为精到。其所说的第一孔本律为"太蔟"，吹奏者唇仰（口风与吹孔的角度大）则所发之音高一律，为"大吕"；唇俯（口风与吹孔的角度小）则所发之音低一律，为"夹钟"。就是说，在管乐器的一个音孔上，通过演奏者口风的俯仰，即可获得上下相差约 200 音分（一个大二度）的音高变化，这的确是深谙管乐演奏之道者说。不过，朱氏此说还仅仅是针对开有"吹孔"的笛类管乐器而言的，其所说的"箫"实际上是一种管端开有豁口的、与今之"洞箫"相类的乐管，并非是不开豁口的正宗原型的"龠"（参见序论中的附图：《律吕精义》的"大箫小样"）。据笔者的演奏实践证明，在真正的不开豁口而以自然管端作吹口的古龠乐管上演奏，由于没有特设"吹孔"的限制，其作吹口的管端与演奏者"斜吹"的口风角度（即朱氏所谓的"唇之俯仰"）变化幅度更大，在同一个音孔上，精妙者可演奏出约 300 音分（一个小三度）左右的上下音高的变化。由此可见，那种将贾湖"骨龠"用并不正确的演奏方法吹出的音高而得出的测音数据奉之为圭臬，在几乎是微不足道的几音分或几十音分的数字上大做文章，并试图依此来进行所谓"乐律学"上的阐释，实在是一种求之过甚的严重误区！

概而言之，任何一种边棱类的吹管乐器，其音孔的开设只是一种形式上的大体限定，而其所发出的真正音高，是与演奏者的"口唇之俯仰、吹气之缓急"密切相关的，而准确的音高变化，非精熟者不能尽达其妙。统观贾湖遗址首批出土"骨龠"的四次测音采样，吹奏者其实都没有真正掌握龠类乐器的"斜吹"之法，其所吹出的音高是并不准确的，由此而获得的测音数据当也不足为据，企图依此测音数据的音分计算来探究和揭示远古音乐的奥秘，终免不了"南辕北辙"。因为，皮之不存，毛将焉附！此当令身陷测音研究的误区者幡然猛醒。

---

① ［明］朱载堉《律吕精义》，冯文慈点注，人民音乐出版社 1998 年 7 月出版，"卷之八"第 651 页。

## 第二节　贾湖"骨龠"的正名考辨

毋庸讳言,当年参加贾湖"骨龠"考察的音乐学者们有一个不小的失误。那就是,只关注到该器的音孔设置,急急乎忙于测音、取数据、定音阶(其实耳测便可获得)。而对其最重要的结构特征——无吹孔及其"斜吹"之法却未予以深察。这一点,就连黄翔鹏先生也疏忽了,他在《舞阳贾湖骨笛的测音研究》一文中说:

> 这支骨笛比起后世的竖吹之管,只是少了背面"六"、"勾"二音,正应是竖吹管乐器的祖制。

黄先生认为贾湖的骨质"斜吹"乐管为"竖吹"乐器的"祖制"大体是不错的,但这一"祖制"形式的特征却并不体现在黄先生所说的"只是少了背面'六'、'勾'二音"(即乐管的背面少开了一个孔),而是在于其管端不开"豁口"——也就是不设"吹孔",以自然的管端作吹口的特殊结构。正是这一原始质朴的特殊结构特征,决定了该乐管是为有吹孔的"笛"类乐器之先祖,从而不能名之为"笛"! 这是关系到探赜中华远古音乐文明源头的大问题。但是,与"骨龠"的测音研究上存在的求之过甚现象形成强烈对比的是,学界在对关乎该骨管乐器来龙去脉的重要名属问题上,却未予以任何的深究,而是简单地将其定名为"骨笛"。正是由于"骨笛"一名的误定,致使该乐管与后世的文献之征造成了一道五千余年无法解释的断层("笛"名始见于汉代),使得无人可以究其"来龙"和"去脉"。时至今日,学者们除了只能对那几组所谓的测音数据可证该器八千年前已七声俱备而津津乐道之外,其他并无真正有价值的创获。贾湖"骨龠"实际上仍孤零零如"天外来客"般地独立于八九千年外,其器物虽早已出土,但蕴含在这一古老乐管中的重要学术价值,似乎还一直深深地掩埋在那新石器时期遗址的泥土之中。

有道是:"名不正,则言不顺;言不顺,则事不成。"(《论语·子路》)[1]随着对贾湖骨管吹器研究的深化,我们并不能浅尝辄止地停留在"骨笛"一名的认知层面,而是要对这一古老乐管进行更为科学合理的深层探赜,以揭示这一乐器出土的真正重大学术意义。笔者自上个世纪90年代初开始,通过横察于民间现存"斜吹"乐管诸器,纵考于先秦古籍记载,兼及古文字学之训诂的综合研究,始得发现,贾湖"骨龠"的正名问题,实际上是一个关乎中国管乐器的源流乃至音律音阶的缘起、贯通华夏九千年音乐文明的重大学术问题;也是在音乐考古学视野下,对该器来龙去脉进行深究、廓清中国管乐源流的关键之所在。

---

① 清版《论语》(木刻本),清中早期刻本,卷之七"子路第十三",第二页,"面壁斋藏本"。

# 一、非 "笛" （篴）

察贾湖"骨笛"一名的初起,只是当年考古发现该器时还不能确定的一个权宜之称,而并非是定名。据发掘者所述,最初将贾湖出土乐管名之为"骨笛"的是北京参加鉴定该器的笛子演奏家和相关学者凭藉的一点直感,并未有相关的理论支撑与考说。后来,著名学者黄翔鹏先生发表的《舞阳贾湖骨笛的测音研究》一文,支持了"骨笛"一名的认定,他说：

> 我以为这支骨笛,如求文献之证,考定器名,以最自然、最简单的命名称"笛"即可。不必旁求"琯"、"籥"等先秦古籍中所见之名,更不必就它的吹奏方法,易以后世的乐器之名。

大体自此,"骨笛"一名遂被学界广泛接受。在今人的书著和文论中,凡述及贾湖骨管乐器者,皆众口一致的称之为"骨笛"。作为当年彼时彼地的考古新发现,贾湖"骨笛"一名曾起到过及时将该器见诸新闻媒体及文本载述的作用,倒也无可厚非。但十余年过去了,学界对这一乐管的认识似乎一直仅仅就停留在简单的"笛"之概念上,而未予任何深究。即如有的考古学者所感觉的那样："这些乐器叫什么名字,似乎并不重要,重要的是它们证明了我们的先民在七八千年前已制造出了相当进步的管乐器。"①

然而,事实并非如此,对贾湖骨管乐器浅尝辄止的"骨笛"一称,实际上是以后裔乐器之名来给先祖乐器定名,就像是出土一件远古的"爵"我们将它称之为"酒杯"一样,这会人为地割断出土器物与古代文献载说的相互释证,造成中国古代音乐史上的五六千年断层,显然这是有睽常理的,不能不辨之。

首先,就贾湖骨质乐管外形上观,其单管多孔,乍看上去的确是很像"笛";但从吹管乐器的专业角度来考察,它却与"笛"的形制有着本质的区别。众所周知,今之所谓"笛"者,乃是一端开管,一端塞闭,开有吹孔、膜孔和音孔的竹质单管"横吹"之器。虽然"笛"之名实古今有变,即"古笛竖吹"之说的确属实,而膜孔之制也可能晚起。但是,无论如何,"笛"乃是一种有"吹孔"的竹质乐管当属无疑。这一点很关键,"吹孔"之制对于"笛"类管乐器来说是一个极其重要的结构特征。

而被名之为"骨笛"的贾湖骨管,却正不具备"吹孔"这一结构特征。它是一种没有"吹孔"的、两端皆通的中空骨质乐管。其吹法既不同于笛之"横吹",也有别于洞箫之"竖吹",它是以骨管的一端作吹口,管身斜持,管口与吹奏者的嘴唇呈一个45°左右的斜角,演奏时两唇噘起,如吹口哨般地形成一个小圆孔,贴着管端(细则半含管端)缓缓吐气,气入管端内壁摩擦震荡发音,此即所谓"斜吹"。这种独特的吹法具有厚重的原始感,与今笛之"横吹"、洞箫之"竖吹"实乃大相径庭。事实上,贾湖骨管除了在单管按孔

---

① 杜金鹏、杨菊华编著《中国史前遗宝》,上海文化出版社 2000 年 7 月出版,第 57 页。

这一点上可与笛、箫同归为边棱类吹器之外，其他在结构形态、演奏方法及制作材料上均与"笛"的概念相去甚远。即便是在"笛"名之前冠以"骨"字，称为"骨笛"，也只是标明其制作材料上的差异而已。但真正决定一件管乐器名称性质的关键并不在于此，而在该器的形制与吹法。大凡古今之吹器，或因其结构有别，或因其吹法迥异，皆各有名分。譬之于单管类吹器：结构与笛并无大异的"横吹"乐管，仅其一端多了个闭管结构，即名之为"篪"；同为开管结构，而其吹孔却开在管端封节处的"竖吹"乐管，即名之为"箫"（洞箫）；同为中空开管，而于管段置以哨片而鸣的"直吹"乐管，则名之为"管"等等。足见，吹器各有名分，自古已然。作为八九千年前就成形的、在吹法上与"笛"迥然有别的贾湖骨管，当必有其真正的名属，"骨笛"之名决非确称。

　　或许有人会说：现今流行于新疆帕米尔高原地区的塔吉克族、柯尔克孜族人所吹的一种骨质乐管，因其用大鹰的翅骨制成，故称之"鹰骨笛"。这种"鹰骨笛"除了音孔数为三孔外，其无吹孔、斜吹之法及其骨质的材料等均与贾湖骨管丝毫无异。那么，以此类比，贾湖骨管被名之为"骨笛"，似倒也无甚不妥。是的，"鹰骨笛"一名的确是贾湖"骨笛"在定名上的一个重要参照系。但是，值得注意的是："鹰骨笛"的叫法只是现今汉语对这种骨管乐器的称呼，而塔吉克族与柯尔克孜族均有自己的叫法，塔族称之为"那依"，柯族则称之为"却奥尔"。[①]实际上，"那依"或"却奥尔"才是这种三孔骨质"斜吹"乐管的真正名属，而这一真正的名属，也正是解开贾湖出土乐管器名之谜的关键之所在，关于这一点稍后自有详述。

　　事实上，无论是贾湖出土的骨管，还是塔族的"那依"，抑或是柯族的"却奥尔"，均不应名之为"骨笛"或"鹰骨笛"。因为这种无吹孔形制的骨质"斜吹"乐管实乃华夏单管吹器之远祖，它在我国远古音乐中占有极其重要的历史地位。遗憾的是，当代器乐界乃至史学界对此并未予足够的重视，中国单管乐器的考察与研究，至今只停留在"吹孔"之制的笛类乐器的认识上。而在中国古管乐器的家族中，"笛"——无论是古时的"竖吹"乐管还是今时的"横吹"乐管，均不过是一个后起之秀。据现存史料所考，"笛"字晚起于"笙、箫、龠、管、埙、篪"诸器。在公认为确凿可凭的先秦古籍中，如《逸周书》《穆天子传》及《诗经》《左传》等相关音乐的史料记载中，涉及到的众多古管乐器名并未见"笛"字的一丝踪影。唯有相传为周公所做的《周礼》书中有一"篴"字的记载："（笙师）掌教歙竽、笙、埙、龠、箫、篪、篴、管……"[②]根据东汉郑玄注："杜子春读篴为荡涤之涤，今时所吹五空竹篴。"南朝字书《玉篇》所载："篴，同笛。"明代朱载堉《律吕精义》云："笛与篴，音义并同；古文作篴，今文作笛。"等等，"篴"遂被认为是"笛"的古字似已隶定不移。藉此，有关"笛"（篴）的记载似乎可以追溯到两千余年前的西周时期，然而，"篴"在先秦典籍中仅此一见于《周礼·春官》，很快便被"笛"字所取代，不能不令人倍感困惑并发人深思。

---

　① 《中国乐器图鉴·边棱类》，中国艺术研究院音乐研究所编，山东教育出版社 1992 年 7 月出版，第 119 页（图 2-1-23，2-1-24）。

　② 清版《周官精义》（木刻本），颍川连斗山编次，乾隆乙未年金陵李士果刊"致和堂"本，卷七"春官下"第 17 页，"面壁斋藏本"。

70 年代初期,湖南长沙马王堆汉墓曾出土了两支竹质的开有吹孔的"横吹"乐管,音乐学界诸多文论及音乐史著上一直盛传认定,该墓的随葬殉品清册上写明有"篴"字,这一"横吹"乐管的出土,似为"古笛竖吹"的历史成说蒙上了一层疑云,亦似为《周礼》古籍中的"篴"记载提供了凿凿可凭的实器之证。然而,这却是一个讹传之误说。近年来新的考证发现,长沙马王堆三号汉墓的出土"遗册"中根本没有写明为"篴"、或类似于"篴"字样的竹简,"遗册"之"篴"说确属一个误说。至于该墓出土"遗册"中疑似与乐管相关的"第十八简"中的"𥰡"字,究竟是"笛"、还是"篴"、抑或是"筆"? 尚待进一步的深入探赜。但从乐管具体形制上的考察来看,马王堆的横吹乐管与曾侯乙墓出土的横吹之"篴"似为一物,按照类比的原则,曾侯乙墓出土的横吹之器既然被认定为"篴",那么马王堆墓出土的同类横吹之器当也应是"篴"。①

"篴"为横吹管乐器,实际上就是后世横吹之"笛"的前身。"篴"之名见于先秦典籍,而"笛"之名则起于大汉(马融《长笛赋》:"笛生乎大汉"②),二者器名见载于古籍虽有先后,但它们都共同具备一种新型的结构特征——"吹孔"。如前所述,"吹孔"之制对于"笛"类管乐器来说是一个极其重要的结构特征。但"吹孔"之制的出现,并非如今人所感觉的那样似乎是管乐器与生俱来、天经地义的事。它的形成,实际上是在像贾湖骨管那样的、只有音孔而无"吹孔"的由端口斜吹的乐管历经数千年的变革方才获得的。"吹孔"的设置是古代单管乐器发展中的一大飞跃,它不仅带来了演奏方法上的变化(由"斜吹"变为"竖吹"或"横吹"),更重要的是在音色上出现了质的变化,由特设的"吹孔"吹出的音响显然要比由自然管口吹出的声音明亮、清新,故此才有了"笛"(篴)名之起。其实,"笛"名亦如"筝"名(弹之"筝筝然")一样,是由于乐器所发出的特有音响而得名的。"笛"名可以说是单管乐器在"吹孔"出现后,其音响效果有别于无吹孔的旧器"斜吹"乐管,吹之"笛笛然"而得名。如果《周礼》一书的记载无讹的话,中国以"吹孔"为其结构特征的"笛"(篴)类单管乐器的出现,应该是不会晚于两千余年的秦汉时期。然而,其时像贾湖骨管那样的无吹孔形制的"斜吹"乐管,至少已经存在五千年了,岂可简单地将其名之为"笛"!

从考古发掘来看,这种无吹孔形制的骨质乐管不仅只见于属于裴李岗文化的贾湖遗址一地,其他在属于河姆渡文化、良渚文化、青莲岗文化、诺木洪文化及卡窑文化等诸多原始墓葬及遗址中,均有不同数量的骨质乐管出土。③足见,骨质的"斜吹"乐管在史前文化中有一定的普遍性。从新疆巴楚脱库孜萨来遗址出土的北朝三孔骨管及今塔吉克族尚存的"乃依"(鹰骨笛)来看,这种原始质朴的"斜吹"骨质乐管在纪元后直至当代,仍然还在民间生生不息地传承着。具有如此顽强艺术生命力的古管乐器,在长达数千年的历史记载长河中怎么可能没有其真正的名属! 拨开"骨笛"这一权宜之称的迷障,更

中国 古龠考论

① 韦勇军、刘正国《长沙马王堆汉墓出土的竹管乐器"篴"名考疑》,载《音乐与表演》2010 年第 4 期。
② 清版《马季长集》(木刻本),汉扶风马融著,明太仓张溥阅,"寿考堂"藏版,第五页,"面壁斋藏本"。
③ 《中国音乐辞典》第 125 页"骨哨"条目,人民音乐出版社 1985 年版。

深一步地"辨彰学术、考镜源流",探究贾湖骨管的真实名属,实在是中国吹管乐器史乃至整个古代音乐史研究上的一件居于学术前沿的大事。

## 二、非 "筹"（篍）

自贾湖骨管乐器出土后,对学界一致所称的"骨笛"一名,考古发掘地的河南本土学者就曾提出了不同的看法,他们认为:贾湖出土的骨管不应该称之为"骨笛",而应该称之为"骨筹"。因为,在中原腹地的河南民间至今还传承着的一种如笛、似笛的"斜吹"竹质乐管,其名曰"筹","筹"乐器的形制特征与贾湖出土的骨管乐器一样,不需要开设"吹孔",而以自然的管端作吹口来"斜吹"。"筹"的始祖就是贾湖新石器遗址出土八千年前的"骨笛",数千百年来,可能由于气候环境的变化、人口的增长以及鹤禽类动物的减少,原来的乐管的制材逐渐演变以竹、木来替代,形成了现在的"筹"。①

河南学者的"骨筹"一说,由于具有一定的类比科学性和合理性而被著名音乐家、时为中国音乐家协会名誉主席的吕骥先生所认可。据吕骥先生 1991 年发表的在"国际中国传统音乐研讨会"上的致词《传统音乐研究要坚持实事求是的科学态度》一文所云:

> 前几年,河南舞阳出土的骨笛（距今 8 000 年）在定名上,我们大家几乎都以为是没有可怀疑的,应该称之为"骨笛",几乎已经成为定论了。可是,最近河南民间音乐研究家提出了有事实根据的不同意见。因为,河南南部和东南部的信阳和固始一带,今天还有一种乐器存在于民间器乐之中,按照民间音乐自古以来的称谓却名为"筹"。……筹在形制上和吹法上跟舞阳贾湖遗址出土的骨笛基本相同……。因此,河南一些音乐家们认为出土的不是骨笛,而是骨筹。②

吕骥先生在这里以实事求是的科学态度,支持了河南地方学者有事实根据的"骨筹"一说。据笔者亲历所知,对于贾湖出土骨管的"骨笛"之称,吕骥先生一直是持有异议的。1992 年 10 月,在北京召开的"中国民管研究会"成立十周年庆典的闭幕式上,时年 83 岁高龄的吕骥先生到场致词,他在讲话中特别向到会的全国各地民乐专家提到了贾湖遗址出土的八千年前的"骨笛"其实并不是"笛",而是"筹",也就是"骨筹"！其语气之肯定、态度之坚决,给在场的笔者留下了极其深刻的印象和触动。的确,吕骥先生所支持的"骨筹"一说相对于"骨笛"一说要合理得多,因为贾湖骨管的形制结构及其吹法都与河南民间的"筹"乐器丝毫无异,所不同的只是乐管的材质,一为骨质、一为竹质。根据事物的类比原则,贾湖骨管当应以"骨筹"一名称之较为妥当。但遗憾的是,"骨筹"一说并未引起应有的反响和被学术界更广泛地接受。也就是说,它没能从根本上动摇贾湖"骨笛"的既定概念。究其原委,其根本还在于:"筹"字作为乐器名本身还是个难解

---

① 尼树人《中州佛教特有乐器"筹"的溯源》,1988 年香港"佛教音乐国际研讨会"宣讲论文。

② 吕骥《传统音乐研究要坚持实事求是的科学态度》,载《音乐研究》1991 年第 4 期。

之谜,因为遍览古今字书与典籍,我们还是无法找到"篘"字与乐器有关联的任何记载;而在读作 chóu 音的汉字中,唯有这个"从竹寿声"之篘字还似乎能沾上一点乐器制作材料竹管的边。故此,当今学者凡述及该器虽均用"篘"字,但却疑虑重重。

查"篘"字始见于《礼记·投壶》篇:"筹,室中五扶、堂上七扶、庭中九扶。"投壶为先秦周代宴会的礼制之一,也是一种游戏。"筹"即投壶所用的签子,形如箭笱。《说文·竹部》曰:"筹,壶矢也。"此外,"筹"字还可作为筭(算)、筴(策)及戴(《方言》)诸意解。但皆与音乐、乐器无关。所以,吕骥先生对此亦不无疑虑地说:"这个筹字,古代典籍中如《尔雅》、《释名》以及现代各种词书中都没有作为乐器名称的解释。而在河南民间口头习惯语中描写这件乐器却有这么一句颇为形象的话:'笛子砍了头,就是篘。'这也是自古以来就存在的地方语言。"是的,"篘"名的确并非讹称,它不仅见于河南一地,安徽、湖南等地民间所见此类吹器同样也称之为"篘"。安徽的"篘",还曾作为黄梅戏早期的特色伴奏乐器而被载入过戏曲音乐的史册。

1957 年安徽人民出版社出版的《黄梅戏音乐》(王兆乾编著)载有:"篘——这是黄梅戏所特有的吹奏乐器。"该书还对篘的制作、吹法及特色等均作了较为详细、准确的记叙,并绘有"篘"的形制及演奏图示(详参本书第二章)。值得注意的是,著者王兆乾先生同样心有疑虑地写道:"篘在历史上似乎没有它的记载,原来流行在皖北民间。关于它的名称,只是根据艺人的说法记下来的,是否就是这个'篘'字还待查考。"看来,对篘字作为乐器名表示相当的质疑乃是当代众多学者的一种共识。的确,遍览古今辞书典籍,"篘"字决无训作乐器名的记载。那么,而今河南、安徽诸地民间道士普遍称之为"chóu"的乐器名属到底该是什么字呢? 经笔者的考证,这种名之为"chóu"的古老竹管乐器的真正名字应该是——"篍"。

汉代《说文解字》及南朝《玉篇》等古老的字书均训有:"篍,吹筒也。""篍"字见诸史籍的最早记载可能是西汉史游的《急就篇》,其句曰"箛篍起居课后先",据唐颜师古注:"箛,吹鞭也。篍,吹筒也。起居谓晨起夜卧及休食时,督作之司以此二者为之节度。"①可知,"篍"乃是一种吹之可以发出音响的竹筒,作为一种有声信号,它与人们日常生活中的起居休食密切相关。此外,"篍"还多用于古时的警戒或督役。据清代桂馥的《说文解字义证》所载,《广韵》曾训"篍"为"竹箫也,洛阳亭长所吹",亭自战国时便是一种警守御敌的边塞设置,秦、汉时期是地方的基层行政单位,亭长乃一亭之内职掌治安警卫并兼理民事之人,多以兵役期满者充任。《广韵》所说的洛阳亭长掌吹"竹篍"当非奏乐,乃用作发布督役或警戒信号。我国古代的诸多乐器,特别是音响宏大可以远传的打击乐器或吹管乐器,大都具有通过音响、节奏来传递信息的功能,因而多被用于民事或战事。那么,"篍"具体又是怎样一种吹器呢? 史料中除"吹筒"一说外,并未见有更详实的记载。从段氏《说文解字注》所训"吹鞭盖葭为之,吹筒盖竹为之"来看,被称之为"吹鞭"的箛可能是以葭作哨而鸣的单管簧哨类吹器,而"吹筒"篍则应是一种以竹为膜而鸣的边

---

① 清版《康熙字典》(石印本),光绪丁亥年十二月上海"点石斋"石印,"未集"第 10 页,"面壁斋藏本"。

棱类吹器。"盖竹为之"的"竹",非指竹管,是谓竹衣。竹衣为膜古已用之,宋·陈旸的《乐书》就载有"箫管之制六孔,旁一孔加竹膜焉⋯⋯"。由此可见,有关"篍"字的训释和记载正与今时道教所吹竹管乐器的形制开有膜孔和吹法上是管端"斜吹"状如吹筒相吻合,民间所称的"chóu"器之名当非"篍"字莫属。然而,纵览近古及今凡收有"篍"字的辞书字典均将其读音注为"qiu"(秋)而并不读作"chóu"(愁),这便是"篍"字一直未被起用的关键之所在。

"篍"、"筹"二字读音不同,若果真以读作"秋"声的"篍"字去作被称之为"chóu"的乐器之名,则似有名实不尽相合之感,难以令人笃信。那么,"篍"字到底有无可能读作"chóu"音而与道教吹器真正名实合一呢?这是一个亟待探究的问题。从字形结构来看,"秋"应是"篍"字的声符,即如《说文》所训"从竹秋声"。比类考之于其他含有"秋"声符的诸字,却大都并不读作"秋"音。如"湫"读作"chǒu","鳛"读作"zhòu"等,均与"筹"音相近。而"从心秋声"之"愁"字的读音则更是"篍"字应读作"chóu"音的确凿旁证。那么,缘何古今众多字书辞典均将"篍"字的读音注为"秋"呢?这里面涉及到一个古今声韵有变,中古反切注音与后世读音不合而导致了汉字审音注音上的失误问题。据段玉裁《说文解字注》载,"篍"的读音为:"七肖切,按《广韵》七遥切;又音秋。"段氏在这里采用了两种不同的注音方法,前为反切注音,后为直音注音。从其直音注音为"又音秋"来看,其反切注音当是不同于"秋"音的另一种读音。然而,若按今时音韵来拼读"七肖切"或"七遥切",则其反切注音却仍读若"秋"音,当与段注原意不合,这里就有一个古今声韵变异的考究。

从中古至近现代,汉语的声母与韵母都发生了很大的变化。语音的变化对反切原则的影响也大。根据其中一些可循的规律来看,在声母的变化中,中古的某些反切,按今音读,反切上字凡属带 i、y 介音的细音字,其声母为 j[tç]、q[tç]、x[tç]的,则应变成 z[ts]、c[ts′]、s[s],方可求得被反切字的正确读音。[1]据此推演,"篍"字的反切注音"七肖切"或"七遥切"无疑均应读若"愁"音,而不读作"秋"音。其实在近古的一些韵书中,有的反切注音已就中古声韵作了修正。如《集韵》、《韵会》及《正韵》诸书中,"篍"字的反切被注音为"雌由切"、"此由切"或"此遥切"等。[2]这些反切的上、下字直接便可拼读为"chóu"(愁)音(准确地说应读作 cou 音,因现代汉语中已无此声韵的字,故从 chou)。可见,"篍"字自古便就读若"愁"音,它就是现存道教竹制吹管的真正器名。近古及今的诸多辞书字典将"篍"字的读音注为"秋"音而不注作"愁"音,实乃汉语审音中的一大疏漏。这一疏漏致使"篍"字有其名而无其实(因古今并无称作"秋"的乐器),逐渐被一些辞书所废(如《辞海》);而现存于中原一带民间的吹管乐器"chóu"则有其实而无其名(现用的器名"筹"字不可作器名解),令学者无从稽考。今辨之,则"篍"字音既正而"chóu"器名也正,二者名实合一,此乃还历史之真实也。

---

① 《中国大百科全书·语言文字卷》,中国大百科全书出版社 1988 年 2 月出版,第 72 页。
② [汉]许慎/[清]段玉裁《说文解字注·竹部》,上海古籍出版社 1981 年 10 月版。

如此,现存在河南、安徽等地民间的竹质"斜吹"乐管的真正器名应为"竹篴",而非"竹筹"。那么,按照类比的原则,贾湖骨质"斜吹"乐管是否就可以名之为"骨篴"呢? 笔者以为仍然不可。当然,就贾湖骨管与道教竹篴两器的无吹孔形制及其"斜吹"之法上的一脉相承来看,"篴"(筹)的概念的确要比"笛"的概念准确。然而,"篴"名之起却晚于"笛",在先秦典籍中,我们找不到有关"篴"字的任何记载。从西汉史游的《急就篇》算起,"篴"器的可考年代不过两千多年左右。若贾湖骨管果真名之为"骨篴",那么,它在西汉之前就已存在了五千多年的这一大段空白仍然无法填写,这与"笛"名所造成的先秦文献无征的文化断层之症结并无二致。

此外,据笔者的考证认为:"篴"名之起可能是与其"膜孔之制"有着密切的关联。据《风俗通》转引《汉书》注:"篴,笛也。言其音篴篴,名自定也。"①所谓"其音篴篴"当是指一种新颖的音响,而这种新颖的音响决不可能来自已经承袭数千年的管端"斜吹"之法,倒极可能与其新兴的"膜孔"形制相关。于音孔之上开一"膜孔",蒙竹衣而鸣,其音能不"篴篴"乎! 这大约是在秦汉时期,无吹孔形制的单管吹器在受到吹孔形制的"笛"(篪)类乐器的冲击后,本体所进行的一种变通。这种变通既保留了原始的"斜吹"之法,又因膜孔的开创而获得了"篴篴"的清越之声,从而以声响得名并区别于旧器乃至得以传承于世。就今道教"竹篴"均为开有膜孔的形制来看,此说当不为臆断。由此可见,"竹篴"实际乃是像贾湖骨管那样的无吹孔形制的"斜吹"乐管发展到汉代才出现的一种变体乐器,而这种变体是以"膜孔"为其结构特征的。唯"膜孔"的出现,方才有"篴"名之起。"膜孔"之于"篴"(筹),犹"吹孔"之于"笛",无"膜孔"者则无所谓"篴"(筹)也。故此,贾湖骨管的"骨篴"(骨筹)一说当仍不能成立。

## 三、乃 "龠"

在贾湖骨管的名属问题上,力主"骨笛"一名的黄翔鹏先生对吕骥先生所支持的"骨筹"一说曾表示出明确的异议,他认为贾湖骨管器名的考定,既不必旁求先秦古籍的文献之征,更不必就它的吹奏方法,易以后世的乐器之名。因为"笛"(篪)名在先,而"筹"(楚)名居后,对此,他聊作征引说:

> 朱载堉《律吕精义》说"篪(即笛)之吹处类今之楚(即现名'潮儿'者)"。我们似乎不必因为一种祖先有了某种后裔,就要以其中的一种后裔之名来给它的祖先定名。②

黄先生的这段话主要是针对"骨筹"("楚"也就是"筹",详后述)一说而阐发的,其本意并无错。而"不以后裔乐器之名来为祖先乐器定名"的阐发也确为卓见。但是,需要

---

① 清版《风俗通义》(木刻本),〔汉〕应劭著,练江汪述古山庄校刊,卷之二"声音第二",第 10 页,"面壁斋藏本"。

② 黄翔鹏《舞阳贾湖骨笛的测音研究》载《音乐学文集》,山东友谊出版社 1994 年版。

明辨的是：若将八九千年之遥的贾湖骨管称之为"笛"，同样难逃"以其中的一种后裔之名来给它的祖先定名"之嫌！本文前述已十分清楚，"笛"名之起不过两千余年。所谓"笛"（篴），实际上是在像贾湖骨管那样的无吹孔形制的单管吹器，历经了至少五千年的变革（衍变主要是在音孔数上和制作材料上）直至先秦周代才出现的一种新兴的以"吹孔"为其结构特征的单管乐器。"笛"（篴）与"筹"（楚）一样，同属后裔乐器而非祖制。贾湖骨管既不应名为"筹"，当也不能名为"笛"。若要考定贾湖骨管的真正器名，必欲超越"篴"（笛）的记载，求之于先秦更久远的史料。当然，如果在所有的先秦典籍中根本找不到比"篴"更古老的单管乐器之名，则不可强求，那就只好"以最自然、最简单的命名"将贾湖骨管称之为"骨笛"了。然而，史实并非如此。在先秦典籍中，确有一件比"篴"的记载和传说更为久远的、而在后世又与"笛"名密切相关且被描述为"如笛"、"似笛"的古老吹器，那就是殷商甲骨文中已有其字、先秦史料述之颇丰的我国上古时期的重要吹管乐器——"龠"。

龠（亦作"籥"），其说远矣。相传原始部落的伊耆氏就是用草槌敲击土鼓、吹着以苇管制成的龠来歌舞以乐的。此所谓"土鼓、蒉桴、苇籥，伊耆氏之乐也"[①]。据《吕氏春秋·仲夏记》载："禹立，于是命皋陶作为《夏籥》九成，以昭其功。"后世，龠的传说一直与禹时的乐舞《大夏》联系在一起。在现已纳入信史的殷商时期，"龠"字的雏形已经出现在甲骨文中，写作 𠎷、龠、龠。及至原始社会鼎盛时期的周代，"籥"已经成为由专门乐师掌教的，并被广泛使用于歌乐、舞乐的重要吹管乐器。这在有关先秦的诸多典籍史料中，均有所证。在先秦诸子的有关论乐的著述中也有不少涉及"籥"的记载，如孟子的《梁惠王》、庄子的《杂篇·盗跖》及荀子的《乐论》诸篇中均见有"管籥"之说。《诗经》中述及到的远古乐器近30种，管乐器中见诸诗歌篇数最多的就是"籥"。由此可见，"龠"在我国先秦远古音乐中的显赫地位。然而，如此重要的吹管乐器，自秦汉以降便开始急趋式微。尽管有关"龠"字的训注未少见于历代学者的辞书著述，但其在音乐实践中的地位似乎丧失殆尽，取而代之的乃是"笛"、"箫"一类的吹管乐器。在音乐文化高度繁荣的唐王朝，无论是宫廷燕乐还是民间俗乐，似已寻不见"龠"的踪影，直至近现代人们已无从考其真迹。"龠"到底是一种什么样的吹器？为什么它在先秦时期那样显赫，而在后世却如此衰落乃至绝迹？这是中国音乐史中一直未能解开的谜。

根据古代字书典籍中汉、魏学者对"龠"字的训释与注疏来看，龠是一种"如笛"、"若笛"但又肯定不是"笛"的单管多孔吹器。其多孔说者，主要有东汉许慎、郑玄的"三孔说"（《说文解字》、《礼记注》），西汉毛亨的"六孔说"（《毛诗注》）以及三国魏张揖的"七孔说"（《广雅》）等。汉魏诸家的训注，虽在"龠"的孔数上说之参差，但均以"笛"而类比之，可见，"龠"是一种单管多孔的边棱类吹器应属无疑。汉以后儒子凡有述"龠"者，皆未脱此窠臼。"龠如笛"——即单管乐器乃是历代学者众口一致的成说，此说自汉至清承袭两千余年并无异议。

① 明版《礼记》（木刻本），陈澔集说，卷之六"明堂位第十四"，第40页，"面壁斋藏本"。

第一章 / 贾湖「骨龠」 079

然而,令人惊憾的是,及至近现代,著名文学家、古文字学家郭沫若先生在其《甲骨文字研究·释和言》中提出了所谓"龢字象形,象形者,像编管之形也"的异说后,"龢"便被逐渐隶定为状如排箫的编管乐器。包括已故杨荫浏、沈知白在内的当代诸多音乐史家,几乎无一例外地在其著述中将"龢"说成是编管乐器——排箫的前身或雏形。当代所编的音乐典籍《中国音乐辞典》及《中国大百科全书·音乐舞蹈卷》中亦作如是定论。自此,承袭了两千余年的"龢如笛"的单管之说被遽然废弃,原本截然异形的"龢"与"箫"(排箫)竟成了异名同器,中国古管乐器的研究因此而更增添了几分迷惘。

其实,郭老先生的"龢为编管象形"说只不过是一家之言。他的这种以字形来求乐器形的考证方法本身究竟具有多少科学性和合理性,值得大大地怀疑。因为,迄今为止,我们似乎还没发现哪一种吹管乐器的器名是与其器形相一致的。如果说,"龢"在历史的记载中只知是一件吹管乐器,其他均不得而知的话,郭氏的"龢为编管象形"之说大概还不失为一种富有想象力的假说。然而事实是,自汉传承两千多年的确凿史料早已明白无误地告诉我们龢是一件"如笛、似笛"的单管乐器。郭说"龢"为编管则与史料完全相悖,试想,若无坚确之实据可证史料为谬,郭说当不可能成立。那么,郭氏是如何推翻承袭了两千余年的汉人"龢如笛"说的呢? 让我们再来看他的一段著名的论龢之说吧:

> 龢字既像编管,与汉以后人释龢之意亦大有别。后人均以为单独之乐管似笛,然或以为三孔,或以为六孔,或以为七孔,是皆未见古器之实状而悬拟之耳。形之相悖既如彼,说之参差复如此,故知汉人龢似笛之说全不可信。[①]

这是郭氏在《释和言》中,经过由"和"及"龢"、再由"龢"及"龢"的一番由文字到文字的考证后,认定"龢"为编管乐器象形所阐发的。很清楚,郭氏并没有拿出任何确凿的实据来论证汉人龢说错在哪里。而仅仅是抓住了汉儒们在龢的孔数记载上"说之参差"这一点,便将其一概斥之为"全不可信"。其实,识乐者皆知,所谓孔数之于单管乐器,实犹管数之于排箫、簧数之于笙竽、弦数之于筝瑟,其多寡不一乃在常理之中,并不构成郭氏所谓的"形之相悖"。且莫言古代吹管乐器的孔制不可能规范,即便是在乐器制作艺术高度发展的今天,孔制基本规范的竹笛也不尽为六孔,诸如七孔笛、八孔笛乃至十孔笛也时有所见。可证,汉人说龢孔数不一并不奇怪,实合于常理。他们定有所见而决非悬拟,只是其所见乃有"三孔龢"、"六孔龢"与"七孔龢"之不同。郭氏未悟得个中三昧,却企图以此为突破口来全盘否认汉人的"龢如笛"说,可谓不思之甚。值得注意的还有:郭氏在这段龢论中口口声声将汉人的训注都说成是"以为……"、"或以为……",并言之凿凿认定汉儒们是"皆未见古器之实状而悬拟之"。其言外之意是说,"龢"在汉代就根本不复存在了,汉儒们的说龢只是一种悬揣。那么,历史的事实果真如此吗? 回答当然是

中国古龢考论

---

① 郭沫若《甲骨文字研究·释和言》,上海大东书局 1931 年出版,第 2 页。

否定的。

汉时去古未远。作为先秦周代还极其重要并广为传习的龠,不可能到了汉代一下子就溘然飞逝。虽然其中确有"焚书坑儒"的史实,但从未闻有大规模地"毁乐"之说。且不用说古龠有存于汉代、汉儒们见到过各种不同孔制的"龠"(三孔的、六孔的或七孔的)。就是在汉以后的魏晋南北朝时期,"龠"仍是一件倍受文人雅士们的青睐并常与琴瑟同提并论的重要古管乐器。这一点,我们可以从三国魏时稽康的《声无哀乐论》及南朝梁时刘勰的《文心雕龙》中所见大段借龠、瑟以说乐、论诗而得到证实(详"序论")。而更令人笃信是,宋、元两代正史中均有关于"籥"的记载。特别是《元史·乐志》中所述:"英宗至治二年,冬十月,用登歌乐于太庙。……登歌乐器、竹部籥二,制如笛,三孔。缠以朱丝,垂以红绒条结。"[①]可以足证,至少在 14 公元世纪初,"籥"还被实际运用于元朝帝王祖庙的祭祀登歌奏乐之中。岂可妄言距此一千多年前的汉代"龠"就不存于世,从而认定汉儒说龠均为"悬拟"呢? 事实上,真正"未见古器之实状而悬拟之"的正是郭老本人。他未能从深察古管乐器之形转着手,也未对现存龠说史料(文字与图像)作出翔实的考证,而仅以甲金文中的个别字形为立论依据,便认定"龠"为编管乐器的象形,从而将承袭两千余年的"龠如笛"说一概斥之为"全不可信",实际上是根本站不住脚的。

"龠"为单管之器,历代学者众口一致,毋庸置疑。那么,"龠"究竟又是怎样一种"如笛"、"若笛"却又不同于笛的单管乐器呢? 这确是一个亟待解开的千古之谜。笔者认为,龠既如笛,当属边棱类单管吹器无疑,这首先就排除了簧哨类吹器的可能性。根据史料分析,既然汉魏学者说龠有三孔、六孔与七孔之别,那就可以推断,这些开有不同孔数的吹管均被称之为"龠",肯定都有一个共同的,且可明显区别于"笛"的特征,而这一特征显然并不体现在孔数之多少上。那么,边棱类的单管吹器除去开孔特征外,还能有什么呢? 当然唯有吹法可解。考吹法于今之所见的边棱类单管吹器,举凡有三:一为横吹、一为竖吹、一为斜吹(唯"直吹"属簧哨类乐管)。横吹者"笛"属也,竖吹者"箫"(洞箫)属也。此二者均为有吹孔之吹器,已为尽人皆识,当无须赘言。余下,则惟有"斜吹"之法可究。"斜吹"者何属? 今之所存塔族"那依"、道教"竹筘"及贾湖出土之骨管皆属之。统察之,此三器均为无吹孔形制之单独乐管。其由管端作吹口的"斜吹"之法正可明显区别于"笛";而其单管多孔、气鸣发音则也与"笛"相类。此不正所谓"如笛"、"若笛"乎! 再就孔制来看,塔族"那依"为三孔,道教"竹筘"为六孔,而贾湖骨管则多为七孔之制,似也正可与汉魏学者的三孔、六孔和七孔龠说相暗合,也可证汉人说"龠"决非悬拟,乃有实器可依。此乃由今可以证古,由古也可以知今矣。

至此,古龠之谜似乎已然冰释,所谓"如笛"、"若笛"之龠者,应该就是一种无吹孔的,由管端"斜吹"的单独之乐管。这种八千年前已有其形,而今之所存仍有其制的"斜吹"之"龠",实乃"笛"类乐器之先祖。它兴盛于"笛"(篴)名起前的远古时代,至少五千

---

① 《元史》,中华书局 1976 年版,"第六册"第 1701 页。

年未衰;而"笛"乃"龠"之后裔,正可谓换代乐器。"笛"衍生于"龠",其成形大约不会早于先秦周时,它变无吹孔为有吹孔,实现了中国单管乐器形制发展上的一次重大变革。此后,"笛"名兴而"龠"名衰,当在情理之中。

据上所论,"龠"应为无吹孔之制的"斜吹"乐管,那么,贾湖骨管的定名也自当为"骨龠",此应不失为一种合乎逻辑之推断。然而,仅此尚难令人笃信。若要论定贾湖骨管确非"骨龠"之名莫属,非得进一步求证于相应的古代文献不可。由于贾湖骨管出土的遗址与裴李岗文化大体同时,距中国最古老的甲骨文字的可考年代还有四五千年之遥。若求与之相应年代的文献或文字之证,当然是不可能的。那么,比物连类,旁求于今世所存的、与贾湖骨管相类的"斜吹"乐管之证,当不失为一种可行之法。

今世所存的"斜吹"乐管,除本文已有论及的塔吉克族"乃依"和中原道教的"竹筱"外,尚还有哈萨克族的"斯布斯额"、柯尔克孜族的"却奥尔"(与"乃依"同器异名)和蒙古族的"绰尔"等。在这些斜吹乐管中,首推塔族"乃依"与贾湖骨管最为相类。除去开孔数略有所异外,两器制作材料、形制及吹法同出一辙。故此,对塔族"乃依"一名的考释,将是贾湖骨管定名的关键一证。

"乃依"流行于新疆帕米尔高原,取大鹰翅骨制成,骨管中空,三孔。"乃依"为塔语器名,今之汉语称其为"骨笛"或"鹰骨笛"。其实,"乃依"一名本身可能就是汉语"籁"字的读音在塔语中的遗存。考"乃依"也被写作"那艺"、"奈伊"、"奈依"等。这些词的实际意义就是一种标音,按汉语发音规律均应合音读作 nèi 或 nài,即与"籁"字的音谐相近。在我国古代汉语方言中,"籁"字的发音并无 lai、nai 之分,而"籁"字的本意也正可作乐器名解。因此,我们完全有理由认为"乃依"一名就是汉语"籁"的音译。再考"籁"字于古训,《说文解字》已有明释:"籁,三孔龠也。"汉人高诱注《淮南子》也有与此相同的训释。足见,我国古时的"三孔龠"是被称之为"籁"的,而今时的塔族"乃依"却也正是只开有三个音孔的"斜吹"乐管,此当决非偶然之巧合。我们完全有理由确信,塔族的这种三孔"斜吹"骨管其实就是古代称之为"籁"的三孔之龠在今世的孑遗;而"乃依"一名也就是"籁"字的汉语音译。此正可谓古今合拍、名实一统。

然而,尚需更深一步论证的是,许慎以"龠"释"籁"是否真正确凿可凭? 大凡古今学者均据庄子的"人籁则比竹是已"一语,认为"籁"字只指"比竹"为之的编管乐器。而今人则更具体地将"籁"隶定为排箫的别称。故此,对许慎《说文解字》中以"龠"释"籁"一条多认为有误。如元人马端临在《文献通考》中曰:"许慎以籥为籁,是不知籥如篪而三窍,未尝比竹为之。"近人郭沫若则在《释和言》中云:"许知籁龠为一而不知龠,故以'三孔龠'释籁。"此两家正可谓仁智各见,一说许慎不知"龠"为单管乐器,一说许慎不知"龠"为编管乐器。但有一点显然是他们的共识,即:"籁"只能是编管乐器。对此,笔者决未敢苟同。现请申论"籁"字本意如次:

"籁"字语源本出庄子《齐物论》篇:"地籁则众窍是已,人籁则比竹是已。敢问天籁?"此语中,"人籁"一句自古至今均大致被释作"编管乐器竹箫发出的乐声",从"比竹"即为排比编列竹管之意来看,此释似应无误。但是,此语前的"地籁"一句被释作"地面上种种孔穴发出的风声"①则未必然。庄子此二语是个对应的概念,均为借乐器之形来喻自然物象。既然"人籁"指的是"比竹为之"的编管乐器,那么,"地籁"则应是指"众窍为之"的单管乐器。"众窍"实指多孔之意,多孔即为单管乐器。"众窍",即单管多孔;"比竹",即编管无孔。此正涵盖了我国远古时期的无吹孔管乐器之两大形制,其实这也正是"籁"字的本意所概。后世及今众多学者仅以编管乐器释"籁",是只识"比竹"之籁而未识"众窍"之籁矣。"比竹"之籁——编管之"箫"属;"众窍"之籁——单管之"龠"属。许慎以"三孔龠"释"籥"并无伪误,就古代数词所示"一"为单、"二"为双、"三"则为众,"孔"也通作"窍"。故知许氏"籥"下明言"三孔龠"实乃暗合"众窍"之"籁"意。而今又有塔族三孔"乃依"实器为证,许慎以"龠"释"籥"当然是真非伪,实乃确凿可凭。那么,塔族"乃依"自当为"三孔龠"无疑,而贾湖骨管当也非"龠"名莫属。此可谓笃证之一。

有道是"孤证不立",尚有另一比类物证即是流行于中原一带的民间"竹筊(筹)"、"竹筊"之器实乃古"南籥"的一种俗流变体,然而,不辨却不能明之。

前述已知,"筊"字自近古起便因审音上的失误未被起用,而以"筹"字为该器名的记载只为当代所考。那么,作为民间流行面极广的这种无吹孔之制的"斜吹"乐管,自汉传承至今,历史上还有无其他文献之证可求呢?据察,明、清两代史料中,乃有微证可求。但不写作"筊",也不写作"筹",而是被称之为"楚"。本文前述黄翔鹏先生所引明代朱载堉《律吕精义》中载有"篴之吹处类今之楚"一语,黄先生注"楚"曰:"即现名'潮儿'者"。何谓"潮儿","潮儿"实即合音读若"chóu"(筹)音,似为"筊"器之称的北方口语。"潮儿"及其相类之器名"绰儿"、"楚吾尔"、"却奥尔"等,可能均为中原"筊"器之名的音译。因为这些器名皆为无吹孔形制的"斜吹"乐管。朱载堉说"楚"、"篴"二器吹处相类也可证此。古篴为竖吹,其吹处当在管端。"篴"既与"楚"吹处相类,那么"楚"之吹处当也在管端。所不同者,"篴"于管端"竖吹"(开有山口),而"楚"则于管端"斜吹"(无吹孔)。故此,朱氏谓二器吹处相类而不谓其相同。其实,朱氏此语主要是借"楚"器以比类说明古"篴"是由管端"竖吹"的乐器,以资明辨于"横吹"之笛。朱氏既以"楚"来类比"篴",足见"楚"在明代应是一件极为流行的吹器。然而,考"楚"名于古籍,却未见有任何作为乐器名解的训释。"楚"字既不可作乐器名解,那么,朱氏《律吕精义》缘何以"楚"为器名呢?我认为,朱氏用"楚"名与今人用"筹"名同出一辙,实为借字标音也。此"楚"并不读作"chǔ"(储),而应读作"chǒu"(瞅),抑或就是读作"chóu"(筹)。今安庆一带方言,其"清楚"之"楚"正是念作"chǒu"音。安庆地区与湖北接壤,亦为古楚之地,向有"吴头楚尾"之称。安庆一带也正是安徽道教"竹筊"乐器的主要流行地,其"楚"字的方言读音与当地流行的民间吹器名之称正相一致。足见,朱氏以"楚"为器名乃有民间实据可依。"楚"名与"筹"名一样,实取其音而非用其意也。乐管之"楚"字理应读作"chóu"(筹)音,此当为古楚之地的方言遗韵。

据上可见,朱载堉《律吕精义》中的所谓"楚",其实就是古楚之地极为流行的无吹孔

---

① 《辞海》(缩印本),上海辞书出版社 2010 年 4 月出版,"地籁"词条第 357 页。

的"斜吹"乐管"竹篍"之器名。清代纪昀等人校订的《续文献通考》中有这样一段论述：

> 大抵音有南北，器有楚夏。《吕氏春秋》曰有娀氏始为北音，涂山氏始为南音，周公召公取之以为《周南》、《召南》。《诗》曰："以雅以南。以龠不僭"。此之谓龡。然则，龠乃北音，《礼记》所谓"夏龠"是也；笛乃楚音，《左传》所谓"南龠"是也，俗呼为楚有以也夫！①

这段考论的最早出处，实乃见于朱载堉的《律吕精义》所载。其由远古音乐传说中的北音、南音之分，述及到先秦史料记载中的"夏龠"、"南龠"之别，其解颇为精到。而这其中的释"南龠"为楚音之笛一说尤有价值。当然，仅以"笛"释"龠"而论，本身并不算什么鲜说。由于龠、笛两器形制十分相似因而导致的龠、笛为一物的说法古今均有所见。但纪昀之《续》论则不同，他不仅释"南龠"为楚音之笛，而更进一步点明了楚音之笛就是俗呼为"楚"的吹器。被纪氏认定为"南龠"的楚音之笛，并非是吹孔概念上的"笛"，而实为无吹孔的"斜吹"之"楚"。而"楚"即"篍"（篘）。可见与贾湖骨管吹法一脉相承，至今仍存于民间的道教吹管"竹篍"其实就是"龠"（南龠）的一种变体俗称。清人向以治学严谨、考辨精当著称于世，而纪昀在古文献考证及训诂学上的成就亦为世人所公认。那么，《续文献通考》中的这段引朱氏《律吕精义》所述"楚"（篍）即"南龠"之俗称的论说，当足可为贾湖"骨龠"之名的考定提供又一坚确的佐证。

综上所论，无论是史料研究、实器考证，还是文字训释、逻辑推理，均可足证：1986—1987 年间在河南舞阳贾湖遗址出土的距今八千年的无吹孔骨质斜吹乐管，既不是"骨笛"也并非"骨筹"，而实实在在就是华夏吹器之鼻祖——"骨龠"。从"龠"字的本形并不从竹来看，这种骨质之"龠"当为中国古龠的真宗原形乐器。后起从竹之"籥"及竖吹之"箫"、横吹之"笛"乃至簧哨类的直吹之"箎"、"管"等诸器均衍生于此。从乐器发生学的角度来看，这种状若吹筒的中空"斜吹"乐管极可能滥觞于人类早期的"吹火筒"。而我们的先祖（北京猿人）早在四五十万年之前就已经懂得用火并能保存火种了。可以推想，从最初能够发出两三个音高的无音孔"吹火筒"到贾湖遗址的近乎七声齐备的多音孔"骨龠"，这期间大约经历了十几万年或是几十万年的衍变。如此，我们就不会对八千年前出现这样精美完备的乐器而感到不可思议了。相反，它给我们的启示是：中国乃至世界古音乐文明的发轫期远比我们想象的要久远得多。因为，它极有可能是与人类最初征服自然并懂得用火的文明联系在一起的！

贾湖"骨龠"的现身，为我们揭开了先秦的古龠之谜。它的正名，必将为我们揭示更多有价值的东西。诸如对当代"龠为编管"说的匡谬正误、远古华夏吹器的西传东渐、人类"音阶"概念的形成与古乐舞的演进以及整个吹管乐器的清本正源等，定会产生重大的理论影响。此外，继承和开发"古龠"的这种不需吹孔，而由管端"斜吹"的特殊演奏方

---

① ［清］纪昀等《续文献通考》卷 110·乐十（万有文库本）。

法,那将是中国单管乐器在更高层次上的返璞归真,有着现代笛、箫不可取代的实用价值。

## 第三节　贾湖"骨龠"的二批出土

贾湖"骨龠"的出土,以其极古老的渊源及其无与伦比的学术价值,给人们带来的震撼是巨大的。大约距贾湖"骨龠"的首批出土后十数度春秋的逝去,当年出土"骨龠"带给人们的震撼似乎尚未消尽,其蕴藏在乐管深层的重要文化价值似乎还远未被真正揭示,而贾湖遗址的考古发掘却再度有了惊人的发现。

2001 年春 4—6 月间,经国家文物局批准,中国科技大学科技史与科技考古系和河南省文物考古研究所共同合作,在舞阳县博物馆的配合下,联手对贾湖遗址进行了第七次考古发掘,此次发掘期间,还邀请了中国社会科学院考古研究所、中国农业大学、中国科学院植物研究所的植物考古、动物考古、农业考古和体质人类学等有关方面的专家到发掘现场共同工作。此外,还有参加实习的地学、化学等专业的硕士、博士研究生,是为一场多学科的综合发掘。此次发掘又揭露面积 300多平方米,发现房基、灰坑、兽坑、陶窑及墓葬共一百七十多座,出土了陶、石、骨质的各类遗物数百件。①

图 1.28　贾湖遗址第七次发掘现场

令人惊异的是:本次发掘又有一批"骨龠"乐器于土中现身,包括一些残断的乐管,其实际总数竟也超过了 10 支。较之前批的出土,此次出土的"骨龠"无论是在乐管的长度上,还是在开孔的制式上,都有着前所未有的新发现,直令考古发掘者们欣喜若狂。同年 7 月,刚刚出土的这批"骨龠"实物在中国科技大学举办的"科技考古专业庆'七一'暨首次田野考古实习汇报展览"上,首次与其他的考古实物一起公开面世进行了展出。贾湖"骨龠"的再一次出土,引起了学界的更进一步的瞩目。

## 一、二批出土"骨龠"的类型

1. 七孔龠(2 支)

M511:4,管长 25.15 厘米,保存基本完好,通体棕亮光滑,两端略有骨关节的残存,

---

① 参见中国科技大学科技史与科技考古系、河南文物考古研究所、舞阳县博物馆《河南舞阳贾湖遗址 2001 年春发掘简报》,载《华夏考古》2002 年第 2 期。

出土时分为两节,并列放置于乱骨中,经缀合为一支完整的七孔龠。乐管断渣在第5孔处,于第5、6孔间可见缠裹痕。七个音孔均匀地开在骨管略弯的一面,大体居中,孔径约0.3—0.5厘米,孔外径略大于内径。所开音孔旁均见有刻记痕,未见二次刻记,似为一次刻记即施钻。在乐管的背面距吹口一端约6.89厘米处有一横刻痕,位于第7孔之上。整个音孔的孔列基本为一直线(图1.29)。

图1.29  M511:4 七孔龠

M494:2,管长24.53厘米,骨质较好,保存基本完整,唯吹口一端与最上一孔之间稍残,修复可还原。通体呈棕色且把握光滑,两端骨关节尚存,吹口一端稍显。乐管出土时于吹口端约6.5厘米处压碎断裂,但吹口尚好。管身整体断为三节,可连接,但背面腐蚀较严重。管身有音孔的一段布满条状的缠裹痕,其中第7孔上下至第2、3孔之间缠裹痕明显。管身开有7个音孔,孔侧均见有刻划痕,其中第3、5孔间有两条刻痕,似为设计刻痕;此外,第1孔下及第2、3孔间,第4、5孔间,第5、6孔间也见有刻痕,较浅且偏向一侧,未知是否为设计刻痕。整个孔列不齐,以第1、第7孔为基点线,仅第4孔在一直线上,第2、第3孔稍偏右,则第5、第6孔稍偏左(参见下图)

图1.30  M494:2 七孔龠

2. 二孔龠(1支)

M521:1 二孔骨龠,管长约29.47厘米,骨质较好,与其他以鹤类尺骨制成的多孔骨龠感觉明显有别,似以猛禽类的骨管制成。骨管明显较为厚重,略有点弯度,开孔的一面略平滑,看似经过打磨。两个圆孔开在骨管的中部,孔径略小而孔距极大,两孔相隔约7厘米,居于骨管近正中部。乐管通体棕色,把握光滑,管端和管尾均残,出土时自中间断为两节,可拼合为一体(图1.31)。

图1.31  M521:1 二孔龠(正、背面)

值得注意的是：该管骨龠的开孔面与同一遗址出土的其他多音孔骨龠的开孔面不一样，它的孔是开在骨管略拱的一面（其他多音孔骨龠全都开在略弯的一面），这与当今仍在民间流行的塔吉克族"乃依"（即"籁"——三孔龠，今人多误称为"鹰骨笛"）的开孔制式几乎完全一样，只是孔位及孔数有别。

二孔龠的通体光滑呈棕色，开孔的背面契刻有五组精美的几何纹饰，纹饰部分总长约 18 厘米。两端各有一段极精细的密集的斜线交叉形成的菱形图案，其正中部分一组图案长约 5.06 厘米，由两侧各一条纵线将施纹分为三个部分。正面部分刻七条横线，均呈左窄右宽的三角形，中间一组施纹部位的上下两端各有一组横线图案，上侧一组图案长约 3.06 厘米，共有九条横刻线，其中三条刻线两端刻痕加宽形成三角形，中间两条横线向上加宽，形成三角形，其余为排列规律的四条直线；中间施纹部位下端一组图案长约 3.2 厘米，也有九条横刻线，其中间一条横线两端加宽成三角形，紧接着上下两条正面部分向下加宽成三角形，其余六条为直箍线（图 1.32）。[1]

图 1.32　M521:1 二孔龠背面契刻的纹饰

整个骨龠中部的施纹似乎颇具一种图腾的象征意义，当笔者第一眼看到时，便感到它很像一种虫或蛇的腹纹。由此使人联想到夏禹时期的乐舞尚"籥"，故称之为《夏籥》；而"禹"的字义，据诸多学者训解则可能与虫、龙相关，《山海经》中描述的上天得乐的禹子夏后启也正是"珥青蛇、跨两龙"的形象。[2]此外，骨龠上下横刻线纹皆为九条，"九"为极数，其字形有解为"两龙相交"，亦为夏代所尚。骨龠的发掘地贾湖村地处淮河上游，而夏文化与淮河流域的关联则是不言而喻的。那么，贾湖遗址出土的这种虫、蛇图腾象征纹饰的骨龠是否真的与数千年后崇尚龙蛇的夏代"籥舞"（《大夏》——"夏籥九成"）文化有着渊源上的必然联系呢！这当然是一个极具价值且有待于日后深究的命题。

3. 无孔骨龠（1 支）

无孔骨龠，发现于一墓葬的堆土中。管长约 25.2 厘米，与同批出土的 M511:4 号七孔骨龠的长短基本一样，只是没有任何音孔。吹口的管端内径约 1.1 厘米，骨管整体未见断裂，但甚为可惜的是，重要的吹口管端略有残缺（图 1.33）。

图 1.33　无孔骨龠（二批出土）

---

① 参见中国科技大学科技史与科技考古系、河南文物考古研究所、舞阳县博物馆《河南舞阳贾湖遗址 2001 年春发掘简报》，载《华夏考古》2002 年第 2 期。
② 袁柯校译《山海经·大荒西经》，上海古籍出版社 1985 年 7 月出版，第 273 页。

除以上所述的四支相对完整的骨龠之外，此次考古发掘出土的还有一部分残断的乐管，这些残管的实物，在中国科技大学科技考古系举行的关于贾湖遗址第七次考古发掘的"田野考古实习汇报展览"上曾经陈列展览过；但在发掘者的"发掘简报"中尚没见有相关的资料记述。根据笔者在展览现场所见残管的约略计算，应该不少于五六支。如此，贾湖遗址二批实际出土的骨龠总数当在十支以上。

## 二、"骨龠"的测音采样吹奏

贾湖遗址二批"骨龠"刚刚发掘不久，中国科技大学科技考古系的项目负责人在 6 月间便约请我参加了对出土"骨龠"乐管的实物考察和相关学术的研讨。2001 年 6 月 30 日，在中国科技大学"现代艺术中心"举行的科技考古专业"庆'七一'——暨首次田野考古实习汇报展览"开幕式上，本人应邀用竹管仿制的贾湖七孔和二孔的"骨龠"分别演奏了《牛歌》和《洞庭小调》等乐曲。遵循考古惯例，此次展出结束后，这些出土的"骨龠"便要送交到原发掘地的文物管理部门进行封存保管。鉴于把握出土实器的机会难得，中国科大科技考古系决定在这批"骨龠"送交河南封存保管之前，对实物的音响进行采样录音，并约请我来担纲"骨龠"的吹奏。

2001 年 7 月 23 日，笔者应约冒着酷暑奔赴中国科技大学专家楼，对这批刚刚出土的骨龠中较为完整的、经过清理修复的三支出土骨龠进行了实物测音采样吹奏。整个采录工作历时两晚，由中科大科技考古系的课题组负责人王昌燧先生主持，骨龠发掘者、现为科大考古系主任的张居中先生担任监测，另一位通于音律的科大教授徐飞先生担任测音采样的电脑操作。此外，还有科大考古系的博士生夏季和作为我助手的福建师大音乐系硕士生章俊等人也携带了录音、录像设备，对测音现场进行了全程实录。

凭借着多年来对贾湖骨龠的情有独钟的研究和娴熟的斜吹技法的掌握，我先后用无孔骨龠（未知编号）、二孔骨龠（M521:1）和七孔骨龠（M511:4），这三支在地下已经掩埋了八千多年的出土实器，演奏了十数首风格不同、调性各异的民间乐曲，采录音响近百分钟。前所未有地揭示了贾湖骨龠实际存在的音阶、音响奥妙及其音乐表现的可能性，为这一远古重要吹器的研究提取了极为宝贵的原始实物音响资料。

图 1.34　测音采样吹奏现场

如下,是对这三管"骨龠"的实际音响解读情况的详实报告:

**(一) 无孔骨龠:含宫吐角激徵清**

首先测试吹奏的是一管无孔骨龠。

关于无孔骨龠前述已及,就是不开任何音孔的空骨管。像这样的空骨管,在贾湖遗址中并非是第一次发现,早在 15 年前的首批发掘中就已出土过两支(一支出于墓葬、一支出于灰坑),但未引起任何学者的关注,也未见于任何关于贾湖"骨龠"的报道或研究的文论。

笔者在早先的为贾湖"骨龠"考名的研究中就曾推测,贾湖遗址出土的多音孔骨龠应是由无音孔的骨龠发展而来的。记得还是 1997 年的 6 月间,我曾借赴河南审校即将付梓的《中国音乐文物大系》卷本之机,在河南省文物考古研究所考察贾湖遗址首批出土的骨龠实物时,就提请过骨龠的发掘者张居中先生在往后的考古发掘中特别关注一下,看看有没有不开任何音孔的空骨管出土。没想到是,居中先生当即告诉我,贾湖遗址的发掘就已经出土过两支,即他在发掘报告中所称的"骨笛的半成品"(详参前述)。当然,这两支骨管早已封存,不可能再拿出来试奏,这使我感到非常的遗憾。嗣后,我曾用竹管、羊骨管及塑料管等多种管状物作过各种各样的试验吹奏,确信在一根不开任何音孔的空管上,运用自然的"斜吹"之法即可以吹出三声乃至于五声音阶,并一直期待着能够得到真正的出土骨管实器的验证。没有想到的是,这一期待竟在贾湖"骨龠"的二批出土中很快地变成了现实。

此次出土的这管无孔骨龠,发现于一墓葬的堆土中。其管长约 25.2 厘米,与同批出土的 M511:4 号七孔骨龠的长短基本一样,只是没有任何音孔。其作吹口的管端内径约 1.1 厘米,骨管整体未见断裂,但甚为可惜的是,重要的吹口管端却有残缺。测音采样前,发掘者张居中先生对该管口进行了修复,但他是先用橡皮泥将管口补好,再用三甲树脂丙酮溶液制剂进行固化处理的。显然,这一修复的管口并不能真正的固化,其管口所用的橡皮泥材料在实际吹奏中遇到了口中热气的持续冲击,仍然会发软,从而影响了乐管的正常发音,吹奏起来也比较困难。尽管如此,笔者凭借多年练就的斜吹之功,在这根空骨管上仍成功地进行了采样吹奏。

图 1.35　无孔骨龠吹奏图

先是就无孔骨龠的自然开管状态来吹,以骨管较细的一端为吹口,管身斜持,嘴唇半堵作吹口一端的管口,口风与管壁形成一个约 45° 的吹奏角度,破气而成声(图 1.35)。

在一根没开任何音孔的空骨管上究竟能吹奏出什么样的音律来呢? 按照一般学者的感觉,一根空管似乎只能吹出一个音,编排多根长短不一的空管(如排箫)方可获得各种不同的音高。[①]而实际上,根据物理振动的"泛音"原理,任何音都是一个含有众多不同音高

---

① 如沈知白先生认为,一管只吹一音,多管才能吹多音,最简单原始的乐器是多管乐器:"乐器的发展是从多管到独管,而不可能从独管到多管。"(参见《沈知白音乐论文集》载高厚永文《最宝贵的音乐财富——沈知白先生的民族音乐观》,上海音乐出版社 1994 年 3 月出版,第 385 页。)

(倍音)的复合音。学过基本乐理的人都被告知过这样一个有关"泛音"的理论:音乐中的任何一个音,都不是纯粹的单个音,而是一个复合音,从理论上讲,它应该是包括了十二个不同高度的音。如缪天瑞先生的《乐律》一书中所述:

> 一条弦起振动时,实际不仅全弦振动,同时该弦等分为二段、三段、四段、五段……而振动。等分为二段时,所发之音,正与上项所述二分之一部分所发之音相同(高一"八度");等分为三段时,所发之音,与三分之一所发之音相同(高十二度);以下类推。所以,一个音,实际是混合着八度、五度、三度等许多音而成的一个"复合音"(Compound Tone)。看下图:[①]

| | 1 | 2 | 3 | 4 | 5 | 6 | 7 | 8 | 9 | 10 |
|---|---|---|---|---|---|---|---|---|---|---|
| 振动数: | 65.25 | 130.50 | 195.75 | 261.00 | 326.25 | 391.50 | 456.75 | 532.00 | 587.25 | 652.50 |

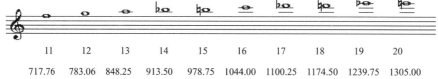

| 11 | 12 | 13 | 14 | 15 | 16 | 17 | 18 | 19 | 20 |
|---|---|---|---|---|---|---|---|---|---|
| 717.76 | 783.06 | 848.25 | 913.50 | 978.75 | 1044.00 | 1100.25 | 1174.50 | 1239.75 | 1305.00 |

以上谱示的就是一个音发音振动中所发出的"泛音列",第一个为"基音",其余都是"泛音",也称"倍音",而总的也可以概称之为"分音"(按缪氏图谱中的序列,"基音"即第1分音,以下类推)。很清楚,一个"基音"是包含着所有十二个半音的。一般正常的情况下,我们所听到的只是这一个"基音",但在某种情况和条件下,也可以听到它的一些"泛音",而"泛音"中最容易显现的(不同音高)就是五度泛音(第3分音)和三度泛音(第5分音)。这也就是"和声学"中的大三和弦"do、mi、so"构成的物理学基础。按声学的原理,"基音"越低,其"泛音"就越容易显现。如在钢琴上的低音部分弹奏一个较低的音,任其延长,再凝神听辨其余音,便可隐约听到"基音"以外的八度、五度乃至三度的"泛音"。当然,这种"泛音"的显现还是很不明显的,极难听辨出。在中国最古老的弦乐器"古琴"上,"泛音"的演奏是通过按琴弦上的不同徽位,使其达到分段振动的目的,"泛音"便如"基音"一样的十分显现,非常容易听辨。这些,都无可争辩地说明了声音物理振动的"泛音"原理。那么,这种"泛音"原理,人类最早是通过什么器具来感知到的呢,国外诸多学者的研究认为是原始的"弓琴"。

所谓的"弓琴"就是一种极其简朴的、原始的弦鸣之器。史前的人究竟怎么想到使用"弓"来作为发声装置,这似乎很难证实。但是在那时候,猎人为了试图测试弓弦的张

中国古籥考论

---

① 缪天瑞《律学》,上海万叶书店 1950 年 1 月初版,第 3 页。

力和强度,将他们的狩猎工具当成弦乐器似地进行弹试的使用方式,应是毋庸置疑。一定张力下的弓弦,用手指一弹就会发出有一定音高的音响,也是很简单的。那么,"弓琴"上的一根弦究竟能够发出怎样的音响呢? 一般人很难想象,它竟然可以发出三声、五声甚至于七声的"泛音"音列,组合成有旋律感的非常有特色的音调,可谓是一种真正的"泛音"乐器。"弓琴"演奏的"泛音"并不是像"古琴"那样靠按不同的徽位、改变弦长的振动段来获得,而是演奏者将弦放在张开的口里,通过口腔大小的变化来改变振动波,显现不同的"泛音",这种演奏法的"弓琴"也称之为"口弓"。

"弓琴"虽然能够显示在一根空弦上通过特殊的演奏可以获得不同音高的各种"泛音",但这种弦泛音的乐弓应是先民们有意识的制作,而并非原生态可以发声的器具。应该说,当我们的原始初民对声音的认识还处在混沌未开的状态下,一定有一件比"弓"更原始的、与先民生活息息相关紧密相伴的原生态器具,不需要特别地制作即可清晰地发出规律性音高,它长期启迪着先民们的听觉,昭示着音的"高低有阶"之规律,从而最终影响到人类"音阶"意识的完全觉醒。这种重要的生活器物,则非中空之管——籥(即"吹火筒")莫属!

根据笔者长期探索"空管吹律"的实践证明:在任何一根两端皆通的空管上运用"斜吹"之法,与前述的在"弓琴"的一根空弦上的弹击演奏是一样的,除了基音外,还可以获得其他泛音列的音律。所不同的是:"弓琴"是通过口腔共鸣的变化或改变弓弦的张力来获得的;而空管则是通过吹奏口风的变化(或"超吹")来将"倍音"显现为同音高的基音的,较之"弓琴"的泛音更加容易显现和明亮,且更为简单质朴。若按"泛音列"理论推之,在一根空管上同样是可以获得十二个不同音律的;但一般来说,实际演奏中真正能畅达地显现为基音的音高通常只有三个,即:do(宫)、mi(角)、so(徵)三声。汉乐府《郊祀歌·天地》诗所云"展诗应律铿玉鸣,函宫吐角激徵清。"[1]描述的其实就是在一根律管上吹奏出的"宫、角、徵"三声音列,此也即上古三代所谓的"吹律"。有关"吹律",在中国古代的典籍中是见有不少记载的,如"武王伐纣,吹律听声"、"吹律胸臆,调钟唇吻"、"师旷吹律,识南风之不竞"、"吹律定声,以别其姓"(见于《列子》、《白虎通》、《艺文类聚》诸籍)等。所谓吹"律",其实就是吹"管",蔡邕《月令章句》:"截竹为管谓之律";朱载堉《律吕精义》亦云:"管即律、律即管,一物而二名也"[2]。

古人所吹之"律",其实是有着破口与不破口、开管与闭管之分的。所谓"破口",即在吹口的管端开一豁口(或谓之"山口"),以便用来"竖吹";而"不破口",则是以自然的管端作吹口来吹,管口平截不作任何的挖削。而在这种"不破口"的律管形态上,又有着开管、闭管之分。开管则两头通洞,闭管则一端封闭。在不破口的闭管律管上可以运用我们常见的"竖吹"之法来吹;而在不破口的开管律管上,却只能运用古老的"斜吹"之法,才能正确地吹响。不破口的开管律管,乃是律管早期的重要形态。其实,它就是一

①  [宋]郭茂倩《乐府诗集》,中华书局 1979 年版,第一册第 5 页。
②  [明]朱载堉《律吕精义·卷八》(冯文慈点注),人民音乐出版社 1998 年 7 月出版,第 605 页。

个两头通洞的空筒（可以是骨质的，也可以是竹质的，抑或是金属质的），但它必须运用正确的"斜吹"之法才能发出准确的音高。遗憾的是，这种古老质朴的"斜吹"之法现已鲜为人所知晓，更罕见有能熟练操吹者。已故的黄翔鹏先生在其早年随同著名律学家潘怀素先生进行的管律研究中，就曾为"开口管"（即不破口的两端皆通的律管）的正确吹奏在全国的各大民族乐团中寻找过会吹"斜吹"之人，结果寻不得一个而终成憾事。①

笔者自上世纪 90 年代初便开始研习和磨砺民间尚存的"斜吹"之法，故此，在本次出土的这管无孔骨龠上，方能娴熟地运用此法，顺利地吹出了"do、mi、so"三声自然谐音列。只是由于骨管较细短而管口有损，超高音的"徵"音（六倍音）不易发出，即便如此，宫、角、徵三声也是齐备的，正可谓是"函宫"、"吐角"、"激徵"。接着，我又尝试着运用手控开闭管来演奏，即以一只手的手掌在骨管的底端进行自如的闭合和打开（图 1.36）。按正常的管体发音，运用手控交替开闭管的演奏，是可以流利地吹出一个完整的五声音阶。但由于该骨管残损端口的修复遇热发软，影响了吹奏振动，故高音的"re"（第四闭管音）很难吹出，只是较为顺畅地吹出了含有"la"（第三闭管音）的四声音阶。兹将所得之音谱示如下（低八度记谱，以下谱例皆然，不再注明）：

谱 1.1

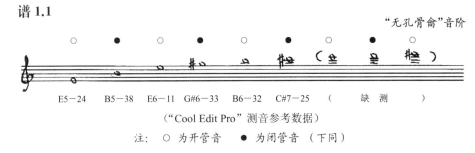

"无孔骨龠"音阶

| E5－24 | B5－38 | E6－11 | G#6－33 | B6－32 | C#7－25 | （　缺　测　） |

（"Cool Edit Pro"测音参考数据）

注：○ 为开管音　● 为闭管音　（下同）

手控开闭管的演奏，是笔者经过反复的吹奏实践才逐渐摸索到的。其实，这本是一种十分自然的演奏方法。因为，空骨管无音孔可按，演奏者只需只手即可持管，而另一

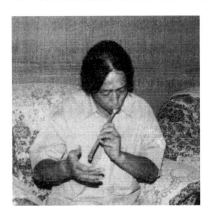

图 1.36　无孔骨龠的手控开闭管演奏

只手决不会闲置，它会自然而然地在出音的底口进行调节，以获取更多的音。这种以只手控制开闭管的演奏方法，在今天的一些少数民族的民间管乐器中乃见有遗存，如景颇族的"吐良"，就是在一根不开任何音孔（居中有一吹孔）的空竹管上，通过左手的拇指和右手的手掌开闭两边的管端来获取不同的音高进行演奏的。②其实，用一根中空之管，不开任何音孔而靠人手的自控开闭管来演奏，可能是人类普遍存在的最古老的演奏方法。迄今为止，世界上不少国家的民族民间都还保留有这种演奏法的

① 详参刘正国《道是无缘却有缘——忆对黄翔鹏先生的唯一一次拜谒》，载《交响》2005 年第 4 期。
② 伍国栋编著《中国少数民族传统乐器独奏曲选》（中），人民音乐出版社 1994 年 5 月出版，第 150 页。

吹管乐器,越南的民族乐器就有一种竖吹的乐管,吹口类似中国的洞箫,管身却不开任何音孔,演奏时以一只手持管,另一只手则于管底开、合、抹、颤来调节音高;欧洲的瑞典民间也有一种叫"willow-flute"的极细长的横吹管乐器,管身没有任何音孔,演奏发音则是靠一只手的食指在管底进行开闭管的调节。①而中国塔吉克的"乃依"(鹰骨笛)虽然开有三个音孔,其下把位手的无名指在演奏中仍不时地运用开闭管来调节筒音的音高。②足可见,以手控开闭管的演奏,是有着极其古老的民间渊源的。

根据管乐发声气柱振动的原理,开管音和闭管音在音区上是有所不同的,同样长度的管子,闭管发出的音要比开管发出的音低一个八度。③据此,如果在一根开管上能够演奏出的旋律,运用手控开闭管则可以在底一个八度的音区上进行演奏。云南彝族的《阿细跳月》是一首只有 do、mi、so 三声音列的旋律,可以在一根开管上进行演奏,那么,运用闭管当然完全可以作低一个八度的演奏。如此,我即在这管空骨管上运用开、闭管结合的方法,先后在低、高两个不同音区上完整地演奏出了《阿细跳月》的旋律:

**谱1.2**

《阿细跳月》片段

为了进一步展示这管无孔骨龠可能具有的神秘吹奏效果,我又截取了根据苗族的《飞歌》改编的口笛曲《苗岭的早晨》的片断来进行试验吹奏,结果是非常流利自然,具有十分地道的韵味。特别是其中用闭管演奏的"♭3"一音,为管体发声的特征所具(闭管的自然谐音律"3"本身就偏低),尤显贴切自然。兹将该曲的演奏谱示如下:

**谱1.3**

《苗岭的早晨》片段

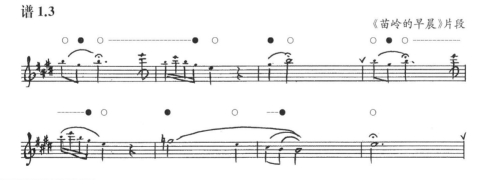

---

① 参见瑞典 Cajsa Lund 编著《MUSICA SVECIAE》书册,第 21 页。

② 塔族"乃依"(那艺)三孔,可以演奏完整的七声音阶。《中国民族民间器乐曲集成·新疆卷》中所记曲谱将其筒音标记为"2",误误。"乃依"管体筒音应为"3",而实际演奏中出现的比筒音底一个大二度的"2"音,是通过下把位无名指的闭管调节获得的。

③ 缪天瑞《律学》,1997 年 8 月出版,第 9 页。

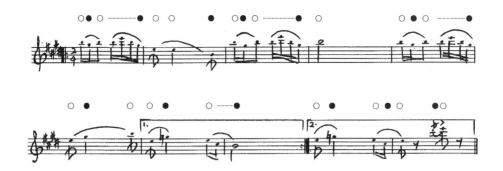

　　如上,在这根无孔骨龠上的测音采样吹奏,使所有在场参加"骨龠"测音的人都感到不可思议。若不是亲眼所见、亲耳所闻,他们根本不能相信,在一根不开任何孔的空骨管上,竟能吹奏出如此奇妙的乐音。其实,我用贾湖出土的这根无孔骨龠所展示的,并非是什么个人的一种超凡技艺,实乃是音律的本源之道。需要指出的是,有关音律的缘起,学术界在认识上一直存在着一种误区,即如前所述有学者所认为的那样:"乐律是和数的计算密不可分的,只有通过不断的实践,才能把单个的音,按照一定的关系把它们排列起来,成为音乐中的乐音。"①殊不知,音的高低有阶并非出于计算,实乃物理使然,此即如《乐书要录》所云:"(七声)兆于幽冥,出于自然;理乃天成,非由人造。"事实上,人造的后起之"算律",不过是假度数以探求其高低有阶的物理使然之规律而已。在民间,一根弦(如台湾原住民的"弓琴")、一只管(如瑞典民间的"willow-flute")、抑或一片簧(如云南少数民族的"口弦"),本不需任何计算即可演奏出高低不同的乐音和悠扬畅达的旋律。这,就是音律之"大道"。这种物理使然的音律之"大道",既简单却又深奥,以至于古今众多学者终生不悟,遂身陷"算律"的迷阵不能自拔。而真正说来,触及音律本源的研究亟待我们探求的倒应该是:乐音的这种兆于幽冥、出于自然的高低有阶的规律,人们在最初究竟是如何感知到的? 日本学者黑泽隆朝的研究曾以为:五声音阶的起源可能得益于民间"弓琴"一类的弦泛音的启示。②而笔者在早先的贾湖骨龠研究中则推断认为:人类音阶意识的觉醒极可能与"吹火管"(无孔龠)一类的管泛音的发现相关联——也就是说,音的高低规律的发现有可能与人类用火的文明联系在一起。③从字源学上看,"龠"字的本义正可作"吹火管"解,《老子》:"天地间,其犹橐籥乎"之"籥"就是吹火之管(参本书"序论"),而贾湖遗址又不止一次地出土了这种中空的无音孔骨龠,似是给了笔者的这一推断以相当的印证。本次出土的这管无孔骨龠的实际音响的采样吹奏,对我们进一步探究人类音乐的最初发轫乃至音律(音阶)的缘起,无疑将具有更重要的实证意义和理论价值。

　　① 参见萧兴华《中国音乐文化文明九千年》,载《音乐研究》2000 年第 1 期,第 10 页。
　　② [日]黑泽隆朝《高山族弓琴与五声音阶发生的启示》、《音阶形成的要素》,载日本《东洋音乐研究》第十、十一期合刊号;第十六、十七期合刊号。
　　③ 刘正国《笛乎　筹乎　龠乎》,载《音乐研究》1996 年第 3 期;《古龠与十二律吕之本源》,"第 3 届中国律学学术讨论会"论文,载唐朴林主编《古龠论》(津内部资料准印证:图第 01254 号)。

### （二）二孔骨龠：五度取律制式新

二孔骨龠（M521:1）是此次发掘的骨龠中最为引人瞩目的一支。首先是它的管长极为罕见，达到近 30 厘米；其次是它奇特的二孔形制和精美的契刻纹饰，为历次发掘所仅见。故该管骨龠刚一出土，便被有关专家认定为国宝级文物、呼之为"惊人的发现"。①

这一出土的 M521:1 号二孔骨龠固然精美，但极为遗憾的是，其残损也很厉害。骨龠出土时已从中部断裂，管的两端皆有残缺，特别是骨管的下端管口残缺厉害，以至于很难测定其真正的确切管长。笔者第一次在中国科大见到该骨管时，测量其管长约为 27.5 厘米；尔后，发掘者张居中先生声称在出土的骨管残片中又发现了一段属于该管下部的一截残段，经拼接后，该骨管的管长增至 29.5 厘米左右。鉴于该骨管开孔的奇特，对于其是否真正为乐器，一时尚难确定。在实物测音之前，按发掘者的提议，笔者对该管骨龠进行了仿制试验吹奏。我选取了一根差不多大小的细竹管严格按照出土原件的大小尺寸进行了仿制，并对其作为乐器的可能性进行了探索的吹奏。据本人的摸索，该管的正常持势应为两手持奏：右手持上把，以食指按上一孔；左手持下把，同样也以食指按下一孔（图 1.37）。

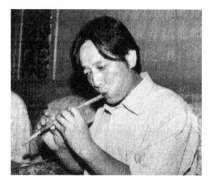

图 1.37　M521:1"二孔龠"吹奏图

在这管二孔骨龠上以全按为筒音，依次开一、二孔，正可相次发出相隔五度的三声音律。若以筒音为"徵"（so），则开第一孔为"商"（re），开第二孔为"羽"（la）。如此五度取律的相次发声，与贾湖出土的其他多音孔骨龠的级进性发声完全不同，颇为奇特。那么，像这样五度取律的三声音阶设置，能够演奏什么样的乐曲呢？我很快就想到了以"re、so、la"三音为特征的湖南民歌风的《洞庭小调》（《洞庭鱼米乡》）。然而，《洞庭小调》曲具五声，只用三声音律来演奏显然是不够的，于是，我又想到了尝试结合手控开闭管的技法来进行演奏：即以一只手持管，用食指和无名指按上下两孔，另一只手腾出来于管底进行开闭管的控制。这样，果然就可以完整地演奏五声性的湖南民歌《洞庭小调》了。这一探索性的演奏，我在当年 7 月间科大举办的"科技考古专业庆'七一'暨首次田野考古实习汇报展览"的开幕式上，用竹管仿制的二孔骨龠进行了现场的展示，取得了意想不到的良好效果。②

由于有了先期的仿制试验吹奏，测音采样现场的实物吹奏就有了较大的把握。我先是在这管出土的二孔骨龠上顺利地吹奏出了五度取律的三声音阶（加上筒音的八度及五度泛音共七个音高），如下所示：

---

① 参见《人民政协报》2001 年 6 月 20 日讯《河南贾湖遗址考古又有惊人发现》；《合肥晚报》2001 年 6 月 22 日讯《河南贾湖遗址发现国宝级文物二孔骨笛》。

② 素平《庆"七一"展示考古新成果——刘正国现场演示"二孔笛"》，载《合肥晚报》2001 年 6 月 29 日版。

谱 1.4

"二孔骨龠"音阶

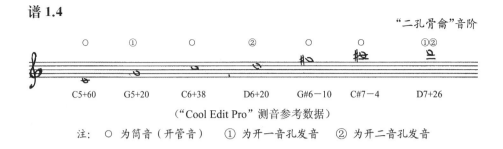

| | | | | | | |
|---|---|---|---|---|---|---|
| C5+60 | G5+20 | C6+38 | D6+20 | G#6−10 | C#7−4 | D7+26 |

（"Cool Edit Pro"测音参考数据）

注：○ 为筒音（开管音）　① 为开一音孔发音　② 为开二音孔发音

接着,我又结合手控开闭管的技法,完整地演奏了湖南民歌风格的《洞庭小调》。该曲的前半部分及结束句的"散板"均为左手持管、右手手控开闭管演奏(结句的连续颤音为右手在管底作快速的摇动),后半部分的二拍子"快板"为双手持管演奏。兹将该曲演奏的具体指法谱示如下:

谱 1.5

湖南民歌《洞庭小调》

由于这管二孔骨龠的吹口及尾端残缺较重,加之出土时曾断裂,虽经修补粘接,发音效果终是不理想,甚为可惜。此外,就本人的吹奏直感而言,该管所开的两个音孔似乎太小,五度音程明显偏窄而八度音则过宽,对其是否真正为乐器或为正律之器仍可存疑。但就其精美雕刻的制式和罕见管长的分量来看,这支骨龠似乎具有一种神秘力量和权利的象征,它极可能与原始的宗教文化相涉。

### (三) 七孔骨龠:多宫翻转七调生

本次测音采样的重中之重乃是一管七孔骨龠的吹奏。

七孔形制的骨龠是贾湖骨龠中最具典型的代表,也是贾湖遗址的发掘中出土最多的一种。15年前,首批出土的七孔骨龠就有13支,其中保存完好或基本完好的共有7支(详参前述)。当年,用于测音采样吹奏的同样也是一管七孔骨龠(M282:20),尽管当时的骨龠刚刚出土,吹奏者并没有真正地了解和掌握这种没有吹孔的骨管乐器的正确吹奏之法,而用了近乎洞箫演奏那样的竖吹之式,十分牵强地只在一个八度左右的音区内吹出了一组音阶和一首简单的《小白菜》民歌曲调,但仅此已足以令世人为之瞠目结舌了。著名的英国《自然》杂志正是以《贾湖新石器遗址发现最古老的可演奏乐器》为题向全世界发布了贾湖"骨龠"的信息,并在其《自然》网站上播放了《小白菜》的音响,引起全球的广泛注目。本次出土骨龠的测音,笔者作为一个对贾湖"骨龠"研究开发多年、并能娴熟地掌握"斜吹"之法的演奏者,对七孔骨龠音响面貌的揭示,当然不会再像十几年前那样只是略窥藩篱,而是更加深入地步入廊府、再上层楼。

二批出土的七孔骨龠较为完整的共有两支,管长及开孔制式基本差不多。其中一支编号为M494:2号的,由于管体中部略有残缺,加之吹口一端略有变形,吹之难以成声,故未用于测音采样。另一只M511:4号七孔骨龠则相对比较完好,管身通体棕亮光滑,两端略有骨关节的残存,七个音孔均匀地开在骨管略弯的一面,大体居中。该乐管长约25.15厘米,比首批出土的14支"七孔龠"中最长的M282:21号(管长23.6厘米)骨龠还要长1厘米多,是为先此所未见。

图1.38 M511:4"七孔龠"吹奏图

这管M511:4号骨龠虽经八千余年的地下掩埋,出土时也曾整体断为两截,但经发掘者张居中先生精心粘接修复后,显得十分的完整坚实,吹来其声清越嘹亮、胜于丝竹。采录的现场,我运用准确的"斜吹"之法,对这管出土的七孔骨龠先后进行了音阶结构的吹奏、多宫乐曲的演奏以及七调翻转的试奏(图1.38)。

#### 1. 音阶的吹奏

众所周知,有关贾湖七孔骨龠的音阶结构问题,早在十多年前的首批骨龠的测音研究中就已被确认为"至少是六声音阶,也有可能是七声齐备的、古老的下徵调音阶"(黄翔鹏语)[1]。其实,这还只不过是一种"略窥藩篱"的较为浅显的结论,因为当时的吹奏者并没有掌握正确的"斜吹"之法,更谈不上精于管乐演奏之道,其所吹出的音高当不尽能准确地揭示乐管的音阶奥秘,由此而获得的测音数据自然也是未必可据的。当然,骨龠

---

[1] 黄翔鹏《舞阳贾湖骨笛的测音研究》,载中国艺术研究院音乐研究所编《音乐学文集》,山东友谊出版社1994年3月出版。

本身的七孔设置所蕴涵的基本音阶结构大体上还是能够被反映出来的。事实上，对管乐器音阶结构的认知，并不非要什么测音的数据来计算和分析的，只要有了正确的演奏，耳测即可获得，且直观快捷。

本次的采录，笔者熟练地运用了"斜吹"的技法，先在一个低八度的音区内用长音由低到高、再由高到低吹奏出了一组音阶，这组音阶是以手指全按筒音为"mi"、开第一孔为"so"、开第四孔为"do"的 C 调七声音阶，其具体音高见下谱所示：

谱 1.6①

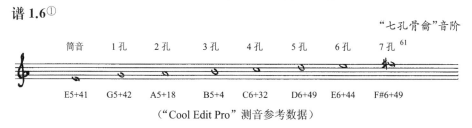

"七孔骨龠"音阶

| 筒音 | 1孔 | 2孔 | 3孔 | 4孔 | 5孔 | 6孔 | 7孔 61 |
|---|---|---|---|---|---|---|---|
| E5+41 | G5+42 | A5+18 | B5+4 | C6+32 | D6+49 | E6+44 | F#6+49 |

（"Cool Edit Pro"测音参考数据）

这一音阶的结构与笔者此前试验吹奏过的其他七孔骨龠的仿制品（包括首批出土的 M282:20/M282:21 等）的音阶结构基本是一样。可见，贾湖遗址出土的这种七孔骨龠应是一种相当规范化的制式。从这一音阶结构中含有"♯4"来看，它似乎正符合七声齐备的、中国古老的含有"变徵"之音的雅乐音阶——"古音阶"（其第三孔的"7"音虽略低，也正符合古代音阶"变宫"偏低的特点）。但事实可能并非简单如此，就笔者的实际吹奏感觉而言，发出"♯4"（变徵）音的第七孔（最上一孔）的吹奏是并不自然而略带控制的平吹。若依吹奏的自然用气走势，该孔应稍带急吹发出"5"（徵）音，它与第六孔形成的一个小三度音程，也正是筒音到第一孔音阶的高八度，依此可流利地演奏五声音阶的琶音。再以管乐演奏之道探之，运用民间管乐一直存在的叉口指法来吹（即在开启第七孔的同时，按闭第五、六两孔），该孔还可获得一个稳定的还原"4"（清角）。如此，贾湖七孔骨龠的最上一孔（7 孔）其实是一个"活孔"，它不仅可以平吹为"♯4"（变徵），还可以急吹为"5"（徵），乃至运用叉口指法吹之为"4"（清角）。这在民间管乐中叫做"一孔具三音"，乃是世代相传的一种演奏技法。明人朱载堉的《律吕精义》亦曰："籥、篪、笛、管皆一孔兼三音，其吹之极难分晓，全在口唇之俯仰、吹气之缓急。"②采录现场，笔者在这管七孔骨龠上对第七孔的"一孔具三音"进行了专门的测试吹奏。为清晰起见，我特地以固定的六孔到七孔的连贯指法来演奏，分别吹出了"3—4"（叉口）/"3—♯4"（平吹）/"3—5"（急吹）三组不同结构的音程。吹奏的结果显示，这三组在相同音孔上发出的不同结构的音程都非常的清晰、稳定，演奏指法也十分的连贯、自然，与民间流行的六匀孔竹笛的演奏效果是完全一样的。

---

① 本孔序依管乐演奏实践中的开孔先后为序（即以管尾"筒音"为基点依次向上推算），管乐器实际制作中的开孔顺序也是如此，而民间管乐器通行的孔数标序（如笛、箫的"第3孔"作某调）亦然。但当代众多的学者，包括黄翔鹏、童忠良、萧训华等人，在其相关的文论中均以"骨笛"的管端吹口为基点，将最上孔（7 孔）标记为 1 孔，依次向下推算，这与乐管制作及演奏中的实际开孔顺序是完全相悖的。

② 朱载堉《律吕精义·内篇卷之八》（冯文慈点注），人民音乐出版社 1998 年 7 月出版，第 651 页。

由此可见,对贾湖七孔骨龠的音阶认知是不能仅以"#4"而论之的。在接下来的对这管七孔骨龠的高八度音阶的吹奏,则更是印证了这一点:

**谱 1.7**

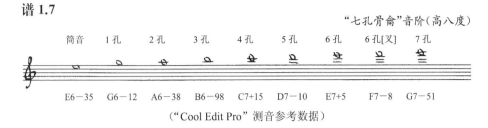

"七孔骨龠"音阶(高八度)

| 筒音 | 1孔 | 2孔 | 3孔 | 4孔 | 5孔 | 6孔 | 6孔[叉] | 7孔 |
|---|---|---|---|---|---|---|---|---|
| E6−35 | G6−12 | A6−38 | B6−98 | C7+15 | D7−10 | E7+5 | F7−8 | G7−51 |

("Cool Edit Pro"测音参考数据)

这组高八度的音阶,也是七声齐备,但却没有了"#4"而只有还原的"4"。这个高音的"4"同样也是运用叉口指法获得的,即在开启第六孔发出"3"音后,按闭二、三两孔来吹,若再由此顺势打开第七孔,即可发出嘹亮的"5"音。这一连串的演奏指法,无论是上行还是下行,都显得格外的流利顺畅。当然,这种演奏是需要相当的口风功力和气息技巧的,没有积年的潜心习练和管乐吹奏功底是不可能达到的(故十余年前首批骨龠的测音吹奏只局限在一个低八度的音区里)。

从这组高八度的七声音阶来看,它的结构似乎又基本符合我国古代稍晚出现的清乐音阶——"新音阶";而再从其第三孔发出的"变宫"音分差较大、近于"♭7"来看,它似乎又正符合我国古代更晚出现的含有"闰"(♭7)的燕乐音阶(或曰"清商音阶")。如此,贾湖七孔骨龠的音阶结构究竟何属,似乎很难推定。而实际上,作为一种八九千年前的管乐器,贾湖骨龠的七孔设置本身并不可能有什么特定的音阶设计,也不会像有的学者所悬揣的那样,存在着什么"根据每根不同的天然骨管进行研究和计算"[①]。它其实就是一种等比概念下的经验式开孔,这一点,骨龠管身均匀分布的七孔业已明白无误地告诉了我们。黄翔鹏先生曾力主"以今之所见,求取古代之真实",像这种等比概念下的匀孔之制,至今仍存在于世界许多民族的民间乐管制作之中,如阿拉伯的"奈伊"、日本的"尺八",乃至中国民间一直流行的传统匀孔笛等。这些匀孔之制的管乐器,其音孔的距离基本上都是均等的,但却可以吹出大、小二度乃至小三度等几种不同结构的音程。这其中的奥妙,除去音孔与吹口距离的远近不一之外,全在于演奏者的口唇之俯仰、气口之缓急乃至指法之开闭。这些,也都是出于"人"对音调的高低有阶感的天性。故此,对贾湖七孔骨龠的音阶结构的认知,我们未必一定要用古代的某种音阶去套,但它的"七声齐备",则是毫无疑义的。就笔者的演奏体会,七孔骨龠的最低筒音到一孔和最高六孔到七孔的音程关系均为小三度,而其第三孔的偏低音高"si"正可忽略不用(用于多宫翻奏),如此来演奏五声音阶的琶音则显得十分的畅达自然。据此看来,在实际的演奏中,贾湖骨龠的音阶结构可能就是五声性的,这也正是华夏传统音乐的典型特征之一。

**2. 多宫的翻奏**

通过以上对该管骨龠的两个八度的音阶吹奏验证,贾湖七孔骨龠确是一种"七声齐

---

① 参见萧兴华《中国音乐文化文明九千年》,载《音乐研究》2000 年第 1 期,第 11 页。

备"的、但却可能是以五声为主的完形吹奏乐器。而其演奏音域的宽广,也远远超出了今人的想象,可达两个八度加一个纯四度。若将其比之于现在流行的同调高的六孔梆笛,它的音域还要宽出一个小三度,即多了最下方的一个筒音"角"声(梆笛的筒音为"徵")。这个筒音的"角"声是以下把的小指来按闭第一孔发出的,若依演奏的直感,将小指不按闭,以发出"徵"声的第一孔开启当作梆笛的"筒音",则其上方六孔的持握正与六孔梆笛(勺孔)完全相合,发音及演奏指法基本也是一模一样的。如此,贾湖七孔骨龠应该也和民间六孔梆笛一样,可以翻转自如地作多种宫调的演奏。在接下来的采录中,笔者选取了几首较为流传的民间曲调,在这管 M511:4 七孔骨龠上进行了如下几种宫调的翻奏:

(1) 以第一孔作筒音为"徵"(管体筒音为"角")、第四孔为"宫",合民间笛色"小工调"。

演奏乐曲:山东民歌《沂蒙山小调》、小提琴协奏曲《梁祝》主题。

这一宫调的吹奏,感觉指法最为顺畅自然,与民间六孔梆笛的"小工调"一样,应该就是七孔骨龠的基本调。十几年前测音采样吹奏的《小白菜》一曲,同样也是这一宫调指法。不过,《小白菜》音域只在一个八度间,未能完全地显示这一基本调的特点(最低的筒音未及)。笔者此次选取的《沂蒙山小调》音域达十度,从最低音"3"(筒音)到最高音"5"(第七孔),正好涵盖了骨龠七个音孔的所有发音,且在最佳音区,奏来无比的畅达自如:

谱1.8

山东民歌《沂蒙山小调》

由于笔者对贾湖骨龠的吹奏有着积蓄多年的功力,加上这管骨龠历经了八千多年的掩埋,已近于石化(真正的石化要上万年),其所发之音格外清越嘹亮、悦耳动听。接下来,应徐飞先生的提议,我又用这同一基本调来演奏了一段小提琴协奏曲《梁祝》的主题。该主题曲调音域宽达十三度,最低音亦为"3",用这一宫调指法来演奏也显得十分的贴切自然。鉴于该四句体结构的主题与《沂蒙山小调》一样,是一个只有"7"没有"4"的六声性音阶,我特地在尾奏中加了一个含有"4"的补充乐句:

谱1.9

《梁祝》主题片段

这一句含有二变"fa"、"si"的七声性旋律,演奏起来十分的顺畅自然,指法也毫无雕饰,大体可以验证贾湖骨龠确具完整的七声性。

(2) 以第一孔作筒音为"商"(管体筒音为"变宫")、第七孔为"宫",合民间笛色"正宫调"。

演奏乐曲:陕北民歌《赶牲灵》、《脚夫调》。

这一宫调的演奏也比较顺畅,其发出"宫"音的第七孔以叉口指法吹出,与民间竹笛几无二致。《赶牲灵》与《脚夫调》均为徵调色彩,结音在第四孔(即民间笛色的第三孔),乃骨龠最佳音位。该宫调的演奏颇能体现乐曲的"信天游"风格特点(二曲谱略)。

(3)以第一孔作筒音为"羽"(管体筒音为"变徵")、第三孔为"宫",合民间笛色"尺子调"。

演奏乐曲:陕西民歌《绣荷包》。

该宫调的演奏主要是展示高音区的特点,其发出"宫"音的第三孔本身偏低,正合调高,无需像竹笛那样半掩音孔,指法甚方便。以高八度来演奏的《绣荷包》一曲,正在七孔骨龠的极限音区之内,其最高音的"5 6"的滑音演奏指法与六孔梆笛完全一样,恰好地体现了乐曲高亢的西北风格:

**谱1.10**

陕西民歌《绣荷包》

(4)以第一孔作筒音为"宫"(管体筒音为"羽"),合民间笛色"乙字调"。

演奏乐曲:器乐曲《春江花月夜》片段。

选取《春江花月夜》片段来演奏,主要尝试七孔骨龠上的颤音效果。感觉该宫调的演奏音准及指法均不及前三种宫调,特别是作为正音的三孔之"3"偏低,翻转欠自如,但管体的筒音到一孔的小三度关系倒是很好。总体来看,此宫调指法可能为远古先民所不多用。

(5)以第一孔作筒音为"羽"的"七调还原"翻奏。

以上四种常见的不同宫调的演奏,基本已揭示了七孔骨龠可作多宫翻奏的音响奥秘。为使本次测音采样真正地"步入廊府、更上城楼",我大胆地决定要用这管骨龠来尝试更为复杂的"翻七调"演奏。

所谓"翻七调",就是将一首曲牌的曲调熟练地在某一管乐器上进行七个调门的翻奏。通常是由某个常用的宫调开始,或采用"变宫为角"(即民间的"五逐工音")的方法,以徵为宫向属调方向依次递进翻奏;或采用"以羽为角"(即民间的"乙逐工音")的方法,以清角为宫向下属调方向依次递进翻奏。通过七次旋宫,即可返回某一起始调。这一独特的演奏技艺在民间被称之为"七调还原",非管乐高手而不能为(一般乐手最多只能演奏五调)。如今,"翻七调"的演奏技艺已为学院派的管乐演奏家们所不谙,但它仍在中国的民间生生不息地传承着,如东北鼓吹的《东来尾》、福建笼吹的《七清》和广东音乐中的《翻七调》(唢呐)、苏州昆曲曲牌的《翻七调》(曲笛)等。笔者早年在参加戏曲音乐的集成工作中,曾有幸接触过苏州昆曲的笛子曲牌《翻七调》(也称《柳青娘》),此后也在竹笛上习练过此曲。该曲牌必须用传统的六匀孔竹笛来吹,若用现代通行非匀孔的六孔竹笛则是不便翻奏的。

本文前述已经表明，贾湖七孔骨龠除去小指所按的最低一孔之外，其上的六孔正与民间传统的六勾孔竹笛相合，若以最低一孔（即第一孔）的开启作为"筒音"推之，它当然和六勾孔竹笛一样，应该是七调可翻。于是，测音现场，我即用这管七孔骨龠尝试性地演奏了昆曲曲牌《翻七调》，其各调的翻转参见下谱所示：

**谱 1.11**

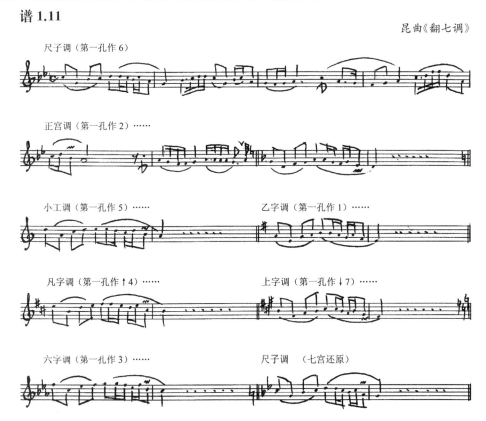

从整个七调的翻转来看，贾湖七孔骨龠的演奏指法及效果与民间六勾孔竹笛是完全一样的。由于骨龠管端的"斜吹"不像竹笛那样受固定"吹孔"的约束，其口唇的俯仰、吹气的缓急对音高的控制度更大。故此，贾湖七孔骨龠在吹奏《翻七调》曲牌中具中立性质的"变宫"（实际即介于"7"与"♭7"之间的"↓7"，也就是新调的介于"4"与"♯4"之间的"↑4"）等音程时，有着更加自如的空间。而这也正是民间"翻七调"不需旋宫十二次、只要七次翻转即可返回起始调的关键所在，这其中的旋宫奥秘及乐学意义尚有待于我们进一步去探赜。

在本次测音采样吹奏中，鉴于1987年首批出土骨龠（骨笛）的测音采样吹奏用的是洞箫似的"竖吹"之法，尔后也时见有不谙"斜吹"的学者或演奏家将"竖吹"当成是骨龠的正确吹奏法。[1]采录的主持者提议我在这管七孔骨龠上进行一下"斜"、"竖"两种不同

① 荣政《舞阳骨笛吹奏方法初探》，载《黄钟》（武汉音乐学院学报）2000年增刊。

中国古龠考论

吹法的比较演奏,我遂选取了《小白菜》一曲,先用"斜吹"、后用"竖吹"进行了对比采样的吹奏。结果显示,两种吹法的实际音响效果差别是非常明显的:"竖吹"的发音挤压太大(因为管端没有洞箫那样的"豁口"),是硬逼出来的声音,且音量尖细、微弱,音域窄,旋律演奏也欠通畅。而"斜吹"所发之音则圆润饱满、质朴自然,其音域宽广,旋律的演奏也十分的畅达婉转,具有很强的感染力。实际的听觉感受,使在场的所有采录人员都一致认定,"斜吹"之法更为接近原始音乐的质朴形态,贾湖"骨龠"乐管演奏的正确常规吹法应该就是"斜吹",而在嗣后对两种吹法采样进行分析的"声谱图"显示结果,则使他们更加确信了这一点(图1.39)。①

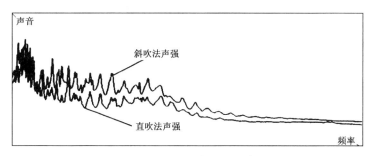

图 1.39　斜吹、竖吹音响比较声谱图

　　二批出土骨龠的采录工作历时两晚结束,此后不久,这三支用于测音采样吹奏的骨龠实物连同另外几支骨龠残件,便被送往发掘地所在的河南省文物考古研究所的仓库进行封存保管。随着时间的推移和骨管风干程度的日增,这几支出土骨龠的实物再度拿出来吹奏将成为不太可能,本次采录的近百分钟的原始实物吹奏的音响,无疑是弥足珍贵的。作为与这批出土骨龠实物"最亲密接触"的吹奏者,我为此而感到十分的庆幸,同时也受到了极大的震撼。贾湖骨龠那精美的制作、嘹亮的音响、宽广的音域、完备的七声和已相当规范的七匀孔之制,真是令人叹为观止。虽然骨管吹器的出土在世界各地并不鲜见,有的年代则更加久远(如斯洛文尼亚出土的五万年前的"迪维·巴贝"熊骨笛及德国境内 1997 年出土距今至少已有四万多年的尼安德塔"骨笛"等②)。但像贾湖骨龠这样成批地大量出土(30 多支),且有着相当规范的孔制,至今仍能吹之成声、可作多种宫调翻奏的完整形态的骨管乐器,在全世界的考古发掘中,应该还是绝无仅有的。作为一种八九千年前的七声齐备的吹管乐器,贾湖"骨龠"当之无愧地足以代表着人类史前这一时期音乐文化发展的最高成就。

　　上述对贾湖遗址二批出土"骨龠"的音响解读,还仅仅是笔者本人一己之力的孤陋所及,而决非贾湖"骨龠"音响的全部可能。可以遥想,创造了如此精美乐器的贾湖先民们,他们世世代代相传,操弄于唇吻之间,一定会有更精彩绝妙的演奏。然而遗憾的是,没有所谓真正的"时空隧道"能把我们带到那荒远的八千年前,去聆听贾湖先民们的实

---

①　详参徐飞、夏季、王昌燧《贾湖骨笛音乐声学特性的新探索》,载《音乐研究》2004 年第 1 期。
②　孙海《德国出土的"万年骨笛"》,载《人民音乐》2003 年第 10 期。

际演奏音响。但是,如果你能亲耳听一听今天河南一带民间道僧在"竹筹"(古南龠)上奇妙的超低音吹奏、新疆天山塔吉克族人的悦耳流利的"乃依"(三孔龠)演奏和喀纳斯湖畔的图瓦老人在"潮儿"(古苇籥)上绝妙的"喉啭引声"吹奏——这些世代相传的质朴乐管的高超演奏技艺,都是作为"演奏家"的我习练至今所无法达到的。那么,你肯定会相信,目前,对贾湖"骨龠"的音响解读最多也不过是一知半解,贾湖"骨龠"一定还有更多的音响奥秘等待着我们明天去揭示。

## 第四节 "骨龠"的仿制与舞台呈现

贾湖"骨龠"作为距今八九千年前的远古遗物,其乐管的形态之完整、制作之精美、出土数量之众多,在世界音乐考古史上当是绝无仅有的。然而,最令世人惊愕的是它的实际演奏功能,虽经近万年的掩埋,至今仍可吹之成声,能够流畅地演奏完整的乐曲。但贾湖"骨龠"的实物经过了近万年的掩埋,出土后稍作测音采样的试奏,已然很难得了。作为国宝级的出土文物,贾湖"骨龠"的原件除了一两支选送重要博物馆作为展品外,其他都被封存于出土地的文物部门,一般人难得一见,更不要说用它来测试演奏乃至舞台的呈现。故此,对贾湖"骨龠"的仿制和复原便成为对该器研究的一个热点。

总的来看,对贾湖"骨龠"的仿制大体有两个方面的目的,一是用于进一步的测音及乐律学研究,一是用于实际演奏的舞台呈现。

### 一、"骨龠"的仿制研究

由于贾湖骨龠是用大型鸟类翅膀的尺骨制作而成,故骨管的长短、粗细、厚薄与内腔形状都会因鸟类个体的不同而不同。那么,在没有金属工具与音乐物理知识的距今7500—9000年前,贾湖先民是如何将这种随形的骨管制作成音阶分明的乐器? 这种音阶与后世的音律有何关系? 这些问题曾是许多考家学者对贾湖"骨龠"进行仿制的主要兴趣点。这一兴趣点,自上个世纪90年代初开始,时至今日似乎一直仍在延续着。

据童忠良《舞阳贾湖骨笛的音孔设计与宫调特点》一文载,早在20世纪90年代初,童忠良与武汉音乐学院的蒋朗蟾、荣政、李幼平等人一起进行了贾湖骨笛的仿制研究,率先以M282:20、M282:21、M78:1三支骨笛为复制对象,经精密测量后即仿制了5支七孔骨笛,并在精心分析舞阳贾湖骨笛音孔设计的基础上获得仿制品的测音资料,推衍出贾湖七孔骨笛存在着"多宫演奏"的可能性。[①]但童先生在文中始终没有说明其仿制骨龠的具体材质,故其仿制品究竟是骨管还是塑料管? 抑或是其他材质的乐管? 我们不得而知。

随后,据说中国艺术研究院音乐研究所王子初先生曾以M78:1为复制对象,手绘

---

① 童忠良《舞阳贾湖骨笛的音孔设计与宫调特点》,载《中国音乐学》1993年第3期。

图纸后用骨粉加胶混合模制而成若干根骨笛。又 1999 年间,有阎福兴委托扬中市著名制笛师常敦明先生用鹤骨制作了两支骨笛,但与贾湖骨笛的开孔与吹奏模式都存在很大不同。

2003 年 5 月中国科技大学考古系的徐飞、夏季、王昌燧在《中国原始音乐声学成就数理分析——贾湖骨笛研究》一文中介绍了使用塑料管仿制的骨笛进行模拟测音的情况。笔者曾在中国科技大学的考古系见到过他们用于仿制的塑料骨管,是用固定的模具先制作成管状物,然后再在其管身开孔的。由于贾湖"骨龠"的原件骨管有一点弯度,其模具制出的塑料仿制骨管的中空不理想,吹奏不太畅通,与贾湖"骨龠"的实物有较大的差距。

2005 年泉州师范艺术学院李寄萍采用当地火鸡腿骨对 M282∶20、M511∶4 两支骨笛进行仿制,并利用斜吹法和指法的实验展开对贾湖先民音律及音乐活动的分析与推测。并以《骨笛仿古实验及分析推测》一文中亦公布了其复制 M282∶20 和 M511∶4 两支骨笛的实验和试奏结果。作者在文中声称:"贾湖骨笛已找到相当于今天七声自然音并应用于骨笛制作与演奏。"[1]

2006 年中国艺术研究院研究生孙毅采用鹤尺骨,按照《舞阳贾湖》考古报告中所公布的尺寸,用手工和钻孔设备及较严密的乐器仿制规范复制了舞阳贾湖 M253∶4 和 M282∶20 两只骨笛,并以动态测音过程和静态测音过程的实验数据与原件测音数据进行比较研究,所撰《舞阳贾湖骨笛音响复原研究》一文结论认为:1.采用真实鹤骨进行的骨笛复原工作取得阶段性的成果,复原的骨笛在精确的物理尺寸和相同的材质方面上已经达到逼真还原距今 7 000—9 000 年前骨笛的目的。从测音的情况来看,鹤骨复原出的骨笛在各项音响属性上非常近似原件,足以满足今后测音和研究的需要。2.通过对复原骨笛音响的录制,首次给出骨笛的音响录音,填补了以往舞阳贾湖骨笛音响复原研究过程没有完备录音记录的空白。3.就目前骨笛研究水平来看,探讨骨笛的音阶和律制应该慎重,特别对于骨笛当时用律的真实状况,已有的测音工作尚不能给予充分的支持。[2]

除以上各家利用骨管、塑料管等实质材料对贾湖"骨龠"进行多种仿制试验外,近年来,还出现了一种利用计算机虚拟修复的技术,为破损残缺的贾湖"骨龠"进行复原仿制的新技术试验。这一新技术的试验获得了国家自然科学基金的资助,项目由中国科学院研究生院科技史与科技考古系、河南省考古文物研究所、河南省武警总队医院的多名学者联手实施,并以《贾湖骨笛复原新技术研究》一文发布其试验成果。[3]如下,试将这一新技术研究的文章作一阐介:

据该文所称:鉴于贾湖骨笛珍贵的文物价值,为免再次受到自然和人为损坏,现存

---

① 李寄萍《骨笛仿制试验及分析推测》,载《天津音乐学院学报》2005 年第 4 期。

② 孙毅《舞阳贾湖骨笛音响研究》,载《中国音乐学》2006 年第 4 期。

③ 邵郁、方晓阳、潘伟斌、王昌燧、韩庆元《贾湖骨笛复原新技术》,载《华夏考古》2012 年第 1 期。

骨笛均被封藏,不用说再次吹奏测音,就连见上一面都很困难,这无疑为贾湖骨笛的"律"、"调"研究带来了很大的困难。如何在不损伤贾湖骨笛实物的原则下继续进行贾湖骨笛的测音与"律"、"调"研究,也就成了音乐史界必须解决的关键性问题。作者赞同郑祖襄先生提出的"首先制定一个科学的骨笛修复方案,修复的方法也不一定对原件进行修复;为了保存原件,是否可以考虑运用先进的科技手段进行复制,然后用复制品来测音"的建议,巧妙地利用医学影像学、计算机辅助逆向工程设计、mimics 三维重建、激光成型多种技术,制作出一种几何形状与物理尺寸均与贾湖骨笛实物几乎完全相同的复原品并进行测音实验。

其复原对象选择了骨笛标本 M511:4(参见本书图 1.29),是 2001 年春对贾湖遗址进行了第七次发掘时发现的。选择此骨笛的原因:其一是该骨笛出土时虽断为两截,但经清洗缀合,外观形态完整,骨笛内壁也无明显残留物,是现今河南省考古文物研究所保存骨笛中形体最为完整者之一;其二是该骨笛曾由对"斜吹"法有精深研究的刘正国先生进行试吹,王昌燧、徐飞、夏季进行了录音与测音,数据公开发表在《音乐研究》2004年第 1 期上,其相关数据可与本精确复制骨笛的测音结果进行有效比对。

复原技术的第一步是:CT 断层扫描。对骨笛的精确复原,数据采集是关键的第一步,只有获得精确的测量数据,才能进行三维重建。一般的接触式测量虽然精度较高,可以在测量时根据需要选择有效测量部位,做到有的放矢,避免采集大量冗余数据。但测量速度较慢且只能获得骨笛的外部尺寸,不能立体、全方位地反映骨笛内部髓腔的解剖信息,也不易进行三维重建。激光扫描虽然具有精度较高、测量速度较快的特点,扫描数据易于进行三维重建,但是由于骨笛内部髓腔为其扫描盲区,所以即使进行三维重建,也仍然不能获得反映骨笛内部髓腔的解剖信息。目前随着 CT 扫描精度的不断提高以及功能强大的计算机软件的开发,完全能满足三维重建所需的高精度、立体化、全方位的数据采集,使骨笛的精确复制成为可能。实验选用了飞利浦公司出产的 64 照排的医学 CT。扫描条件:选择骨组织窗扫描,层厚为 0.625 mm,扫描探头工作电压电流为 120 kV/246 mA,骨笛长轴与 CT 扫描线垂直,由骨笛吹口端至尾部进行横断面扫描。总共获取断层影像 823 张,在 CT 工作站中转为医学影像学标准格式 DICOM 格式存储。每张图片大小为 $125 \times 125$ mm$^2$,分辨率为 $540 \times 540$,每个像素占体积 $0.23 \times 0.23 \times 0.625$ mm$^3$。

尔后是数据处理及三维重建:先是将经过 CT 扫描的 DICOM 图像文件输入到 DELL 图形工作站里,对图像像素按灰度进行定限分离,排除游离误差,去除噪声干扰点,然后利用 Materiaise 公司出产的软件 Mimics10.01 进行三维重建。用此方法重建的骨笛立体图理论误差为 0.1 毫米。

再后就是固化成型:紫外激光快速成型是出现较早、技术最成熟和应用最广泛的快速原型技术。选择该技术的原因主要是:其一该技术系统工作稳定,全过程自动运行;其二尺寸精度较高,可确保复制品的尺寸精度在 0.1 毫米以内;其三是表面质量较好,可保证工件表面光滑;其四是系统分辨率较高,能构建复杂结构的工件。研究者将三维重

中国
古龠考论

建后的骨笛用 STL 文件副本格式保存,输入到激光快速成型机上。在计算机的控制下,按照截面轮廓的要求,用紫外激光束照射树脂液槽中的液态光敏树脂,使被扫描区域的树脂固化,得到该截面轮廓的固化树脂薄片。然后,进行第二层激光扫描固化,并使新固化的一层牢固地黏结在前一层上,如此重复直到整个产品成型完毕。取出工件后进行清洗和内外表面光洁处理,就制作出了与原贾湖骨笛物理尺寸几乎没有误差的精确复原品。该复原品的材质虽然为紫外固化树脂,但因误差控制在毫米级,故复原的骨笛内外壁几何形状与物理尺寸与 M511∶4 骨笛实物非常接近,是一根形态完整的 M511∶4 骨笛的高精度复原品。

接下来是对这一骨笛精确复原品的测音分析:2009 年 4 月 23 日 21 时 15 分,由方晓阳对 M511∶4 骨笛精确复原品进行了测音。室温:20 ℃。录音工具:东芝 2010 笔记本电脑,高灵敏度立体声电容式话筒。录音软件 CoolEdit Pro2.0。录音采样率为 44.1 KHz,声道为立体声,采样精度 16 位。吹奏方法:斜吹法(与刘正国 2001 年对骨笛出土实物测音时的吹奏方法相同),上下行各吹奏十遍。测音分析软件:CoolEditPro2.0,取物理音高标记法 A4＝440 Hz(即通用第一国际音高 a1＝440 Hz),共获得 16 组 160 个数据,然后计算均值得到精确复原品低八度区音律特征表。

文章的结果与讨论认为:

1. 前人对贾湖骨笛音律的研究主要集中在对骨笛实物直接吹奏测音,以及根据已发表的贾湖骨笛测量数值与测音数据进行讨论与推理。由于现存贾湖骨笛实物已经很难再容人们对其进行直接吹奏测音,因此要想深入研究贾湖先民选择音律的规律,当务之急是设法对骨笛进行修复,必须要对更多的骨笛进行测音研究。利用 CT 扫描、计算机辅助逆向工程设计、Mimics 三维重建、紫外激光快速成型技术对贾湖骨笛进行精确复原,所得到的复原品与原骨笛的误差可控制在毫米级,从而使复原品与原骨笛无论在外观还是内腔的几何形态与物理尺寸上高度相似。利用这种精度复原方法制作贾湖骨笛的高精度复制品,对贾湖骨笛的深入研究,可能会产生一些重要的影响与推动作用。

2. 通过对贾湖骨笛实物与精确复原品在低八度区发音均值比较,贾湖骨笛实物与精确复原品在发音孔位筒音、1、2、3、4、6 孔的均值的音分误差绝对值分别为 25、17、5、15、10、6 个音分。发音孔位 5 的发音均值,徐飞等人测定为 D－45,而通过对刘正国当年测音录像上截取的相应音频进行测量,其结果却为 D6＋41,其音分误差绝对值应为 14。对骨笛实物与精确复原品在 7 孔全开时发音均值误差很大的原因,通过骨笛实物与精确复原品的测量比较,以及根据 Mimics 与紫外激光快速成型的理论误差均为 0.1 毫米进行推断,由于精确复原品与贾湖骨笛实物在内外管壁形态、音孔内外孔径、音孔间距等方面的物理尺寸几乎完全相同,因此精确复原品与贾湖骨笛实物在 7 孔全开的音高均值理应高度近似。出现较大误差的原因主要是来自于吹奏者在吹奏此音时对气流控制的不同。

3. 该实验制作的复原品材质为紫外固化树脂,其声学特性尤其是音色上与原骨笛相比具有较大的差异。不过由于边棱类吹奏乐器的音高在口风相同时主要决定于该乐器内腔的物理形态，而与材质关系不大，故所获测音数据也应该接近于原骨笛，可以考虑用来代替贾湖骨笛实物，供研究者们进行测音，以及其他音律学方面的研究，但不适合用于音色比较研究。此外，该实验制作的复原品的测音数据仅为一人吹奏的结果，与其他人吹奏的结果是否存在较大差别还有待进一步检测。

## 二、竹仿"骨龠"的舞台呈现

在上述基本以音响测试为目的贾湖"骨龠"的仿制研究中，其所制的仿制或复原品的质材各异，有真正的鹤尺骨、火鸡腿骨、骨粉胶模以及塑料管、紫外固化树脂等多种管状材料，却几乎没见有用竹管来仿制的案例。而实际上，天然的竹管材料与自然动物的骨管材料在形态结构上十分的相像，是贾湖"骨龠"仿制的绝好材料。更重要的是，在吹管乐器发展史上，骨质乐管正是被竹质乐管乐器所取代的。

据笔者的研究，中国吹管乐器在数千年的发展演变过程中，大体经历过两次重要的变革，第一次重要的变革就是材质上的变化，即由"骨管"变为"竹管"；第二次变革则是由管端破口，即变"无吹孔"为"有吹孔"（参看"序论"附图"先秦古龠流变图示"）。考第一次材质上的变革由"骨管"变为"竹管"，大约发生在距今五千年左右的黄帝时期。因为，在中国古典文献的记载中，正是这一时期出现诸多与自然植物"竹"（苇）相关的载说，如：相传为黄帝时期的《弹歌》（亦称《断竹歌》）古谣辞曰："断竹、续竹，飞土、逐害"（《吴越春秋》）①、黄帝令伶伦截竹为律，制为十二筒（《吕氏春秋》）、伊耆氏（炎帝神农氏之姓）②之乐有土鼓和"苇籥"（《礼记》）等。这些发生在黄帝时期前后与苇、竹相关的记载，大体透露出距今五千年左右的那个时代，人们在器物的制作上开始大范围地截取自然苇竹类材质的远古信息。或许，也正是从这个时期开始，截取动物骨管来制作吹管乐器便逐渐被截取天然植物的竹管、苇管所代替。这大概也是人类由狩猎时代进入农耕时代、生产力和劳动工具的进化所致。到了两千多年后的周代，根据乐器制作材料来进行的"八音"分类：金、石、丝、竹、匏、土、革、木，便根本不见有"骨"类而只有"竹"类。然而，包括中国贾湖新石器遗址成批出土的骨管乐器在内的世界各地大量考古学的材料可以凿凿证明，人类在使用"竹"管乐器之前确有一个使用"骨"管乐器的时代，这是毋庸置疑的。

"竹管"之所以能取代"骨管"而成为吹管乐器的主要制作材料，乃是竹管与骨管并皆浑然天成，非由人造。除材质上的不同外，两者在结构上十分相似，竹有竹节，而骨有骨关节。故而，用竹管来仿制贾湖"骨龠"在形制上是再贴切不过的了，但要选择到真正

---

① 清版《吴越春秋》（木刻本），〔汉〕赵晔撰，新安汪士汉考校，卷之五"勾践阴谋外传第九"第 18 页，"面壁斋藏本"。《弹歌》古谣辞今本载述多作"逐宍"，实为"逐害"之误，详参刘正国《〈弹歌〉本为"孝歌"考》，载《音乐研究》2004 年第 3 期。

② 清版《路史摘要》（木刻本），〔宋〕罗泌撰，〔清〕郑景际辑选、陈宗参详，嘉庆丙寅年孟秋镌，"逊志堂"版，第 3 页，"面壁斋藏本"。

合适的竹管却并非易事。笔者自上世纪 90 年代末开始进行竹管仿制贾湖"骨龠"的试验,首先就是采集长短粗细与"骨龠"差不多的竹管。在竹材市场,一般常见的成材竹子都比较粗,像鹤禽类尺骨那般的细竹则较为少见;而在这种细竹中,竹节的长短及管径的粗细真正与贾湖"骨龠"相合适的就更难得一见。笔者为找寻这种长短粗细合适的竹管,曾奔走于各种竹材市场,采购了大量的细竹,再将基本合适的细竹一节一节地截开,尔后,从中挑选出长短粗细真正合适的竹节来进行仿制。先将两端竹节打通,两端的内壁稍作挖削,所保留的竹节非常像骨管的骨关节,再将竹管外表面一层的竹皮削去,打磨平后再在管身上按照尺寸比例开孔即可。

竹管仿制的"骨龠",同样以略细的一端作吹口,略粗的尾端一定要较多地保留竹节的形态,这样看上去更像骨管,若仿制的竹管本身有一点自然弯度则更佳。以下是笔者选取天然竹管仿制的部分"骨龠"的图片(图 1.40)

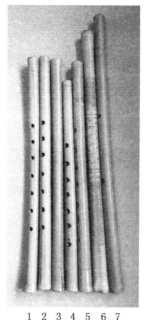

1 2 3 4 5 6 7

图 1.40 天然竹管仿制的贾湖"骨龠"

1. 2. 竹管仿制 M511:4 号七孔骨龠, 3. 竹管仿制无孔骨龠,
4. 竹管仿制 M282:20 号七孔骨龠, 5. 等比例放大的竹管仿制
M282:20 号七孔骨龠, 6. 等比例缩小竹管仿制 M521:1 号二
孔骨龠(背面), 7. 竹管仿制 M521:1 号二孔骨龠

这其中,标记为 1.和 2.的两支竹仿"骨龠",是笔者直接丈量贾湖二批出土的 M511:4 号骨龠原件的尺寸所制,成品后,又与贾湖 M511:4 号骨龠原件进行了比对,其管长、孔距及孔径等几无二致;只是外观上的整个管径略显稍细,而其吹奏所发音响的调高与原件也几乎是完全一样的;更为奇巧的是,其中标记为 1.的仿制品管身自然的弯度与

M511：4"骨龠"原件十分的相像,颇为神似。

标记为 5.的竹仿"骨龠",是贾湖首批出土的著名 M282：20 号骨龠原件等比例放大的仿制品,放大仿制主要是为实际演奏的调高考虑(其第 4 孔作宫音为 C 调)。该管竹仿"骨龠"曾多次用于实际演奏的舞台呈现,合于丝竹。

标记为 6.的竹仿"骨龠",是贾湖遗址二批出土的 M521：1 号二孔骨龠等比例缩小的仿制品,缩小仿制的目的同样是为了实际演奏的调高(合于 D 调),该管竹仿骨龠制作于二批出土"骨龠"的测音采样之前,曾在 2001 年 6 月 30 日中国科技大学"现代艺术中心"举行的科技考古专业"庆'七一'——暨首次田野考古实习汇报展览"开幕式上进行过演示。标记为 7.的竹仿"骨龠"则是 M521：1 号二孔骨龠的原大仿制品。

余一管标记为 3.的乃是仿制贾湖无孔骨龠的一支空竹管,其长度基本等同于 M511：4 号七孔骨龠,所吹出的音高与贾湖二批出土的无孔骨龠也是一样。

竹管仿制的"骨龠"音响通畅,音质嘹亮、清润,较之出土"骨龠"原件的音色略嫌绵柔(出土原件经近万年的掩埋已近石化,故其音响较为硬朗、激越),适于舞台实践的演奏。笔者研究竹管"骨龠"的仿制,主要目的是为了真实地展示这一具有八九千年历史的古老吹管乐器的实际演奏功能,而不只是为了测音或表面形制的模仿。因为,贾湖"骨龠"的出土之所以能震动世界乐坛,主要就是它以完整的乐器形态至今还可以用来进行实际的演奏。所以,将贾湖"骨龠"乐器完整地呈现于舞台,让更多的听众感受这一古老乐管的神秘音响,乃是笔者多年来的孜孜以求。自本世纪初,笔者通过竹仿"骨龠"的成功试制,将这一具有八九千年遗风余韵的古老乐管奏响于海内外的舞台,产生了较为广泛的影响。

竹仿"骨龠"的首次正规的舞台呈现,是 2001 年 2 月在"香港大会堂音乐厅"举办的《回响八千年》大型民族音乐会上。该场音乐会由香港中乐团主办,本人应邀担纲古龠的独奏。音乐会上虽然没有以贾湖"骨龠"为主奏乐器,音乐会的命名却正是由贾湖出土"骨龠"的久远年代而来。演出其间,本人手持竹仿"骨龠"上台,为听众专门介绍了这一古老吹管,并现场演示了《牛歌》一曲的片段,既丰富了该场龠类乐器的呈现,又直接点明了音乐会的主题。香港 TVB、《大公报》等电视、新闻媒体对此场音乐会予以了相当的关注和实时报道(图 1.41)。

接下来的 2001 年的 5 月间,笔者在安徽省城合肥市成功地举办了首场"古龠独奏音乐会",该场音乐会由安徽省"宣传文化发展专项资金"资助,安徽省艺术研究所主办,著名黄梅戏音乐家、安徽省音乐家协会名誉主席时白林

图 1.41  香港《大公报》对"骨龠"演奏的报道

先生主持了本场音乐会。音乐会中,笔者专门用竹仿贾湖"骨龠"完整地演奏了根据安徽铜陵民歌改编的骨龠独奏曲目《牛歌》,安徽省艺术学校民乐队伴奏,由天津音乐学院著名作曲家唐朴林先生配器。国家一级核心期刊《人民音乐》在 2001 年第 9 期的封二以"刘正国古龠演奏会于 2001 年 5 月在合肥举行"为题刊登了该场音乐会的竹仿贾湖"骨龠"演奏的现场照片(图 1.42)。

图 1.42　《人民音乐》2001 年第 9 期　封二图片报道

2004 年 1 月在中国福建召开的"国际传统音乐学会第 37 届世界年会"上,笔者宣讲发表《贾湖遗址二批出土的"骨龠"测音采样吹奏报告》(中文 4200 字/英文 16800 字,全文刊载《中国传统音乐的诠释——中国音乐学者研究论文集》),并现场演示贾湖遗址二批出土骨龠的竹管仿制品,引起到会的三十几个国家的民族音乐学者的极大兴趣。在会议的宴饮聚会的演出上,笔者现场即兴用一张广告纸卷成一个筒,模仿贾湖无孔骨龠的演奏,成功地吹奏了口笛名曲《苗岭的早晨》的片段,引起了全场三百多人不由自主地随着乐曲的拍子击掌助节,将宴会表演推向了高潮。

2010 年 10 月在中国天津召开的"第七届国际音乐考古学学术研讨会"上,笔者除了以《回响九千年——贾湖"骨龠"音响解读》为题作了专题的学术海报陈述外,还在会议举办的"讲座音乐会Ⅰ——中国古乐器专场"音乐会上演奏了由贾湖无孔骨龠放大仿制而成的双竹筒"空筒吹律",还特别现场用纸筒卷制仿无孔骨龠,演示了空筒吹律的三声和五声音阶,同时完整地吹奏了云南民歌《阿细跳月》和苗族"飞歌"风格的《苗岭的早晨》。

2011 年 2 月 12—21 日应瑞士国马提尼市的邀请,笔者与南京艺术学院的王晓俊博士一同赴瑞士,参加了由马提尼市和中国驻瑞士大使馆文化处共同举办的"欢乐春节"系列文化活动,先后在马提尼(Martigny)市政音乐厅和日内瓦的克劳尼(Cologny)、达代尼(Drdagny)等地及社区音乐厅作了 5 场"回响八千年——中国笛龠独奏音乐会"的巡演,音乐会展示吹奏的主要有:贾湖"骨龠"(竹管仿制品)、塔族"奈依"、蒙族"潮儿"、

图 1.43　在日内瓦 Drdagny 教堂
演奏竹仿无孔骨龠

刘氏"九孔龠"以及陶埙、洞箫和竹笛等多种中国民族乐管,令听惯了西方音乐的瑞士观众耳目一新。特别是竹仿贾湖"骨龠"的演示及"空管吹律"的绝技,以独特巧妙的形式揭示了人类"音阶"起源的奥秘,引起了音乐欣赏水平极高的瑞士听众心灵上的呼应,获得了热烈反响和圆满成功(图1.43)。

2011 年 5 月 8—16 日,应斯洛文尼亚卢布尔雅那大学经济学院、孔子学院的邀请,笔者携上海师大音乐学院民乐专业学生黄骁蔚(竹笛)、董君(古筝)在斯洛文尼亚进行为期一周的文化交流活动——两场音乐会演出、一场学术演讲及考古遗址的实地考察等。两场音乐会分别在首都卢布尔雅那"Slovenia Philharmonic"音乐厅和第二大城市马里博尔音乐厅举行,笔者携手曾在天津"国际音乐考古学会议"中结缘的斯国骨笛演

奏家柳本·狄姆卡洛斯基先生一同演奏了两地出土的远古骨管乐器——贾湖"骨龠"(距今九千年)和迪维·巴贝"熊骨笛"(距今五万年);在斯洛文尼亚总统夫人到场的卢布尔雅那"Slovenia Philharmonic"音乐厅里,笔者用竹仿贾湖七孔"骨龠"演示了《沂蒙山小调》和《梁祝》主题旋律(图 1.44);

图 1.44　在卢布尔雅那音乐厅演奏竹仿贾湖"骨龠"　(摄影:Alenka)

在马里博尔音乐厅音乐会上与古筝合作用竹仿贾湖"骨龠"演奏了《牧归》(图1.44),并展示了独门绝技"空筒吹律",令斯国的听众惊叹不已、掌声雷动;斯国总统夫人以一身银色套裙出席了首都的音乐会,在演出后的酒会上专门向笔者表达了中国音乐给她所带来的感动,并盛赞此次访问演出给中斯文化交流带来了重要的影响。

一场学术演讲是以"Echo From 9000 Ago"(回响九千年)为题,在卢布尔雅那大学的哲学院举行,由斯洛文尼亚著名汉学家米佳教授现场翻译。笔者通过现场竹仿"骨

龠"的演示,诠释了对名闻遐迩的中国贾湖"骨龠"乐器的音响解读,将九千年的"骨龠"文化介绍给斯国的师生,令他们对中国古老文化充满了好奇和惊叹,引起了热烈的互动和反响。此次访斯,特别有幸的是在斯国著名考古学家 Ivan Turk 的引领下,攀岩考察了著名的距今 6 万年前的迪维·巴贝"熊骨笛"出土的洞穴遗址,斯洛文尼亚国家报纸以头版头条的图文形式详细地报道了笔者的此次实地考察活动。①

图 1.45　在马里博尔教堂音乐厅与古筝合作演奏《牧归》　(摄影:Alenka)

2012 年 5 月 6—16 日,应斯洛文尼亚、克罗地亚及意大利等中欧三国的邀请,笔者带领本院民乐专业学生朱晓雪(二胡)、翟艾吟(古筝)携同上海戏剧学院、上海音乐学院的舞蹈、声乐表演团队一起组成的"中华韵"友城艺术团,在斯洛文尼亚、克罗地亚及意大利(威尼斯)进行为期十天的文化交流巡演活动。此次交流活动正值中国和斯洛文尼亚及克罗地亚的建交 20 周年的纪念日,斯、克两国的电视台、电台及报纸杂志等各种媒体给予了大量报道并在当地引起了热议,包括斯国总统夫人,中国驻斯、克两国的大使以及当地的市政要员都到场亲聆观摩,巡演取得众望所归的圆满成功。

此次巡演是经国家汉办批准、由上海市教委负责组团的。笔者作为唯一的一位由外方点名邀请的演奏家,在整个巡演活动中,为展示中华九千年的音乐文化起到了举足轻重的作用。巡演在斯洛文尼亚的首都卢布尔雅那、马里博尔和克罗地亚的首都萨格勒布、南部著名古镇杜布罗夫尼克古堡以及意大利著名的水城威尼斯举行。巡演中,笔者用中、斯两国出土的远古骨管乐器——斯国迪维·巴贝"熊骨笛"(距今五万多年)和中国贾湖"骨龠"(距今九千年)演奏了《小河淌水》和《沂蒙山小调》,更令人耳目一新的是展示独门绝技的"空筒吹律"——即在用纸卷成的空筒以及两根空竹筒上演奏出完整的乐曲《苗岭的早晨》《黄梅欢歌》等,令欧洲的听众为之惊叹。在演出后的酒会上,各国市政要员在接见时表达了中国音乐给他们所带来的感动;斯洛文尼亚的马里博尔电视台、克罗地亚的电视台都对本人进行了特别的采访,当地的网站、报纸及各种媒体也

①　骁蔚《刘正国教授访问斯洛文尼亚演出、演讲获圆满成功》,上海师范大学"新闻"网页。

都刊登了竹仿贾湖"骨龠"的演奏照片。贾湖"骨龠"的舞台呈现,以其九千年遗风余韵的独特魅力,展示了中华民族古老而悠远的音乐文化,在所巡演的中欧三国产生了一定的影响(图 1.46—1.47)。①

图 1.46　在卢布尔雅音乐厅表演纸筒吹奏《苗岭的早晨》

图 1.47　在克罗地亚著名的杜布罗夫尼克古堡内演奏贾湖"骨龠"

2013 年 9 月 18—24 日,应美国密苏里大学孔子学院的邀请,笔者赴美参加了密苏里大学的国际日活动,于 8 月 20 日为密苏里大学相关的校、院领导作了题为"Echoed from 9 000 Years Ago：The Bone Pipe "*Guyue*" Unearthed at the Jiahu Relics Site"的专题学术报告及贾湖遗址出土乐管的现场演示(图 1.48);并在当晚的上海师范大学舞蹈团的演出中,客串用七孔竹仿贾湖"骨龠"演奏了《沂蒙山小调》和根据贾湖出土无孔骨龠创制而来的纸筒吹奏《苗岭的早晨》和双竹筒吹律《友谊地久天长》等曲目,引起了美国听众的极大兴趣和热烈欢迎。

---

①　晓雪《刘正国教授中欧巡演"空筒吹律"倾倒老外》,载《上海师大报》2012 年 5 月 30 日第 2 版。

图 1.48　在美国密苏里大学的贾湖"骨龠"专题讲座

同年 11 月 20—24 日,应邀参加在韩国釜山举行的"东亚民族音乐庆典"暨"第 5 届东亚音乐考古学会学术研讨会",除演讲提交本论文《中国贾湖"骨龠"的出土、仿制与舞台呈现》外,主要携二胡、琵琶和古筝等民乐伴奏,在 22 日晚的《韩·中·日　古乐器复原演奏会》上,登台现场向听众介绍了贾湖"骨龠"乐管的基本性能(图 1.49),并用竹仿贾湖"骨龠"演奏了《牧归》(七孔龠)、《洞庭小调》(二孔龠)及《苗岭的早晨》(无孔骨龠之"纸筒"演示)等曲目;最后,用中原民间尚存的古"南簫"子遗"竹筹"乐器演奏了韩国著名民谣《阿里郎》,韩中参会的著名学者权五圣、王子初等欣然登台同声唱和,将古乐器演奏会的气氛推向了热烈的高潮(详参本书"第二章"图、谱)。

图 1.49　在韩国釜山国乐院"艺池堂"演奏"骨龠"前的讲解

贾湖"骨龠"的舞台呈现,以其九千年遗风余韵的独特魅力,展示了中华民族古老而悠远的音乐文化,在所巡演的欧美等国产生了相当的影响,给无数听众带来了极大的震撼。贾湖"骨龠"那嘹亮的音响、宽广的音域、完备的七声和已相当规范的七匀孔之制,的确是令人叹为观止。前文已及,虽然史前的骨管吹奏乐器在世界的其他地方也都有一些考古发现,有的年代则更加久远,如 1995 年在斯洛文尼亚境内的"迪维·巴贝"远古洞穴考古发掘出土的"熊骨笛",以及 1997 年德国境内出土的尼安德塔"骨笛"等,距今至少都在三四万年以上,[①]但这些所谓的"骨笛"出土,基本上都是一种孤零零的现象,有的是否真的为吹管乐器,尚存在很大的争议和质疑(如斯国的"迪维·巴贝"熊骨笛)。而中国的贾湖"骨龠"却是成批地大量出土,且有着相当规范的孔制,至今仍能吹之成声、可作多种宫调翻奏,是一种的完全意义上的骨管吹奏乐器,这是世界考古发掘中绝无仅有的"奇迹"。通过竹仿贾湖"骨龠"近年来在海内外的舞台呈现和阐扬,足以进一步印证了笔者在拙文《贾湖遗址二批出土的骨龠测音采样吹奏报告》中所结论的那样——"作为一种八九千年前的七声齐备的吹管乐器,贾湖'骨龠'当之无愧地代表着人类史前这一时期音乐文化发展的最高成就!"

---

① 参见"第七届国际音乐考古学学术研讨会"会议论文:Svannibor Pettan/Ljuben Dimkaroski《Paleolithic Bone Flute from Divje Babe Revisited》;孙海《德国出土的"万年骨笛"》,载《人民音乐》2003 年第 10 期。

**附:竹仿贾湖"骨龠"独奏曲两首**

谱1.12

# 牧 归

（七孔骨龠独奏）

刘正国 编曲
唐朴林 配器

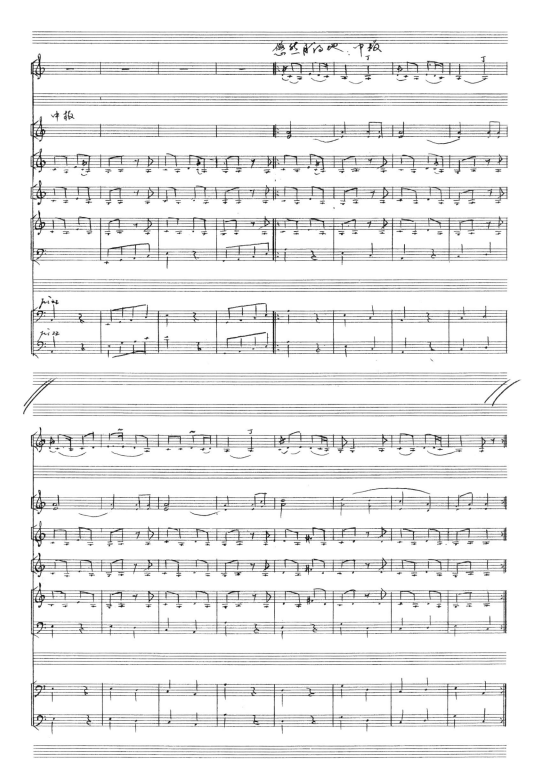

中国
古箏考论

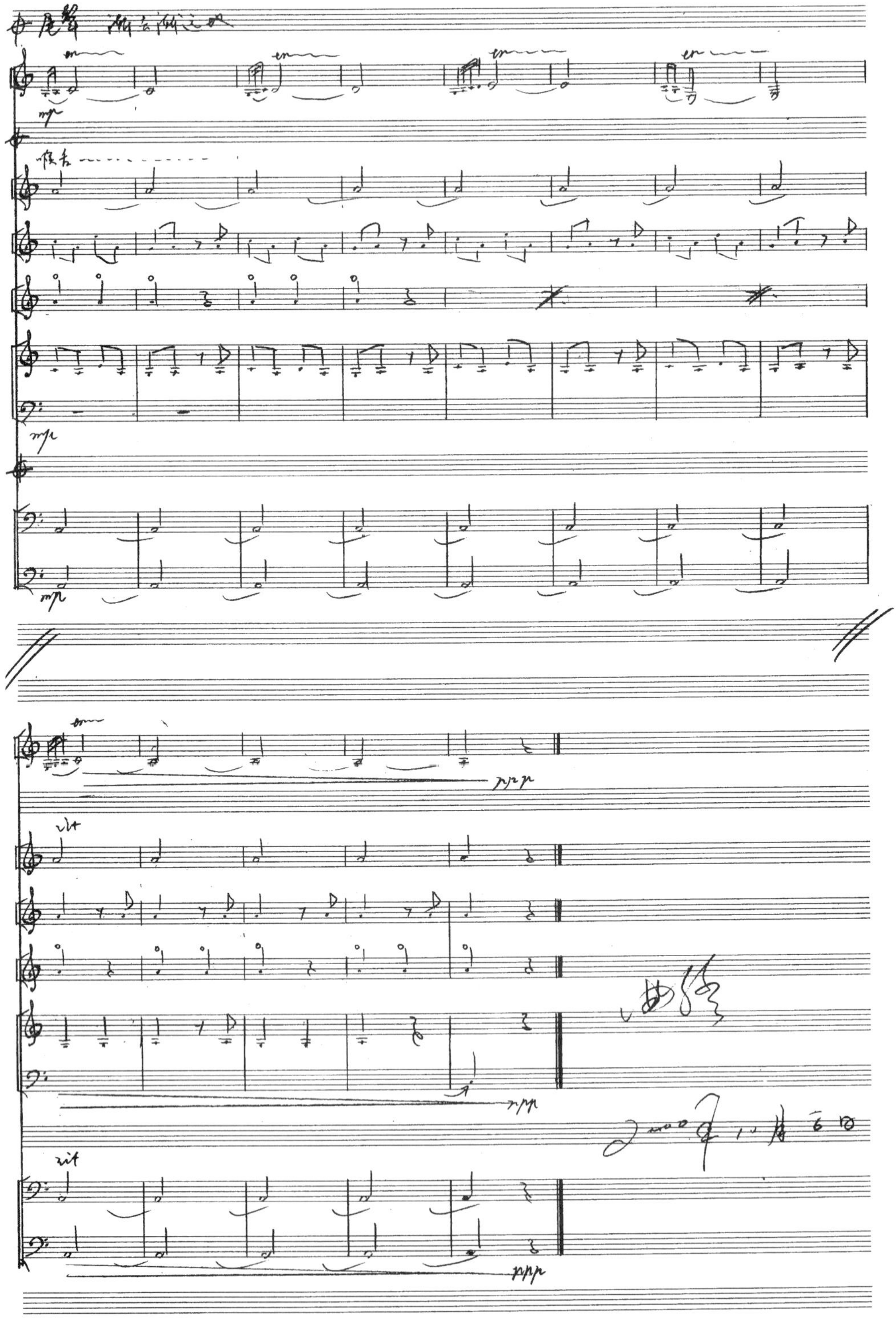
尾声
mp
rit
ppp

草满池塘水满陂，山衔落日浸寒漪；

牧童归去骑牛背，短笛无腔信口吹。

——[唐]雷震

　　该乐曲以皖南民歌《牛歌》为素材，乐境取自唐人雷震的七绝《村晚》，用贾湖新石器遗址出土的、距今八千年的古管乐器"骨龠"（仿制品）演奏，能质朴地展现"牧童归去骑牛背，短笛无腔信口吹"的田园村晚之境趣。乐曲的前后乐段 1＝C，是以第一孔（即最低一孔的小指按孔）为"5"，筒音作"3"的骨龠基本调（即如竹笛的小工调）来演奏的；中间的对比性欢快乐段转 1＝F，是以第一孔为"2"，筒音作"7"的即如竹笛的小工调来演奏。该曲由天津音乐学院著名民族音乐理论家、作曲家唐朴林先生配器，乐曲的实际演奏亦可采用一个古筝伴奏的简约形式。

谱 1.13

# 苗岭的早晨

(无孔骨龠之"空筒吹律")

白诚仁　原曲
刘正国　编配

中国
古龠考论

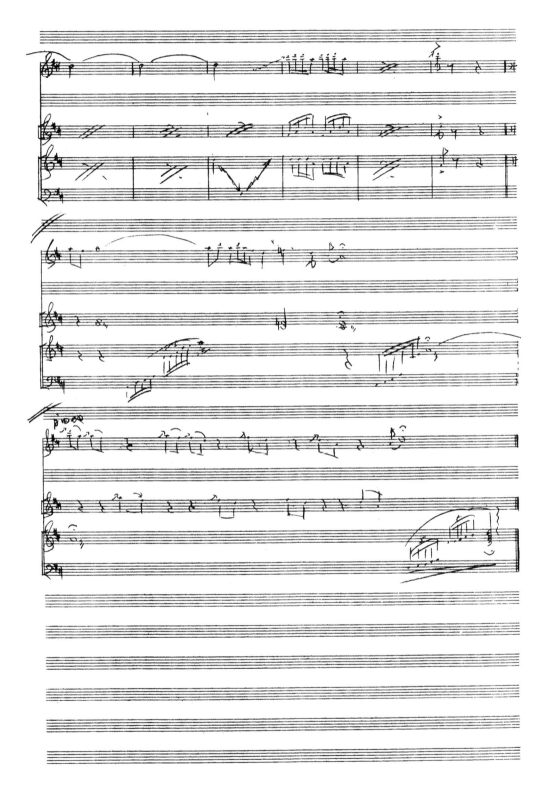

**【乐曲说明】**

　　该曲由著名的口笛独奏曲《苗岭的早晨》移植而成,除引子部分的鸟鸣片段略作删减外,其余基本悉遵原曲。乐曲采用竹管仿制的贾湖"无孔骨龠"——也就是一根断两节间的空竹筒来演奏,其长度约 25.6 厘米,管径约 1.2 厘米,大体可合于调高 1＝D。空筒的基本五声音阶吹奏的手控开闭管,请参看本章第三节的"二、'骨龠'的测音采样吹奏"之"无孔骨龠:含宫吐角激徵清"一节所述。该曲中段部分有转入"清角为宫"的下属调而出现的五声音阶之外的"4"音,演奏者用手控半掩管尾即可获得,但要准确清晰,须下功夫多加习练方能达到。

　　该曲若采用现场卷纸筒的方法来演奏,则更能尽显其妙。演奏者可用一张略硬一点的纸(如一般广告纸的纸质即可)当场卷成一个空筒,纸的长度须事先裁定为 25.6 厘米左右,筒径则以演奏者的食指或无名指为度,若音略高则以中指调之,若音略低则以小指调之,具体调高之准度,则有赖于演奏者以耳齐其声。

# 第二章　中原"竹筹"（南籥）

"竹筹"是流行于中原一带的河南、安徽民间的一种形状很像笛的竹制吹管乐器，它是一种既不同于笛之"横吹"、又有别于箫之"竖吹"的另类"斜吹"乐管。其结构形制上的特点就是不设吹孔而以自然的管端作吹口。演奏时，管身斜持，嘴唇撅起半堵管端，形成一个约 45 度斜角的吹口，破气而成声。"竹筹"的管身开有"膜孔"，音色若笛，民间多以其代之以笛，乐管也多借笛身来改制。

"竹筹"乐器的渊源极其古老，是为远古"南籥"之器在民间的一种孑遗。有确凿的文献证据表明，汉代载籍中的"篍"字就是该乐管的正名，明清时期出现过的"楚"字是其民间的俗呼，而"筹"字则是近现代才出现的对该乐管的称名。"竹筹"主要流行于中原一带的豫、皖地区，特别是贾湖"骨龠"出土的河南地区，至今仍见有"筹"乐器的传承吹奏者，多为民间寺院的道士、僧人所操。而安徽地区的"筹"则主要出现在上个世纪的黄梅戏伴奏文场之中，亦为民间道士所传。

## 第一节　"竹筹"的形制及制作

中原"竹筹"乐器的形制，简单质朴，前已述及，它是属于一种带膜鸣的边棱类吹管乐器。与竹笛相比较而言，同为竹制、同有膜孔，似为一物。然其演奏方法却是与竹笛大相径庭的独特的"斜吹"之法。可以说，它是一种如笛、似笛，而又截然不同于笛的吹器。

中原"竹筹"在形制上的结构特征最值得我们关注的就是它的"吹口"和"膜孔"。以下就这两点特征略说之。

### 一、"筹"的"吹口"

"筹"的吹处之所以称之为"吹口"而不叫"吹孔"，是因为"筹"乐器的吹处就是自然的管口，不像竹笛那样在管身上人为地开一个孔来吹，这是"筹"与"笛"的最本质的区别所在,也是该乐管在形制上独特而重要的本质特征。

从当今民间现存的"筹"乐器的考察来看,"筹"的自然管端所作的"吹口"尚有两种略为不同的形态:一种"吹口"是以管筒的内径为准,在管端由外向内削成圆锥形的收缩状,形成与管体内径相一致的"吹口",此种"吹口"多见于河南的项城筹和安徽的安庆筹(图 2.1)。

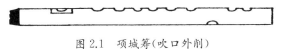

图 2.1　项城筹(吹口外削)

另一种"吹口"是以管筒的外径为准,管端的一公分左右由内向外挖削成喇叭状,形成比管体内径稍大的"吹口",此种"吹口"多见于河南许昌地区的鄢陵筹和商丘地区的民权筹(图 2.2)。

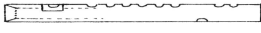

图 2.2　鄢陵筹(吹口内挖)

不论是端口由外削成圆锥形的"项城筹",还是端口由内挖成喇叭状的"鄢陵筹",作为筹的"吹口"的管端都没有像洞箫那样的人为的豁口,这一"吹口"的形制特点决定了"筹"的特殊吹法。其"吹口"的管端不能像洞箫那样竖着吹,而必须将管口与嘴唇斜出一个 45 度的角,方可使气流产生摩擦,振动管内空气柱发声。这种不用人为地开孔,而以自然的管端作"吹口"的吹器,实际上就是中国吹管乐器的一种远祖形制。这一点,贾湖遗址出土的"骨龠"可谓是凿凿的物证。贾湖"骨龠"虽然是八九千年前中原一带先民们的遗器,但它的"吹口"形制却与中原一带民间现在仍有流传的"筹"乐器的"吹口"如出一辙,即:不开豁口(亦称"山口"),而以自然的管端作"吹口"。当年,河南的考古学家们在贾湖村考古工地发现了这种骨管吹器后,基本上认为是一种乐器,但由于管身上没有像笛子那样的吹孔,不知该如何演奏。正是在音乐界有关专家的帮助下,参照了当地民间尚存的"竹筹"的演奏方法,这才基本正确地解读了贾湖"骨龠"的神秘音响。从"骨龠"与"竹筹"的制作材料、开孔形式等其他表面特征来看,两者并无相同之处。然而,"吹口"形制的相同、"斜吹"之法的一致,足以表明两器是一非二。正是由于这一点,河南有的学者对当时学术界普遍认定的"骨笛"一名提出了质疑,认为贾湖遗址出土的骨管乐器的正确名称应该叫"骨筹"。而当时还健在的吕骥先生更是多次在公开场合十分肯定地说:贾湖遗址出土的"骨笛"就是"骨筹"! 可见,"吹口"的特征正是决定"筹"乐器性质类属的关键所在。

## 二、"筹"的"膜孔"

所谓"膜孔",即专为粘贴笛膜(苇膜)增亮音色而开的、一个介于吹口和音孔之间的独立的孔,它是中国横吹竹笛形制的标志性结构。那么,"膜孔"是否也是"筹"乐器形制的代表性特征呢? 这一直是个饶有争议的问题。由于当今民间的"筹"乐器都是由竹笛改制而来,故均开有"膜孔"。但据河南尼树仁先生的《中州佛教特有乐器"筹"的渊源》及尹其颖先生的《筹与篍的辨析》等文介绍,也有不开"膜孔"的筹。据说是,河南大相国寺曾藏有一支传世的竖吹乐管,亦名"筹",形状很像笛,就是没有"膜孔"的。但这都只是听艺人门口头传说的,却从未有人亲眼见到过没有"膜孔"的筹。笔者曾经指导过的福建师大音乐学硕士章俊在河南"筹"的实地考访中,也并未见过和听说过此类的"竹筹"。故此,是否真的有不开膜孔的"筹"乐器,尚不得而知。

中国吹管乐器上的"膜孔"设置是一个独特的创造,它不同于世界上其他任何民族民间的吹管,但"膜孔"究竟起源于何时,迄无定说。据宋以后世所见的相关文献载说来看,"膜孔"最初似乎应该是出现在竖吹的洞箫(古之"笛")上的,即如陈旸《乐书》所载:"箫管之制,六孔,旁一孔加竹膜焉,足黄钟一均声。"而据本人所考,"膜孔"最初则有可能是出现在"筹"乐器上的。因为,"筹"乐器实际上是"斜吹"的古龠乐器发展到汉代后才出现的一种变体,其乐器名属的本字"篍"早在汉代就有记载,根据《汉书》中有"篍,箫也,言其音篍篍,名自定也"的训注,笔者认为"篍"应是个象声字,正应读作"筹"(chóu)音,其名之起可能与乐器的"膜孔"形制相关。因为,"筹"乐器秉承的古龠"斜吹"之法,在汉代之前就已经流传了数千百年,无所谓新颖的音色可言之"其音篍篍"。惟有"膜孔"的开创,增加了膜鸣,这才使陈陈相因了数千百年"斜吹"乐管获得了"篍篍"的清越之声,因此才有了"篍"名之起(详参前一章第二节"非筹(篍)"所述)。

据此,我们有理由推断,"膜孔"之制最初应是出现在"筹"乐器上的,而后起的竖吹之洞箫、横吹之竹笛则都是因袭了"筹"的"膜孔"之制,只是横吹的"竹笛"后来者居上、反客为主地独占了这一特色形制而已。实际上,这种反客为主的现象在中国乐器的演变史上,是并不鲜见的。

## 三、"筹"乐器的民间制作

"筹"乐器的渊源十分古远,但"筹"乐器的传世品却几乎一直未见。据传,河南吹筹老艺人张富生道士曾使用过一根古"筹",是其幼年向师傅学艺时,突然从山门(寺院大门)的匾额上掉下来的,十分破旧且已劈裂,估计已有二百年以上的历史,推为清乾隆年间的遗器。[①]而据章俊硕士采访所述,张富生老先生曾亲口对她说,原来他有一根咸丰时期留下来的祖传"筹",吹起来那个声音"真是水灵灵的",遗憾的是,后来掰断了,而他现在所吹的"筹"乐器,则是根据竹笛来改制的。[②]

其实,"筹"乐器的制作并不难,然而,由于它的吹法较难掌握,流传极少,故几乎无专业的制作,就连上海和苏州的民族乐器厂也未见有人制作"筹"。故而,现在民间流传的"筹",大都是吹筹艺人们利用竹笛自行改制的。河南所见所闻之"筹",基本如是;而安徽著名的吹筹老艺人方集富先生也说,他当年所吹的"筹"没有传世品,也都是用笛子

① 尼树仁《中州佛教特有乐器——"筹"的溯源》,1988 年香港"佛教音乐国际研讨会"宣讲论文。
② 章俊硕士学位论文《中原豫、皖两地民间宗教乐器"筹"的考察与研究》之"中原筹乐器的考察",第 10 页。

改制的,从没有用竹子直接制作过"筹"乐器。

由于横吹的竹笛在中国的民间流行极为广泛,利用现成的竹笛来改制成"筹"乐器,的确是非常方便可行的。其实,以"笛"改"筹"的步骤很简单:首先"斩头",即将竹笛自吹孔处截断(整个吹孔都不要),再将截口挫平、管端的外壁打磨平滑,制成吹口。然后"去尾",将竹笛的尾端自后出音孔处截断,磨平即可。在民间的做法中,也有一种只"斩头",不"去尾"的,此正所谓"笛去头,就是筹"(图2.1)。

图 2.3  以"笛"改"筹"示意图  (正国  手绘)

利用竹笛来改制"筹",值得注意的是其调高上的变化。一般来说,改制后的"筹"乐器的调高要比原竹笛的调高大体要高出一个小二度。即原竹笛的调高如果是G调(第三孔作1)的话,改制后的"筹"乐器的调高就是♯G调。这是因为,原形竹笛管内的空气柱实际振动起自吹孔上端的笛塞处,而"筹"则自吹孔处整个截去,管内的空气柱振动起自新截的端口,比原来的竹笛要略短一点,故其吹出的音要高出一个小二度(约100音分左右)。所以,如果我们要制作一支A调筹,就必须用♯G调的笛来改制。如果我们要制作一支G调筹,就必须用♯F调的笛来改制。制成后,再根据具体的调高对音孔及后出音孔作一些微调即可。"筹"借"笛"身来改制,究竟起于何时已不可考。笔者推想,大体不会晚于竹笛兴盛的明清时期吧。

从历史渊源上来看,"筹"乐器的出现在先,横吹竹笛实为后起之器(汉代的"笛"为竖吹,实即今之箫)。然而,现在民间的"筹"乐器都是由竹笛改制而来,给人的印象似乎是"筹"乃由"笛"衍变而来的。时白林先生在《黄梅戏音乐概论》一书中就有"筹"是"竹笛的变形乐器"一说。而实际上,这是乐器形制上的一种"返祖"现象,因为从管乐器发生、发展的角度来看,不开吹孔、以自然管端为吹口的乐管应是有吹孔乐管的祖制形式,众多史前不开吹孔的骨管吹器的出土业已明白无误地证实了这一点。中原一带的"竹筹"借笛身而改制,只是一种表面现象,从本质上究之,则是竹笛乐管的一种"返祖"形式。

## 第二节  "筹"名考实

中原"竹筹"作为一件在民间并不普遍流行的简单质朴乐管,似乎是很不起眼的,然而,它的器名问题,却涉及到了汉语中的"筹"、"篍"、"楚"这三个读音既不同、释义也各异的字,这的确是个十分复杂且饶有意义的现象。"篍"、"楚"、"筹"三字异文却同名一器,个中所涉中国文字的音、形、义之异同与辗转,犹当辨之。本节,试就此作一专门的讨论,以考其名实、辨其源流。

## 一、"筹"——借字之称

前章所述已及,"筹"字作为乐器名,在古今所有的辞书字典中是找不到出处的。但不论是在河南还是在安徽,民间的吹"筹"老艺人都管这种乐器叫"chóu"(准确地说应是"cóu")。由于在中国的汉字中根本找不到读作"chóu"或"cóu"的乐器名字,也只有这么个从竹的"筹"字似乎还能沾得上一点乐器制作材料的边,故凡当今学者述及此器,皆不约而同地起用了这个"筹"字。

"筹"字作为乐器名既无出处,以"筹"之名当然是无法考其器之渊源的,故诸多学者对此表示了极大的困惑。如已故著名音乐家吕骥先生就不无疑虑地说:"这个'筹'字,古代典籍中如《尔雅》、《释名》以及现代各种词书中都没有作为乐器名称的解释。而在河南民间口头习惯语中,描写这种乐器却有这么一句颇为形象的话:'笛子砍了头,就是筹。'这也是自古以来就存在的地方语言。"①当代第一个对黄梅戏的"筹"乐器进行详实记载的王兆乾先生在 1957 年出版的《黄梅戏音乐》一书中也说:"筹——这是黄梅戏所特有的吹管乐器,在历史上似乎没有它的记载,原来流行在皖北一带民间。关于它的名称,只是根据艺人的说法记下来,是否是这个'筹'字还待查考。"据王氏回忆,他当年曾就"筹"乐器的名称问题写信请教过著名音乐史家杨荫浏先生,彼此就此还有过一段信笺往来(可惜这些来往信笺后散失于"文革"浩劫中)。杨先生在信中也说"筹"作为乐器名在古籍中的确找不到出处,他曾猜测会不会是"篪",但很快又予以了否定。他让王先生给他捎一支乐器的实物看看,王先生便请当地的吹"筹"老艺人方集富用笛改制了一根"筹"带给了杨先生(此"筹"极可能现仍存于中国音乐研究所的乐器陈列室)。但此后便一直没有见到杨先生的任何回音,看来,杨荫浏先生生前似乎一直都未能弄清有关"筹"乐器的真正名属问题。②

尝有河南学者尼树仁先生据唐代诗人元稹的《元和五年予官不了罚奉西归三月六日至陕府与吴十一端公崔二十二院长思怆囊因投五十韵》一诗中有"能唱犯声歌,偏精变筹义;含词待残拍,促舞递繁吹"之句,认定"偏精变筹义"就是"能够精通'筹'这种乐器的演奏技法和曲目的曲式结构无穷变化"的意思,③试图为"筹"字可作乐器名解找出古代的文献之征。很显然,这是为求文征而强说"筹",其考辨是殊难令人信服的。笔者同意王小盾先生的观点,元稹此诗中的"变筹义"当还是与唐代流行的宴饮行令或投壶游戏相关,应与乐器无涉。"筹"的字义即如《说文》所释"壶矢也",此外,"筹"字还有筹(算)、筴(策)诸意,实皆与音乐、乐器无关。

---

① 参见吕骥先生在"国际中国传统音乐研讨会"上发表的致词《传统音乐研究要坚持实事求是的科学态度》,载《音乐研究》1991 年 4 期。
② 参见章俊硕士学位论文《中原豫、皖两地民间宗教乐器"筹"的考察与研究》之"引论",第 3 页。
③ 尼树仁《中州佛教特有乐器——"筹"的渊源》,1988 年香港"佛教音乐国际研讨会"宣讲论文。

其实,"筹"字作为乐器名是于史无证的,"筹"就是在当代才起用为乐器名的。据笔者孤陋所见,最早记载"筹"乐器名的应是黄梅戏音乐家王兆乾先生的《黄梅戏音乐》(1957 年,详后述),其后则有中国音乐学院的肖剑声教授为河南《大相国寺传抄工尺谱》所写的"前言"(1982 年),其后又有另一位黄梅戏音乐家时白林先生的《黄梅戏音乐概论》(1986 年)。此外,像尼树仁、尹其颖、周吉等国内众多学者的相关文论、乃至于《中国音乐词典》(续编)及联合国所编《中国乐器》的条目中也都是以"筹"字为这一乐器的称名。足可见,"筹"字作为民间称之为"chóu"的乐器之名,实际上就是在当代才出现的一种约定俗成的借字之称。

就"筹"字其声(chóu)、其形(从竹)来看,皆洽合于该字所指代的乐管本体;至于其义,中国的汉字字义的引申与孳乳,本来就有许多约定俗成的因素。故此,借"筹"字以代"篍"字而名"chóu"器,大体也合于情势。然而,学者必须明察的是:今之所谓"筹"器者,与明人所谓"楚"器者相类,实为汉代文献中所训"吹筒"之"篍"也,以下就此分而说之。

## 二、"篍"——正名之称

"筹"字借为乐器名是在当代才出现的,而民间这种被称之为"chóu"(或"cóu")的吹器,在古代的辞书典籍中是确有其真正的名属的,那就是几乎不为今人所识、而在当代一些辞书中(如《辞海》)业已被废去的"篍"字。

上世纪 90 年代中,笔者刚刚起步研究民间的这种斜吹乐管时,因困惑于"筹"名的不可考,遂遍查典籍,欲为该器寻找真正合适的名称。结果,就在《说文》的竹部中查到了与"筹"字相邻的这个"篍"字。经多重的考证训解,这个"从竹秋声"的"篍"字正应是现今被写作"筹"的乐器名称的本字。关于这一点,本书的上章为贾湖"骨龠"的考名业已论及,为进一步明晰起见,本章于此再为申论之。

"篍"字见载于东汉许慎的《说文》,被训作"吹筩也"("筩"即"筒"字)。但《说文》载"篍"尚非最早,最早载"篍"的是距今两千多年前西汉史游编撰的儿童识字课本《急就篇》,其辞曰"箛篍起居课后先"。唐颜师古注云:"箛,吹鞭也;篍,吹筩也。起居,谓晨起夜卧及休食时也,言督作之司吹鞭及竹筩,为起居之节度。……今之伎倡欲相号令者,则吹指为节,盖吹鞭之遗事。"①藉此可知,"篍"在汉时乃是一种用于节度人们的晨起夜卧及休食劳作的、可以发布有声信号的吹筩,即如今之司号。实际上,这种用作警守督役的吹筩也就是一种竹制的吹管乐器。据桂馥《说文解字义征》载:《龙龛手鉴》、《玉篇》、《五音集韵》等书皆引注"篍"为"吹箫也",《广韵》亦曰:"篍,竹箫也,洛阳亭长所吹。"均可为证。那么,这种被训作"吹筒"或"竹箫"的"篍"是否就是今天被称之为"筹"的乐器的本名呢? 就古籍所训的"吹筒"来看,的确与"筹"乐器于管端斜吹、状若吹筒的持式相洽;而《广韵》所言"洛阳亭长所吹"也正是在"筹"乐器流行的中原一带。但仅此

---

① [汉]史游《急就篇》(曾仲珊校点),岳麓书社 1989 年版第 307 页。

仍不足以认定"篍"就是"筹"乐器的本字,其关键还在于"篍"字是否也读作"筹"音。

在古今众多的辞书籍典中,"篍"字的读音大都被标明为"秋"。如许慎《说文》:"从竹秋声",清《康熙字典》:"(篍)音秋",段玉裁《说文解字注》:"又音秋"等。当代所编的《中国汉语大词典》(罗竹风主编)、《中国汉语大字典》(徐中舒主编)也都将"篍"字读音标注为"qiu"(秋)。当然,"篍"字也有注作其他读音的,如桂馥《说文解字义征》:"杨慎曰:(篍)与哨同音";《康熙字典》:"又《广韵》七遥切,音蕉"、"又《广韵》、《集韵》、《韵会》、《正韵》七肖切,音悄"等。以上这些对"篍"字的注音计有"秋"、"哨"、"蕉"、"悄"等音,就是未见有注作"筹"音的。那么,"篍"字究竟能不能读作"筹"音呢?且让我们从古代反切注音的声韵变化中来作一番考辨。

古无字母,古人注音多用反切,即用两个字拼合成另一个字的音(上字取声,下字取韵)。但由于语音的变化,中古的反切用近古及今之声韵已不能拼读出正确的发音。据上所引,"篍"字的反切注音主要有"七遥切"和"七肖切"。这两种反切注音在《康熙字典》中被直音注为"蕉"与"悄",其实就是一种不正确的拼音。因为,"篍"的反切上字"七"是属带"i"介音的细音字,并不能按照近今的声韵来拼。根据古代语音的变化对反切原则的一般影响来看:中古的某些反切,其反切上字按今音读,凡是带 j[tç]、q[tç]、x[tç]的,则应变成 z[ts]、c[ts′]、s[s],方可求得正确的读音。[1]比如,"窜"字的中古反切注音为"七乱切",其反切上字"七"的声母应由"q"变为"c",方能拼读为"cuan"(窜)音。若按今音来切只能读若"quan"(劝)音,当是不正确的。其实,这种声母今为 j、q、x 的,在古时应读作 z、c、s 的实际例证,现仍存在于我们的民间方言之中。如皖中江淮一带的方言"鸡"念作"zi"、"洗"念作"si",而粤语中的"七"则念作"ca"等等,这些其实都是中古或远古之遗音。藉此,我们可以明了,"篍"字的反切注音"七遥切"、"七肖切"的反切上字"七"应取声母"c",而非"q",其正确的发音当应读若"潮"(cao/chao)音,抑或就是读作"筹"(chou)音的。这一点,我们还可以从现今汉字中含有"秋"声符的字的音读上得到足够的旁证,如"瞅"、"偢"、"鞧"、"瞧"、"鰍"、"愀"等字均不读作"秋"音,基本都是读若"筹"音的;而"从心秋声"的"愁"字读音则更是"从竹秋声"的"篍"字应读作"chou"(筹)音的笃笃之旁证。

如上考辨,可以确信,在《说文》中被训作"吹筒"的"篍"字正是现今被称之为"筹"的乐器的本名,其字音正是读若"愁"音。查古今辞书字典,"篍"作为一个字,也并无它义,就是民间这一特殊"斜吹"乐管的专称。

## 三、"楚"——"南籥"之俗呼

关于"筹"乐器的古代称名,还涉及到另一个重要的字——"楚"。

查明代乐律学家朱载堉《律吕精义》曰:"笛乃楚音,《左传》所谓'南籥'是也,俗呼为'楚',有以也夫。"又有"篴之吹处类今之'楚'"之句,黄翔鹏先生注"楚"曰:"即现今

---

① 参见《中国大百科全书·语言文字》之"反切"词条。

'潮儿'者。"①所谓"潮儿"一名,似应为新疆阿勒泰地区蒙族民间流行的一种苇类乐管的名称,其演奏方法是一种独特的"喉啭引声",为远古"苇籥"在今世的遗存(详参本书"第四章")。但这种乐管基本上只在北疆的阿勒泰及蒙古地区流行,似不出胡中,更不流行于中原。黄先生所注的"潮儿"大概非指此乐管,而是二字合音读若"chóu"音,也就是"筹"。要知道,"楚"字正是念作"筹"音,在现今的地方语音中仍有遗存。如人们熟悉的黄梅戏道白所用的安庆方言中,"清清楚楚"的"楚"正是念作"cǒu"(音若"筹")的。可见,朱载堉在《律吕精义》中不止一次地提到的"楚",其实就是今人所说的"筹"乐器。但考"楚"字于古籍,同样也不见有作乐器名的训解,《说文》曰:"楚,丛木,一名荆也。"与所训"筹,壶矢也"一样,皆与乐器无关。实际上,朱氏用"楚"与今人用"筹"同出一辙,都是借用一个读作"chóu"音的字来为民间的这种"斜吹"乐管标名。如此,早在数百年前的明代,像朱载堉这样的大乐律学家即已不识"吹筒"之"篍",而代之以"丛木"之"楚"了。

朱氏谓《左传》所说的"南籥",在民间俗称为"楚";而"楚"字如前述,在民间方言中并不念作"chǔ",而是念作"chóu(愁)"音,也就是今人所说的"筹"。由此可见,今之所谓"筹"者,其实就是古代"南籥"在民间的一种孑遗。这一点,也正是破解"籥如笛"之迷、考定斜吹乐管为"籥"的重要文献证据之一。

## 第三节 "筹"器考源

"筹"作为一种不同于传统横"笛"、竖"箫"的另类斜吹乐管,曾在中原一带的民间道士、乐僧中默默地传承着,几无他人问津。更没有人会想到,这种不起眼的简单乐管会与中国管乐的源头有什么干系。直至上个世纪80年代中,一种形状像"筹"的骨质斜吹乐管(时称"骨笛")在当今"筹"的流行地河南的舞阳贾湖村的新石器遗址成批出土后,人们这才蓦然回首,对这一已濒临灭绝的"筹"器刮目相看。一些有识之士开始意识到这一吹器的神秘性,对其进行寻幽探密的研究。然而,由于中国管乐所涉"笛"、"籥"诸器的名实问题极其错综复杂,虽问之者众,但却鲜有真正能辨其渊源者。

### 一、"筹"与古今之"笛"

事实上,若要探明"筹"器之渊源,必先辨明"筹"与"笛"器之关联。而中国之"笛",乃有古今之分,今"笛"为横吹,古"笛"则为竖吹。但不论横吹与竖吹,实皆与斜吹之"筹"相干涉。如下,我们首先来看"筹"与古今之"笛"的关联。

今之所谓"笛"者,乃是一种有吹孔、膜孔的横吹之器。该器自近古及今,蔚然风行,无处不有。其乐器的制作,也有专门厂家大批量地生产,流于各地。而"筹"乐器的传习

---

① 参见黄翔鹏《舞阳贾湖骨笛的测音研究》,载《音乐学文集》,山东友谊出版社1994年版,第12页。

则寥落无几,更无专门厂家制作,故民间的"箫"乐器大都是由吹奏者自己借笛身来改制,即自笛的吹孔以上的部分截去(不要吹孔),形成一个自然的管端吹口。此俗语所以云:"笛子砍掉头,就是'箫'。"这种情况,也给人以一个假象:"箫"似乎是由竹笛衍变而来的。即如时白林先生在《黄梅戏音乐概论》中所描述的那样:"箫,竹笛的变形,吹口在顶端,斜吹。"①而事实上,事物的发展大都是由简单而趋于复杂,吹管乐器的衍变也不例外。像"箫"那样的不开吹孔、以自然的管端作吹口的乐管,当应是人工开设吹孔的"笛"类乐管的祖制形式。"箫"借笛身来改制,变有吹孔为无吹孔,易复杂为简单,其实就是管乐器上的一种"返祖"现象,也是某种意义上的"返璞归真"。实际上,"箫"与今之"笛"的这种关联,也只是民间在乐器制作上的方便使然,并不表示彼此在源流上的直接干系;而真正与"箫"有着渊源干系的,则是古代的竖吹之"笛"。

古之所谓"笛"者,乃是一种管端开有"豁口"(准吹孔)的竖吹之器,即今之所名"箫"、"洞箫"及"尺八"者也。以其吹处而论,古笛与今"箫"最为相类,均在管的端口。所不同者,一于管端竖吹、一于管端斜吹。此二者的确存在着互为源流、互为祖裔的关系。那么,究竟是"笛"为祖、"箫"为裔? 还是"箫"为祖、"笛"为裔呢? 我们且来看看黄翔鹏先生的一说。

前述黄先生曾针对有人认为贾湖遗址出土的"骨笛"应该叫"骨箫"的说法曾讲过这么一段话:"朱载堉《律吕精义》说:'篴(即笛)之吹处类今之楚(即现名'潮儿'者)。'我们似乎不必因为一种祖先有了某种后裔,就要以其中的一种后裔之名来给它的祖先定名。"②很清楚,黄先生认为"笛"为祖,"楚"(即"箫")为裔。察其所据,大约是以器名见载于文献的前后而论的。因"笛"之古字"篴"名初见于《周礼》,兴盛于汉,尤见其古远。而"楚"名只初现于明清、"箫"名则仅见于当代,理应为后出。故其认为"楚"(箫)乃是"笛"(篴)的一种后裔乐器。当然,黄先生此时尚不知"箫"器本名之"籈"早见于西汉《急就篇》,"籈"(箫)与"笛"的文献记载其实是同样的古远。

事实上,我们对"笛"、"箫"一类管乐器的研究考察,却并不能仅凭文献载说的先后,而忽略其重要的吹法。而管乐的吹法,其实都是由一定的管口结构特征所决定的:"笛"于管端竖吹,因其管端开有"豁口";"箫"于管端斜吹,因其管端不开"豁口"。这两种管口特征,实际上正反映着中国吹管乐器发展变革的遗痕。从乐器发生学的角度来看,管端开有"豁口"的吹器应是从管端不开"豁口"的吹器发展而来。这一点,日本的学者似乎早有觉察。据费里茨·博泽《十九世纪的日本音乐》载:"以田边尚雄为代表的一些推论认为,尺八的祖先可追溯到埃及的'赛比'(Sabi)或'奈依'(Ney)。"③田边氏的这一推论就是依据管乐器吹口结构特征而得出的。在他看来,传自中国的"尺八"管端外削有"豁口",应该是从管端没有"豁口"的乐管衍变而来。但在"尺八"的本土中国似乎未见有这种祖型乐管,故此,他便将"尺八"的祖先追溯到了西亚一带的"赛比"、"奈依"。"奈

---

① 时白林《黄梅戏音乐概论》,人民音乐出版社 1989 年版,第 316 页。
② 参见黄翔鹏《舞阳贾湖骨笛的测音研究》,载《音乐学文集》,山东友谊出版社 1994 年版,第 12 页。
③ 参见[德]罗伯特·京特《十九世纪东方音乐文化》(金经言)译,中国文联出版公司 1995 年版。

依"是阿拉伯乐器,正是一种不开"豁口"而以自然管端作吹口的斜吹之器。应该承认,田边氏的这一推论是有其管乐器演进上的逻辑内涵的,然其失误在于:他并不知道,在"尺八"的本土——中国的中原一带,就有一种与"奈依"同类的管端不开"豁口"的斜吹之"筹",且渊源更为古远。

中原的斜吹之"筹",究竟有多久远的年代可考,在贾湖遗址的骨质"斜吹"乐管没有出土之前,我们是无法得出确切的结论的。因为,任何古典文献中似都未见有"斜吹"的明确记载("横吹"、"竖吹"则皆不乏文献之征),只是在一些古代画像资料遗存中还有些"斜吹"的图像可稽,且年代并非很古远。如河南开封铁塔上的琉璃砖雕"吹筹歌舞伎",为宋代之遗迹(图2.4);敦煌壁画莫高窟第156窟南壁的"张仪潮出行图"中,有一乐手左持乐管,管端抵于唇边作咬吹状,也正是斜吹之"筹"器,为晚唐之遗迹。[1]此外,敦煌壁画中虽还有不少"斜吹"的图证,但最早也不过北凉时期,均还不及"篴"名见载的西汉之古远。但是,1996年前后,在河南舞阳贾湖的新石器遗址发掘中,一大批形状像"笛"、吹口如"筹"的骨质斜吹乐管的出土,则以确凿的实器证明了:中国中原一带的斜吹之"筹",至少已有八九千年的历史可考。[2]

图 2.4　开封铁塔琉璃砖雕"吹筹歌舞伎"

前述已及,贾湖遗址的骨质斜吹乐管出土后,学术界一直将其称之为"骨笛"。其实,它的吹口与吹法都与"笛"(无论是竖笛还是横笛)器相去甚远,而与"筹"器同类。故此,河南有学者认为贾湖骨管乐器应该叫"骨筹"才是。吕骥先生支持这一说,力主贾湖骨管应名之为"骨筹"。而黄翔鹏先生则认为"筹"名后起、"笛"名在先,坚持就叫"骨笛"(参见前述)。1995年前后,笔者在手格其物的基础上,通过出土器物与民间遗存的综合考察,结合古文献的训诂考定认为:贾湖遗址出土的骨质斜吹乐管既不能名之为"笛",也不能名之为"筹",其真正的名属应该是"龠"。在先秦典籍中记载极为古远的、被汉以

---

① 此图像在《中国音乐史图鉴》中被误识为"横笛"。参见中国艺术研究院音乐研究所、人民音乐出版社出版的《中国音乐史图鉴》之"(三)隋唐五代"。

② 张居中《考古新发现——贾湖骨笛》,载《音乐研究》1988年第4期。

后世历代学者描绘成"如笛"、"似笛"的"龠",其实就是一种管口不开"豁口"的、以自然的管端作吹口的"斜吹"乐管。这种"斜吹"乐管正是后世竖吹之"箫"、横吹之"笛"的祖型乐器,它关乎中国管乐的源头乃至音律的缘起。就"龠"字的本形并不从"竹"来看,贾湖遗址出土的骨管吹器应是正宗原形的"骨龠";与贾湖"骨龠"同类的塔吉克族"乃依"其实就是古代被称之为"籁"的"三孔龠"的活化石;而中原一带的"竹筹"则正是古"南龠"在民间的一种孑遗。①

## 二、"筹"与古"南龠"之孑遗

有关"筹"乐器就是古"南龠"孑遗的考证,最重要的文献之征就是朱载堉《律吕精义》里的一段话:

> 龠乃北音,《礼记》所谓"夏龠"是也;笛乃楚音,《左传》所谓"南龠"是也,俗呼为"楚",有以也夫。

朱氏这段话很清楚,是说《左传》中记载的"南龠",在民间俗称为"楚"。而"楚"字如前述,在民间方言中并不念作"chǔ",而是念作"chóu(愁)"音,也就是今人所称的中原民间乐管"筹"。由此可见,今之所谓"筹"者,其实就是古代"南龠"在民间的一种孑遗。这一点,也正是笔者破解"龠如笛"之谜、考定斜吹乐管为"龠"的主要证据之一(此外还有塔族的三孔"乃依"——籁,与《说文》所释:"籁,三孔龠也"相合)。

当年还健在的吕骥先生支持笔者对河南民间"筹"为古"南龠"孑遗的考说,但他也不无疑虑地当面问过我:"筹"既然是古"南龠"的孑遗,那为什么在民间不叫"龠",而叫"筹"呢?② 吕老先生当时以 87 岁的高龄能提出这样一个到位的问题,足证他对民间的这种"斜吹"乐管有着多么深厚的情感和多么细致的思考,令人钦佩之至。但遗憾的是,自那以后的数年,笔者主要致力于"龠"类斜吹乐管的演奏艺术开发,加之工作上的辗转反侧,难得有暇捉笔,故未能在吕老故世前给他一个满意的回答。今于此略作一述,借以答慰已故的吕老先生。

作为古南龠孑遗的"筹",在民间为什么不称"龠"而称之为"筹"呢? 这个问题,我想可以从两个方面来看:

其一,"龠"为雅名,盖由祭祀而得名。

《易》曰:"东邻杀牛,不如西邻之禴祭"(既济)、"孚乃利用禴"(萃)。所谓"禴",即

---

① 详参刘正国《笛乎 筹乎 龠乎——为贾湖遗址出土的骨质斜吹乐管考名》,载《音乐研究》1996 年第 3 期;《中国龠类乐器述略》,载《人民音乐》2001 年第 10 期。

② 此事约当 1996 年底的一个晚上,笔者在北京音乐厅观看"高雄国乐团"的演出,吕骥先生也到场了。中间休息时,经冯光钰先生引见,在音乐厅的贵宾室我有幸再一次见到了吕老先生。吕老先生对我说,他看了我的文章(指《笛乎 筹乎 龠乎》),支持我对贾湖骨管乐器考证的新见解,并说了些赞扬和鼓励的话。接着,便向我提出了这个问题。

用"龠"以祭。徐中舒《甲骨文字典》释"龠"云："卜辞用为祭名,盖用樂以祭也,后世增示作禴。"①此言"用樂以祭"之"樂"与"龠"音同义亦通。《乐记》曰："樂者,通伦理也。"而许慎《说文》释"龠"亦云："从品龠,龠理也。"可见,"用樂以祭"实应为"用龠以祭",其名之为"禴",乃更为确当。中国上古三代,"龠"作为用于祭祀的雅乐器,是处于一种极其尊崇的地位。自夏时,皋陶作"夏龠"九成,首倡古龠,奠定了华夏礼乐文明之基础。至西周时期,周公再行制礼作乐,"郁郁乎文哉"！礼乐文明大备,"龠"遂被阐扬为"文舞"(佾舞)之重器。一手持龠、一手秉羽,是为华夏礼乐文明的标帜。在等级森严的西周礼乐制度中,与"宫县"、"轩县"、"判县"及"特县"相配套的乐舞规格"八佾"、"六佾"、"四佾"和"二佾",其实都是以龠数为区别的。先秦所谓"佾舞"实即"龠舞",此舞今仍存于孔庙祭祀仪典之中(只是所持之"龠"仅舞不吹)。足可见,上古的"龠"乃是一件与帝王之尊、宫廷礼乐制度紧密相关的重要雅乐器。可以想象,即便自东周战国始,烽火四起,诸侯并立,周天子王室渐趋瓦解,由是礼崩乐坏,宫廷中或可有乐师、乐人流落民间,"南龠"雅器也并随之散失于野。然而,民间似乎并不敢仍以雅乐之"龠"名之,恐有僭越宫廷、帝王之嫌,遂别呼为"筹",也即朱氏所说的"俗呼为'楚'"。

其二,"筹"乃俗称,盖因声音而得称。

据《风俗通》转引《汉书》注曰："篍,箫也。言其音篍篍,名自定也。"是知,"筹"(篍)名之起,乃是与该器所发出的"篍篍"的清越之声相关。当汉时也,这"篍篍"的清越之声应是一种新颖的、明显区别于传统旧器的音响。而传统之"龠"为雅器,其声讲究平实、中和,并不取悦于耳。古乐重在其义而不在其音,此所以魏文侯听古乐唯恐卧(《乐记》)、梁惠王不好古乐而好俗乐(《孟子》)也。如此,"筹"既为古南龠的孑遗,又何来"篍篍"之声呢？究其吹法,征之于贾湖"骨龠",已然数千年矣,陈陈相因者也。究其竹制,黄帝时已有"苇籥"(伊耆氏之乐)、"竹龠"(伶伦截竹为黄钟之龠),更非新颖之质。那么,"筹"(篍)名究竟缘何而起呢？笔者以为,在于其"膜孔"之制也。观今民间之"筹"器,皆为有"膜孔"的斜吹之器。思"膜孔"之制,本非横笛所有,实乃"筹"器一大特征也。此约秦汉前后,传承了数千年的斜吹之龠在开始破口变革为另一种新型的竖吹之"笛"的同时,本体也在音色上寻求着某种变通。于是,一种保留着古龠斜吹之法的有"膜孔"之"筹",便在当时的南方(约今江淮一带)民间应运而生(江淮一带的"苇膜"天然丽质,至今仍为笛家所宗,它是"膜孔"赖以产生的重要基础)。由于"膜孔"的开创,遂使斜吹的古南龠获得了"篍篍"的清越之声,这才有了"筹"(篍)名之起。实则,"篍"与"笛"同起于大汉,皆由古龠衍变而来。所不同者："笛"于古龠管端破口变革,易斜吹为竖吹,吹之"笛笛然",故名之为"笛",已截然换代之器；"篍"则秉承古龠之"斜吹",不改变吹口而只于管体上另设"膜孔"震荡之,音色有变,"其音篍篍",故称之为"篍"(chóu)。

---

① 徐中舒《甲骨文字典》(上),四川辞书出版社 2003 年 5 月出版,第 199 页。

# 第四节　豫"筹"寻踪纪略

　　"筹"在以河南为中心的中原一带民间道教班社及寺院道观中代代传习,其渊源应十分古远。但它基本上只限于庙堂祭典和寺院礼仪等宗教活动所用,故其流行的范围较小,能演奏的人员也十分少见,其独特的"斜吹"演奏方法及技巧也濒临失传。"筹"乐器在河南的民间似乎是自生自灭着,一直没能引起专业演奏家及音乐学者们的重视,甚至还不为他们所知。直至1987年6月,随着河南舞阳地区贾湖新石器遗址发掘中的一批古骨管乐器(骨龠)的出土,"筹"这才引起了世人的注目。因为,正是由这种看上去似乎并不起眼的吹器"筹"来作为重要的参照系,这才揭开了贾湖遗址中无吹孔骨质"斜吹"乐管的八千年音响之谜。自此,人们开始对"筹"乐器刮目相看,于是乎,一些寻找、介绍和研究河南"筹"器的文章便相继问世。

　　据文虎先生的《吹筹艺人谈吹筹》一文所叙:约当上世纪七、八十年代间,中央音乐学院名誉院长、中国音乐家协会副主席、国家教委艺术教育委员会主任赵沨先生为发掘、研究和整理中国的民族乐器史,曾花费了五年多的时间,先后考察了大江南北一些著名的古寺古刹,竟未发现一个能吹"筹"的老艺人,便认为古老的"筹"乐器或许已经失传湮灭。而当1984年间,第五届河南省民间音乐舞蹈会演时,赵沨先生应邀到郑州担任评委时,却意外地又听到了河南民间"筹"乐器的演奏,这使他十分地激动。会演结束后,他撰文发表在《河南日报》上说:"这次回河南使我感到最高兴的一件事,就是在河南发现还有人会吹筹! 以往我一直认为,筹这种古老乐器的演奏在中国已经失传。"①嗣后,赵沨先生委托文虎先生(即下述的任敦新老艺人)到河南许昌地区的鄢陵县、商丘地区的民权县、周口地区的项城县以及开封市等有关单位,进行了为期一个月的相关"筹"乐器的实地考察,寻找到了当时河南境内仅有的几位民间吹筹的老艺人并做了专门的采访报告。豫"筹"乃渐入人们的眼帘,颇有踪迹可寻。

## 一、豫"筹"名老艺人传述

　　经上世纪80年代开始的对河南民间吹"筹"老艺人的寻觅和考访,通过报刊及网络各种文章报道和介绍的、传承有序现仍在世的知名吹"筹"老艺人主要有三个:一个是鄢陵县广福寺的永静道长张福生(亦作"张富生"),一个是民权县白云寺的隆江法师孙洪德,此二人都是民间的宗教人士和乐师,而另一个则是带有文人色彩的项城任敦新先生。如下,笔者根据所查考的相关资料,对河南民间这三个吹"筹"的名老艺人逐一作传述。

　　1. 鄢陵　张福生(永静道长)

　　在河南鄢陵县马栏乡前彪岗村有一个"广福寺",据寺内石碑记载,始建于梁朝(公

---

　　① 参见文虎《吹筹艺人谈吹筹——访吹筹老艺人》,载《人民音乐》1993年第10期。

元502—557年),几经战火焚毁,昔日雕梁画栋、香火鼎盛的去处,如今只剩下方圆十几亩的院落。院内草木蓊郁,于清幽中流露出勃勃生机。近些年来,通过当地群众的集资,广福寺这才新修建了三间大殿,三间山门(图2.5)。

图 2.5　鄢陵"广福寺"

与大多数乡间寺院相仿,广福寺殿中供奉着观音、文殊、普贤等菩萨。但不同的是,大殿的左边却摆放着老子骑青牛的瓷像,佛教的寺院里竟供起了道教的太上老君,是因为这里的住持是一位道士,为龙门派第十八代传人(永字辈),道号"永净",他就是河南现年最长的(86岁)民间"筹"乐器演奏高手——张福生。

图 2.6　永静道长——张福生

张福生,1919年生于尉氏县。其曾祖父张本莲于道光年间入尉氏县东里泰山庙为道士,其祖父、伯父、父亲、同辈兄弟均为道士。平时里,他们在庙旁劳作,耕地放牛,是地地道道的农人;而主持法事、净化灵魂,是为宗教人士;演奏道乐、娱乐百姓,则是民间艺术家;识文断字、弘扬教义,他们又是乡间知识分子。据说,当时的民间寺庙众多,仅在鄢陵县就有寺庙70多处。因此,道士世家往往着意挑选子弟中的优秀人才重点培养,以此吸引更多的信众与施主,张福生就是其中的佼佼者。他曾入私塾七年,熟读四书五经,还上过三年新式学堂。又自幼习练小洪拳,学得一身好武艺。17岁时,他正式学习道乐，笛、管、笙、筹无一不精。20 岁时，也就是 1939 年，黄河水决堤，洪水淹没了家乡的农田，张福生与其父张教训偕同门弟子七人逃荒至鄢陵县彭店。很快，他们做道场时精湛的演奏便传遍了十里八乡。广福寺自老住持行如圆寂后，香火稀少。于是，村里主事发帖邀请张氏父子来到广福寺。和尚的寺院请道士做住持，在中国宗教史上其实也并不是什么匪夷所思的事。龙门派道士在修行上借鉴禅宗的心法，实际上对佛教典籍并不陌生。自此，张福生在广福寺安顿下来，娶庞姓女子为妻，生儿育女。

张福生继承了家传衣钵，他读过儒家的四书五经，佛家的《楞严经》《法华经》，道教的《道德经》更是谙熟，会给乡亲看风水和良辰吉日，年轻时在当地名气很大，是鄢陵县的奇人。谁家有了红白喜事，或有个节庆庙会，都愿请他去。"彪岗村，道士犟，不热不冷他不唱"的顺口溜，说的就是他。建国后，张福生一直主持着广福寺的佛事，也一直恪守着道士的身份。他经常受邀携弟子出门做道场，将宗教仪式融入到老百姓日常的民俗活动之中，以热烈奔放的小铙舞和悠扬婉转的音乐，给乡亲们带来美的享受。他带领弟子组成的乐队在方圆十里八乡演出，不仅活跃在鄢陵，还经常到尉氏和扶沟一带演出。道教乐器筹、笙、管、笛、箫、云锣等组合曼妙，旋律动人，音调悠扬缓和，配合所念经文，能营造出一种肃穆、神秘的道场氛围。张福生道长各种乐器都拿得起放得下，特别的是会吹道乐合奏中神秘的乐器——"筹"。

张福生的"筹"演奏出神入化，兼有笛的清脆明亮与箫的悠扬婉转，他凭借着自幼习武练就的丹田气十足，经刻苦钻研，成了民间难得的一流吹"筹"高手。据说，在许昌剧院的一次演出中，张福生的"筹"演奏到高音起处，观众都兴奋得嗷嗷叫着拍手，这时房梁上站着一只黄鹭鸟也拼命地鸣叫着，似乎欲与"筹"的高音相较量，结果张福生越吹越高，那只黄鹭鸟最终气不过，　头栽下来摔死了。[1]

据张福生道长介绍，"筹"在他的道士之家是世代传承的，其父、祖父、曾祖父均会吹"筹"，再往上溯，听老辈人讲，是从开封大相国寺学到的。当年做道场时，一般上场有九个人，持"管、笛、笙、箫、铙、锣、木鱼、磬、筹"等九样乐器，"管"是主奏乐器，"筹"是配合乐器中的一种。"筹"的音色，介于笛箫之间，特别是能通过吹口角度的变化，调节音调。"筹"与高亢、明亮的管搭配在一起，音色调和优美。张福生可熟练吹奏 30 多个道教曲牌，不管是欢快、活泼的《小开门》《隔巴草》，还是悠长、恬静的《伴妆台》《三宝赞》等，并没有宗教音乐的幽深、神秘，而是洋溢着浓浓的乡土气息，多有地方戏曲曲牌与民间小调。在中国传统社会，寺庙往往是民间音乐的集中者、保护者、传授者和提高者。张福生的演奏水平远远高于一般的民间艺人，他以道士为业，确切的身份应该是一位优秀的民间艺术家。

1957 年，张福生与弟子的管、筹合奏荣获河南省第三届民间音乐舞蹈汇演二等奖，1984 年获河南省第五届民间音乐舞蹈调演收集整理奖及演出一等奖。从 1987 年开始，许昌市群艺馆的工作人员对张福生演奏的乐曲进行了记谱、整理，迄今已记下了 20 多

---

① 衡山《失落在民间的音乐传奇》中新网河南新闻 2009.9.1。郭雯《筹：遗落在民间的音乐化石》河南新网 2004.8.20。

个道教曲牌,既有宗教音乐的幽深、神秘,又有浓浓的乡土气息。2003年来,河南的文化部门还对张福生进行了多次专访,制作出了专题片《筹,失落在民间的音乐化石》,内容包括管"筹"演奏、音乐舞蹈、佛教道场等。制作"筹"演奏录音、录像带、DV光碟,将"筹"演奏的声音及形象全程录制。根据古曲新编的《古刹春阳》,在河南省第九届民间舞蹈大赛上获得金奖;首个河南遗产日期间,张福生的徒弟薛永光在河南省博物院进行了"筹"演出,每天五场,受到观众极大的欢迎。

　　张福生道长,这位已过耄耋之年的老人现在依然精神矍铄,岁月的风霜在他身上打下了深深的烙印,在他清癯、安详的面容背后,隐藏着曲折坎坷的一生,正是这坎坷人生的机缘巧合,使他掌握和传习了"筹"这种世间罕有乐器的特殊演奏技巧,又以道士的身份做了乡间寺院的住持。如今,老人清晰的记忆,敏捷的思维,经常向前来寻访他和"筹"乐器的人们叙说着那曾经逝去的岁月。①

　　2. 民权　孙洪德(隆江法师)

　　坐落在豫东黄河故道的民权县尹店乡的千年古刹"白云禅寺",距今已有1 300多年的历史,与千古文哲庄周、妙笔生花的奇才江淹、声誉古今的宋朝双状元毗邻,沉淀着丰厚的中原古文化。"白云禅寺"始建于唐朝贞观元年,原名"白衣庵",据传每逢夏秋季节便有白云笼罩寺院,景色奇异,故名"白云禅寺"。一千多年来,白云寺虽历尽沧桑,兴废更替,屡经修葺,于今尚存的殿宇堂寮,仍为豫东最大的古建筑群,建筑面积达20 562平方米。白云寺坐北朝南,保存完整的韦驮殿、罗汉殿、大雄宝殿、玉佛殿、方丈院等共60余间,均系清代建筑。作为中华民族文化的重要组成部分,白云寺丰富的历史遗迹和深厚的文化底蕴,构成了民间音乐艺术的生长和传承的独特地理环境(图2.7)。

图 2.7　民权"白云禅寺"

　　民权的"白云寺"曾和嵩山的"少林寺"、洛阳的"白马寺"和开封的"相国寺"并称为中州四大古寺。据传,自唐贞观年间,众多的善男信女到寺院烧香拜佛,寺庙音乐亦随

――――――――――
　　① 郭雯《筹:遗落在民间的音乐化石》,河南新网 2004.8.20。靖哥儿博中原《河南非物质文化遗产筹音乐》,许昌网 2007-06-19。

之而起。宋崇宁三年(公元1104年),高僧昭贤大师为吸引更多的善男信女前来烧香拜佛,就成立了以"筹"为领奏乐器的"白云寺佛乐队"。"筹"独奏时,管、笛和之,木鱼击节,乐声庄严、肃穆、柔和、恬远,激起民众强烈的佛教信仰情绪,给白云寺平添了一层诱人的光彩,很受僧众欢迎。于是"僧众日附,信徒日增",寺院日渐复兴。白云寺佛教的兴盛,引领着附近庄庄村村的许多庙宇亦竞相组建乐队,以致擅长演奏"筹"的庙宇多达数十处之多。后来,"筹"越出佛教范围,融入民俗,在民间集市庙会、婚丧嫁娶、节日盛典中演奏,也常为清主、清神、行礼等活动吹奏举乐。从此,"筹"这门古朴典雅的佛教乐器在民权一代盛行,并代代相传,经久不衰。[①]不知是此地的灵光瑞气,还是佛地的菩萨显灵,这里诞生了一个传奇的佛教音乐吹"筹"高手——隆江法师孙洪德(图2.8)。

图2.8　隆江法师——孙洪德

　　孙洪德,1926年7月12日出生,1932年出家到白云禅寺,剃度后赐法号为"隆江",从师于僧人月波。月波大师时年50岁,家住民权县龙塘镇南蒋坡楼村。据孙洪德回忆,当时白云禅寺有100多名僧人,白云禅寺中轴线上大雄宝殿的东西两侧,都建有亭庑,从山门一直通到方丈院门口,环境幽雅,气势恢宏。孙洪德跟随月波大师学佛经,先学唱念,并勤事功课。因为孙洪德不识字,只好靠口传心授。师傅读一段,孙洪德背一段。背诵完后,再学下段。因感念菩萨救命之恩,孙洪德诵经十分虔诚,不管酷暑炎热,还是寒风刺骨,他总是早起晚睡,从不间断。五六年之后,孙洪德已经能做一般的佛事功课和佛事活动,敲木鱼、打法器、唱念经等都心领神通。

　　不久,月波携带隆江离开白云禅寺,先后来到睢县罗庄村、涧岗乡涧岗村的关爷庙寺院进行佛事活动。在偏僻的小乡村里,隆江和师傅以寺庙为家,与村人相亲相善,诵经念佛,超度亡灵,普度众生,化缘结缘,颇得乡邻好评。为更好地开展佛事活动,弘扬佛法,关爷庙住持月波师傅在隆江的恳请下,亲自徒步前往睢县董寨刘小庄请来一位60多岁的民间艺人刘紫泰。这位老人看起来其貌不扬,脸上气色好,精神矍铄,两目炯炯放光。尤其是吹起锡管来,音韵悠长,令人叹服。隆江向他学习了三年,青出于蓝而胜于蓝,吹得比师傅还强。这锡管有7个孔,每个孔有花生豆大小,呈椭圆形,前端带一个

────────────

　　① 　孟庆云《白云寺与古代稀有佛教乐器"筹"》,中华论文网2011-12-29。

哨头,哨嘴处的两个孔之间下端有一个小孔。整个锡管有一拃长,铜制器。它有别于箫,箫有一尺半长,中端 6 个孔,末端管壁两个孔。

隆江学会吹锡管及箫后,虽然在当地小有名气,但自我感觉仍不满足。一次,他随师傅月波和尚到开封相国寺观看佛乐演出,生平第一次看到"筹"。那奇怪的形状,新奇的音律,使他好奇,令他感叹不已。尽管当时相国寺 70 多岁的吹筹僧人底气已不足,演奏不甚理想,但隆江还是听得入了神。他央求了老僧人半天,才被允许试一下。隆江看到这奇怪的乐器没有吹孔,管端两边一样大,不知何处下嘴。他尝试着用嘴对着一端鼓足力气,自吹了一阵,累得头晕眼花,却因五音不全而惹来僧人的一阵哄笑。他虔诚地拜僧人为师,向他讨教吹"筹"的方法,老僧人破例收他为徒。临行前,老僧人对隆江说:你是我最后一个关门弟子,我把运气法、练习步骤全部传给你。俗话说:"师傅领进门,修行在个人",你自己回去后好好地揣摩着习练吧。

回到关爷庙后,隆江兴致勃勃地带着从开封买来的"筹",找来一盏柴油灯,点燃后放在隔壁。感觉着吹"筹"发出的气流与隔墙油灯基本上能成一条直线时,才按着老僧教给的运气法开始苦练起来。炎炎酷暑时,蚊虫叮咬得他浑身起了一片片红疹,汗水湿透了全身,他忍受着千奇百怪的痒疼和口疮带来的痛苦,聚精会神地习练;天寒地冻时,他身披棉被,用口气呵暖着冻得渗血的手,浑身颤抖着,筛糠似的,直练得他两眼昏花,头晕脑涨,两腮肿痛,嘴角流血,但他仍坚持不辍。

工夫不负有心人,沥沥心血结奇花,终于,他练出了真功夫。一个月朗星稀之夜,隆江师傅突然感到下腹部的丹田之气直往胸部,气直达口腔后又至"筹"在"筹"壁管顶端孔处,贴着孔壁形成一股强烈的气流。一阵阵筹乐仙曲从"筹"管流出,如山溪般奔腾出来,那韵律惊醒了星星,他们眨着眼睛;引来了月亮,明媚的月光透过窗户照进屋里,满寺僧人也都起床为他喝彩,月波师傅更是高兴得合不拢嘴。后来,隆江运气的功力能隔 10 米远让嘴唇吹灭燃烧的蜡烛,甚至让嘴唇远离"筹"的吹口几厘米,仍能照常演奏,令人瞠目结舌。由于隆江勤学苦练不辍,功力精进。隆江吹"筹"成功的消息不胫而走,像长了翅膀一样飞出小村,传遍睢县,直传遍整个豫东地区。月波师傅于是就组织了一个天爷庙佛乐队,佛乐队有 6 个人,当时睢县农村的白事请"筹"蔚然成风,成为一种时尚。而天爷庙的香火也因此日益兴旺起来,前来进香观看佛乐"筹"表演的人络绎不绝,民间风俗节日的老会首们也常常请隆江去吹筹,一时间关爷庙门庭若市。

1943 年 6 月的一天,当时驻扎在睢县县城里的日军,听说了中华佛教乐器"筹"的神技,多次派日本佛教协会的人去请隆江,均遭到婉言谢绝,显示出隆江师傅"富贵不能淫,威武不能屈"的民族气节。而在纪念抗战胜利时,当地主持民间习俗的老会首们来邀请隆江师傅,要他为农历七月十五日鬼节助兴时,他却欣然前往,主动帮助狂欢的豫东父老乡亲们燃蜡烟、散河灯。随着男女老少的喜气洋洋,他十分卖力地演奏着"筹"乐器,应人们要求吹了一曲又一曲,赢得了阵阵喝彩和掌声。建国后的 50 年代中,隆江师傅被民权县豫剧团聘请,作为拥有中华绝技的演员,随团巡回各地演出。在那近三年的时间,正值生活困难时期,吃饭根本见不到馍,只有一点小米稀饭和蒸辣萝卜丝,他毫无怨言,任劳任怨,跟随民权豫剧团四处奔波,不辞辛苦地巡回各地演出,所到之处,其高超的吹"筹"技艺有口皆碑。

1957年2月,隆江法师率领的"白云禅寺"佛乐队,在民权县首次民间音乐舞蹈会演中一鸣惊人。接着,受商丘电视台邀请,在商丘市电厂演奏并获得金奖。不久,又参加河南民间音乐舞蹈会演,获一等奖。同年3月,赴北京参加全国第二届民间音乐舞蹈会演,筹、笙合奏《抱妆台》获会演二等奖。并在天桥剧场等首都大剧院巡回演出十余天,中央人民广播电台播放了他们精彩的演出曲目。3月27日,隆江师傅和参加全国第二届民间音乐舞蹈会演的演员们一起,受到刘少奇、周恩来、朱德、董必武、薄一波、聂荣臻等党和国家领导人的亲切接见,并合影留念。2001年间,庆祝建党50周年文艺汇演在民权县师范学校大礼堂进行,时年76岁高龄的隆江师傅吹奏的"筹"乐独奏将会演气氛推向高潮。[①]

3. 项城 任敦新(文虎)

任敦新,1937年5月16日出生于项城县水寨南关花园庄的一个农民家庭,1957年毕业于河南沈丘师范学校,毕业后基本从事教育工作,也当过会计。

约上世纪50年代初,任敦新先生便师从项城"高寺"的一位法号叫"隆昌"的还俗和尚学习吹"筹"。隆昌法师是河南淮阳人,而他的师傅则是来自山西五台山的。据说,隆昌法师与前述的永静道长张福生很相类,也是一个文武双全的人,他不光会吹奏筹、管、笙等管乐器,还会耍小刀、镲、铙诸法器,颇多技艺。隆昌法师大约于上世纪60年代去世,任敦新随其学"筹"有年,对箫、笛、唢呐等乐管的演奏也有相当的水平,能用"筹"乐器演奏《苏武牧羊》、《小放牛》、《自由花》等数十种民间小调和戏曲曲牌(图2.9)。

图2.9 项城 任敦新

任敦新先生并不是严格意义上的民间艺人,而是有一定文化学养的文艺人,系中国民间文艺家协会、中国歌谣学会、河南民间文艺家学会灯谜学会的会员和周口地区民间文艺

---

① 本节资料取自中国商丘网载文《世界之绝响,佛家之仙乐——吹"筹"人隆江师傅》。

家的理事。他也是河南现存的几位吹"筹"老艺人中,唯一能够识谱和制曲之人。

1992 年 6 月,中国艺术研究院音乐研究所曾为其吹"筹"艺术进行了录像,任先生也精心制作了一支"筹"乐器被中国音乐研究所收藏于中国乐器陈列厅,并被编入《中国乐器》一书。

1993 年间,任敦新受中国音乐家协会副主席赵沨先生的特别委托,调查考察了河南地区"筹"乐器的现状,并撰写了《吹筹艺人谈吹筹》(署名"文虎")的文章,发表在国家核心期刊《人民音乐》第 10 期上,使音乐学界更多的人认识和了解了河南民间遗存的古老"筹"乐器。

1996 年 10 月,任敦新先生以隆昌法师"筹"艺传人及周口地区代表团团员的身份,参加了"第六届河南省民间音乐舞蹈大赛",荣获"宋河杯"民间乐器吹"筹"艺术指导奖"银杯奖"。[1]

## 二、豫"筹"的传承与保护

关于河南"筹"乐器传承和保护的现状,有人直言不讳地说:清清楚楚地摆在我们面前——那就是濒临灭绝。

首先是鄢陵"筹"的现状,著名"广福寺"的吹"筹"道僧张福生曾遗憾地说,他也教过几个徒弟,只是会吹而已,都不愿下苦功钻研。他的四个儿子中有三人外出工作,家中一子,当然不会再去当道士。然而,"筹"这种乐器,是在道士世家世代传承的。它作为道乐演奏时的一种乐器,没有独奏曲目,不为一般人知晓,不可能脱离特有的宗教、民俗音乐活动而生存下去。本来,张福生珍藏了大量道教曲牌的曲谱,但在"文革"中被付之一炬。如今,老人已是风烛残年,独自一人守着曾经香火旺盛的"广福寺"。作为一位乡村道士,他的人生轨迹,是元明以降,中国儒释道三教合流,逐渐走向世俗化的一缕余音,是以农耕文明为框架的传统文化生态在乡间最后的守望者。"筹"——这一古老的音乐"化石",眼看就要在他这一代曲终人散,成为绝响。[2]

至于民权"筹"的情况,尽管当地政府和文化主管部门从重视非物质文化遗产"筹"的保护出发,进行了多方挖掘和抢救,但受各种因素的影响,仍然存在着以下几点难以解决的问题:其一、据载,"白云寺"原占地 100 多亩,建筑规模宏大,僧人居多,佛事活动频繁,很多寺僧都习乐吹奏,佛乐兴盛。但由于多年的历史变革和十年动乱使"白云寺"大量房屋被毁,寺庙遭到破坏,"白云寺"现存面积仅 20 562 平方米,房屋 60 余间,由于经费短缺,无法恢复重建,所以很难再现昔日的辉煌,佛教音乐的发展和传承无疑会受到很大的影响;其二、由于社会的高度发展与繁荣,传媒和网络的迅速传播,青少年一代更愿意选择现代流行音乐,以致民间的一些庙会活动、节日庆典,也由原来的以佛乐"筹"为主奏乐器的乐队演奏,被以民间乐器"唢呐"为主奏乐器的乐队所取代;其三、现

---

[1]　文虎《吹筹艺人谈吹筹——访吹筹老艺人》,载《人民音乐》1993 年第 10 期。

[2]　郭雯《筹:遗落在民间的音乐化石》,河南新网 2004.8.20 载文。

代社会的环境使一些传统民俗节日渐淡化,大大减少了"筹"在民间习俗中的展示机会;其四、由于"筹"乐器吹奏难度又较大,使很多爱好者望而生畏或半途而废,十年动乱期间的《白云寺庙志》被焚,传承谱系断代,故无法将各时代的传承人进行举述。目前,"筹"乐器的演奏艺人仅有孙洪德(法号释龙江)一人,孙洪德年事已高,体力下降,缺乏传承人,这种人才断后的现象,使"筹"这个古老的乐器面临着生存的危机。

鉴于如上所述的"筹"乐器的生存现状,如不尽快采取积极有效的措施,这一具有八九千年历史可考的、全国稀有的古老乐器"筹"势必将在民间失传、灭绝。故此,河南各地的有关部门对"筹"这一乐器遗产紧锣密鼓地展开了抢救的工程。早在 20 世纪 80 年代初,鄢陵县文艺部门就曾对"筹"的演艺进行整理,并记录成了音乐曲牌简谱,印刷成册,但由于保管不当而流失。2003 年以来,他们对张福生进行了多次专访,调查其身世及艺术渊源,并制作了专题片《筹,失落在民间的音乐"化石"》,内容包括"管""筹"演奏、音乐舞蹈、佛教道场等。2003 年河南省成立了民间文化遗产抢救工程领导小组,并确定了抢救重点项目,作为音乐活化石的"筹"乐器就名列其中。

"筹"作为中国民族乐器宝库中的一朵奇葩和重要的民族文化财富,它对于民族音乐文化的传承弘扬及中国佛教音乐的研究具有非常重要的意义。河南当地政府及文化行政主管部门对民间宗教乐器"筹"这一人类非物质文化遗产的保护予以了高度的重视,制定了五年保护计划和保障措施,其保护内容主要为两个方面:

1. 静态保护:即在现有资料的基础上进一步开展全面深入细致的普查工作,彻底摸清民间音乐"筹"的发生、发展和历史沿革。1987 年 3 月,当地文化行政部门民权县文化局组织抽调专职业务人员对"筹"进行挖掘整理,并编入十大集成《民间器乐》一书中。2004 年 3 月 10 日,民权县文化局成立了"民族民间文化保护工程领导小组"。2007 年 3 月,成立了以民权县文化馆馆长金德义为主任的"民权县非物质文化遗产保护中心"。2006 年 4 月,民权县人民政府牵头,成立了"白云寺保护办公室",编制为副科级事业单位,办公室主任由县政府办公室副主任担任;在保护白云寺的同时,对"筹"进行挖掘整理和保护。

2. 动态保护:成立培训机构,在喜欢民族乐器的年轻人中挑选一批好苗子,学习"筹"的吹奏技艺,全面掌握吹奏技巧,熟练"筹"奏乐曲,培养传承人,从根本上解决新形势下"筹"乐器的传承问题。2002 年,开封相国寺佛乐班成立,设专职乐僧 18 名,八十多岁高龄的著名吹"筹"乐僧隆江师父被引入大相国寺;又对外招收了佛乐班子弟,这些子弟以俗家弟子身份入班学习、排练,在免费吃住的基础上,每人每月发放 200—300 元补助,目的就是为了传承道教音乐。2004 年 12 月 5 日,在"庆祝澳门特区成立五周年演艺会"上,大相国寺佛乐团为 1000 多名澳门观众献上一台精彩的佛乐、武术表演,再现了难度较高的"筹"、"锡管"等道教艺术的风采,令澳门观众大开眼界,为之倾倒。[①]

至此,我们有理由相信,由于当地保障机制的逐渐完善、保护计划逐步实施,"筹"这

中国古龠考论

---

① 孟庆云《白云寺与古代稀有佛教乐器"筹"》,中华论文网 2011-12-29。

门罕见稀有的古老乐器在中原的河南之地一定会生生不息地传承下去,并有希望进一步发扬光大,吹奏出更加动人美妙的乐章。

# 第五节　皖"筹"考访叙录

"筹"作为河南一带民间道教班社及大相国寺所特有的"斜吹"管乐器,自贾湖遗址骨质"斜吹"乐管(骨龠)的出土,已渐为众人所知晓。然而,"筹"并非为河南一地所独有,地处江淮之间的安徽皖北及沿江安庆一带也流行过"筹"器。安徽的"筹"早在三十年代左右就已进入了民间的黄梅戏班社,且于五十年代末期还在国营黄梅戏剧团文场中使用过。遗憾的是,这一有价值的史实却几乎不为音乐界学者所知。笔者习吹管出身,并有幸涉足戏曲音乐多年,听闻过这一段史实。九十年代中,又查考到有关"筹"记载的黄梅戏音乐著述,并对当年的知情者及吹"筹"的名老艺人进行了实地采访,了解到有关这一史实的较为详实的情况,特将考访实录如下。

## 一、分见于两本私家著述的"筹"记载

大约是在 1988 年前后,河南有些学者就"筹"字是否真正见于大相国寺音乐传世抄本一事作过辨证。他们指出:原传世抄本中通篇并未书写一个"筹"字,至于卷首序言中的"筹"乐器记载,乃是由中国音乐学院肖剑声先生于 1982 年时撰写的。故此,"筹"字作为一件管乐器名词,只是在近年来的一些学术论文中才提及的。[①]然而,众所不知的是:其实,早在三十多年以前安徽就已有一本黄梅戏音乐著作对"筹"乐器作过相当详实的记述。那就是由著名黄梅戏音乐家王兆乾先生编写,安徽人民出版社 1957 年出版的《黄梅戏音乐》一书。书中对"筹"的形制、演奏及音乐特点曾作过准确的描述,且附有"筹"的形制及演奏图。现将这段文字及图录如下:

> 筹——这是黄梅戏所特有的吹管乐器。在历史上似乎没有它的记载,原来流行在皖北一带民间,关于它的名称,只是根据艺人的说法记下来,是否是这个"筹"字还待查考。
>
> 筹的外形和横笛相似,但是短得多,一般常用横笛改作,把横笛的上端从吹口处截断(不要原来的吹口),用刀把截口处刮光,使尖端稍薄(图一),便成为筹的吹口。吹奏的方法和横笛不同,要把筹竖起来,和嘴角呈 45°的倾斜;两唇撅起,形成一个小圆孔,贴着筹的吹口,缓缓吐气,筹的内壁因受冲激而发音(图二)。指法与横笛完全相同。
>
> 筹的音色比横笛柔和,特点是由于吹奏时筹和嘴的倾斜度不同,可以使音高有

---

① 尼树仁《"筹"的辨证与辨析》,载《中国音乐》1988 年第 3 期。

半个音甚至一个音的差别。这样,由演奏者自由掌握,可以克服因气候的差异而产生的音高不准的缺点,同时也容易滑音。①

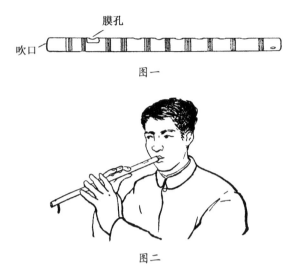

膜孔

吹口

图一

图二

这段公开出版的文字图像,是笔者目前所见到的,也可能是当代中国音乐学者中,对"籥"字作为乐器来描述的最早、最翔实的记载,其史料价值是不言而喻的。王氏当年取"籥"字作为所述的乐器名,也是心有疑虑、并声称是"根据艺人的说法记下来,是否是这个'籥'字还待查考",其学术态度也相当客观和严谨。但这段资料未能提供出有关"籥"乐器之外的更多的史料信息,诸如"籥"器的来源、演奏艺人的介绍及其传承等。据此,我们还不能对当年"籥"进入黄梅戏文场的史实有一个较为清楚的了解,但这一缺憾在黄梅戏的另外一著作《黄梅戏音乐概论》中却得到了补足。

1989 年由人民音乐出版社出版的《黄梅戏音乐概论》一书中,是当代著名的黄梅戏音乐家时白林先生的一部力作。时先生早年就具有一种民族音乐学的学术眼光,他在从事黄梅戏音乐创作的同时,还十分注重田野作业,实地采访、记录过不少有关民族民间音乐的珍贵资料。在《黄梅戏音乐概论》一书中,他对有关"籥"乐器的情况,作了如下记叙:

> 抗日战争胜利后,有位当过道士的霍山县人叫蔡少卿的参加了黄梅戏班社吹奏管乐,他在当道士时,曾在阜阳地区的几个县跑过,并学会了吹笙、笛、籥(竹笛的变形,吹口在顶端,斜吹)等管乐器。他为黄梅戏伴奏时,把他当道士时学会的曲牌【游场】(淮北地区民间歌舞花鼓灯里的器乐曲)用到黄梅戏中来了,并将曲名改为【八仙庆寿】。另一位当过道士的安庆人方集富在这一时期参加了黄梅戏班社。解放后他正式将黄梅戏音乐作为自己的职业时,把笙、籥等管乐器也带进了黄梅戏,并开始从事唱腔设计工作。②

① 王兆乾《黄梅戏音乐》,安徽人民出版社 1957 年版,第 70 页。
② 时白林《黄梅戏音乐概论》,人民音乐出版社 1989 年版,第 315 页。

这段文字对"筹"乐器本身几乎未着什么笔墨,只是提出了"筹"是竹笛的变形一说。其主要是记述了与黄梅戏早期器乐伴奏有重要关联的两位道士出身的管乐老艺人的情况,从而使我们能基本清楚地了解到,作为黄梅戏早期特色伴奏乐器的"筹"原来是由道教班社的艺人传入的,其最早的时限大抵不会超过本世纪的 30 年代。以上两本著述中的记载,各有侧重,互不重复。两者结合正可互为弥补,为我们了解当年"筹"在黄梅戏班社及文场的使用情况提供了难得的文字资料。

## 二、两位皖"筹"老艺人的寻访实录

根据查考的资料及了解的情况来看,当年"筹"进入黄梅戏班社的关键的当事人是两位道士出身的吹"筹"老艺人。一个是皖北霍山人氏蔡少卿、一个是安庆本地人氏方集富。对于方集富,笔者早有所闻,他及其兄方集华两人都以吹"筹"而闻名于黄梅戏界。方集华已经去世,而方集富则仍健在。关于蔡少卿,笔者则一无所知。经了解,蔡氏早已去世,能知其一、二者只有时白林先生一人。根据时先生所谈,他于 1960 年曾在安庆地区的太湖县(疑为潜山县)黄梅戏剧团见到过蔡少卿,当时蔡氏已七十二岁高龄,退休在剧团看大门。时就黄梅戏中的【八仙庆寿】一曲牌与淮北民间器乐曲牌【游场】的亲缘关系等问题采访过蔡,并做过访谈记录。现将时白林先生向笔者出示的他当年亲笔所作的记录摘抄如下:

### 关于"游场"曲牌运用到黄梅戏中来和"筹"的使用问题

据潜山县黄梅戏剧团老艺人蔡少卿谈,黄梅戏原来是不用筹,也没有"游场"这个曲牌的,是他在抗日战争后参加黄梅戏剧团之后带进来的。他原籍是皖西霍山人,后来当了道士(身世待考)。在皖北的霍邱、颍上、阜阳、太和等县盛行吹笛。笛又来自"筹"(?)。佛教有"笙管箫笛筹铙钹"(或曰:"笙管箜篌笛铙钹")。他学会了吹奏管乐器,并学会了"游场"曲牌,在他参加黄梅剧团时,把此曲牌运用到黄梅戏中来了,并由他给该曲新取了一个名字曰:"八仙庆寿"。原因是"曲子由八个小句组成,并且其欢乐的样子就像是八仙庆寿样的"。他又说"过去就有这个名字"。

……

关于蔡少卿本人的情况及所谈的情况都有待于进一步的了解和研究。

62.3.潜山

时白林先生的这段笔记,为我们弥补了今天不可能得到吹"筹"名老艺人蔡少卿口述资料的缺憾。由此可知,作为黄梅戏中使用率较高的、且饶有特色的器乐曲牌【八仙庆寿】实际就是直接来源于淮北民间一带的《游场》器乐曲,它是由当年活跃在安庆一带的皖北道教吹"筹"艺人带入的。这段手记最值得重视的是"笛又来自筹"这句话。显然,此语出自蔡少卿之口,时白林先生在记述中加了个(?)号,表示他对此说的质疑。因为,从民间现存的"筹"器制作来看,大都是借用笛身来改制,看上去"筹"似乎是由笛衍变而来。故此,时白林先生在其著述中提出了"筹"为"竹笛的变形乐器"一说(参见前述)。然而,从管乐器发生、发展的角度看,不开吹孔、以自然管端作吹口的乐管应是专开吹孔乐管的祖制形式,许多史前不开吹孔的骨管吹器的出土业已明白无误地证实了这一点。"筹"借笛身而改制,只是一种表面现象,其本质应是一种"返祖"形式。蔡少卿作为一名民间艺人能说"笛来自筹",个中自有道理,可惜蔡氏已不在世,无从进一步考实其说原由之所在,是为憾事一桩。

关于另一位老艺人方集富先生,笔者于1994—1996年间两次专程赴安庆对其进行了专门采访,了解到有关安庆一带"筹"乐器及其进入黄梅戏文场使用情况的较为详实的资料。方集富先生生于1922年,安庆本地人氏,曾是黄梅戏知名乐师兼作曲。自幼入道观,学会了吹管、筹、笙、笛等管乐器。40年代起便参加了民间黄梅调半职业班社演出。1949年下半年度入"民众"剧院(以著名黄梅戏表演艺术家王少舫为首的),先后任司教、管乐演奏员并兼事作曲。1958年后调到安庆黄梅戏校任教(与其兄方集华对调),执教笙、管、笛、筹等管乐器,并曾任教研组长。文化大革命期间,安庆戏校下马,方氏遂转入京剧团并吹过大管。后体制改革,又调安庆市群众艺术馆工作直至退休。

1. 对方集富先生的首次访谈

1994年8月中旬,笔者在安庆市"省黄梅戏校"的竹笛教师张国旺(曾为方的学生)的帮助与陪同下,找到了已经退休在家的72岁高龄的方集富老先生。这次访谈是随意性的,笔者当时主要关注的是民间"筹"乐器的形制及吹法问题。但是很可惜,方因久不吹"筹",没有一件实器留存。据方所言,他当年吹的"筹"都是用笛子改制的,从没有专门用竹子直接制作过,以前吹的"筹"都送人了。问及其师承情况,方说他基本是属于自学的,已经去世的其兄方集华乃是蔡少卿的正式徒弟。他本人不是蔡的学生,但也"瞟学"过蔡的"筹"演奏。后来,他听别人传言,蔡在潜山黄梅剧团时曾承认方是他的学生。关于蔡少卿的有关身世情况,方只知他是皖北来的道士,也曾当过测字(算命)先生,后来也娶亲成了家,其他有关蔡的情况方就不得而知了。其兄方集华对蔡较为了解,但可惜他也去世多年了。当笔者问及"筹"器之名的问题时,方说他从未见到过写作"筹"字的实证资料,当时会吹此器的人都叫它"chóu",具体是什么字并不清楚。民间倒是流行一种谐趣的说法:因为这种乐器看起来十分简单,就是一根空筒样的,不像笛子有吹孔,但一般人拿到手都很难吹响,就是一些会吹笛子的人也同样吹不了。没有吹孔我能吹响,你却吹不响,所以有人因此而发"愁",就叫它"chóu"。显然,这是一种附会之说(方也说这只是带有调侃性的说法)。

当时的方集富先生虽72岁高龄但身体尚健,他虽没有乐器,也几十年不吹"筹"了,但对笔者带去的,根据民间"筹"所研制的一种无膜孔的九孔斜吹乐管(即"九孔龠"),却十分有兴趣,稍事操试后即能演奏出简单的音调,足见其当年吹"筹"功力之深厚。从方的演奏持势来看,笔者惊奇地发现,其持势很特别。他是右斜持的,但左手却按下把音孔,右手按上把音孔,与王兆乾《黄梅戏音乐》一书中所绘的"筹"演奏图示正相吻合。经询,该书的图正是以方的演奏持势为原型而绘制的。这种执法只能为"筹"所特有,笛则不可能。笛若右持必左手按上把音孔、右手按下把音孔。而"筹"则不论其双手按的上下把位置如何,左、右斜持均可吹奏,这也是"筹"不同于笛的特点之一。

图 2.10 皖"筹"艺人 方集富

本次访谈结束时,方集富先生向笔者赠送了他于 1984 年编著的《黄梅戏传统音乐》油印本(安庆市群众艺术馆印)上、下两册。书中有一段"筹"乐器的记载并附有形制示意图,作为民间演奏家他对"筹"的描述有其入微的体味。特录如下:

"筹"是少见的一种吹管乐器。它是用一根竹管,将竹节全部打通,钻七个洞眼,洞眼的距离由调子的高低来决定。(或用一支 D 调或 E 调笛子,在吹孔处锯断,亦可代替)。上端略带圆锥形,上下两端粗细一样。演奏时,演奏者务要将嘴撅起,将"筹"的上端吹口放在自己撅起的嘴尖之处;下端略向右斜(根据习惯,亦可向左),上端吹口要放在自己嘴唇的约十分之七处,像吹口哨一样,轻轻吹奏,使口风斜刮"筹"的吹口,发出声响,其音色与笛子一样。它与笛子不同之处是:"筹"的同一音孔的音阶,有一个全音的升降,给转调带来极大的方便。"筹"的音色比笛子较为柔和,可惜现在无人演奏了。

附图:

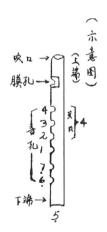

### 2. 与方集富先生的二次访谈

1996年元月间,笔者再一次走访了方集富老先生。目的主要是进一步了解"筹"在建国初期的黄梅戏文场中的具体使用情况,并拟对方集富的"筹"演奏录一点音响。这次采访笔者目的性明确,作了一些必要的访前准备,携带了一根用D调曲笛改制而成的"筹"乐器以及录音机、照相机等。然而,令人遗憾的是,这次见到的方集富先生身体明显衰退,甚显老态龙钟。据其言,1995年底一场大病几乎危及性命,故此,原计划实录音响只好作罢。这时的方已经一点不能吹奏了,只能持"筹"作演奏姿势,拍了几幅照片。关于"筹"在当年黄梅戏班社中的使用情况,他谈到了如下一些情况:

黄梅戏最初是三打七唱(带"帮腔"),没有乐器伴奏的。后来,用一把胡琴托腔,较之"邦腔"要高雅一些。安庆本地是没有笙、笛、筹等吹管乐器的,都是由在安庆一带做法事的皖北民间道士带来的,后吸收入黄梅戏班社。民间做法事的道士称之为"火居道"(方本人便是),此外还有一种出家道。"火居道"可以娶亲成家,主要为民间人家请神、喜庆及丧葬做法事。演奏乐器主要是笙、管、筹、笛类吹管乐器加上铃、镲、鼓、钹等打击乐器。筹与管是主奏乐器,不同时用,轮换用来领奏,大都是由一人演奏。吹管子的一般都会吹"筹"而不吹笛,主要是笛的口风和吹法与"筹"不一样。"筹"当时用于黄梅戏伴奏,比笛要实用得多。因为"筹"在调高上可有一个全音的升降余地(主要是通过吹口斜出的角度不同而获得),而笛则不能,当时尚无可以调节调高的两节笛。据方所谈,建国初期的安庆一带,进入黄梅戏文场的吹"筹"艺人除他和方集华在"民众"剧院外,还有一个和尚出身的吹"筹"艺人叫孙寿山的在"胜利"剧团(以著名黄梅戏表演艺术家严凤英为首的团),还有后来到潜山剧团的蔡少卿等。"筹"在安庆黄梅戏文场伴奏的实际运用中最有影响的是1952年去华东汇演,当时参加的剧目《打猪草》、《新事新办》都是用"筹"伴奏的,是一大特色。这两个剧及1954年排练的《夫妻观灯》曾由上海唱片社灌制了唱片,也都是用"筹"伴奏的,"筹"的演奏者是方集华。对于这一段史实,方集富老先生津津乐道:当时的华东戏曲汇演,黄梅戏的"筹"是独有的,后来,我们演出几乎跑遍了大江南北,从没在任何地方见到过像"筹"一样的吹管乐器,可惜的是后来被笛取代了。当问及后来省里成立黄梅剧团"筹"的使用情况时,方说,1953年到1958年间,他们安庆曾先后抽调了大批优秀的演职员支持安徽省黄梅剧团的成立。当时,省黄梅剧团有诸多人士竞相习吹"筹",都是跟他学吹的。但他未调去,后将皖北吹管艺人王兴奎调入,以"笛"取代了"筹"。

以上所述对方集富老艺人的两次访谈,最为遗憾的是没能实录到他所演奏的曲牌音响。但黄梅戏中的"筹"演奏的曲牌,在方氏所编的《黄梅戏传统音乐》油印本中已有收集。经当面听方的口唱核准谱面,基本无误。主要有《八仙庆寿》(又名《游场》)、《琵琶词》、《葫芦花》、《川峰调》、《慢放牛》及《凤阳歌》等六首曲牌。①

"筹"进入黄梅戏早期班社文场的事实已然成为历史。这一段有意义的史实,不仅

---

① 方集富《黄梅戏传统音乐》第2册,第172页(油印本),安庆市群众艺术馆1984年印。

反映了黄梅戏早期艺人们的创造与革新精神，也为宗教音乐与民间音乐的相互影响、相互交融提供了有价值的实证。

## 三、对皖"筹"传承的一点思考

如果说，河南的"筹"乐器还一息尚存、传习与保护的现状尚能令人欣慰的话，那么，安徽的"筹"则完全是处于一种毫无生息的寂灭状态。如前所述，"筹"进入黄梅戏早期的伴奏文场已是上世纪 50 年代之前的遥远往事；如今，黄梅戏从一个地方声腔的小戏发展成为了具有全国影响的大戏，它的伴奏民乐队已然洋洋洒洒，早已遗忘了曾经有过的那个独具特色的"筹"乐器。笔者曾在所撰写的《黄梅戏早期特色伴奏乐器"筹"考》一文中，对恢复黄梅戏"筹"乐器的伴奏作过如下的一段阐述：

黄梅戏早期特色伴奏乐器"筹"并不是一种简单的乐管，它是秉承了数千年的古龠乐器在民间的一种变体孑遗，实为华夏远古吹管的祖型乐器，蕴涵着重要的文化价值。其古老的斜吹之法，至少已有八九千年的历史可考。如此，黄梅戏文场当年取"笛"弃"筹"，丢弃的决不是一件简单的"乐器"，而是一种具有八九千年底蕴的古老"文化"。考明了"筹"乐器渊源的真相，黄梅戏该如何地反观这一传统，珍视它与"筹"乐器的这段难得机缘，则是一件值得思考的事。

一个剧种（声腔）能争胜于民族戏曲之林，其关键就在于它艺术上的独特性，而这种独特性有时并不仅仅体现在唱腔上，器乐的因素同样很重要。如昆曲之昆笛、京剧之京胡；高腔之锣鼓、滩簧之丝竹等，其实都已成了一个剧种、一种声腔的特色象征。像"筹"这样古老而独特的乐器能曾经被用于伴奏文场，尽管并非主奏乐器，对一个只有近百年历史的新兴剧种来说，当是一件可遇不可求的幸事。黄梅戏应该珍视这一难得的"传统"，尽可能地考虑恢复"筹"乐器在今天伴奏乐队中的使用，以"筹"代"笛"，为自己年轻的戏体充实一个古老的文化底蕴。这实际上是并不难以实现的，因为，就"筹"乐器的本体来看，它有"膜孔"，音色与竹笛几无二致，完全可以取而代之。再者，就"筹"的古老斜吹之法来说，也不像有些人感觉的那样令人望而生畏，它本来就是我们人类早期的最自然、最简单的一种吹法，掌握它并不难。其实，这种渊源古远的斜吹乐管，在传承与开发上是具有很大的发展空间的，关键就在于我们的理念上要能够真正地跳出"吹孔"乐器的固有圈圈。

恢复"筹"在黄梅戏文场中的使用，这不仅能为年轻的黄梅戏曲音乐输入了一个古老的文化底蕴，也为业已寂灭的皖"筹"提供了一个可以传习的蹊径。而且，从实际演奏的可行性上来说，"筹"在为黄梅戏伴奏中有着比笛子更为优越之处。即如陈正生先生的文章《筹》中所谈到的："筹比笛子优越之处，除了刻意比较容易地调节筹的整体音高而外，再就是刻意通过吹奏角度的改变奏出圆滑的大二度气滑音……这种筒音中的大二度滑音，这在笛子上无论你技巧何等高超，都是无法办到的；而这一效果若在筹上，乃是不难奏出来的。"当然，真正要恢复"筹"在黄梅戏伴奏文场的使用，并不是个一蹴而就的事情。首先就要涉及到吹"筹"人才的培养问题，而且，它需要一定的时间周期。而更重要的是,当地的政府及文化主管部门对这一文化遗产的保护意识及具体措施的制定,将起着决定性的作用。

作为古"南籥"孑遗的"筹"乐器,若能够回归黄梅戏的伴奏或作为一件特色的独奏乐管重现于舞台,实际上是关乎一件有着八九千年遗风余韵的特色独奏乐器传承的极有意义的大事,笔者多年来也一直在为此而努力践行着。近些年来,已将古老的中原"竹筹"展现于海内外的舞台,并显现出一定的影响。特别是在 2013 年 11 月 22 日韩国国立釜山国乐团"艺池堂"举行的"韩、中、日古乐器演奏会"上,成功地用中原"竹筹"与古筝、二胡合作,演奏了著名作曲家顾冠仁先生根据《欢乐歌》和《拔根芦柴花》改编的三重奏乐曲《江南风韵》,以及本人编配的朝鲜族著名民谣《阿里郎》(参见谱 2.9),引起了韩国到场学者和听众的热烈反响(图 2.11—2.12)。

图 2.11　竹筹、古筝、二胡三重奏《江南风韵》

图 2.12　"竹筹"演奏朝鲜族民谣《阿里郎》

值得一提的是,演出结束后,"国立釜山国乐团"及扶余郡"忠南国乐团"的团长双双来到后台,专门要看演奏《阿里郎》的"筹"乐器,足可见中原"竹筹"舞台呈现的特殊魅力。笔者相信,通过我们不懈的实践努力,濒临寂灭的中原"竹筹"乐器定能够真正地重现于世,展示它那具有八九千年遗风余韵的古老而又独特的"斜吹"艺术魅力。

总的来说,中原"竹筹"作为古"南籥"的一种变体孑遗,是现今汉民族民间吹管乐器中幸存的唯一一件"籥"类的"斜吹"乐管,当是弥足珍贵的。然它一直在豫、皖一带的民间自生自灭着,其传承的现状的确令人担忧,其器虽一息尚存,但却已气若游丝、濒临灭绝。在全世界都开始关注人类口头与非物质文化遗产保护的今天,我们应当以切实可行的办法的来保护"筹"、传承"筹",为"筹"这样一个具有八九千年的历史可考,但又濒临灭绝的古老"斜吹"乐管提供了一个生生不息的传承载体,其于文化上的意义和影响将是十分深远的。

## 第六节　中原"竹筹"演奏的乐曲

　　就目前的资料来看,"竹筹"乐器的流行范围似乎只限于中原一带的豫、皖地区,主要是为民间宗教佛、道音乐中的伴奏乐器,其功用相当于一般民间音乐中的竹笛。有关"筹"乐器演奏的乐曲资料并不多,目前收录较全面见于《中国民族民间器乐曲集成·河南卷》。由于"筹"在民间基本上是一些还俗的乐僧和道士在吹,故《集成》将之收入"宗教音乐"部分。中国的儒、释、道三教,虽然起源不同并有着不同的教义,但都相互吸收和融合,即近古以来的所谓"三教合一"。于宗教音乐方面实亦如此,中原地区的佛、道音乐,在民俗活动中所演奏乐器及乐曲也都基本相同。

　　作为宗教音乐的筹曲,曲体结构上多为单段体的变化反复(极少有复杂的曲式),与大多数中国民间器乐曲一样,筹曲多为五声或者六声音阶的宫、徵调式,其中宫调式居多;旋律变化手法基本围绕骨干音做加花,或扩充、缩减,或改变音区高低变化,以五声音阶级进为主,间以四度、五度跳进,但在做旋律推进时会较多地运用五、六度甚至七度大跳;筹曲的民间风格浓郁,既有庄重沉稳的,也有喜庆活泼的,多为人们所喜闻乐见。中原的筹曲因流行地的不同而存遗不一样,河南的筹曲主要存遗在民间的宗教音乐活动中,而安徽的筹曲则只存于早期黄梅戏的文场伴奏曲牌,如下分而述之。

### 一、河　南　筹　曲

　　"竹筹"乐器在河南宗教音乐中,主要用于寺庙法事及民间丧葬殡仪等的鼓吹乐,民间的鼓吹乐器主要有管、筹、笛、笙等,其中管、筹为主奏乐器,常常亦为一人所操奏,也即用"管"就不用"筹"、用"筹"就不用"管";敲击乐器则伴有木鱼、小镲、碰铃和法鼓等,由这类乐器组合演奏的即称之为"文场"(或称"雅乐"、"细吹")。《中国戏曲音乐集成·河南卷》中收录河南宗教器乐曲多是在民俗活动中演奏的曲牌,最多的也就是管、筹曲,而笛曲则只在佛教音乐中收录一首,足可见"筹"在河南民间宗教音乐中的重要地位。"筹曲"在《集成》一书中虽然作为单独一部分列出,但与大多数民间乐器一样,其演奏主要还是以文场合奏的形式出现。至于上个世纪50年代后曾登上舞台为参赛而演奏的"筹"独奏曲,则是艺人们从民间吹打曲牌中单独挑选出来的。

　　《集成》"河南卷"中收录的"筹"音乐主要以佛界孙洪德和道界张富生吹奏的为主。佛教音乐演奏的筹曲有:《油葫芦》、《傍妆台》、《胡溜》、《登云吃》;道教的筹曲有《傍妆台》、《起五更》、《道场启》、《反四调》、《翠黄花》、《油葫芦》、《汉东山》、《三宝赞》、《小开门》（两种）、《琵琶词》等。这其中，由道界张富生吹奏的筹曲往往既包含佛事乐曲，也包含道事乐曲，可见佛、道文化在民间交融之一斑。笔者指导过的福建师范大学硕士研究生章俊学位论文《中原豫、皖两地民间宗教乐器"筹"的考察与研究》中，对河南的筹曲作过较为细致的音乐分析和介绍，现参考该文对河南的主要筹曲列述如下：

1.《傍妆台》

筹曲《傍妆台》的乐谱资料，在《集成》"河南卷"中就见有河南省民权县孙洪德和鄢陵县张富生分别吹奏的两首曲谱。此外，还有张富生的手抄工尺谱和孙洪德的口念工尺谱两种，根据译谱后的整理、比较发现，二人所提供的工尺谱为各自吹奏此曲的骨干音记录，五声音阶的商调式，单段体，很明显两首谱子均是对同一首曲牌的演绎，所不同的是二人各自演绎的手法，如乐曲节奏型、结尾落音和对骨干音的修饰有所不同，这也正是民间音乐流传的特点之所在。如下，即为张富生手抄工尺谱（上行）和孙洪德口念工尺谱（下行）的同名筹曲《傍妆台》的对比谱示。

**谱 2.1**

# 傍妆台

河　南　筹　曲
Ⅰ张富生手抄传谱
Ⅱ孙洪德口念传谱

*因张氏的手抄工尺谱板眼标识不清,故此谱节奏分别参照《集成》和孙氏的工尺谱而译;又孙氏口念工尺谱的调高不明,为便于比较,特与张谱同调记谱。

以上对张、孙二人提供的工尺谱的对比谱示可见,全曲的调式和结构均变化不大,但听来却觉得丰富了许多。民间俗语谓"骨谱肉腔",工尺谱为演奏者提供的仅是乐曲的一个基础腔调,实际演奏中则通过对骨干音作各种不同的加花、变奏,而显得丰富多彩,也即所谓的"死谱活吹",显现出民间乐手对乐曲演绎的独特创造力。

2.《油葫芦》

《油葫芦》也是一首河南吹筹界广为流传的曲子。其曲体为单段体,节奏规整,旋律以宫、徵音为骨干,围绕宫、徵音作五声音阶级进,落音多在宫、徵音上,间或在商音上。《集成》"河南卷"中分别收录有孙洪德和张富生两位老艺人演奏的谱例。此外,在民间采访中还录有孙洪德口念工尺谱的《油葫芦》,经过整理发现,该口念工尺谱字为七声音阶,出现清角和变宫音,而《集成》"河南卷"中孙谱则记成六声音阶,只出现了变宫音。此外,《集成》"河南卷"中道教音乐收录有张富生演奏的《油葫芦》一首,与孙氏演奏的基本相同,只是张谱的最后增加了一个结束句,形成 A 宫到 E 徵的交替终止;其次,就全曲结构而言,张谱《油葫芦》的中间部分有所缩减而使全曲更为短小,其曲式结构也是单段体的变化反复。参看二曲谱例如下:

谱 2.2

油葫芦(一)

河　南　筹　曲

孙洪德　口传

章　俊　记谱

＊孙氏所念的工尺谱调高不详，姑且为 1＝C。

**谱 2.3**

## 油葫芦（二）

张富生　演奏

张文灿、徐长来　记谱

中板 ♩＝ 76—92

以上《傍妆台》和《油葫芦》二曲的谱例对比可见，它们虽然都是河南流行较广的箫曲，但不同地区的艺人由于生活经历或个人喜好等的不同对同一曲目亦可能有不同的演绎,这可能与其生活的环境、方言及风俗习惯等诸因素密切相关,实也是民间音乐之所以丰富多彩的特征之一。

3.《胡溜》

《胡溜》是河南民权孙洪德先生特别演奏的一首代表性筹曲,该曲可随着不同演出场合、演奏时间而任意地增长或缩短,其演奏效果即如孙氏自己所说的:"心里想啥吹啥,不求多,好听又精彩,等听到入耳又没了。"演奏《胡溜》一般得要四个人,以"筹"为主奏,外加铛子、镲、木鱼的伴奏。《胡溜》全曲的速度大体由慢渐快,气氛渐趋热烈,情绪随之高涨。乐曲色彩基本在商、徵两个调性上交替,最后落于徵音。主要由两部分组成:第一部分到第 34 小节,其中从第 5 小节至 21 小节的旋律,伴以旋律加花或高低八度的不同反复演奏了五遍,徵调式色彩浓重,间有羽、商的交替;第二部分基本围绕徵音和商音展开,也是演奏者可自由发挥的部分,气氛颇为热烈,它的节奏基本上是由一系列的自由延长音和规整的 $\frac{4}{4}$ 拍旋律的交替而构成,随着伴奏对旋律部分长音的衬托,气氛达至高潮。整首乐曲基本是以板式的变化推动音乐的发展,第一部分是规整的一板三眼,第二部分随着速度的渐快情绪渐趋热烈,接着转成类似于戏曲"紧拉慢唱"的摇板效果。此外,演奏《胡溜》还有一定的难度,除了速度快以外,其音域宽达两个八度,曲中多处五、七度大跳和一系列高音、低音的演奏,要求吹奏者具备相当的功力方可胜任。

以下谱例是根据 2001 年民权县电视台为做一个关于'筹'的专题节目而拍摄的、孙洪德老先生在白云寺门前吹奏《胡溜》一曲的录象进行记录整理的,当时为"筹"伴奏的只有两管笙,孙老先生操"筹"演奏,虽年事甚高,但仍可见其年轻时练就的深厚功力。

**谱 2.4**

<h1 style="text-align:center">胡 溜</h1>

河南 筹曲<br>
孙洪德 演奏<br>
章 俊 记谱

中国
古籥考论

＊该曲谱中的低音谱号的一段是为特殊低音的吹奏,演奏中将"筹"迅速地从嘴的左边移到嘴的右边吹出,所吹出低音特别醇厚,十分的绝妙。

## 二、安徽筹曲

与河南筹曲在民间宗教音乐中传承情况完全不同的是,安徽民间的筹曲主要是作为黄梅戏的伴奏曲牌而传承下来,这与早期安庆一带民间道士进入黄梅戏伴奏文场的历史相关。安徽筹曲曲牌大都来源于淮北一带的民间鼓吹乐和俗曲,如原为笙管合奏曲的曲牌《游场》(又名《八仙庆寿》)等;也有的是源于皖地的民间歌曲,如《凤阳歌》、《慢放牛》;其他还有《琵琶词》、《川峯调》、《葫芦花》等。这些均被黄梅戏吸收为伴奏曲牌,从而被相关的黄梅戏音乐著作载录下来。此外,中原一带的"竹筹"在河南与安徽两地流传时,其曲目互相之间又有所借鉴和融合,如皖、豫两地均有的同名筹曲——《凤阳歌》、《琵琶词》等。

如下,据时白林先生所著《黄梅戏音乐概论》(人民音乐出版社出版)一书和方集富先生编写的《黄梅戏传统音乐》油印本(安庆市群众艺术馆印)中所载的筹曲数首,录谱以示:

**谱 2.5**

## 游 场
### (八仙庆寿)

安 徽 筹 曲
蔡少卿 传奏
时白林 记谱

《游场》原为安徽淮北地区民间花鼓灯歌舞中的器乐曲(安徽省群众艺术馆 1959 年所编的《安徽民间音乐·第二集》中载有完整的器乐合奏谱),后有当过道士的霍山人蔡少卿参加了黄梅戏早期的班社吹管乐,他精于笙、筹、管子的演奏,在为黄梅戏伴奏时,将《游场》一曲用到了黄梅戏文场音乐中,并根据乐曲的欢快情绪,为其取了个"八仙庆寿"的名字。伴奏时不受曲牌长短之限,可任意反复,视剧情及演唱的需要随时停奏或转入花腔过门起唱。该曲见载于时白林的《黄梅戏音乐概论》和方集富的《黄梅戏传统音乐》，方氏的载谱与上谱略有差异，但基本曲调都一样。方氏记谱的筹曲大都是属笙、管(筹)的合奏曲，如下有一首《川峰调》谱例示之：

谱 2.6

## 川峰调

安 徽 筹 曲

方集富　记谱

由于安徽、河南两地毗邻接壤，民间的筹曲往往有同名而又互为影响，此不乏可资参比的例证。以下选取两首安徽、河南共同流行的筹曲——《凤阳歌》和《琵琶词》，作一对比谱示，以见其异同和流变。

谱 2.7

## 凤阳歌

皖、豫同名筹曲

Ⅰ方集富　传谱

Ⅱ孙洪德　传谱

　　《凤阳歌》原本是一首广泛流传、几近于家喻户晓的民间歌曲，由此歌衍变的著名"凤阳花鼓"是边击鼓边歌唱的。约当明清之际，该曲随着凤阳地区屡遭饥荒人们外出流浪乞讨，几乎流遍全国。该筹曲《凤阳歌》原是淮北吹打中的笙管合奏曲，也被黄梅戏吸收为器乐伴奏曲牌。曲谱的上行是安庆方集富《黄梅戏音乐》稿本的载谱，下行则为河南民权孙洪德老人口唱工尺谱译谱的对比（章俊译）。从全曲看，虽然两位艺人对骨干音的加花不同，但每句的落音相同，分别为商、徵、羽、徵、徵，全曲为徵调式。此外，可能由于受两地方言和生活习惯不同的影响，两曲的音阶分别为五声和六声音阶，因此在互相融合的基础上又各具明显的地方特色，是为豫、皖两地民间的筹曲音乐相互交融之一例。另一例证为《琵琶词》，以下则是安徽方集富的传谱与河南淮滨县（与安徽北部的阜阳地区接壤）杨文德演奏的此曲对比谱示：

**谱 2.8**

## 琵琶词

皖、豫同名筹曲<br>
Ⅰ 方集富　传谱<br>
Ⅱ 杨文德　传谱

*方集富的谱子原为 $\frac{4}{4}$ 拍,1=B,此处为便于比较,改为 $\frac{2}{4}$ 拍,1=♭E,音符时值不变。

　　除以上所列的民间筹曲谱例之外,如下还有本人新编的一首筹曲《阿里郎》以示。该曲根据朝鲜族流行的著名歌谣《阿里郎》进行编配,是为应邀参加韩国釜山举行的"韩、中、日古乐器演奏会"而特地创作的。《阿里郎》流行于南韩和北朝的诸多地区,形成了各种不同的版本,其调性色彩和乐曲旋律都有很大的反差。本曲取材于韩国流行的三种不同《阿里郎》谣曲,将其进行了合理的编配组合,串成一首完整的有色彩对比的新颖筹曲。该曲于 2013 年 11 月 22 日在韩国国立釜山国乐院的"艺池堂"演奏,中原古"筹"那新颖别致的"斜吹"和不同于一般竹笛的音响,恰到好处地演绎了《阿里郎》,具有一种特殊的艺术感染力,引起了韩国音乐界同行的极大兴趣和热烈反响。特将曲谱示之如下:

谱 2.9

阿里郎

朝鲜族民谣

刘正国　编配并演奏

＊该曲由韩国不同地区流行的"珍岛阿里郎"、"密阳阿里郎"和"原道阿里郎"组合编配而成,可与琵琶、古筝和二胡等乐器合而奏之。

# 第三章　塔族"乃依"（三孔龠）

"乃依"（Nay），亦作"奈伊"、"那艺"等称名，是流行于新疆天山一带的少数民族骨质斜吹管乐器，即今汉语所称的"鹰笛"、"鹰骨笛"。塔吉克人世代称之为"乃依"，实乃保留了远古汉语"籥"的音译；而柯尔克孜人则称之为"却奥尔"，似与蒙族苇秆乐管"楚吾尔"之称音近。

塔族"乃依"乐管取高原上的大鹰翅骨制成，骨管中空，只开三个音孔，不设吹孔，而以翅骨的一端管口作吹口而"斜吹"之。其形制极其简单拙朴，与贾湖遗址出土的距今九千年的骨质斜吹乐管——"骨龠"同制，是中国境内唯一至今还保留着"乃依"之称的骨管吹器。塔族三孔"乃依"，实即远古时期被称之为"籥"的"三孔龠"在今天之活化石，其于中国吹管乐器的西传东渐之源流探赜上，有着重要的学术价值。

"乃依"乐管现仍在新疆帕米尔高原天山一带的塔族中流行，多与达普（手鼓）合奏，常用于节日、婚礼、叼羊等民间喜庆场合。演奏的乐曲有《蓝鸽子》、《奈依曲》和《恰普素孜》等。

## 第一节　天山"乃依"（鹰笛）的传说

天山是横贯于新疆中部地区的高原山脉，东西长约二千五百公里，南北宽约二百五到三百公里，平均高度有四千多米，最高峰海拔约七千四百三十五米，是世界上最年轻的山脉之一。据说，大约在距今 5 亿年以前，它的一部分山峰才在剧烈的地壳运动中，从茫茫的古海中展露出来。[①] 雄伟绮丽的天山山脉，不仅蕴藏着遮天蔽日的原始森林、水草丰茂的天然牧场和无穷无尽的植物、矿产及水利资源，还生活着新疆维吾尔族自治区的一千两百多万的各族人群，孕育出了丰富多彩的各具特色的民族文化。

中国境内的塔吉克族属高山塔吉克一支，就是居住在新疆维吾尔族自治区的西南边陲的这一块驰名中外的神秘土地上，世亦称：塔什库尔干。塔什库尔干位于帕米

---

① 《丝绸之路漫记》（成一等撰），新华出版社 1981 年出版，第 81 页。

尔高原的深处,最低在海拔 3 000 米以上,而最高点则超过了海拔 5 000 米。塔吉克族世世代代就居住在这片高原的白云之间,故而也被称之为"居住在云彩上的人家"。塔吉克人有着悠久而丰富的音乐文化传统,在音乐方面,中国境内天山一带的高原塔吉克和平原塔吉克有所区别,保持着较为古朴的独特风格。其传统音乐大致可以分为民间音乐、宗教音乐、古典音乐三大类。民间器乐则是民间音乐中的一个重要组成部分,而"乃依"乐管则是塔族民间器乐中独有的、具有重要学术意义的特色吹奏乐器。

作为塔吉克族最有代表性的吹奏乐器,"乃依"与塔族的其他民间乐器"苏乃依"(唢呐)和"达普"(手鼓)一样,在塔吉克族的民间流传着许多美丽动人的传说。据相关的收集,关于"乃依"就有如下几种不同版本的传说。

其一,勇士"乃依"的传说:相传在远古的时候,塔吉克民众的居住地,屡屡遭受外敌的侵扰。在一次反抗入侵者的战斗中,守卫疆土的塔吉克勇士被敌人围困到一座悬崖绝壁之上。因敌众我寡,退路已断,情况万分危急,勇士们面临着全军覆没的绝境。这时,从天空中飞来两只硕大的山鹰,它们嘶声鸣叫着,站立在悬崖之巅。那山鹰的鸣叫声划破长空,惊天动地,震慑敌胆。而塔吉克的勇士们在山鹰的神威激励下,雄风大振,奋勇杀敌,终于击败了入侵者,取得保卫家园的胜利。为纪念山鹰的"助战"功勋,人们用亡故的山鹰翅骨制作成"乃依"乐管,并吹出了当年山鹰那种划破长空的鸣叫声。久而久之,有心人又在"乃依"的下部挖出三个小孔,还能吹奏出激越悲壮和欢快兴奋的乐曲。从此,"乃依"这种乐器就成了塔吉克民族怀念勇士、歌唱雄鹰和赞美生活的音乐之声,且代代相传。

其二,美女"乃依"的传说:在塔吉克民族的历史上,曾经有位极端出色的美丽姑娘,那容貌真是"闭月羞花",倾国倾城呵。然而不幸的是,这位姑娘在待嫁的年龄里却不能与自己的心上人结婚,被本地一个最大的恶霸牧主抢去做了妾。因姑娘被抢掠之后依然不从,竟被恶霸牧主狠心地杀害了。姑娘屈辱的冤魂不散,夜夜变成一只含冤的山鹰站立在崖顶之上啼鸣,向人们控诉着牧主的罪行。她还托梦给自己的心上人:将她(山鹰)死后的翅骨做成"乃依",用山鹰的鸣叫声向牧主讨还血债。她恳请塔吉克的乡亲们团结起来,要为她屈死的冤魂报仇。据说这,就是在"乃依"的音色之中,为什么总是含有一种"如泣如诉"之韵味的由来。[1]

其三,爱情"乃依"的传说:在一个恶霸的奴仆中,有一对塔吉克青年男女深深相爱,为此恶霸起了杀人的念头。小伙子和姑娘连夜出逃,恶霸率众追来用箭射杀了姑娘,姑娘死后化作一只飞鹰与恶霸搏斗,恶霸终于被啄死,鹰也受了重伤,在奄奄一息之际,她请求小伙子用翅膀上的骨头制作一支笛子留为纪念,并用这支笛子吹奏证明他们永恒爱情的乐曲,这就是"乃依"乐管的来历。

另外还有一则"乃依"的传说则与穷人相关,故事的名叫《鹰笛》,传说较为完整,兹

---

① 尚海《中国塔吉克族风情探秘》,网络文献。

迻录如下：

# 鹰 笛

在很多年以前,兀鹰是和塔吉克人居住在一起的。那时候,为了狩猎,塔吉克人家家都养鹰,那鹰就像现在的猎犬一样。

鹰白天随主人狩猎,夜晚给主人看家。塔吉克人都很爱自己的鹰,把它们看作自己可靠的朋友。

那时,在帕米尔高原上的达卜达尔山谷里,住着一个猎人名叫娃发。娃发家祖祖辈辈都是有名的猎手。可是,他们费尽心血打来的猎物,都被贪心的奴隶主抢去了。有一年,娃发的祖父,好不容易打来一只羚羊。这是他打了 40 年猎,第一次交的好运。老人心想:主人得了这羚羊,或许会分给他几峰骆驼,或者几只羊吧。可是,吝啬的奴隶主收起羚羊,什么也没有给。老人忍不住提出了自己的希望,想不到话还没有说完,奴隶主的牛皮鞭就打在他的身上了。老人忍不了这口气,不久,积郁成疾,不多日就死去了。祖父去世后,娃发的父亲仍然得替奴隶主狩猎。娃发的父亲是个烈性子人,谁也不怕。有一次,他打了一只人熊。他不愿白送给奴隶主家,就偷偷地带着人熊跑到遥远的一个叫塔合曼的地方去,换了一些牛羊,并索性住在那里不回来了。这事不多久就被奴隶主发觉了,马上派人把他抓了回来。奴隶主用蘸满酥油的羊毛,把娃发的父亲活活烧死了。

父亲死后,娃发唯一的伙伴就是那只活了 100 岁的兀鹰。周围的猎人都把它叫做"兀鹰之王"。娃发就带着这只"鹰王"狩猎,猎获的鸟兽照样被奴隶主全部夺去。每当他想到父亲的惨死,心里就充满悲愤。他常常向"鹰王"唱歌,歌声使"鹰王"收起了翅膀,哀和恨使娃发失去了为奴隶主狩猎的兴趣。由于娃发交回的猎物越来越少,奴隶主下令叫娃发把"鹰王"交出,让"鹰王"顶替应交的猎物。

娃发听说奴隶主要抢自己唯一的伙伴,几乎气昏过去。他对"鹰王"悲愤地唱道:

> 塔吉克的奴隶啊,
> 难道永远是天地将要坠落的星星?

这时候,身边的"鹰王"忽然说起话来了:"娃发啊娃发,不要难过,你快把我杀了,用我翅膀上的骨头做一只笛。有了笛,你什么都能如愿,就不会受苦了。"娃发听到"鹰王"说起人话,又惊又喜,可他舍不得杀死自己心爱的兀鹰。"鹰王"又说道:"娃发啊,娃发,你快杀我吧。你不杀我,奴隶主就要把我抢去了。"娃发无可奈何,只得含着眼泪杀了"鹰王",抽出鹰王翅膀最大的一根空心骨头,钻了三个眼,做成了一只短笛,这就是第一只鹰笛。

奴隶主知道娃发杀了"鹰王",大为恼怒,立即派人把娃发抓来。娃发一到,奴隶主就向打手命令道:"拖出去,给我打死这条狗!"

娃发心想自己反正一死,临死前再吹一吹鹰笛吧,想着,便掏出鹰笛吹了起来。谁知笛声一响,成群的兀鹰像是听了谁的召唤,黑压压地一大片,直往奴隶主的头上飞来,奴隶主知道,只要鹰落下来,自己就没命了,便急忙向娃发求饶道:"快把鹰叫住,你要啥我给啥。"娃发随口说道:"给达达尔的塔吉克人,每家10只羊,10头牛,10峰骆驼,行不行?"奴隶主连忙点头:"行!行!要什么都给。"这时,娃发又吹起"鹰笛",鹰群才飞走了。

图 3.1　娃发吹起了"鹰笛"

奴隶主忍痛交出牛羊,使塔吉克人第一次过了几天好日子。可是,奴隶主又起了坏心。他打听到娃发的"鹰笛"是用鹰骨头做成的,便派人挨家挨户地劝说:"大家杀了鹰做鹰笛吧,有了鹰笛要啥有啥!"人们都想要一只鹰笛,所以也就听了这些坏人的话,杀了鹰做了鹰笛。

家家户户都要杀鹰做笛的事惊动了兀鹰,它们以为主人变心了,都惊叫着向高山西处飞去。从此,鹰就住在偏僻的山里,再不回来了。奴隶主再不害怕鹰笛了,又重新夺走了人们的牛羊骆驼,人们这才知道上了奴隶主的当。

但是,塔吉克人从此就有了"鹰笛"。①

这些丰富的关于鹰笛"乃依"的传说,自古以来就充斥和流传在塔吉克民族的生活之中,表达了人们对这一特制乐管的钟爱。鹰笛"乃依"取自于雄鹰,而雄鹰则是高山塔吉克民族的骄傲与象征,以"雄鹰"所构成的各种艺术形式,即是塔吉克人历代生活的真实写照。即如"鹰舞"是塔吉克人民最喜爱的大众舞蹈,其舞姿丰富多彩,几乎尽是摹仿雄鹰在空中盘旋、翱翔、俯冲、扑物的动作,或是雄鹰在岩石上求欢、嬉戏、争斗、抢食的

---

① 《风俗故事》(南山主编),陕西师范大学出版社 1991 年 1 月出版。

姿态。整个舞蹈风格给人以粗犷加豪爽,刚劲带质朴的印象和感觉。男子舞步多展现出"顽强不屈,无畏艰险,勇敢搏击"的山鹰精神;而女子舞姿则表达出"欢聚亮翅,窃窃私语,耳鬓厮磨"的群鹰之态。塔族鹰舞动作旋转轻盈,妩媚优美,仰身颤肩,眉目传情,令观者无不赏心悦目,击掌叫绝。尤其是男女对舞的场面,舞者落落大方,舞姿细腻动人,舞步热烈奔放⋯⋯,常常引来群情振奋,鼓乐激昂的人群共鸣。可以说,哪里有人群聚集,哪里就有山鹰之舞;而哪里有羊群牧放,哪里也就有着婉转嘹亮的鹰笛"乃依"之声。

图 3.2 塔吉克青年吹奏"乃依"

# 第二节 "乃依"语源与"三孔龠"

塔族"乃依",今之汉语称其为"骨笛"、"鹰笛"或"鹰骨笛",其实,这是一个掩盖了该乐管真相的不适之称。塔吉克人自称其为"乃依",《中国音乐词典》条目写作"那艺",也有写作"奈伊"的,读音皆相同。其实,"乃依"才是该乐管的正名,而这一正名很可能本来就是汉语"龠"字的读音在塔语中的遗存。关于这一点,本书的总论及第一章的贾湖"骨龠"正名考辨中已有所述,缘"乃依"的语源问题相当复杂,对中国古管乐器的正本清源乃至于远古中西音乐文化的交流有着至关重要的意义,本章试就此再作更进一步的述论。

## 一、"乃依"与汉语之"龠"

"乃依"一名,在现代汉语中也被写作"奈依"、"纳伊"、"那艺"、"奈伊"等等,这些词的实际意义就是一种标音,按汉语发音规律均应合音读作"Nai",其实,它就是汉语"龠"字的音谐。"龠"字,今人读作"Lai",似与"乃依"(Nai)音不尽完全相合,但在中国古代汉语的方言中,"龠"字的发音本来并无 nai、lai 之分;而更重要的是,在历代字书典籍中,"龠"字的本意也正是作为吹管乐器之名来训解的。

据现有的资料来看,关于"乃依"乐管的器名可能是汉语"龠"字音译的问题,最早提出的似是已故北京大学中文系教授阴法鲁先生。阴先生为著名的古典文献专家,音乐史、舞蹈史专家,曾发表多篇有关中国古代音乐舞蹈的研究论文。他也是国内著名的中国古代音乐文化研究专家,不仅对我国古代的传统音乐的研究有着深厚的功力,而且,对外来音乐及其与我国传统音乐的关系,亦有深刻独到的见解。关于"乃依"一名与汉语"籁"的音译问题首见于阴法鲁先生在上个世纪 50 年代发表的《中国古代的箫》一文,其曰:

> "纳伊"可能是"籁"的音译,西方的排箫也许是从中国传去的。新疆音乐中虽然不用排箫,但维吾尔族把竖笛和横笛都称为"奈依",阿拉伯人称竖笛为"奈伊"(Nay),这些名称的语源似乎和"籁"都有关系,它们透露出古代文化交流的一些信息。①

其后,在 1980 年撰写的《丝绸之路上的音乐文化交流》一文中,阴法鲁先生再度阐发了这一重要的观点:

> 国内外几种民族语言中有些吹管乐器的名称,和"籁"的读音相似,如回鹘语和维吾尔语称笛为"奈伊",波斯语称竹子和笛为"奈伊",罗马尼亚语和匈牙利语称排箫为"奈伊"(Nay)等,在古汉语方言中,"籁"、"奈"读音不分,那么,如果汉语"籁"和其他语言的"奈伊"有关系的话,"奈伊"很可能是"籁"的音译。②

尽管其文所述并未直接提及塔族的"乃依"骨管,但阴先生的这一论说还是极有见地并富有启示意义的。弄清楚"纳伊"、"奈伊"及"乃依"等语源与汉语"籁"的关系,的确是涉及到中国管乐的源头及中国音乐文化对外交流的重要学术问题。然而,长期以来,这一问题却并没有引起音乐界学者足够的关注和重视。大略是因为:就我国现存的民族民间吹管乐器来看,似乎并没见有名之为"籁"的乐管(塔族"乃依"虽实为"籁",但却一直被称之为"鹰笛"或"鹰骨笛");而人们所理解的"籁"字的字义,似乎就是指从孔穴里发出的声音,进而亦泛指一般的音响,如"天籁之音"、"万窍号地籁"等等,即若清人王翼云《唐诗合解笺注·序》云:"世间众窍由动作声谓之'籁'"。但实际上,"籁"字的本义就是古管乐器,其最早是作为古管乐器的器名来记载的,这在中国两千多年前的典籍中还是有着斑斑之迹可考。如:《吕氏春秋·遇合》载:"客有以吹籁见越王者,羽宫角徵商不谬,越王不善,为野声而反善之。"汉王充《论衡·逢遇第一》也有同样的载说:"吹籁工为善声,因越王不喜,更为野声,越王大说。"又如《淮南子·说山训》曰:"物莫不因其所有,而用其所无,以为不信,视籁与竽。"司马迁的《史记·司马相如列传》亦有"搅金鼓,吹鸣籁"的记载等。这些秦汉时期的文献典籍,都是明白无误地将"籁"字作为吹管乐器来载说的。足可见,"籁"字本身就是一个吹管乐器之名;那么,名之为"籁"的乐器究竟又是怎样一种乐管呢? 这在汉魏时期的文献中也有着明确的训解,如:

---

① 阴法鲁《中国古代的箫》,载《民族音乐研究论文集》(第二集),音乐出版社 1957 年 11 月出版。
② 阴法鲁《丝绸之路上的音乐文化交流》,载《人民音乐》1980 年第 2 期。

[东汉]许慎《说文解字》曰:"籁,三孔龠也。"

[东汉]高诱注《淮南子》亦曰:"籁,三孔籥也。"

[三国魏]张揖《广雅》曰:"籁,谓之箫。大者二十四管,小者十六管,有底。"

[西晋]郭象注《庄子·齐物论》云:"籁,箫也。夫箫管参差,宫商异律,故有短长高下,万殊之声。"

[南朝]裴骃《史记集解》引《汉书音义》亦云:"籁,箫也。"

由此可见,包括中国最早的也是世界上最早的字典《说文解字》在内,"籁"字本义都是被明训为古管乐器的,只是所训具体乐器有二:一为"龠"、一为"箫",而"龠"与"箫"则是两种形制完全不一样的吹管乐器。"龠"是一种如笛似笛的开有多个音孔的单管乐器,即许慎和高诱所训的"三孔龠";而"箫"则并非是我们今天所说的单管竖吹之"箫"(今单管之"箫"古称之为"笛"),它是一种不开音孔的一管一音的编管乐器(管身不开音孔),是由多根长短不同的管子编排所构成,即如《说文》所训的"参差管乐",也即今人所称的"排箫"。如此,这两种形制完全不同的乐管在上古时期都是被称为"籁"的,只是一为单管之"籁"、一为编管之"籁";前引阴法鲁先生所说的罗马尼亚、匈牙利将编管乐器排箫称为"奈伊",而回鹘语和维吾尔语(还有波斯语)则将单管如笛的乐管称为"奈伊",这些"奈伊"乐管之名与汉人典籍中所训的"籁"完全一样,也都包含了单管(龠)和编管(箫)两大类吹管乐器。藉此,认为"奈伊"可能就是汉语"籁"的音译确是不无道理的,因为,其名实所涵完全一样;而更为重要的是,包含两种不同形制吹管的"籁"(奈伊),我们可以在中国古代更早的先秦典籍中找出它的载说和出处,那就是庄子的名篇《齐物论》中的"二籁"。

## 二、庄子的"三籁"辨

所谓"三籁",即:"天籁"、"地籁"和"人籁",此人所共知,而其语源则本出自《庄子·内篇》的《齐物论》:

子綦曰:"……汝闻人籁而未闻地籁,汝闻地籁而未闻天籁夫!"

子游曰:"地籁则众窍是已,人籁则比竹是已,敢问天籁。"子綦曰:"夫天籁者,吹万不同,而使其自己也,咸其自取,怒者其谁邪!"①

庄子的这段论"籁"之说,应该是中国古典文献中所见关于"籁"字的最早记载。但仅从字面上看,文中"籁"的语义似乎并不明指为乐器,其所言天籁、地籁和人籁的"三籁",好像只是用以区分不同的声响。其实,庄子《齐物论》首先阐发的思想就是"齐物",即认为世上万物看起来是有千差万别的,但归根结底却又是可以齐整划一的。其开篇

---

① 陈鼓应《庄子今注今译》,中华书局 1983 年 4 月出版,第 33 页。

即以问者子綦所言"汝闻人籁而未闻地籁,汝闻地籁而未闻天籁夫!"提出了著名的"三籁"之说,接下来又藉与子游的答问分别道出了何为"地籁"、何为"人籁"、乃至于何为"天籁"。然而,庄子的语言自来都以诡秘玄奥著称,正如清人林西仲所云:"《庄子》一书为文字中鬼神,独步千古。"(《古文析义·序》)关于这段著名的"三籁"之论的解说,自古至今一直是聚讼纷纭,各有其解而又似乎并不得其真解。究其主要的原因,则是由于对其中"地籁"一句望文生义的曲解而至。

何谓"地籁"? 按文中子游所答:"地籁则众窍是已",也即说,"地籁"就是"众窍"之籁;那么,又何谓"众窍"呢? 按字面的意思就是许多的孔洞;如此,这样一句语义不明的话便被后世普遍理解成了:"地籁"就是地面上种种孔穴发出的声响。不仅历代学者作如是解,诗人骚客也作如是说,如宋陆游《雪歌》:"初闻万窍号地籁,已见六出飞天花。"又金人元好问《空山河巨川虚白庵》诗也有"空谷自能生地籁,浮云争得翳天光"等。今《汉语大词典》(罗竹风主编)释"地籁"词条则云:

> 风吹大地的孔穴而发出的声响。

《辞海》亦有"地籁"条目释曰:

> 泛指刮风时地上种种孔穴所发的声音。

如上所释,从字面上来看似乎并没有什么不妥,但联系上"天籁"的解说就有问题了。因为,"天籁"一词在古今的解说中都一致认为是指"自然界的声响"(《汉语大词典》、《辞海》等,皆作如是解),庄子《齐物论》中对"天籁"一词虽未有明确的定义,但其曰:"夫天籁者,吹万不同,而使其自己也,咸其自取,怒者其谁邪!"基本上是被解说成"风吹万物而发出自已而然的声响"的,也即《齐物论》开篇子綦所描述的那一段"万窍怒号"之声:

> 夫大块噫气,其名为风,是唯无作,作则万窍怒呺,而独不闻之翏翏乎? 山林之畏佳,大木百围之窍穴,似鼻,似口,似耳,似枅,似圈,似臼,似洼者,似污者。激者,謞者,叱者,吸者,叫者,譹者,宎者,咬者,前者唱于而随者唱喁。泠风则小和,飘风则大和,厉风济则众窍为虚。而独不见之调调之刁刁乎?

那么,"地籁"若果真能像字面所示的那样,解说成为"风吹大地的孔穴而发出的声响",岂不是与"天籁"等同了吗? 正是这种说解上存在着的自相矛盾,令古今众多学者困惑不已,从而导致了对庄子"三籁"的解绎出现了各种不同的自圆其说。如清人吴世尚《庄子解》便提出了"天籁无声"之说:

庄之离奇变化而实平易畅达者，莫如《齐物论》。顾从来解者具堕十里雾中，总是于"吹万"四句见得不分明，而以物论为庄论故也。本文明云：地籁则众窍，人籁则比竹，敢问天籁？若以"吹万"乃指风说，则三籁止得二籁。

人籁有声，天籁无声，地籁则介乎有无之间者也。①

另一位清末学者刘鸿典的《庄子约解》一书，为区别"地籁"与"天籁"说解的雷同，则提出了所谓的地籁"有形"、天籁"无形"之说，其曰：

天籁、地籁之说，是一？是二？就其有形处言之，则为地籁；就其无形处言之，则为天籁。观"吹万不同"数语，只是虚描天籁自然之妙，则苏子瞻故得其环中，神游象外矣！

而今时的台湾学者陈鼓应先生在《庄子今注今译》一书中，则提出了"三籁"没有什么不同，都是"天地间的自然音响"之说：

"人籁"是人吹箫管发出的声音，譬喻无主观成见的言论。"地籁"是指风吹各种窍孔所发出的声音，"天籁"是指各物因其各自的自然状态而自鸣。可见三籁并无不同，它们都是天地间的自然音响。

已故学者南怀瑾先生的《庄子讲记》也有一说在网络风行，其以禅释庄，对《齐物论》中的"三籁"有着自己的别解。他认为"人籁"就是人境界的音声、"地籁"就是地境界的音声，而"天籁"则是自然的音声。其说如下：

"人籁"，"地籁"，"天籁"，这几个词是庄子提出来的，后来中国文学用得很多。"籁"代表那个音声。南郭子綦说人境界的实在的音声你可以听得到，但是你却听不到地境界的音声。地境界也有音声，地下热闹得很，古人有办法听到，古人睡的枕头是木头或竹子做的，里面是空的，睡下去地下音声可以听得到，至少地面上音声听得很清楚。这个"地籁"只有趴到地下听。"汝闻地籁而未闻天籁夫！"假定你懂得了"地籁"，也没有办法懂得"天籁"——自然的音声。

显然，这些纷纭不同之说，大都是学者们对"天籁"、"地籁"的胸臆自解，而并非庄子"三籁"的本意，其问题的关键就在于对"地籁"一词望文生义的误解上。

首先，我们必须明了的是："籁"字的本义到底是什么？其实，"籁"字的本义在上古时期，就是吹管乐器的一个器名，而并不是我们今天所理解的是泛指一切的音响，或像

---

① 清版《庄子解》(木刻本)，贵池吴世尚注评，清雍正四年版，第四页，"面壁斋藏本"。

南氏所讲的:"籁"代表那个音声。这在汉魏时期的字书《说文解字》、《广雅》以及众多学者的著述中都明确的说解,即如前述所及的:"籁,三孔龠也"(许慎、高诱)、"籁,谓之箫"(张揖)、"籁,箫也"(郭象、裴骃)等。汉魏去古未远,这些学者们都异口同声地释"籁"为龠、箫一类的吹管乐器,当然是确凿可据的。此外,就先秦文献的载说来看,"龠"和"箫"也正是先秦时期流行的两种不同的古管乐器,而这两种不同的乐管结构形制也正合于庄子《齐物论》中所描述的地籁之"众窍"和人籁之"比竹",然却为古今解庄学者所未谙。两千多年来,人们似乎只识"比竹"之籁为"箫"(编管参差之器),而不知"众窍"之籁就是"龠"(单管多孔之器),遂以"风吹大地孔穴"的自然声响而误释"地籁",由此造成了与"天籁"的混说。

古人谓庄子之书为"文字中的鬼神",也的确如此。庄子在《齐物论》中"三籁"的提出,除"天籁"非乐器外,另外二"籁"所指就是真正的乐器而不予明示,却以"众窍"和"比竹"说之,其意虽隐晦,而其说却甚高明。因为,"众窍"和"比竹"正是同被称为"籁"的龠、箫这两种乐管形制的典型特征之所在。龠、箫二器都属边棱类吹管,这类吹管乐器的发音原理是以口吹奏,振动管内的空气柱而发声。其音的高低取决于管内空气柱的长短:空气柱越长,发音就越低;反之,则越高。"箫"就是通过编比排列长短不同的竹管、以参差不齐的竹管来改变空气柱的长短,从而获得高低不同的音律。其形制的编管"比竹"特征也较明显,故庄子以"人籁则比竹是已"而说之,此句古往今来的学者皆以"竹箫"释之,倒是准确无误。然而,另外一种以单管"众窍"的形式来改变管内空气柱长短的形制特征,却似乎不为一般人所认知,故"地籁则众窍是已"则引起了千古的误说。

边棱类的单管之器,与编管的"比竹"形制截然不同。它只有一根管子,其管内的空气柱当然也只有一个;那么,要获得不同的音高,就必须在管身上开置众多的孔窍,再通过人的手指开闭这些"众窍"来改变管内空气柱的长短,就能达到流利演奏乐曲的目的。故此,"众窍"——即在管身开置许多音孔,乃是单管乐器不可缺少的典型特征;而编管乐器则不需开置任何的孔窍,只要排列众多竹管"比竹"为之即可。如下,试取明代朱载堉《律吕精义》中"龠"、"箫"二器的绘图示比之(见图 3.3)。

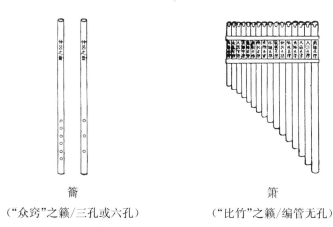

籥
("众窍"之籁/三孔或六孔)

箫
("比竹"之籁/编管无孔)

图 3.3　籥(众窍)、箫(比竹)二籁示比图

其实，这两大形制的边棱类吹管乐器都有一个共同的特征，即以自然的管端为吹口而不另开"吹孔"（设"吹口"的管乐器晚起），"箫"于管端"竖吹"、"籥"则于管端"斜吹"，故被同称之为"籁"。"籁"是中国古代真正的"华夏旧器"，其历史十分古远。就现今所见的考古学材料来看，"众窍之籁"的"籥"已经有八九千年的确凿历史可考（贾湖"骨籥"）；而"比竹之籁"的"箫"至少也有两三千年的历史可考（淅川下寺"石排箫"）。此二器同流行于先秦周代，《周礼》所载的宫廷乐师掌教世子国子的礼乐之器中就有"籥"和"箫"。疑"籥"、"箫"二名乃为周代宫廷中之雅称，而在当时的民间，此二器则可能都是被通称为"籁"的，故为庄子"齐物"之论所取。从子游的回答来看，"众窍"和"比竹"这两种不同形制的"籁"，应为时人所熟知，故子游对子綦的发问，能够不假思索的马上准确地作出了"地籁则众窍是已、人籁则比竹是已"的回答（即从文法上看，此二句也是一种明显的对应关系，"地籁"、"人籁"是皆以乐器而比说之），但对于"天籁"，子游则显然不知其所以然，从而发出了"敢问天籁"的求教；而"天籁"一词也正是庄子的首创发明，它体现了庄子《齐物论》的论旨所在，故为子游的寻常识见所不及，这才以"敢问天籁"之语求教于子綦（庄子）。

揭示了"地籁"的本义并不是什么风吹大地孔穴所发出的声响，而是开有"众窍"的单管乐器吹出的音响，我们就能真正明白庄子的"天籁"一词所指，那就是风吹大地"万窍怒号"的自然声响。很清楚，庄子首先是以"人籁"和"地籁"来区分出两种都被称之为"籁"的乐器之不同，一是"比竹"为之，一是"众窍"为之；但这两种不同的"籁"又有着一个重要的共同之点，即它们都是由人为而制造的、也是由人为而吹奏由孔穴所发声的管乐器。接下来，庄子以大自然风吹万物发出的"万窍怒号"的声响为"天籁"，比之于"人籁"、"地籁"的不同，这种声响是自已而然的，而不是像"众窍"之籥（地籁）和"比竹"之箫（人籁）这两种吹管乐器都是人为制作、人为吹奏而成的，"天籁"是天然而成的出于幽冥、匪由人造的声响，也即子綦所答的"吹万不同……"，如清人吴世尚《庄子解》所解：

> 吹者，吹嘘化生之意，万不同，万有不齐之物也；自己，若自己出也；怒，即上文怒号之声也，言大造一气化生万物，而皆使其若自己出，而无与于大造之力者。

然而，"天籁"和"人籁"、"地籁"却也有着共同之处。因为，它们都是由风吹孔穴而发出声响的，只是"天籁"为自然的声响，而"地籁"、"人籁"则是人为的音响（乐器及演奏皆由人为）。在庄子看来，大自然的"万窍怒号"就是一个天然而成的庞大吹管乐器，与人们称之为"籁"的"众窍"之籥和"比竹"之箫一样，都是由风吹孔穴而发声，故借以"籁"——这一乐器之名，而称之为"天籁"，此乃庄子的首创。

其实，庄子的"三籁"，以"天、地、人"三分而论之，就是将三种不同的都是由风吹孔窍而发声的"籁"（乐器）一齐比而论之，其"籁"前所冠的"天、地、人"主要是表示一种三分的概念。比如"才"可以三分为天才、地才和人才（古谓"天、地、人"即"三才"）；"道"亦可以三分为天道、地道和人道等。这种"三分"之说,我们并不能完全按照"天"、"地"、"人"三字的字面词义去理解。特别是三籁中的"地籁"一词,根本就不是什么"大地所生之籁",其"地籁则众窍是已"与"人籁则比竹是已"就是两个相对应的句子,所指一为"众窍"之籁的"籥",一为"比竹"之籁的"箫",是"单管"和"编管"这两大不同形制而同名为"籁"的吹管乐器的相互比较,由此而引发出自然声响的"天籁"之阐说。这其实就是庄子所论世上万物千差万别而又可以齐整划一的"齐物"之论的主旨。

正是由于庄子在《齐物论》中创造性的"三籁"之论,特别是"天籁"一词的提出,使得本为乐器之名的"籁"字词义产生了进一步的展衍,虽然汉世以近的一些学者仍以吹管乐器"籥"、"箫"来释"籁",但随着时间的推移,"籁"字作为乐器名的本义便渐趋消解。时至今日,人们似乎只知泛指一切孔穴声响之"籁",而多不谙吹管乐器的器名之"籁";有的辞书则干脆只以"泛指风吹孔穴发出的音响"这一后起之义来解说"籁"字的本义(如前所述的《汉语大词典》、《辞海》等)。这也就导致了当代学者对民族民间实际存在的"乃依"、"奈伊"等乐管器名的"籁"之语源的漠视和不解,遂不能够深究其源也。

## 三、"乃依":三孔龠之活化石

塔吉克族现仍流行的"乃依"乐管,其实就是庄子所言的那种"众窍"之籁,令人惊异的是,它仍然保留着古远的"籁"(乃依)名之称和"三孔"之制。笔者考定塔族"乃依"就是单管"众窍"之籁,其最重要的文献之征乃是东汉许慎《说文解字》所释——"籁,三孔龠也"。"乃依"器名就是汉语之"籁"的音译,而其乐管的"三孔"之制,与许慎释"籁"为"三孔龠"也正相符,这当然决不是一种偶然的巧合,而是"籁"为"三孔龠"的一个名实一统之确证。

然而,由于对庄子的"地籁则众窍是已"一直存在着曲解,大凡古今学者均据庄子"人籁则比竹是已"一语,认为"籁"字作为乐器,就是指"比竹"为之的编管乐器"箫"(今人则更具体地将"籁"隶定为排箫的别称)。故此,对许慎《说文解字》中以单管多孔的乐器"龠"来释"籁"心存疑虑,或认为有误。如元人马端临在《文献通考》中论道:

> 庄周曰:地籁则众窍是已,人籁则比竹是已。郭璞谓:箫,一名籁。广雅亦曰:籁谓之箫。盖箫籁比竹而成声,犹天地之籁,籁风窍而怒号也。许慎以籥为籁,是不知籥如篴而三窍,未尝比竹为之。[1]

马端林的这段论说认为:"籁"就是"比竹"为之的"箫"(即编管乐器),许慎以"龠"来释"籁"是错了,因为,他不知道"龠"不是"比竹"为之的,而是三孔如笛(篴)的单管乐器。其实,许慎在《说文》中已经十分明确地将"籁"释之为"三孔龠",所谓"三孔",那就是单管如笛(篴)的("比竹"为之的编管乐器是不开孔窍的)。何言其"不知籥如篴而三窍"

---

① [明]马端临《文献通考》卷一百三十八"乐十一",中华书局 1986 年 9 月出版,第 1226 页。

呢？许氏所释的"三孔龠"正是庄周所说的"众窍"之籁。而马氏与其他学者一样，只识"比竹"之"人籁"，而不识"众窍"之"地籁"，故误以为许氏以单管多孔的"龠"来释"籁"是弄错了。

另一个认为许慎释"籁"有误的是近人郭沫若先生，他在其所著的《甲骨文字研究·释和言》中有这样一段论述：

> 庄子《齐物论》云"人籁则比竹是矣"，籁为比竹，与龠之字形正相一致。许知籁龠为一而不知龠，故以"三孔龠"释籁，其误与龠下注云"乐之竹管，三孔"者正同。[1]

郭氏所论与马氏的不同点在于：他认为"龠"本身就不是单管乐器，而是编管乐器，其字形像许多管子编在一起，与"比竹"为之的"籁"正相一致。所以他认为许慎以"龠"释"籁"本身是没错的，错就错在不应该以"三孔"来说龠，因为，既然是"三孔"那就是单管乐器。故其言"许知籁、龠为一"（即都是"比竹"为之）而又"不知龠"（即误以"三孔"释之）。这当然是郭沫若先生为自己所立的"龠为编管象形"新说寻找文献之证，而进行的曲说，他甚至以此进一步认为，许慎《说文》中释"龠"为"乐之竹管，三孔"同样也是错误的。

以上马氏和郭氏两家对许慎以"龠"释"籁"的指摘，正可谓仁智各见、互不相同：一说许慎不知"龠"为单管乐器，误为之释编管之"籁"；一说许慎不知"龠"为编管乐器，误为之单管的"三孔"说。显然，有一点却是他们的共识，即认为"籁"只能是"比竹"为之的编管乐器。这当然是马、郭二氏只知有"比竹"之籁，而不知有"众窍"之籁，对许氏以"三孔龠"释"籁"所产生的误解。

其实，许慎以"三孔龠"来释"籁"并没有什么舛误，也不是孤证，同为东汉人的高诱注《淮南子》也见有"籁，三孔籥"的相同注疏。许、高所释"三孔龠"为籁，实际上正可暗合庄子《齐物论》所言的"众窍"之"籁"意。首先我们须知，"三孔"之"三"数，乃有狭义和广义之分：狭义之"三"，即"二加一"之所得；而广义之"三"，则有代表多数或多次的"众多"之义，如"三令五申"、"三番五次"等词即是。以广义的"三"数表示"众"义，而古代的"孔"字也多通作"窍"，那么，许慎释"籁"为"三（众）孔（窍）龠"与庄子所言的"众窍"之籁（地籁）岂不是正相洽合。据此，古代单管多孔的"龠"应该都是可以被称之为"籁"的。而若以狭义之"三"来解"三孔龠"，那就是特指"三个孔的龠"才称之为"籁"。事实上，在中国的古代，确有一种开有"三孔"的龠被称之为"籁"的，这一点上，塔吉克族的"乃依"乐管则就是一个凿凿的实物之证。

今塔吉克族的"乃依"骨质斜吹乐管，只开有三个音孔，其形制世世代代相传，从未见过多开一个孔。更重要的是，其器名所称的"乃依"或"奈伊"，正是一直保留了汉语"籁"字的音译，这的确是令人惊异的！塔族的这种代代相传的三孔"乃依"（籁）乐管并

中国
古龠考论

---

① 郭沫若《甲骨文字研究》，载《郭沫若全集》第一卷"考古编"，科学出版社1982年出版，第93页。

不是通常所称的什么"鹰笛"或"鹰骨笛",其实,它就是许慎《说文》所释的、古代称之为"籥"的"三孔龠"遗存于今世的活化石。

# 第三节 "乃依"乐管的学术意义

作为一种世代相传的、质朴的远古遗存,塔吉克族"乃依"乐管在当代民族音乐学中,是有着非比寻常的研究价值。其"三孔龠"之"籥"(乃依)的活化石身份的揭示,对廓清中国古管乐器的源流,探赜华夏远古吹器的东传西渐乃至贯通整个中华九千年的文明史都有着重要的学术意义。

首先,塔族"乃依"乐管的存世,为考古出土的贾湖"骨龠"的正名提供了确凿无疑的同类参照物。因为,"乃依"乐管与贾湖新石器遗址出土乐管为同一种质材,均为骨管,只是一为大鹰的尺骨,略粗实;一为鹤类的尺骨,略细长。更重要的是其形制与贾湖骨管一样,不开吹孔,而以骨管的一端作"斜吹";管身同样都开有多个音孔,只是一为固定的"三孔",一为5—8个不等的音孔。如此,塔族"乃依"与贾湖骨管吹器当为同类之乐管,这就为八九千年前的贾湖"骨龠"的科学正名提供了重要的参照系。而贾湖"骨龠"一名的考定,反过来也以确凿无疑的出土实器证明了,中国古代被称之为"籥"(奈伊)的单管"众窍"之龠类乐器,至少已有九千年的历史可考。这一重要的历史事实,可以彻底地动摇长期以来一些东西方学者奉行的中国笛源乃至中国文化的"西来说",其意义则是十分深远的。

## 一、关于中国笛源"西来说"

大约自17世纪中叶起,西方便不断地有人开始鼓吹"中国文化西来说"。早先如德国耶稣会教士基尔什尔(A.Kircher)就认定中国古代的文字源于埃及的象形文字,汉民族的祖先为埃及人的一个支派。此后,法国人德基涅(M.de Guijdnes)则更进一步认为,中国古代不光是文字,其法律、政体、君主,甚至于政府中大臣乃至全部帝制均源于埃及。英国伦敦大学教授拉克伯里(T.de Lacoupenrie)则力主中华民族来源于两河文明的巴比伦。他认为,中国的文化始祖黄帝就是公元前两千多年率巴克族东迁的酋长"奈洪特",而"沙比"即中国之神农,"但克"即是中国文字之祖仓颉。另一位法国人哥比诺(A.de Gobinear)则首倡中国文化来自印度一说。他认为中国上古神话中的"盘古"即是印度英雄时代后的白色雅利安种之首陀罗人迁入中国河南的酋长等等。[①]另有一位英国的汉学家翟尔斯(H.A.Giles)在其所著的《中国与中国人》一书中述及中国文物风尚与古代希腊有关系者达二十余项,其中专就物质文化来说,就有如下各项:

1. 中国建筑,门常朝南屋中男女分隔,门扇多分为二,且开门时为推进,希腊之住宅

---

① 陈星灿《中国史前考古学史研究》,生活·读书·新知三联书店1997年版。

亦然。

2. 中国演戏,自晨至晚,连演不息,戏台常搭于露天旷地,与希腊同。戏文有曲有白,戏子或戴假面,或涂面脸,彼此皆同,至于戏台上设神像,更是无独有偶的风俗。

3. 中国之骰子戏,系于第二世纪前后自西方传入者。

4. 中国古代用以记时辰之"壶漏",在古代希腊也会用过,情形是否完全相同,则未确定。

5. 中国橄榄之来源,或系传自希腊,传播时期约在纪元前第二世纪即西汉时代。

6. 中国之有葡萄,系始源于张骞使西域之后,张骞会在巴蜀等处,而当时该处已与西方交通,葡萄一类果子,即由彼处入中国,故此后中国始有葡萄酒之酿制,秦汉以前未有。

7. 古时中国铜镜,常有各种花鸟装饰,与古希腊所有者相似。

故此,翟尔斯主张中国古代文化导源于希腊。特别是对于中国的乐律与古希腊相同,他认为:"中国音乐宫调法制与希腊毕太哥拉乐律有类似之点,故或彼此有所关系也说不定,惟以产生时期之先后观察,则似中国所有者,当系受希腊影响。希腊乐律据研究所得,实较中国乐律先发明。"他将这种观点推至极端,甚至以为文天祥《正气歌》的杀身成仁精神,都不过是《荷马》史诗《伊利亚得》(Tliad)中萨彼同(Sarpedon)鼓励格劳卡斯(Glaucus)慷慨赴义的缩影,可谓极尽附会之能事。①

诸如此类的种种创说,至本世纪初愈演愈烈。就连中国本上也出现了应声附和者,且都是些著名学人。如黄节便认为"巴克"就是"盘古"的讹音;章太炎则断定"喀尔迪亚"即"葛天氏";刘师培也认为"喀尔迪亚"才是神州民族的发祥地。

在当时的日本,"中囗文化西来说"也有相当之势力。就连旅居其地专治古文字学的郭沫若先生也受到了很大影响,以至于提出了中国的十二支是源于巴比伦十二宫的创说(《甲骨文字研究》)。生活在那个时代的日本著名音乐学家田边尚雄氏,在全面接受了"中国文化西来说"的基础上,进一步阐发为音乐研究上的中国笛源"西来说"。他在其所著的《中国音乐史》一书中述及"中亚音乐之扩散"时论道:

> 纵笛之一管者,名篍及籥。篍长,古有指孔四,汉京房加一孔为五孔。籥短而有三孔,皆周时所行者,此种乐器殆与管同系古代由西域入中国者。《礼记·明堂位》云:"苇籥,伊耆氏之乐也。"按苇籥为西亚细亚古代之纵笛,与古埃及之"赛彼"、阿拉伯之"奈伊"同种。
>
> ⋯⋯
>
> 元来纵吹之笛,为美索不达米亚、犹太、埃及、希腊所见最多之古代乐器。⋯⋯此与印度之佛教结合,殆大月氏之时。此纵笛经中亚细亚,由西域入中国,为时甚

---

① *Giles:China and Chinese*,*Chap.IV*(薛澄清译),第120—136页,转引自朱谦之《中国古代乐律对于希腊之影响》,音乐出版社1957年8月出版,第2页。

古,周末已有之,盖于亚历山大帝国时先驱,至阿育王而有相当之东进,至佛教艺术中所盛采者,则当为大月氏时之西域文化。……印度佛教中尤重视此纵笛,如日本奈良东大寺大佛殿前,八角灯笼之扉绘上,即有吹此笛之菩萨像,此绝非示中国之乐器,盖表现中亚文化上印度佛教艺术之一也。①

依田边氏的这些论述,中国文献记载中最为古老的吹管乐器——伊耆氏之"苇籥",原来就是西亚的纵笛,是由西域传入中国的;并据此,将中国笛类乐器的先祖追溯到西亚之"赛比"和"奈伊"。十分显然,田边氏的这种中国管乐"西源论"并不是一个孤零零的创说,其背后实际上是有着一个如前所述的西方十分流行的"中国文化西来说"理论思潮的支撑。而实际上,"中国文化西来说"不过是西方学者在中国考古事业因乱世未举,而"两河文明"(美索不达米亚)却抢先获得了辉煌发现的情况下,对他们并不了解的中国文化而散发出的一种遐想和假说罢了。而随着当代中国考古事业的发达,"西来说"已不攻自破。大量考古学的资料已经足证,中国文化起源于本土乃是一个不争的事实。"皮之不存,毛将焉附",如今来看,田边氏的尺八"西源论"当也不可能成立。非但如此,其所言的西亚之"赛比"和"奈伊"反倒有从中国传入之可能。

"赛比"和"奈伊"究竟是怎样一种吹管乐器呢? 我们来看看近人王沛纶所编的《音乐辞典》的一段载述:

> Sebi[埃]赛比,是一种古代埃及的纵笛,通常为长苇管作成。其种类有二:一种在吹口处插入芦舌而吹发声,即筚篥之一种也;另一种在吹口处仅切斜管,与笛同类。赛比管长四尺二三寸,此乃埃及人一膝立坐,以管之顶度出向膝,故须长管,由此传入阿拉伯,阿拉伯人盘膝而坐,持管之正面,故用短管。不但此也,其吹口不斜切为 V 字形。此阿拉伯人称之为奈伊(Nay)。

其实,这段载述基本也都是出自田边尚雄的《中国音乐史》之说,田边氏的原著中还附有阿拉伯"奈伊"和埃及"赛比"之图:

图 3.4　阿拉伯"奈伊"(左)与埃及"赛比"(右)

---

① 民国版《中国音乐史》(铅印本),[日]田边尚雄著,陈清泉译,商务印书馆民国二十六年五月出版,第 105、165、166 页,"面壁斋藏本"。

对于这两件"斜吹"的质朴乐管,其相互的源流之关系倒是值得一辨。依如上即田边氏所说,"赛比"为"奈伊"之原形乐器,而"奈伊"则为"赛比"之变体。然而,作为原形的"赛比"吹口已有了人为的痕迹(管口切削为斜面);而作为变体的"奈伊"吹口却无任何切削(管口保留着自然的状态),这似乎有悖于乐器发生学的规律。从文化人类学的角度来审视,前者"赛比"显然属于再生文化,而后者"奈伊"正可谓是原生文化。如此,"奈伊"源于古埃及"赛比"当是一种本末倒置之说,并不能成立。事实上,阿拉伯的"奈伊"要比古埃及的"赛比"更为原始质朴,它有着自身的渊源可溯,那就是中国的"众窍"之"籁"(Nay)。阿拉伯"奈伊"与塔吉克族"乃依"一样,其器名实际上也是保留了汉语"籁"的音译。

此外,关于"奈伊"之器名,其实并非只是阿拉伯人所独有,前述,阴法鲁先生提到的还有罗马尼亚、匈牙利等国,即如唐朴林先生在《NAY 之源》[①]一文中所述的那样:在世界乐器库中,有一种饶有趣味的现象,即在不同地区、不同国家、不同民族和语言中,有不少乐器都带有同一种音为"nai"的乐器。粗略地翻阅《中国大百科全书·音乐舞蹈卷》(1989 年 4 月版),发音"nai"(或 nay)或发音相近的乐器,在伊朗、土耳其、阿拉伯、埃及、尼泊尔、叙利亚、突尼斯、罗马尼亚、匈牙利、吉卜赛人和中国的塔吉克族、维吾尔族中流行;发音"zourna"(sur na),或发音相似的乐器在古波斯、伊朗、阿拉伯、保加利亚、叙利亚、土耳其、伊拉克、越南、日本和中国的汉族、藏族、维吾尔族等国或民族中流行;发音"ka nay1"或发音相近的乐器在阿根廷、秘鲁、智利和中国的维吾尔族中流行;发音"sha naiyi"或发音相似的乐器国家有尼泊尔、印度、巴基斯坦等。此外还有泰国的"cha nai"、缅甸的"hne"、中国维吾尔族的"kumuxu naiyi"以及土耳其的"naqiala"、"qia na"等等。

这些发音带有"Nay"音的乐器,可谓分布之广而响遍全球,几乎包揽了地球的各大洲,即亚洲、非洲、欧洲和拉丁美洲。而这些国家有属于不同的语系,大体上涵盖了汉藏语系(中国、泰国、缅甸、越南、尼泊尔等);阿尔泰语系(土耳其、保加利亚、罗马尼亚、吉卜赛人和中国的维吾尔族);闪含语系(埃及、伊拉克、突尼斯);西班牙语系(秘鲁、阿根廷、智利);乌拉尔语系的匈牙利和日本语等。这就使人们有理由提出一个问题:在这么广阔的地域,在不同的民族、不同语音中却流传着一种大体相似发音的乐器,这种乐器极可能是采用了来自某国、某民族、某种乐器的音译而流传全球。那么,这种带"Nay"音的乐器究竟是源自何方呢? 日本学者林谦三在他所著的《东亚乐器考》中这样说道:

现在阿拉伯人、埃及人也还用着 zamr(zanmous, mizmar),西亚的阿拉伯人用着 zourna(sourna),波斯人用着 sorna, zorna 之名。这乐器本是发生在西亚的,随着回教的东渐而流布于中国、印度及其近邻地区,以及南海,有其类语散存。[②]

---

① 唐朴林《民:音乐之本——唐朴林民族音乐文集》,上海音乐学院出版社 2008 年出版。
② 林谦三《东亚乐器考》,人民音乐出版社 1962 年出版。

中国古籥考论

林氏此说,显然也是受了中国文化"西来说"之影响,在上个世纪初叶,中国的音乐考古尚还未举,学者们对中国吹管乐器的认知大都还只停留在横吹之"笛"、竖吹之"箫"这些晚起之器上,并不知道中国境内还流传着中原的"竹筹"、塔族的"乃依"这样形制质朴的"斜吹"乐管,作出如此的推说还是情有可原的。然而,在当代音乐考古有着像贾湖"骨龠"这样距今八九千年的重大发现、而庄子的"众窍"之"籁"(奈伊)也随之被破解、更有塔族"奈伊"这样的"三孔龠"活化石存世的今天,我们则完全有理由认为:西亚阿拉伯国家乃至古埃及的"奈伊"之器名,应该是保留了汉语"籁"的音译,这些名之为"奈伊"的吹管极有可能都是传自远古的中国,它们是中国古代音乐文化对西方影响的重要物证。

## 二、朱谦之"中国乐律影响希腊"说

关于中国远古的音乐影响到西方,而非中国文化"西来说"所持的由西方输入,中国早有学者论及。饶有意思的是,这些学者大都不是音乐界的专门学者,而是有着更为广阔视域的大文化学者,如前述所及提出"'纳伊'可能是'籁'的音译,西方的排箫也许是从中国传去的"阴法鲁先生,便是其中之一;而有着"百科全书式学者"之称的朱谦之先生更是专门著有《中国古代乐律对于希腊之影响》一书,明确地提出了与中国文化"西来说"完全相悖的"中国乐律影响希腊"说。

朱氏之书《中国古代乐律对于希腊之影响》(以下简称"朱书")曾于上个世纪 50 年代中由当时的音乐出版社出版,虽然只是薄薄的一本小册子,但在中国文化"西来说"为主导的上个世纪中,其所论无疑是具有振聋发聩的创说意义;然而,它却似乎并没有引起音乐学界的相应反响。如今,半个多世纪过去了,朱氏之说在音乐学界似乎仍鲜为人知。鉴于此,本节将"朱书"所论作一略述。

"朱书"所论分"序论"与"本论"两大部分,其"序论"首先将命题提出,其曰:"中国古代与希腊的文化交通,有一个须待解决的问题,就是中国文化是受希腊的影响,还是希腊古代文化是受中国的影响呢? 如果中国古代文化不过希腊文化的残余,为希腊文化所传播,那么中国的古代文化便没有何等独立的价值,反之希腊亦然。实际依我研究结果,则中国与希腊的文化接触,乃立于对等的关系,中国固能影响希腊,但亦受希腊文化的影响。"就艺术方面而言,朱氏认为:古代乐律就是最好的例,中国固然受了希腊的影响,希腊亦受中国的影响。依他研究的结果,中国乐律对于希腊的影响,似较希腊对于中国的影响为先。接下来,"序论"着重从以下三个方面论述了"中国文化与希腊文化之交流":一、丝绸贸易与文化交通,二、周穆王与中国文化的西传,三、亚历山大王与希腊文化东传。

在这三方面的论述中,朱氏以史料记载与历史的事实相释证,证明了中国与希腊之文化交流,是在张骞通西域以前,很早就有了。这就是:一方面在中国有周穆王之西征,形成了中国文化之西传;另一方面在希腊有亚历山大之东征,形成了希腊文化之东传,而东西艺术文化的接触,也就是渊源于此。他在"序论"的最后写道:

这其间，中国与希腊音乐文化之互相交通互相融化，乃为世界音乐史上最感兴趣的事实；尤以中国古代乐律对于希腊之影响，乃为中国与希腊古代文化交流之一有力的例证。其文化交流的图式，即是（一）中国——（二）希腊——（三）中国，不是希腊影响中国在先，乃是中国先影响了希腊，而后再受希腊的影响。

接下来的"本论"即以"中国古代乐律与希腊乐律之交流"为专题，进行了如下四个方面的具体阐述：

### （一）东、西二大乐系之交流

朱氏于文中论道：世界音乐所分的三大乐系中，波斯、阿拉伯乐系，与中国、希腊乐系截然不同；却不免受此两乐系的影响，暂可置之不论。现在只就东、西之二大乐系，即中国乐系与希腊乐系拿来比较研究一下，据王光祈在《东方民族之音乐》所列这二大乐系的流传图示来看，似乎中国乐系和希腊乐系是绝不相干的。中国乐系形成东方的音乐系统，希腊乐系形成了西方的音乐系统，东西二大乐系互不接触。中国乐系除西藏外，并不向西发展；而希腊乐系除俄国外，也并不向东传播，这不但违背历史事实，在理论上也是说不通的。朱氏的意思认为：中国乐系与希腊乐系自古即有交通，两大乐系的乐律理论，就是最好的例子。首先，他将中国、希腊二大乐系的音乐共同之处作了如下的比较研究和总结：

第一，古代中国音乐与希腊音乐均为"单音音乐"；

第二，古代中国音乐与希腊音乐均从五声进至七声；

第三，古代中国与希腊均注重音乐的谐和原理，并提倡一种音乐的世界观。

由这几个还只是表面的初步方面来看，已可以证明，中国与希腊的二大乐系的互相影响，而探讨它的史实，这却是音乐研究者应有的责任。

### （二）毕达哥拉斯与中国之关系

毕达哥拉斯是古希腊著名乐律学家，亦被奉之为西方数理之祖，他的"五度循环定位法"（也即"三分损益法"）的弦律理论影响至大，过去不少学者都认为对中国的古代乐律有影响；而实际上，中国《管子》一书所载的"三分损益法"要早于毕氏二百多年。本节中，朱氏从西方现有的资料载说中，探讨了"毕达哥拉斯的传略"、"毕达哥拉斯学派与中国之关系"等，并从毕氏的"认'数'为宇宙万有原理"、"以奇、偶的对立来说明一切关系"以及他的"伦理思想"这三点上，均可见他和中国古代的哲学思想相同。鉴于西方的研究者认为，毕达哥拉斯是到过东方各国的，朱氏由此推论，毕氏这种和中国古代思想的相同，绝不是偶然的，其整个哲学体系都可能受到过东方古国——中国哲学思想的影响。

### （三）毕达哥拉斯乐律所受中国之影响

本节中，朱氏专就"乐律"一事为例，论述了毕达哥拉斯的音律理论是受中国乐律学影响的，他阐述的研究结果有以下几点：

1. 毕达哥拉斯发明七音与中国七音相同，中、希音阶都是一样地由五音调变为七音调,而中国的七音调来源更早。

2. 毕达哥拉斯定律的方法,系采用"五阶定音制",和中国古代所谓"隔八相生法"完全相同,但中国的"隔八相生法"只限于一个音级内,而毕氏的"五阶定音法"则不限于一个音级内,较为复杂,应是由较为简单的中国"隔八相生法"孕育出来的。

3. 毕达哥拉斯应用与"三分损益"相同之方法,以为希腊音阶理论之基础,此"三分损益法"发现之时期,中国先于希腊。中国的"三分损益法"为管律,其载于管子的《地员篇》,证明它的产生与农耕社会相关。"三分损益法"应由中国直接传于希腊,毕达哥拉斯乃一大学者,且到过印度,那么以印度作为媒介,将中国之三分损益法,传于希腊,这应是很可能的历史事实。

4. 毕达哥拉斯的乐律,以完全协和的音组织,与中国完全相同。

基于以上几点的综合,朱氏认为:古代希腊的乐律实受中国乐律之影响,因此可以下一结论,就是中国文化在秦汉以后,虽受了希腊的影响,而在公元前中国文化即以乐律学为例,已可看出他实曾影响希腊,从而奠定了今日西洋乐律学理论之初步基础。

**(四)京房六十律所受毕达哥拉斯的影响**

在上述中国古代乐律理论影响到希腊毕达哥拉斯及其学派的论述基础上,朱氏认为,在毕氏后的四百五十年,毕达哥拉斯的乐律理论又反过来影响了中国,而成为汉代京房的六十律。他赞成包括日本田边尚雄在内的诸多中外学者所论定的:京房以为"竹声不可度调,故作准以定数",即以弦长代替传统的管律,一定是受到了希腊乐律的影响。因为"当时为西方文化骎骎传入中国之时代,京房乃大学者,岂不知之,即使此种研究本为京房所发现,然若无西方文化之地盘,亦未必能突然而起也。"(田边尚雄语)朱氏于此进一步认为:京房的研究,所以能一变旧来的学说;所以能和毕太哥拉(即毕达哥拉斯)的数理科学相合;他使用乐律计算的"准"与竹声十二律的理论,无疑乎是在那时代西方文化输入的气氛中产生的。正因为他受了犍陀罗音乐系统所感化,所以能间接地和希腊乐律相接触,而得出与毕太哥拉相同的理论,这大概是无可疑的了。

基于以上四大方面的论述,朱谦之先生在最后对他的"中国音律影响希腊"说作了如下一番"简单的结论",其曰:

> 总结起来,中国古代乐律和希腊古代乐律的相互联系,是中国古代乐律先影响希腊。公元前1200年中国早已发明了七音调,10世纪周穆王之西征及丝绢贸易。遂使中国的音乐文化,逐渐传入西方,在纪元前6世纪形成了希腊毕太哥拉的乐律理论。同样在希腊方面,公元前334年亚历山大大王的东征传播了希腊文化,因而毕太哥拉的乐律理论,也在公元前一世纪,跟着犍陀罗音乐的东传,在汉元帝时,造成了京房六十律的乐律理论。所以东西乐律之相互联系,相互影响,是有它的历史条件的,就中仍以中国之传播于希腊为先,这是历史的事实,不能否认的。

朱氏在结语中还强调说,不仅仅是乐律的一个实例,证明了中国与希腊古代之文化交流。在乐律以外,中国其他文化之东传希腊,亦当同样先于希腊。希腊哲学从前皆以为即是希腊人所独创,但由现在看来,似由东方各国关于世界人生的哲理融合而成。希腊哲学所受于中国哲学文化的影响,也许不会比乐律少些。他相信,今后的学者去努力钻研,会得出更多相应的结论。①当然,此时的朱谦之先生万万没有想到,古埃及和希腊的一件重要吹管乐器"乃依",其器名实际上就是保留了中国古汉语"籁"的音译。名之为"乃依"的乐管,是东西文化交流史上中国音乐文化对包括希腊在内的西方影响的一件确凿之物证。

## 三、中国"乃依"(籁)乐管的西传推说

上述朱谦之先生的"中国乐律影响希腊"说,其实并不是一种空穴来风式的孤立创说,也是有着一定的西方学术文化背景支撑。早在 18 世纪时,法国传教士、著名的汉学家钱德明(M.Amiot,1718—1793),就认为古希腊毕达哥拉斯的乐律体系不少是从古代中国传入的。钱氏于 1750 年到中国,居京 42 年,传教事业外,还专事沟通中西文化的活动,1776 年在北京印行了一本详论中国古乐八音的书,此书收入《北京耶稣会士研究纪要》第六卷,也即 1980 年发表的《中国古今音乐考》一书。该书中,钱氏主张中国古代乐律和毕达哥拉斯氏的乐律相同,毕达哥拉斯曾经游历过印度也许也到过中国,受到了中国思想和音乐理论的影响。他的这种学说对后世颇有影响,日人田边尚雄的《东洋音乐史》一书的"中亚音乐之扩散"中论及"三分损益法"就有取于钱氏之说的观点。在康讴主编的《大陆音乐辞典》的"中国音乐"词条(p.214)中述及中国远古"乐律"史事时也有如下之论说:

> 古代希腊乐律学家毕达哥拉斯(Pythagoras),游学埃及时,也曾运用三分损益法来研究希腊律的组织,成为今日西洋音阶理论的基础。西洋学者通常相信毕氏得此法于埃及,实际上埃及是得自迦勒底,迦勒底得自苏美尔,苏美尔则得自中国。以时间来说,中华民族对三分损益法的发现,约早于毕氏二百年以上,所以由中国西传是很可能的。据希腊史学家海拉多屠斯(Heradotus)说,希腊商人到达中国,是在纪元前 7 世纪,那么,三分损益法也可能直接有商人带回去的。

这些论说,还只是以《管子》的"三分损益法"来说事。其实,中国乐律学的发达,远比"三分损益法"要久远得多。据《吕氏春秋》的记载,早在 5 000 年前的黄帝时期,就有宫廷乐官伶伦奉命截竹为笛律,根据琴弦的按音(即"听凤凰之鸣","凤凰"为琴的代称)以耳齐其声,将音乐中的十二个音律以长短不同的竹管固定下来了。只是由于《吕览》的载说被蒙上了一层"凤凰之鸣"的神话迷雾,其"依弦定律"的史实遂为后世所不谙,笔

---

者于此曾有专文考探。①这些确凿可凭的文献载说,就已透露出中国古代音乐发达特早的远古文化信息;但这还只是仅见于古代典籍上的文字记载,而当代重大的音乐考古新发现:河南舞阳贾湖村新石器遗址的骨质斜吹乐管——"骨龠"的成批出土(30多支),更是以凿凿的实器之证表明了早在9 000年前的中国腹地(中原),像塔吉克族"乃依"(籥)那样的骨管吹奏乐器就已经完全成型且十分地流行,直令全世界为之瞠目结舌!因为它改写了整个人类的音乐历史。可以大言不惭地说,中国贾湖出土的这种完形的、七声齐备的骨质吹奏乐管,足以代表着人类那一时期音乐的最高水平。在此后数千年的传承流变中,我们完全有理由相信,这种名之"籥"(乃依)的骨龠乐管,极有可能和中国的乐律理论一样,最初传给了苏美尔人,后由苏美尔人传到了迦勒底,又由迦勒底传至古埃及。如此,在三四千年后的古埃及金字塔的墓画中,我们就看到了这种"斜吹"乐管的群奏图像(图3.5)。

图3.5　埃及基在金字塔壁画"纵笛合奏图"②

　　当然,此时已由短骨管衍变为较长的苇竹之管,其实,它就是中国古典文献中早有记载的"苇籥"。而田边尚雄氏将古埃及这种斜吹乐管称之为"纵笛",并误以为它是中国古管乐器籥、笛的源头,但真正的历史事实恰好是相反的。因为,早于古埃及金字塔的三四千年前,中国中原一带的新石器时期就已十分流行这种管端不开豁口的骨质"斜吹"乐管了(贾湖骨龠),通过塔族"乃依"的比类求证,这种乐管正是名之为"籥"(乃依)的众窍之"龠",而埃及人与阿拉伯人一样,至今仍称这种斜吹的乐管为"奈伊",其实是保留了中国远古汉语"籥"的音译,在中国新疆的阿勒泰地区民间,至今仍保留着这种远古"苇籥"的遗存——苇秆乐管"绰尔"(详参本书第四章)。

　　那么,中国的"籥"(乃依)乐管是通过什么途径西传到西亚诸国的呢?这让我们不能不想到闻名于世的"丝绸之路"。"丝绸之路"是远古的中国与外域、外族进行交流的主要通道。通常大都认为是西汉张骞出使西域时才开辟出了"丝绸之路",时间大体为公元前的一世纪。而事实上,在此之前中国与西亚早就有所交通和往来,据阴法鲁先生在《丝绸之路上的音乐文化交流》一文中说:

①　详参刘正国《伶伦作律"听凤凰之鸣"解谜——中国上古乐史疑案破析》,载《音乐研究》2005年第2期。
②　民国版《中国音乐史》(铅印本),[日]田边尚雄著,陈清泉译,商务印书馆民国二十六年五月初版,第5页,"面壁斋藏本"。

这条古老商路的开辟，可以推溯到公元前三世纪以前，那时希腊人、罗马人就知道东方有个"丝国"，可见中国的丝绸已经通过曲折的途径，辗转运到了欧洲。

而据希腊史学家海拉多屠斯的考说则更古远，希腊商人早在公元前 7 世纪就已到达中国。实际上，大约在春秋战国（公元前 770—前 221 年）时期"丝绸之路"就已经形成，并已初具规模而有较大的发展。其时，中国的丝绸通过游牧的方式，大约在公元前 5 到 6 世纪，在其后的"丝绸之路"稍偏北的路线，从中亚西北迁到黑海西北的塞人部落，在中国和希腊之间进行了最古老的丝绸贸易。这在希腊的古代雕刻和绘画中，其衣着显然是中国制作的丝绸，都可作为佐证。在胡戟、傅玫的《敦煌史话》中更有如下一段述说：

> 《旧约全书》中《以赛亚书》这一部分，写成于公元前 8 世纪，书中称中国人为"丝人"，这样把对中国的认识同我国生产的丝联系起来，就作为一种传统在国外延续下来了，如公元前 400 年周安王时希腊人克泰夏斯和前 3 世纪古罗马地理学家斯特拉波的著作中，即称中国为"塞里斯"，意即"产丝之地"。①

由此可见，至少在公元前的 8 世纪之前，中国的丝绸已为西亚乃至欧洲人所悉知，那么，真正的"丝绸之路"滥觞可能早得我们无法想象。可以肯定，在远古的这种中西交流和往来中，不可能只是单纯的生活用品和生产工具等经济上的往来，而不伴有相应的文化上（包括音乐）的交流。也可以推想，其时，早已在中国大地上普遍流行的并被统称之为"籁"（乃依）的单管之"龠"和编管之"箫"就极有可能随之而西传至西亚诸国，这种奇妙的乐管可能和中国的丝绸一样为阿拉伯人、希腊人及埃及人所钟爱，并一直保留着汉语"籁"（"奈伊"）的器名之称，传承延续至今。这种推想，在中国先秦的典籍中还是可以找到一些蛛丝马迹的文献印记的，以下，我们来看一看著名的"汲冢书"《穆天子传》。

《穆天子传》又名《周王传》、《周穆王传》、《周王游行记》，晋武帝咸宁五年出土于汲郡（今河南汲县）的六国古墓（魏襄王墓），故谓之"汲冢书"，是确凿可凭的先秦古籍。该书记叙了西周的第五代王穆王率七萃之士，驾八骏之乘，伯夭为导，造父为御，长驱万里，绝流沙、征昆仑，与西王母酬酢赋诗、馈赠流连，及其大奏广乐盛葬宠姬的故事。其行程路线，概括中外学者的研究，大致可以作这样厘定：穆王一行从河南洛阳出发，越过太行山，沿滹沱河西北行，经由河套折而向西，经过青、甘边界，经由昆仑山，至于西王母之邦——今帕米尔地区，最后抵达欧洲大平原。②这是发生在距今近三千年前的古事，在今人看来，似乎只是一个不可思议的神话传说。然而，当代的研究表明，尽管《穆天子

---

① 胡戟、傅玫《敦煌史话》，中华书局 1995 年出版，第 2 页。
② 文征义《山海经·穆天子传·跋》，岳麓书社 1992 年 12 月出版，第 10 页。

传》一书仍然隐藏着众多的历史迷雾,但穆王巡行海内之事能同正史相印证,它是一部披着神话传说外衣的近实之历史故事应该是没有问题的。

特别值得我们关注的是,在《穆天子传》的全篇载说中,有关"乃奏广乐"、"大奏广乐"的音乐之记载,自卷一至卷六,文字贯穿未绝、斑斑可见,如下列所辑:

> "天子乃奏广乐。"(卷一)
>
> "天子五日休于□山之下,乃奏广乐。""天子三日休于玄池之上,乃奏广乐,三日而终,是曰乐池。"(卷二)
>
> "西王母为天子谣曰……天子答之曰:'予归东土,和治诸夏,万民平均,吾顾见汝,比及三年,将复而野。'……吹笙鼓簧,中心翔翔,世民之子,惟天之望。'"乃奏广乐,□六师之人,翔畋于旷原,得获无疆。"(卷三)
>
> "壬辰,至蒙山之上,乃奏广乐,三日而终。"(卷四)
>
> "壬辰,祭公饮天子酒,乃歌冈天之诗,天子命歌南山有麂,乃绍宴乐。""甲辰浮于荥水,乃奏广乐。""天子东游饮于留祈……乃奏广乐。天子遗其灵鼓,乃化为黄蛇。是日天子鼓道其下而鸣,乃树之桐,以为鼓,则神且鸣则利于戎;以为琴,则利□于黄泽。东游于黄泽,宿于曲洛,废□使宫乐谣曰……"(卷五)

更重要的是,在该书的最后的"卷六"中,记载穆王对病故的宠姬盛姬的安葬场面,有如下与音乐相关的叙述,涉及到诸多具体乐器的描述,而这些乐器名正是见载于先秦各种典籍的凿凿可据的华夏之旧器:

> "癸酉,天子南祭白鹿于漠□,乃西饮于草中,大奏广乐,是曰乐人。"
>
> "乐□人陈琴、瑟、□、竽、箫、篍、筦而哭,百□众官人各□其职事以哭。"
>
> "鼓钟以葬,龙旗以□,鸟以建鼓,兽以建钟,龙以建旗。……击鼓以行丧,举旗以劝之;击钟以止哭,弥旗以节之。"①

这似乎就是一个庞大规模的随行乐队,所见的乐器计有:琴、瑟、□(疑为"笙"之缺)、竽、箫、篍(疑为"篍"之误)、筦和鼓、钟等近十种。而这其中,竟然就有被称之为"籁"(乃依)的吹管乐器"箫"。不止如此,另外值得注意的还有一"篍"字,该字从"竹",但查所有字典的"竹"部皆无此字;唯有一从"艹"之"荻",但"荻"只是一种草本植物之名,从不作乐器名解。而此处所列之"篍"则肯定为乐器,旧注为"载吏所吹",即由统领仪仗队之官掌吹;谛审之,此"篍"字似应为"篍"字之误。"篍"字,《说文》有载,释作"吹筒也",正是为吹管之乐器。本书的第二章"中原'竹篍'"中业已论及,"篍"本读若"愁"音,它其实就是中原"筹"乐器器名的本字。而"筹"实际上是民间对"南箫"的俗呼,也是

---

① 清版《穆天子传》(木刻本),汲冢书,晋郭璞注,南城郑濂校,乾隆戊申年木刻丛书零种本,"面壁斋藏本"。

众窍之"籁"的一种。颇为蹊跷的是,"篴"字的旧注,据《康熙字典》所载《广韵》、《正韵》皆训其为"竹箫,洛阳亭长所吹",而穆王西行正是启程于洛阳,不知其随行乐队所带之"篴"是否正与洛阳之地风行此吹器有关。《穆天子传》一书,"籥"和"篴"同见于穆王西巡随行的宫廷乐队中,二器在远古时期的民间正是被称之为"籁"(乃依)的,此可谓中国"乃依"(籁)乐管西传的可能在文献之征上的一点蛛丝印记,但却是弥足珍贵的!

据考,穆王西游的年代大约在公元前 964 年间。可以推断,在此之前,中国与西亚的交往应该早已开通,否则,作为一代天子的周穆王,绝不会亲自率领一个庞大的队伍及随行乐团盲目地冒失西行,必有先行的往来交通之例在前,这条漫漫西行之路应该早就开通,穆天子一行这才有可能驾轻就熟地经由昆仑山、到达西王母之国、最后抵于欧洲大平原。由此可见,中国通往西亚乃至欧洲的"丝绸之路"很可能极为古远,远到我们无法想象,唯其如此,在成书于公元前 8 世纪的《旧约全书》的内容中出现对中国的"丝人"之称,才不足为奇;而"乃依"(籁)乐管在远古西传的可能性,藉此亦可以推而知之矣。

## 四、"唢呐"(苏尔奈)语源的启示

关于中国"乃依"(籁)乐管的西传,其实还有一件重要的吹管乐器可以为辅证,但却为一般学者所不辨,这就是中国的簧哨类吹管乐器"唢呐",新疆人称之为"苏尔奈"或"苏奈伊"。

"唢呐"一器,在中国大地上十分流行,千百年来的民间,无论南、北、东、西,无论婚、丧、嫁、娶,都似乎离不开它的身影。其高亢激越的音声特别深入人心、鼓动人情,是中国民族民间乐器中的典型代表。然而,让人困惑的是,就是这样一件具有典型中华民族特征的吹管乐器,却一直被认为是出自波斯、阿拉伯的外来乐管。在当代中国学者的相关著述中,对"唢呐"的介绍,几乎都是众口一致地说成是由波斯传入的乐器。如:

高厚永《民族器乐概论》曰:"'唢呐'一词即波斯原名 Surnā 的音译,金元时传入我国,到了明代已普遍流行,明《三才图会》中说:'唢呐,其制如喇叭……,不知起源于何代,当是军中之乐也,今民间多用之。'又明王磐《王西楼先生乐府·朝天子》词:'喇叭、锁哪,口儿小,腔儿大。'可见当时的唢呐已经吹得很热闹了。到了清代,唢呐被放在回部乐中使用,称为苏尔奈。"[①]

袁静芳《民族器乐曲欣赏手册》说:"唢呐,中国民间吹管乐器。中国的唢呐源于波斯,阿拉伯的双簧吹管乐器苏尔奈,但远远后于笙箫传入中原。"[②]

不独如此,在当代所编的辞书字典等工具书中,对"唢呐"一词也大都作如是定说,如:

> 唢呐,一作"琐嘹"、"苏尔奈"。簧管乐器,管口铜制,管身木制。原流传于波斯、阿拉伯一带,"唢呐"即波斯语 Surnā 的音译。金元时流入中国。
>
> ——《辞海》

① 高厚永《民族器乐概论》,江苏人民出版社 1981 年 6 月出版。
② 袁静芳《民族器乐曲欣赏手册》,中国文联出版公司 1986 年 2 月出版。

唢呐,双簧气鸣乐管,广泛流传于亚、非、欧许多国家及中国各地的吹管乐器。
唢呐是阿拉伯语"Surna"(祖尔纳)的一种音译。亦称"琐呐"、"苏尔奈"、"喇叭",金
元时传入中国。

——《中国大百科全书·音乐舞蹈卷》

　　由此可见,"唢呐"是由西亚的波斯、阿拉伯一带外来传入的乐器,似已成了当代学
者众口一致的定说,但这一定说却并没有像"琵琶"那样有着"本出于胡中"(汉刘熙《释
名》)①一类的确凿文献之证的支撑;众所周知的"唢呐"之名出现最早的明代文献之一
《三才图会》中,也只有"不知起于何代"的载述,而根本没见有什么"出于波斯、阿拉伯"
或"出自西域"之类的说法。那么,"唢呐"传自于波斯、阿拉伯的定说又是从何而来的
呢? 据本人的查考,此说应当源自于日本学者林谦三的《东亚乐器考》一书。
　　《东亚乐器考》是林谦三先生研究东亚诸国音乐的一部力著,完成于上个世纪50年
代末,1962年由钱稻孙先生翻译的中文版正式在中国发行。该著主要就东亚的——特
别是在中国发源、成长的古乐器进行了前人所未有的考论,述及其起源、沿革和音律、器
名的语源等诸方面,其立足于文献,详征博引,不乏创见。在该书的第四章"气乐器"中,
就有"唢呐杂考"专门的一节,其篇首便开宗明义地说道:

　　中国的唢呐,出自波斯、阿拉伯的打合簧(复簧)乐器"苏尔奈"。
　　唢呐这名字的音韵,就表示着是个外来的乐器。其传来时期,文献上不能上溯
到明初以前。②

　　在接下来的关于"唢呐"的起源与传播的论述中,林氏对明、清时期文献中"唢呐"的
不同名称的写法作了如下的罗列:

　　锁呐(明《武备志》)
　　锁鎈(明《日本考》)
　　琐哢(明《三才图会》)
　　琐哢(清《律吕正义》、《五体清文鉴》、《大清会典图》)
　　锁哪、锁哢(清《钦定续文献通考》)
　　苏尔奈(清《大清会典图》、《皇朝礼器图式》)

　　他认为"唢呐"这样一些不同写法的肖音字,均是同一原语或其亲近语的音译,而这
一原语便是出于波斯语的 zourna(zurnā)。"举其类语:10世纪的阿拉伯音乐家与阿
尔·法拉皮(Al.Farabi)已记为 sournay。据维洛多(G.A.Villotear)说,这乐器的阿拉伯

---

① 　清版《释名》(石印本),汉刘熙撰,长洲吴氏璜川书屋本,卷第七"释乐器第二十二",第1页,"面壁斋藏本"。
② 　[日]林谦三《东亚乐器考·琐口奈杂考》,人民音乐出版社1962年2月出版,第407页。

名为 Zamr。其最普通的名称是 Zornă、Zornă、Zournă、Zournă、dzournă、sournă、sournay、cournăy 等等。……"据此,林氏在书中十分肯定地下结论道:"(唢呐)这乐器本是发生在西亚的,随着回教的东渐而流布于中国、印度及其近邻地区,以及南海,有其类语散存。"

林氏对"唢呐"的这一考说,的确是为前人所未逮,也是当代中国学者们所持的"唢呐"源于波斯、阿拉伯之说的真正出处之所在。那么,林氏此说为什么能为中国音乐学界普遍接受呢? 因为,对于古代乐器名,人们似乎都有这样一个共识:在中国古代文献的载说中,所谓"华夏旧器"都是以一个字来命名的,如"钟"、"琴"、"笛"、"埙"等;若是用两个字以上来命名的则多为外来之器(含少数民族),如"琵琶"、"胡琴"、"火不思"等。著名音乐史家沈知白先生对此就有这样一段具体的论说:

> 古代的乐器,凡用一个字命名的都是中国固有的乐器,如:琴、瑟、筝、筑、竽、笙、箫、管、篪、钟、磬等等。如用两个字以上命名必为外来乐器或少数民族的乐器,有的是译音,有的则是贯以地区名或族名,以为区别。前者如:琵琶、箜篌、火不思;后者如:奚琴、羌笛、渤海琴等。①

林谦三先生在《考》书中认定"唢呐这名字的音韵,就表示着是个外来的乐器"的说法,其理由大体亦在于此,故易为学者们所接受。

应当肯定的是,林氏的这种以乐器器名的语源来探赜乐器的缘起,的确不失为一种可行之法。因为,一种乐器的器名之称,往往会隐含着这一乐器流传的极其古远之信息,"唢呐"一名也正如此! 但却并不是林氏所认为的是波斯语"zournay"的音译,而恰恰相反的是,波斯语的"zournay"一名中,却是实实在在地隐含着中国古代汉语"籁"的译音,"zournă"(苏尔奈)这一语源明白无误地向我们透露出:波斯、阿拉伯人的这一吹管乐器最早应该是传自于中国的。

众知,"唢呐"一词在汉文典籍中,除俗名"喇叭"之外,其它都是同一种肖音的各种不同写法,如两个字的"唢呐"、"锁哪"、"琐奈",三个字的"苏尔奈"、"苏奈伊",还有四个字的"唢勒耐依"等。这其中,"苏尔奈"或"苏乃依"是对新疆木唢呐的专门称语,这种唢呐无金属的碗子,通体木制,以枣木做成喇叭口,流行于维吾尔族自治区的南疆、北疆和东疆各地。而"唢勒耐依"则原为塔吉克族堪珠部落使用,现仍流行于新疆塔什库尔干一带。新疆地区的这种不带喇叭口的"木唢呐"应是"唢呐"较为早期的形制;不仅如此,其器名"苏尔奈"、"苏奈伊"及"唢勒耐依"的肖音,也更为明确地显现出其隐含的汉语"籁"之语源。如下,试将包括波斯语、东南亚的泰语等在内的各种"唢呐"的称语作一分解列示:

---

① 夏野《沈知白先生指导我编写中国音乐史教材》,载《沈知白音乐论文集》,上海音乐出版社 1984 年 3 月出版。

|  | I |  | II |  |
|---|---|---|---|---|
| Sournay | —— | Sour | ～ **nay** | （波斯） |
| Chanai | —— | Cha | ～ **nai** | （泰国） |
| 唢呐 | —— | 唢 | ～ **呐** | （中国） |
| 琐奈 | —— | 琐 | ～ **奈** | （《三才图会》） |
| 苏奈依 | —— | 苏 | ～ **奈依** | （新疆） |
| 苏尔奈 | —— | 苏尔 | ～ **奈** | （《大清会典》、南疆） |
| 唢勒耐依 | —— | 唢勒 | ～ **耐依** | （新疆、塔族部落） |

　　由此列示可以清晰地看出,在这各种不同的"唢呐"称语中,大致都有一个相同的肖音——即以上所列第"Ⅱ"标帜下的:"nay"、"nai"、"呐"、"奈"、"奈伊"和"耐依"等,这些肖音的语源其实就是汉语"籁"的音译。前述已及,"籁"字的发音在上古汉语中是没有"nai"、"lai"之分的(这种语音现象在现今的诸多方言中仍然存在),而"籁"字的本义就是吹管乐器的器名。汉语"籁"之器名,在上古时期包含有"比竹"之籁的"箫"和"众窍"之籁的"龠",也即庄子所谓的"人籁"和"地籁",这两大形制的乐管都是"边棱类"的气鸣乐器。然而,"唢呐"却是与此截然不同的"簧哨类"乐管,那该又是何种之"籁"呢? 这一点,我们来看上面分解列示的第"Ⅰ"标帜下的:"Sour"、"Cha"、"唢"、"琐"、"苏"、"苏尔"、"唢勒"等,这些置于"籁"语源之前的词大抵都是读若"哨"音,其实就是对"籁"的一个限定词,也即是以"哨"而鸣的"籁"——"哨籁"。笔者以为:"哨籁"才正是波斯语"Sournay"、维吾尔语"苏尔奈"及汉语"唢呐"等器名的原语源,这一隐含的语源标明,该乐管是不同于边棱发音之"人籁"和"地籁"的一种复合簧"哨"鸣乐管。

　　"唢呐"、"苏尔奈"以及波斯语"Sournay"的原语源就是"哨籁"——也即是插上"哨"子而鸣奏的"籁",对此,我们还可从"唢呐"乐管的形制结构特征来证之。众人皆知,现今"唢呐"的基本形制是由芦哨(带铜芯)、木管(唢呐杆)和金属喇叭口所构成,但从新疆"苏尔奈"、"苏奈伊"的形制来看,其主体结构就是一根木管和一个芦哨,木管的本身上敛下哆,并没有中原一带"唢呐"结构上常见的金属喇叭口,制如右图:

图 3.6　新疆"苏尔奈"
（木唢呐）

　　很显然,这种不带金属喇叭口的木唢呐应是"唢呐"乐管的较初始的形态,这种较初始的形态十分简洁,只有"芦哨"和木管杆两大构件。其木管杆身开有多孔,据《清史稿》载:"苏尔奈……七孔前出,一孔后出,一孔左出,"一共乃有八九孔,[①]正可谓是单管的"众窍"之"籁"(乃依)。因为,这种多孔的

---

[①]　"唢呐"的常规开孔一般都是八孔,疑此记载的"左出"一孔实际上是包括在"前出"的七孔之内,只是开孔略向左斜,以便于小指按捺,现今"唢呐"开孔皆然。

木杆管身,不插"芦哨"而运用"斜吹"之法,即可如单管之"籁"(乃依)一般地演奏乐曲。现今冀北及鄂豫皖一带民间的"唢呐"高手们,演奏兴起往往会将喇叭口扒下,以唢呐杆尾的管端作吹口来"斜吹"演奏,与"唢呐"本身嘹亮的"哨"鸣音色形成一种对比;这种看似十分随意的即兴表演,其实就是一种难得的"返祖"现象。"唢呐"乐器的起源,正是在这种简单质朴的气鸣乐器"龠"——也即众窍之"籁"(乃依)的乐管基础上,插上"芦哨"而吹之逐步成型的。因是插"哨"而鸣,既不同于"众窍"单管之"地籁",也不同于"比竹"编管之"人籁",故名之为"哨籁";而"哨籁"一名,又因其千百年来在不同国家、不同地区的流传而音讹为"唢呐"(汉语)、"苏尔奈""苏奈伊"(维语)乃至于"Sournay"(波斯语)、"Chanai"(泰语)等称语,但这些称语中的"哨籁"、特别是"籁"的原语源则保持至今,仍然清晰可辨。

由"籁"(奈伊)而"哨籁"(苏尔奈),这种由简单的边棱气鸣乐管而发展衍变成为结构复杂的簧哨类乐管,既符合乐器发生学的一般规律,也有着其他乐管的变革之例可以旁证。在新疆阿勒泰地区的蒙族民间,世代传承着一种简单质朴的苇类乐管,其名"潮儿"(苇籥),是带"喉啭引声"的边棱类气鸣乐器;而在清代宫廷笳吹乐中则有名之为"冒顿·潮儿"(胡笳)的乐管,却是一种截然不同的带"角哨"的簧哨类吹管乐器。但其器名中同样含有"潮儿"的语源,表明它是由民间苇类"潮儿"发展衍变而来的一种变体木管"绰尔"(详参本书"第四章")。这种由"潮儿"(苇籥)而"冒顿·潮儿"(胡笳),也是由简单的边棱气鸣乐管而发展衍变成为结构复杂的簧哨类乐管;且同样也是可由器名的同一语源上辨之,可谓是"唢呐"之源由"籁"(奈伊)而"哨籁"(苏尔奈)的一个难得的重要之佐证。

通过以上对"唢呐"、"苏尔奈"及波斯"Sournay"等器名称语中的"籁"及"哨籁"原语源的揭示和辨析,我们完全有理由相信:"唢呐"这乐器并不像林谦三氏所认为的那样"本是发生在西亚的",而实实在在就是发生在中国本土的!因为,当代考古学的资料业已证明,中国单管之"籁"(龠)乐器的渊源至少已有八九千年的确凿历史可考(贾湖"骨龠"),这比古埃及、两河文明及波斯阿拉伯文化要更加久远得多。文献上溯之,由"籁"(奈依)发展衍变成插"哨"而鸣的"哨籁"(苏尔奈),最迟也不会晚于公元前的9世纪;因为,在确凿可凭的先秦典籍《穆天子传》所载的西行宫廷"广乐"中,就见有"管"(筦)乐器之名,"管"也是由"籁"身插"哨"而鸣的,其本质亦是"哨籁"之一种,只是"并俩而吹",其名为"管"。据此,我们完全可以作如下之推定:

中国远古插"哨"而鸣的"哨籁"大约在距今三千年前,就有可能与"籁"(乃依)乐管一样,随着最古老的"丝绸之路"传入西亚各地,后在波斯阿拉伯文化的长期浸润中,逐渐衍变成了带有繁复装饰的金属哨芯和喇叭口之形制;而千百年后,它又随着回教的东渐而回流到中国的本土。其形制上虽有着典型的波斯阿拉伯文化印痕,但在它流布各国各地的称语中——不论是波斯语的"Sournay",还是新疆维语的"苏尔奈"、"苏奈伊",抑或是现今汉语的"唢呐"等,都还经久不变地保留着古代汉语"籁"的音译,而其完整的原语源——"哨籁",实也清晰可辨。

如上之考论,由塔吉克族现存的"乃依"乐管与汉许慎《说文解字》释"籁"为"三孔

中国古龠考论

籥"的相互释证,破解了先秦庄子《齐物论》中"众窍"的"地籁"之谜,揭示了"乃依"的语源为汉语"籥"的音译,并藉此探讨了中国"籥"(乃依)乐管西传的可能(包括含有"籥"语源的"唢呐")。诚然,这一彻底颠覆了固有的中国笛源"西来说"的观点,还有待于我们对西亚乃至欧洲一些国家的"奈伊"乐管流布及渊源的全面考察与进一步的论证。

本来,一种相类的乐管流行于不同的民族和国家,即不同的地区有可能发生相同的文化,这并不是鲜见的事;而不开吹孔由管端的"斜吹"之法,则极有可能是人类最早的共同吹法。但是,这些乐管都称之为"奈伊"(Nay),其器名的语源就大大地值得追究了。因为,这种共同的器名语源中,极有可能隐藏着该乐管流传渊源的密码,即如中国音乐学院的刘勇先生所言:"从大量实例看,一种语言中的物品的名称是最容易在其他语言中以相近的语音保存下来,如汉语对外语的'音译',日语中的'音读'等等,都是这种现象。"[1]此外,据音乐文献学家王小盾先生说,过去的观点一直认为在波斯及伊朗语系中并没有中国汉语的遗存,伊朗语系是一个较封闭的独立语系。那么,阿拉伯"奈伊"乐管的器名是为中国古代汉语"籥"音译的揭示,必将会给我们带来更多的思考和超越,其重要的学术意义和深远影响将是不可估量的。

西亚一带的"乃依"乐管器名是为汉语"籥"的音译之揭示,在今天的中国,是有着九千年之遥的考古学资料(贾湖"骨籥")、两千多年的文献学资料(庄子"三籥"等)和现存鲜活的众多民族民间乐管资料(塔族"乃依"、中原"竹筹"、蒙族"绰尔")等多重凿凿证据的强力支撑;这其中,本章所论的作为远古被称之为"籥"的"三孔籥"之活化石——塔族"乃依",则是中国境内本土现存的唯一保留着汉语"籥"的音译的斜吹乐管,其于中国管乐源流史乃至东亚乐器源流史上的学术价值是非比寻常的,当是弥足珍贵!

## 第四节 "乃依"演奏的乐曲

塔族的"乃依",一直秉承着千百年来的"斜吹"之法和"三孔"之制,乐管长度随大鹰尺骨自然管长而定,一般长约26厘米。"乃依"虽然只开有三个音孔,却可以演奏出完整的七声音阶。其演奏的持势与中原"竹筹"完全一样为"斜吹",可右持,也可左持。一般来说,上把以无名指、中指按二、三两孔;下把以食指按第一孔(最低孔)。此外,演奏时,下把手指的无名指可在管尾的端口开合,以取得筒音高度的变化。

"乃依"乐管的筒音一般为"re"音,以无名指控之,还可以获得低一个音的"do"。其演奏音域常用为九度,而其低音区一般不用,因与常用音区的开孔音高不一样,大约要高一个大二度,若能控制得自如,演奏音域实际上还是可以向下拓展近一个八度的音程。"乃依"乐管的三孔所奏音律及常用音域大体如下谱所示:

① 刘勇《中国唢呐历史考索》,载《中国音乐学》2000年第2期。

谱 3.1

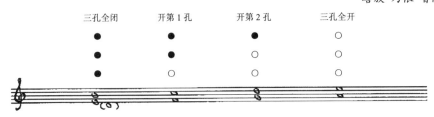

塔吉克族的民间器乐曲,包括"乃依"、"苏乃依"、"艾捷克"、"热普尔"和"赛依吐尔"等乐器的独奏曲和小合奏曲。著名的独奏曲如"乃依"独奏曲《蓝鸽子》、《那艺曲》,"苏乃依"独奏曲《法拉克热》,"布普"独奏曲《泰克奴克里克居瓦都尔》,"赛依吐尔"独奏曲《秦岗古丽》、《艾尔凯提陆》等。其中的大部分由同名民歌演变而来,有些源自民间歌舞曲的器乐间奏段落。这些独奏曲有自娱和他娱两种功能:自娱者多为高原牧人和出门在外的孤独者,他们用乐器倾诉自己的哀怨或欢乐,抒发对家乡和亲人的思念。他娱的任务则由技巧比较娴熟的民间乐手担任,他们或为群众性舞蹈伴奏,或使听众得到欣赏和享受,从而达到感情上的共鸣。

图 3.7 塔族"乃依"与"达普"

塔吉克族民间小乐队的一种由两支"乃依"和"达普"等打击乐器组成。两个"乃依"乐手可以做"鱼交尾"式的轮奏,也可以一人奏主干旋律,另一人加花变奏,有时也用塔吉克的"苏乃依"(一种制如唢呐的簧哨类乐管)代替"乃依"。"达普"打击乐器的核心是一面大直径的鼓,有两位女鼓手击打,其中的一个人击基本节奏型,另一人奏衬点、花点作为补充。塔吉克族民间这种小乐队主要在各种喜庆场合如婚礼及传统节日期间的叼羊、赛马等竞技比赛时演奏。

塔吉克族的"乃依"曲在形态特点方面与整个塔吉克族传统音乐基本一致,其特点依《中国民族民间器乐曲集成·新疆卷》所载,大致可以归纳为以下几点:

1. 篇幅偏于短小,结构多具对称、方整性。

2. 多种乐律、调式并存。乐曲结音以首调唱名 La、Re、Mi、So 四者居多,亦可见以 Do 为乐曲结音者。除由七声音阶构成的调式外,尚可见由 Re、So、La、Do 四声构成的调式及由 Re、Mi、So、La、Do 五声构成的调式。部分曲调中多见半音及四分音变化:半音常具下倚音功能,四分音长处在乐调结束音上方三度音的位置,与结束音构成"中立三度"。四分音又常在四分之一音范围内作上、下游移。

3. 常用 7/8、5/8、2/4 节拍,也可见 6/8 节拍及节奏自由的散板和类散板。大部分特别是以伴奏为主要功能的塔吉克族民间乐曲中,常有基本不变的节奏型贯串乐曲始终。3+4/8 式 7/8 节拍以冬 大 冬 大‖或冬 大 冬 大‖为基本节奏型;3+2/8

式的 5/8 拍以<u>冬大大 冬大</u>‖为基本节奏型；2/4 节拍以<u>冬·大冬大|冬大大大大</u>‖或<u>冬·大冬大|冬大冬大</u>‖为基本节奏型；6/8 节拍以<u>冬大大大冬大·大</u>‖为基本节奏型；4/4 节拍以<u>冬大大冬大大大大</u>‖为基本节奏型等。旋律节奏以各种切分为特色。

4. 旋律质朴，大都为问答式上、下句稍加变化的多次重复。

塔族"乃依"演奏的乐曲音域大都在一个八度之内，主要有《蓝鸽子》、《那艺曲》和《恰普素孜》等乐曲。①

1.《蓝鸽子》是生活在皮山县克里洋塔吉克自治乡等地的瓦罕部落的塔吉克人演奏"恰普素孜"时，用一支"乃依"独奏的乐曲。谱例如下：

**谱 3.2**

## 蓝鸽子

皮山县克里洋塔吉克自治乡

周 吉 记谱

* 该曲速度约每分钟 52 拍

---

① 曲谱主要参考资料《中国民族民间器乐曲集成·新疆卷》（上、下），中国 ISBN 出版中心 1996 年 12 月出版。

2.《那艺曲》是生活在皮山县克里洋塔吉克自治乡等地的瓦罕部落的塔吉克人演唱"恰普素孜"时,在若干段落的歌唱之后,所插入的由"奈依"演奏旋律的器乐段落。演奏其间,人们可以"嚯"和"肖吧! 肖吧!"等呼喊性旋律加以补充,造成群体舞蹈所需要的欢快热烈的气氛。

谱 3.3

那 艺 曲

皮山县克里洋塔吉克自治乡

周 吉 记谱

＊该曲速度约每分钟48拍

3.《恰普素孜》主要在婚礼等喜庆场合演奏，用以伴奏舞蹈，流行于塔什库尔干地区，多为"苏乃依"（木质唢呐）或"乃依"演奏。

**谱3.4**

<h1 style="text-align:center">恰普素孜</h1>

塔什库尔干塔吉克自治县<br>周　吉　记谱

# 第四章　蒙族"绰尔"(苇篽)

"绰尔"(Chao er),通常也写作"潮儿"、"潮尔""楚儿"、"楚吾尔"等,是流传于新疆阿勒泰地区鸟梁海、蒙恰克部落蒙古族民间的一种特殊的单管吹器,在中国境外的蒙古人民共和国和苏联都瓦自治共和国境内也都有该乐管的流传。"绰尔"的质材主要以草原上自然生成的空心植物茎秆制成,乐管形态质朴简单,一般为三孔或四孔之制;其演奏方法是一种极其独特的"吟奏"——吹奏时先从喉中呼出与乐曲主音同高的鼻长音作持续音,然后再以气吹出管中的旋律,即古籍中载说的所谓"喉啭引声"。其贯串乐曲始终的粗犷喉鼻音,与管体自然圆润的旋律泛音的共鸣结合,构成了"绰尔"别具一格的特殊音色,尤为动人心魄。

"绰尔"乐管的渊源极其古远,当代学者的考证认为,"绰尔"即汉魏时期文献典籍中所见载的"胡笳";而就其世代相传的"苇"类制作材料和自然管口的"龠"类形制特征来看,它应该就是先秦文献中记载更为古远的"苇篽"之遗制。

鸟梁海、蒙恰克部落的蒙古牧区的"绰尔"演奏,主要用于的节日、婚礼以及放牧、祀敖包、祀水土等活动中。它既可以表现人们的喜庆、欢乐,也可以表现深沉、哀怨的情怀以及生死离别的隐侧之心和劝慰,更可以表现出人们对大自然现象的模拟和对于家乡山水的赞颂和热爱。这种形制质朴、吹法独特的乐管,在新疆地区的其他民族中也有流行,只是名称各不相同,哈萨克族人称之为"斯布斯额",而柯尔克孜族人则称之为"秋吾尔",与"绰尔"、"楚吾尔"音近。

## 第一节　喀纳斯湖畔的"天籁"

"绰尔"作为一种极其简朴的独特乐管,在游牧民族中流传了不知有几千百年了,但却一直似乎是"藏在深闺人未识",即使是在上个世纪80年代中的全国性大规模的民族民间音乐音响、集成志书的编撰采集中,新疆蒙族的"绰尔"也只是初为极少数的音乐学者所瞩目,鲜为一般人所知。至上个世纪末开始,随着新疆地区旅游事业的发展与开发,"绰尔"这一古朴的乐管和演奏它的蒙古族图瓦人聚居地——神秘的"喀纳斯湖"一起,渐渐地映入了世人的眼帘,那特有的吟奏所发出的奇妙音响,被人们广泛地赞誉为——喀纳斯湖畔的"天籁"。

图 4.1　美丽的喀纳斯湖

　　以美丽的湖光山色和独特的图瓦民俗及神秘的"水怪"而闻名于中外的喀纳斯湖,位于新疆的布尔津——一座静谧、内敛而又纤尘不染的北疆小城之域,有着"神的后花园"之美誉,外国探险家曾称它是亚洲唯一的"瑞士风光"。"喀纳斯"一词被认为是蒙语"圣水湖畔"的意思,也有说是"神仙居住的地方";当地的图瓦人则认为"喀纳斯"是蒙古语与哈萨克语的结合:"喀"是蒙语"可汗"的意思、"斯"是哈萨克语"水"的意思、"纳"是连接词,意思就是"可汗喝过的水"。也有人认为"喀纳斯"就是蒙古语"汗那乌苏"的缩写,"汗那"也就是"大汗"、"乌苏"是"水"的意思,合起来也就是"大汗喝过的水"。喀纳斯湖的湖面海拔一千三百多米,南北长约 24 公里,平均宽近 2 公里,湖水最深处有188.5 米,总面积约 45.73 平方公里。喀纳斯湖的风光纯净、秀丽,色彩斑斓:五月墨绿、六月浅绿、七八月间乳白、九月则倒映着湖边斑斓的白桦林而最为多彩夺目。美丽纯净的喀纳斯自然保护区,是中国境内蒙古族图瓦人唯一的聚居地,有人说喀纳斯村寨的图瓦人可能是地球上最有福气的人群之一,因为他们祖祖辈辈几乎是生活在人间仙境一般的阿勒泰山的喀纳斯湖畔,可谓是真正的"世外桃源"之主人。

　　图瓦人,也称"土瓦"人,隋、唐时称"都播",元代称"图巴"或"乌梁海"人。据称,在《北史》及后来的《隋书》、《新唐书》等正史典籍中多有记载,是一个具有悠久历史的古老民族。按我国目前的民族划分,属蒙古族支系,可称为蒙古族图瓦人。有些学者认为,图瓦人是成吉思汗西征时滞留此地的一支部队逐渐繁衍而成,在图瓦人居住的小木屋里,一般都供奉有成吉思汗像,是图瓦人的祖先像;而村中年长者说,他们的祖先是 500 年前从西伯利亚迁移而来,与现在俄罗斯的图瓦共和国图瓦人属同一民族。近年来,又有学者研究认为,图瓦人可能是印第安人的祖先。众说纷纭,至今尚无定论。其实,在辽远的古代,北方游牧少数民族是经历了不断的迁徙、分裂和融合。图瓦人曾经长期和蒙古族生活在一起,于是他们也被当作蒙古的一支。或许,作为一个更加古老民族的后代,图瓦人至今仍然保留着许多独特的民族特征。他们使用的图瓦语,是中国现存的稀有语种,对研究古突厥民族的文化有着十分重要的价值。

图瓦人世代久居山林地带,以放牧和狩猎为生,也被人称为"云间部落,山上百姓"。居住在喀纳斯村、禾木村和白哈巴村的图瓦人大约不到三千。由于过去的交通不便,居住在喀纳斯村寨的图瓦人极少与外界联系,因此比较完整地保存了其古老的部落、氏族观念和宗教信仰,留下了许多岩刻、岩画、祭祀、墓葬等历史文化遗迹。他们聚居的村庄大多坐落在铺满鲜花的沟谷中,白桦树和绿杨点缀其间;无论你什么时候来,这些村庄都宁静得像刚刚诞生。村庄背后的雪山具有优美的曲线,清澈的小河蜿蜒环村流过,白桦林一直长到雪线边上,空气中弥漫着森林、河流和花草的芳香。图瓦人的小牧村本身已经成了旅游景点的一部分,图瓦人聚居之地的特征是,用松木原木垒砌成尖斜顶的小木屋、用木板圈成木栅栏,村庄的不远处是草原、林带、小溪或小河,牛羊卧于木屋前后,加上炊烟袅袅,使它看起来十分静谧和美丽。图瓦人小村独特的风貌与迷人的喀纳斯湖的自然风光融为一体,极为和谐。

一方水土养一方人,一方人也创造了一方独特的民俗风情和文化。数百年来,图瓦人以游牧、狩猎为生,擅长骑马、滑雪和射箭。他们的存在使喀纳斯湖畔风景区的民俗风情、人文历史,都具有浓厚的地方民族特色。每当春暖花开及夏季时节,图瓦人便赶着牛羊去山上的夏牧场,住在毡房里;至深秋时节,他们又赶着膘肥体壮的牛羊下山,在木屋内度过漫长的冬季。图瓦人热情好客,他们对远方来客,不论熟人,还是陌生人,都会热情款待。在招待客人时,会摆上各种奶制品、油炸面食品和糖果。喝完奶茶后,就开始吃正餐,在就餐时,往往要给客人敬他们自酿的奶酒,敬酒时要唱表示欢迎或歌唱友谊的歌曲来劝酒。来了贵客要宰羊款待,边喝酒边吃手抓羊肉。上肉时,首先把羊的椎骨连着尾巴放在盘子里,上面放上不带两颊的羊头,然后主人把一小刀递给客人,客人把羊头上的一只耳朵割下来,切上一块肉一同吃下,再把小刀还给主人,主人动手切肉,请客人自己动手抓肉吃。给客人该吃什么肉都很有讲究,如果来的客人是老人或年轻的姑娘,主人就给他们吃胸骨的嫩肉。图瓦人特别尊敬长辈,对年长的人要称呼"您",进门、入座、喝茶、吃饭、喝酒一定让年长的人领先。与人见面时先握手问好,互道家人平安,并要说几句牲畜兴旺之类的吉祥话。图瓦人的信仰以藏传佛教为主,在当地有专理佛事的喇嘛,居民家里都有班禅像,此外,他们仍保留了许多原始的自然崇拜。每年他们都要开展祭山、祭天、祭水、祭树、祭鱼、祭火等自然崇拜活动和每年 6 月祭敖包、礼佛、诵经等宗教活动,其图腾崇拜具有多样性,居住在湖边的图瓦人就以神湖作为图腾,而居住在高山下的人就以神泉作为图腾。

蒙族图瓦人喜欢鲜艳的颜色,男女都爱穿蓝、绿、红几种颜色镶边的蒙古袍子,爱将红、黄、绿色的缎带作为腰带。每逢节日和宴会,男人头戴礼帽,女子则披上彩色围巾,脚穿皮靴和毡靴。图瓦人能歌善舞,特别喜爱唱歌,常见的乐器有马头琴,还有叫"托布术尔"的两根弦的弹拨乐器,而其最独特、神奇的乐器就是"绰尔"——一种能够而演奏出"声若从天际而来"的多声部音响效果的原生态苇秆乐管。大抵于本世纪初开始,随着这片曾被誉为是"人类最后的净土"的逐渐被开发,图瓦人这个谜一般的神秘乐管"绰尔"那难得一闻的"天籁"般乐声,让越来越多的人所聆听和陶醉。

图 4.2　图瓦老人叶尔德西
吹奏"绰尔"

叶尔德西老人就是喀纳斯湖风景旅游区远近闻名的"绰尔"演奏高手,他的家祖祖辈辈在喀纳斯畔生活已经有七代人了。据传,每一代家族中都会有一个人来传承"绰尔"乐管的演奏。叶尔德西老人 14 岁开始就跟随父亲学习"绰尔"的吹奏,直到 20 多岁才能够吹奏出两三首最简单的曲子。后经数十年的习练,逐渐达到了收放自如、炉火纯青的境界;时至本世纪初,年届 66 岁高龄的叶尔德西老人仍然能吹奏 50 多首传统乐曲,成为居住在我国境内的图瓦人中唯一会吹奏"绰尔"的高人。[1]

在喀纳斯湖风景区,几乎没有人会错过叶尔德西老人的"绰尔"演奏,常常一群人挤坐在老人居住的图瓦风格的房子里,等待着这位近七旬的老人隆重登场。片刻,老人身着鲜艳典型的民族服装,拿着一种用喀纳斯湖边生长的叫做"芒达勒西"的苇科植物茎秆制成的"绰尔"登场。他不倨傲也不谦和,带着一种历经沧桑的平静,向前来造访的客人们展示他那绝妙的"喉啭引声"演奏:《美丽的喀纳斯湖波浪》、《美丽的阿尔泰山》、《黑走马》……,随着老人的侄女响亮地报出曲名,一种低沉悠扬的曲调从楚尔中流淌出来,拥挤的房间里霎时没有一丝其他的声音,只有"绰尔"奇特的乐声在"呜呜"作响,一种低沉绵长的喉声持续音中,跳动着从天然苇秆乐管中发出的活泼灵动的音符,一如平静湖底闪动着光芒的微小石子。恍惚间,给人一种如怨如慕、如泣如诉、余音袅袅、不绝如缕的感觉。[2]质朴空灵的"绰尔"演奏,让人感觉到一股震撼人心的神秘和新奇,再加上喀纳斯那片人迹罕至的原始环境,那乐声如同从仙境传来的"天籁"之音,把游人的想象空间似乎带入了远古的召唤……。

叶尔德西老人的"绰尔"演奏功力深厚、气韵悠长,非凡的乐声打动并征服了每个游客的心。随着喀纳斯湖的旅游不断升温,蒙族的"绰尔"乐管也被越来越多的人们所悉知,叶尔德西老人也随之名声大噪,吸引了不少音乐学者的到访。中国音乐学院的桑海波博士就曾前后七次带领相关专业的学生深入喀纳斯湖畔,对叶尔德西演奏的"绰尔"乐管进行田野采风,采录了大量的第一手音响及影像资料。2004 年间,叶尔德西老人被邀请到北京中国音乐学院参加相关活动和演示,其演奏的数十首"绰尔"乐曲被包括中央电视台在内的有关部门进行了抢救性的录制。此后不久的 2007 年,69 岁的叶尔德西老人在家中不幸过世,图瓦人的"绰尔"乐管从此失去了一个真正的顶尖级高手。然而,

①　桑海波《"楚吾尔"乐器辨析》,载《中国音乐》2007 年第 4 期。
②　参见《人民画报》杂志社供稿,王麟撰文《新疆五城记》,2005 年 10 月 13 日"人民网"。

值得庆幸的是，老人的一个儿子蒙奎已经正式接过父亲手中的"绰尔"乐管，继承着老人的演奏生涯，且决心要将它代代相传下去。

如今，喀纳斯湖风景区的"绰尔"乐管演奏仍是一个极具吸引力的游牧民俗风情，由于旅游业的进一步开发，蒙族图瓦人的"绰尔"的演奏家访点，也随之发展多起来了，这其中也包括了居住在阿勒泰地区哈萨克族人演奏的与"绰尔"同类的"斯布斯额"乐管。这种古老质朴乐管的"天籁"之声，随同着和煦的阳光撒洒在清澈的喀纳斯湖上，穿过湖面、穿过密林、穿过历史的时空，永久地回响在那空旷、宁静的山谷湖水之间。

# 第二节 "绰尔"的形制与音律

"绰尔"乐管的吹法奇特，音色独到，但其制作的材料却十分的简单质朴。吹奏者大都是就地取材，用坐落在阿勒泰地区的霍木、哈纳斯等地所产的一种名叫"扎拉特"的蒿草茎秆来做，截取一节中空的茎秆，简单挖上三个音孔即成。也有的"绰尔"乐管是用红松的枝条，从中间劈开，将木心挖空后合在一起，外面再用绵羊食道管的外层薄膜套上，以防漏气，然后再挖上几个音孔做成。此外，也见有用竹管来制作的；当代还有一种用铜或铁等金属管来代替的。

"绰尔"乐管的形制特点是：管身自然中空，两头通透，上端既无哨片、簧片，也不挖若竖吹乐管那样洞箫式的"山口"，自然的管端即为吹口。一般在管身的正面开音孔三个，亦有在正面三孔上方的背面再开一孔的四孔形制。在清代新疆第一部官修通志《钦定皇舆西域图志》（乾隆四十七年成书）中，有专门的"音乐"一卷，其中有关准噶尔部的乐器就有"绰尔"形制较为详细的描述：

> 绰尔，形如内地之箫。以竹为之，通体长二尺三寸九分六厘。凡四孔，最下一孔距管端二尺一寸三分。次上一孔距管端一尺九寸三分三厘。次上一孔距管端一尺七寸二分，最上一孔，距管端一尺五寸二分三厘。上口径九分六厘四毫，管末口径六分三厘。以舌侧管之上口，吹之成音。[①]

这一记载，大概是有关"绰尔"乐管的名称及具体形制记载的最早官方文献，值得注意的是，它与我们今天所见的民间"绰尔"乐管形制略有以下几点之不同：

其一，乐管的质材"以竹为之"，是为竹制乐管，而非民间所常见的"苇"类植物的茎秆，这可能与"绰尔"乐管进入当时西域的官廷，为易于保存而在制作取材上发生的变化，显然已失民间原生态乐管之正宗。

---

① 《钦定皇舆西域图志》清代官修地方志之一，五十二卷。乾隆二十年（1755），清廷平定准噶尔，天山南北尽入版图。次年二月，清高宗弘历下令编纂《西域图志》，前后历时三十年，并有康熙皇帝亲审定稿。

其二,管开四孔,而民间"绰尔"一般都是三孔,据说也有开四孔的,第四孔开在背面的最上方,与汉族的洞箫背孔相似。而从该文献所载的孔距管端的尺寸来看,此四孔的设置近乎勻孔之制,可能都是开在正面,与民间四孔之制似乎不太一样。

其三,管体通长二尺三寸九分六厘,若按今之 33 厘米为一尺,则其管长近 80 厘米,似乎太长,与今民间"绰尔"乐管的长度一般在 60 厘米左右的差距较大。当然,这里所说的"二尺三寸九分六厘",究竟是什么尺度尚难判定。据清代官修礼乐文献《皇朝祭器乐舞录》所载,当时的清宫有"营造尺"、"律尺"和"裁衣尺"三种之不同:

> 营造尺八寸一分为律尺一尺,裁衣尺九寸为营造尺一尺,裁衣尺七寸二分九厘为律尺一尺,律尺一尺三寸七分一厘七毫为裁衣尺一尺,律尺一尺二寸三分四厘五毫为营造尺一尺。……今之营造尺,乐器所载律分图皆准此尺以为制。①

按此载说,当时乐器的制作应是以"营造尺"为准度的,"营造尺"一尺乃为一般"裁衣尺"的九寸,那么,"二尺三寸九分六厘"也就是大约 71 厘米,较民间常见"绰尔"乐管还是长了约 10 厘米左右。这种形制较长的竹质"绰尔"乐管,极可能就是西域官方乐部的用器。在新疆阿斯坦那古墓发现的唐代遗物高昌画乐舞图中,就见有一吹奏特长乐管的人物图像,其竖持乐管贴身按捺、管端吹奏犹若叩齿口含,应该就是"绰尔"乐管的吹奏,请看下图:

图 4.3　新疆阿斯坦那古墓出土画中的乐舞图②

如此长的乐管,的确与今天民间的"绰尔"制作尺寸不太一样。据新疆学者道尔加拉与周吉的《关于摩顿楚吾尔的研究》一文中,对阿勒泰市抗德嘎图蒙古自治乡 73 岁的玛尼答尔和 69 岁的泰宾太两位民间老艺人所制的"绰尔"乐管形制的实际测量,其尺寸

---

① 清版《皇朝祭器乐舞录》(木刻本),湖北巡抚严树森奉命修撰,清同治十年楚北崇文书局开雕,"乐器图考"第一页,"面壁斋藏本"。
② 图截自《中国古代音乐史图鉴》。

长度一为 57.5 厘米、一为 60 厘米,制如下图:[①]

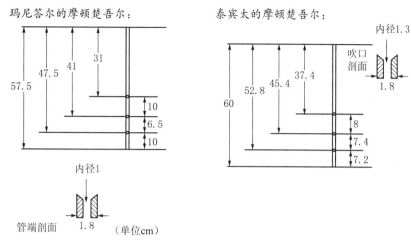

图 4.4　玛尼答尔与泰宾太的"绰尔"乐管形制尺寸图示

　　而笔者得到的一支阿勒泰地区蒙族民间牧民制作的"绰尔"乐管,是由对哈萨克族"斯布斯额"(与"绰尔"同类)有专门研究的北京女学者王曾婉先生(详参后述)于上个世纪 90 年代间托人北疆采集的;乐管有一个专门制作的原木长盒来装置,触手有一股天然的木香,该"绰尔"乐管为地道的原生态植物茎秆所制,虽经 20 多年的搁置,稍有干裂,至今仍能吹之成声。参看下图:

图 4.5　王曾婉采集的新疆阿勒泰"绰尔"乐管

　　测该乐管长度及孔距,与以上所列的两位老艺人的"绰尔"乐管也不尽一样,其乐管通长约 56 厘米、最低第 1 孔距管端(吹口)约 47 厘米、中间第 2 孔距管端约 40 厘米、最上第 3 孔距管端约 32 厘米。由此可见,民间"绰尔"乐管制作的长度并没有统一的标准,取材的长短因人而异。据田野考察的资料显示,"绰尔"的制作者一般都是以本人胳膊的长短来裁定乐管的长度,管长大体在 60 厘米左右,正所谓"以身为度";而其开孔则"布手为尺",从管端吹口到最上一孔的尺寸,先量出拇指到中指的距离,再折过中指到食指,大约一市尺的距离;孔与孔之间的距离又以手指并拢测量之:自管尾至最低第一孔大约为四指并拢的间隔距离、自第一孔至第二孔则为三指并拢的间隔距离、自第二孔至第三孔(最上一孔)大约亦为四指并拢的间隔距离。这种"近取诸身"的"以身为度"、

---

①　道尔加拉[蒙古族]《关于摩顿楚吾尔的研究》(周吉执笔),载《音乐研究》1987 年第 3 期。

"布手布尺"的简单质朴之法,有着古老的渊源;据传,远在夏禹时期,大禹即效黄帝之法:"以声为律、以身为度,用左手指定黄钟之律。"①如此,"绰尔"乐管的民间制作方法,实乃是一代代游牧乐手们经验式的传承,我们大可不必如有些学者那样,求之过甚地去寻找其中所谓的"律学依据"。

图 4.6　"绰尔"及"斯布斯额"的吹奏持势

"绰尔"乐管的执奏方法非常特殊,吹奏者竖执管身,两肘紧贴腰腹,一手在上(左、右手皆可),一手在下,以下手的拇指与食指张开成八字形分别按位于下方的第二孔和第一孔,以上手的食指按正面位于最上方的第三孔,若管身反面尚有一孔,则以上手的拇指按之,其余各指,起执稳管身的作用。管口上端不像一般竖吹乐管那样搁于唇吻之外,而是含于口腔之内,以一边的上门牙紧叩管口,以舌头控制气流,管身与脸平面成略斜的锐角平面,吹之而成声。如左图:

对于蒙族"绰尔"的这种特殊的执奏方法是缘何而来的,至今尚不得确解。蒙古族音乐学家札木苏认为:这可能是为了适应自古以来蒙古人民习惯的马上生活之故,草原牧民的大部分时间都在马背上度过,只有这种特殊的执擎法才能保证"绰尔"在骏马奔驰的大幅度颠簸时,仍然能牢牢固定在吹奏者的口中,保持管身的相对稳定以求曲调的连贯和发音的准确。②从"绰尔"的管端叩齿含奏以及下把特殊的拇、食指八字持法,手掌的小指一边可以紧贴腹部来看,此说不无一定的道理。

"绰尔"的吹奏是一种特殊的带喉声持续音的演奏,可以称之为"吟奏",即是先由喉声开始发出乐曲的主音(也即宫音),引出乐管的筒音,产生出一种特殊的共鸣,尔后,在这种喉声与管音共振的音效中,演奏者通过开闭乐管身上的音孔,获得所要的乐曲旋律;而喉声的音高则一直持续在管体筒音的音高上,与乐管的旋律音形成一种既和谐又有对比的二声部效果,其特殊的音色"若天际而来",十分迷人。"绰尔"的常用音域一般在两个八度左右,音律为自然泛音的五声音阶,曲调基本为大调色彩的宫调式,极少也见有羽调色彩的乐曲。

"绰尔"乐管的管长决定其筒音的音高,也即是乐曲的调高(宫音的高度)。一般来说,管长 56 厘米左右,其调高大体为 D 调;管长 60 厘米左右,其调高大体为 C 调,具体还要结合不同的管径来作微调(细则长一点、粗则短一点)。如下,即以管长约 60 厘米的 C 调"绰尔"乐管为例,将其所吹奏的管体筒音及三个音孔的自然音律作一谱示:

① 清版《文献通考纪要》(木刻本),[清]尹会一奉敕撰编,乾隆四年武英殿刻本,卷下"乐考"第 46 页,"面壁斋藏本"。
② 道尔加拉[蒙古族]《关于摩顿楚吾尔的研究》(周吉执笔),载《音乐研究》1987 年第 3 期。

谱 4.1

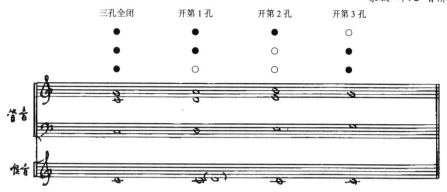

由此谱示可知，"绰尔"乐管各孔的发音规律基本都是自然的泛音列。需要说明的是，其筒音及第一音孔所发的最低音（即基音"宫"与"商"），由于喉声持续音的共振，一般都不能显现，只显现其高八度的第一泛音，乐管的实际最低音常常是从第二音孔的"角"音开始的；而第三音孔的发音一般只开一个孔，第一、二两孔按闭，只在发该孔第二泛音的超高"商"音时，可开第一音孔辅之。总之，在实际吹奏中，演奏者良好的音准感、舌齿风口和喉声气息的控制能力以及指法的灵活运用等，对"绰尔"乐管的音律、音准都有着举足轻重的影响。

## 第三节 "绰尔"的渊源与"苇篴"

简单质朴的"绰尔"乐管，在北疆阿勒泰地区的游牧民族中世代相传，其渊源究竟有多古远，不得确知。就目前所见的史籍记载而言，"绰尔"作为明确的管乐器之名被详载的官方文献资料似乎早不过清代（即前述的《钦定皇舆西域图志》）。但值得注意的是，在元人王恽的《中堂记事》中有这样一段记载：

> 张抄儿赤奏，随路乐人差发事，仰行下各路宣抚司与民一例当差，止免杂。仍仰各处官司，都不得因而骚扰不安。遇有乐人付阙，承应官司斟酌与发起者。①

有人认为这段文字的"张抄儿赤"的描述，虽然不是直接对乐器名称的记载，但是在蒙语中发音为"赤"或者"齐"字的含义是指"做（从事）……的人"。所以"张抄儿赤"似可以理解为是演奏"抄儿"（潮儿）的张姓乐人或乐师；其后的"奏"字，联系"随路乐人"来

---

① 王恽，字仲谋，号秋涧，卫州路汲县（今河南卫辉市）人。元朝著名学者、诗人、政治家，一生仕宦，刚直不阿，清贫守职，好学善文。成为元世祖忽必烈、裕宗皇太子真金和成宗皇帝铁木真三代的谏臣。《中堂纪事》载于一百卷的《秋涧先生大全集》之中。

看,应该就是"演奏",所演奏的乐器即为吹管乐器——"潮尔"。①此外,在《江格尔》这部明代蒙古族卫拉特部英雄史诗中,也有关于"潮尔"的文字描述:

紫檀木的绰尔,对准鲜红的嘴唇,十指按动音孔,唱奏起鲜为人知的十首歌曲。吹起金色的潮尔,与筝合奏,谐和之极。

著名的明朝初期大臣,古代民族文字学家火源洁(蒙古族,郭尔罗斯氏)于明洪武十五年编著的《华夷译语》和永乐五年由四夷馆编著的《续增华夷译语》中的少数民族乐器名称与汉语名称对照的条目中,也见有"搠兀儿"(绰尔)的明确记载:

筝(牙士罕)、箫(搠兀儿)……②

这些资料的记载,至少可以将"绰尔"器名渊源的追溯向前推进数百年。而更有学者认为:在二千多年以来的周朝末期以来,汉族音乐史料中能见到的关于被称作"篴"或"篎"的竖吹管乐器的记载和至今仍在被视作中原古乐之一的开封大相国等乐队中被称作"筹"的竖吹管乐器的存在,都可能与"绰尔"的古老渊源相关联。③

自上个世纪的 80 年代中,开始有学者考证认为"绰尔"就是汉代文献中记载的胡人所吹之"笛"或"葭",也即是"胡笛"。"胡笛"的记载在汉魏时期的文献典籍中极其丰富,嘉峪关魏晋墓室中也曾经出土过不止一块疑似"绰尔"演奏的画像砖,演奏者跌坐持一长管作欲吹状,其人着胡服留有两撇"燕尾胡",与今蒙古族人极其相似,而其所持长管疑即蒙族民间至今仍流传的"绰尔"(参下图)。

图 4.7　嘉峪关魏晋墓室疑似"胡笛"吹奏画像砖

但"胡笛"的记载只能追溯到两千多年的汉代,而"绰尔"这种原始质朴乐管的渊源当更为古远,这就需要我们作更深度的研究与探赜。事实上,展开这方面的深入研究有

---

①　柴彦芳(蒙古族)《蒙古族吹管乐器"冒顿潮儿"之考察研究》,上海师范大学 2013 届硕士论文。
②　《华夷译语》中收录有多种少数民族文字,包括蒙古、女真、高昌(畏兀儿,即维吾尔)、西番(藏)、倮倮(彝)、壮、百夷(傣)等。
③　道尔加拉、周吉(执笔)《关于摩顿楚吾尔的研究》,载《音乐研究》1987 年第 3 期。

可能对于中国古代音乐史学理论产生重要的影响，本节试就此作一专题探论，以就教于诸家大方。

## 一、"胡笳"说叙

"胡笳"之器，乃为北方草原游牧民族（胡人）所创造，其材取自天然苇类的空心草秆，故名曰"葭"、"笳"或"胡笳"。

在汉魏时期的文献典籍中，关于"胡笳"的载说是极其丰富的，著名的诗文就有杜挚和孙楚的两篇同名的《葭赋》；蔡文姬的《胡笳十八拍》"胡笳本自出胡中，缘琴翻出音律同"之句已为千古所传诵；此外，更还见有："凉秋九月，塞外草衰……，胡笳互动，牧马悲鸣，吟啸成群，边声四起"（李陵《答苏武书》）；"闻鹤唳而虚惊，听胡笳而泪下"（后周庾信《哀江南赋并序》）；"方调琴上曲，变入胡笳声"（《明君辞》）；"边风落寒草，鸣笳坠飞禽。越情结楚思，汉耳听胡音"（南朝宋吴迈远《胡笳曲》）；"闻繁钲之韵冰，听流风之入笳"（梁文帝萧纲《阻归赋》）；"闻羌笛之哀怨，听胡笳之凄切"（梁元帝萧绎《玄览赋》）；"胡笳屡凄断，征蓬未肯还"（吴均《闺怨》）；"日昏笳乱动，天曙马争嘶"（吴均《渡易水》）……等众多的咏"笳"之妙句。这些荡漾着哀怨、凄美、缠绵和飘渺的文学描述，表达了"胡笳"之音与北方边塞风情的密切关联，更可见"胡笳"乐声的非凡魅力。据《晋书·刘琨传》载：晋名将刘琨在晋阳时，尝为胡骑所围数重，城中窘迫无计，琨乃乘月登楼清啸，贼闻之皆凄然长叹。中夜奏胡笳，贼又流涕歔欷，有怀土之切。向晓复吹之，贼并弃围而走。这就是杜甫著名《吹笛》一诗中"胡骑中宵堪北走"之句的典故（胡骑北走）出处之所在。[①]只是诗人将"胡笳"当作通称的"笛"来吟咏了。

汉魏时期的"胡笳"如此地关乎风情、动人心魄，那它究竟又是怎样一种乐管呢？关于这一点，千百年来一直都是个难解之谜。及至当代，这才有人将"胡笳"与新疆地区哈萨克族的"斯布斯额"及蒙古族的"绰尔"乐管联系了起来。

据笔者所知，关于"斯布斯额"、"绰尔"一类的乐管就是汉魏文献典籍中记载的"胡笳"一说，最早提出的应是北京的女学者王曾婉先生。王先生为满族人，50年代中从西安音乐学院毕业后，便响应"支援大西北"的号召直接去了新疆，先后在乌鲁木齐、伊犁的艺术团工作，后又到新疆艺术（学校）学院任教学和研究。1959年在新疆的一次少数民族音乐汇演中，她第一次接触到了哈萨克族的民间乐管"斯布斯额"（与蒙族"绰尔"几乎完全相同的吹管）并由此而引起了极大的研究兴趣。80年代中，王曾婉先生因民间民族音乐集成的编写工作调入北京，曾在中国音乐研究所、中国音协等单位参加大百科全书及民歌集成的编写工作。在此期间，她有幸接触和查阅到大量的古代音乐文献资料，进而对早年接触到的哈族"斯布斯额"乐管与汉代"胡笳"的渊源关系进行了探索性的研究，先后撰写发表了两篇专论文章。其第一篇论文《汉代之"胡笳"并未绝响——关于哈萨克族吹管乐器"斯布斯额"探索的报告》（载《新疆艺

---

[①]·高丽本《虞注杜律》（木刻本），朝鲜大正二年八月十五日印刷出版，"卷之二"第23页，"面壁斋藏本"。

术》1983 年第 6 期)，首次提出了哈萨克的"斯布斯额"就是汉代的"胡笳"之观点；第二篇进一步申论的文章《论汉代胡笳与斯布孜额》，则发表在台湾《民俗曲艺》(双月刊)第 59 期上。

约当上个世纪的 1995 年至 1996 年间，笔者应聘在中国艺术研究院音乐研究所《音乐文物大系》总编辑部工作的同时，也兼职于中国音协的《中国民族民间器乐曲集成》的编辑工作。在此期间，我有幸第一次聆听到了新疆器乐曲集成工作者采集的蒙古族"楚吾尔"和哈萨克族"斯布斯额"的奇妙音响，并在民歌集成的总编辑部邂逅了对"斯布斯额"乐管研究多年的王曾婉先生。王先生见我对民族民间的管乐器情有独钟并潜心于远古"籥"类乐管的研究，便和我谈起她对哈萨克族乐管"斯布斯额"与"胡笳"的渊源关系的探索研究，并以她的两篇文论的复印件见赠。其中一篇就是《汉代之"胡笳"并未绝响——关于哈萨克族吹管乐器"斯布斯额"探索的报告》一文的手稿复印件(以下简称"王稿")，据王曾婉先生称，该手稿复印件最初是呈奉给黄翔鹏先生看的(黄先生时任中国音乐研究所的所长)，手稿复印件上的几处朱笔批语便是黄先生阅此稿时留下的。笔者至今仍保留着这一手稿，黄先生阅稿的批语虽然不多，只有几处，倒也颇足珍贵，兹特将黄先生的朱批与"王稿"的相关论述辑录列述如下：

1. 对"王稿"中认为："胡笳"即胡人所吹的管乐器，而这胡人之"胡"通常为北方草原和西域各个兄弟民族的统称，"胡笳"这一乐器应属北方草原上匈奴突厥民族的吹管乐器。黄先生这样批曰：

> 突厥兴起为时过晚。汉时，突厥诸族各游牧民族尚未进入北方草原。北魏以后，留在北方的匈奴与突厥民族曾共同游牧于北方草原。

2. "王稿"考论"斯布斯额"为汉代"胡笳"的主要文献释证依据之一，是蔡文姬《胡笳十八拍》之末拍有"胡笳本自出胡中，缘琴翻出音律同"之句，她认为"缘琴"应该是"绿琴"之误，"绿琴"也即是"绿绮琴"，为蔡文姬所操之名琴。汉代的"胡笳"既能与"绿绮琴"(古琴)相协，证明它不可能是我们现今所认为的属黄门鼓吹的簧哨类吹管，而应是像哈族"斯布斯额"(即蒙族"楚吾尔")那样的自然五声的泛音乐管，这才能与"绿琴翻出音律同"。对此，黄先生的批语是：

> 乐律是否完全相同？还是近似？
> "缘琴"与"绿绮琴"二者含义不同，前者指"按着古琴各音"，后者系琴的名称。

3. "王稿"中论述认为：魏、晋以来的赋文资料中对"胡笳"的音律都清楚地说明，是用五音(指现时所标的五声音阶)来吹奏的。而我国古时古琴的定弦最初也是五弦五音的，以后虽发展为七弦或九弦，但都是以"宫、商、角、徵、羽"五音来定弦的，其宫音应黄钟律，按古律即相当于今十二平均律的 C 音。黄先生于此批曰：

中国古籥考论

唐雅律黄钟＝C,但汉时雅律黄钟究为何音？ 随县出土的编钟黄钟发音较 C
音稍低几个音分。

4. "王稿"征引了晋人孙楚《笳赋》文献,对其中所赋的"奏胡马之悲思,咏北狄之遐
征"和"音引代起,叩角动商,鸣羽发徵"的辞句,认为:这段诗句不仅说明了胡笳是奏五
音的乐器,而且还指明了晋时胡笳所奏的两首反映游牧人生活的乐曲曲名,即《胡马之
悲思》和《北狄之遐征》。黄先生将引文"胡马之悲思"、"北狄之遐征"用朱笔标出,并质
疑道:

> 乐曲内容? 抑是曲名?

又对"叩角动商,鸣羽发徵"句的引用提问批曰:

> 何义? 既引用,当加解释!

5. "王稿"论述"胡笳"的演奏音色十分动情,若"啾啾之哀声",遂引用了《晋书·刘
隗传》中的一段载说:"刘畴字王乔,……曾乱游坞壁,有胡骑数百欲害之,畴无惧色,援
笳而吹之,为《出塞》、《入塞》之声,以动其游客之思,于是,群胡皆泣而去之。"黄先生于
此批曰:

> 刘畴所奏之笳,是骑吹之笳,抑是箛?

6. 王氏考论"斯布斯额"就是汉代"胡笳",其最重要的文献之证是三国魏时著名文
学家繁钦的一篇笺文《与魏文帝笺》,该文中描述有:"都尉薛访车子(御车之人),年始十
四,能喉啭引声,与笳同音。……潜气内啭,哀音外激,大不抗越,细不幽散,声悲旧笳,
曲美常均。……喉所发音,无不相应。""王稿"认为:魏繁钦的这段描述,正是清楚地告
诉我们,"胡笳"在吹奏时是有两个声音,即"喉"与"笳"同时发声。其音色特征是"哀
音"、"声悲";音量则"大不抗越,细不幽散"、"曲美常均"。这正完全符合哈族"斯布斯
额"乐管的演奏特征,而蔡文姬《胡笳十八拍》中的"笳"正应该是这种能奏"哀音"的笳,
而不是鼓吹乐队中的笳。于此,黄先生的批语为:

> 魏繁钦所描述的笳,当是黄门鼓吹中所用之笳,与本文所指不同。

显然,从仅有的几处批语来看,黄翔鹏先生似乎并不认同"王稿"中所论的"斯布斯
额"即汉代"胡笳"之观点。就当时来说,此也在情理之中。因为,黄先生其时并没有亲
耳聆听到"斯布斯额"这种特殊乐管的演奏,对"喉啭引声"的描述尚缺少感性材料上的

对应辨识;而学术界长期以来对"胡笳"乐器的固有概念则皆如《中国音乐词典》所定义的那样:是汉魏鼓吹乐中的主要乐器。其形制,一是据《太平御览》引《蔡琰别传》载:"笳者,胡人卷芦叶吹之以作乐也,故谓曰胡笳。"二是据陈旸《乐书》中所称大、小胡笳,其形"似筚篥而无孔,后世卤部用之"的簧哨类吹管乐器。而"王稿"的观点对这一传统认识上的"胡笳"概念则几乎是颠覆性的,作为黄先生那样身份的学者,对这一尚待进一步证据证明的新说,当持谨慎态度而不可能贸然认同。

"王稿"没有在北京发表,而是刊登在 1983 年的《新疆艺术》第 6 期上,倒是具有一定的地域针对性。文章以较为肯定的口气最后作结,并呼吁对"斯布斯额"这一珍贵的汉代"胡笳"古乐管及其演奏者予以重视和保护:

> 关于我国汉代之"胡笳",即今哈萨克族吹管乐器"斯布斯额"的比较与考证已如上述。对于这支长久以来已被认为是绝响的乐器,然而至今犹存在于人民之中,并且已具有两千余年的悠久历史的优美吹管乐器"胡笳"——也即"斯布斯额",能够引起人们的关注。并望有关部门迅速采取有效措施,对这一珍贵的乐器及演奏者予以扶植和抢救,使这一民族传统的器乐艺术能为世人所共赏。

王氏的文章刊布后,据说新疆便有学者对此说提出了诘问和质疑。[①] 然而,时隔不到三年的 1986 年初,又有内蒙古自治区的音乐学者莫日吉胡先生在上海音乐学院的《音乐艺术》第 1 期上发表了他的《追寻胡笳的踪迹》一文,该文更进一步明确地提出了蒙古族的"潮儿"乐管就是汉代"胡笳"的论说("潮儿"即"绰尔",与"斯布斯额"的乐管形态及演奏特征是完全相同的,只是所属民族不同而其名各异而已)。

莫尔吉胡先生的《追寻胡笳的踪迹》(以下简称"莫文")一文是以田野资料的考察和采访为主叙的,据其所述:早在 1984 年春,作者应约为北京电影制片厂的故事片《驼峰上的爱》作曲(其为专业作曲家),到新疆地区深入生活考察民间习俗及音乐,在即将离开乌鲁木齐的时候,从新疆人民出版社的音乐编辑道尔加拉(蒙族人)处第一次听到了从阿勒泰地区民间采访到的"粗儿"("绰尔")的神奇音响,便将其与积蓄已久的各种相关"胡笳"的信息联系了起来。此后,在 1985 的春天,他再次踏上西去新疆的列车,深入到北疆阿勒泰地区的罕达或图蒙古族自治乡,采访了七十多岁高龄的塔本泰和玛尼达尔两位吹奏"胡笳"("潮儿")的乐手,获得了有关"潮儿"吹管乐器的不少一手资料,并撰写了这篇《追寻胡笳的踪迹》之文。"莫文"中较为详细地记载了对两位"潮儿"吹奏老人的访谈记录,以及采录到的十余首"潮儿"乐曲演奏音响的曲谱整理和分析。文章认定:阿勒泰地区的古老乐管"潮儿"就是一直被认为是失传了的"胡笳",而古文献中记载的"胡笳者,张博望入西域传其法于西京,得摩诃兜勒一曲"的"摩诃兜勒"并不是一首笳

① 王氏在第二篇论文《论汉代胡笳与斯布孜额》的开篇曾述及,具体的文章内容及作者尚不清楚,故此不能具述。

曲,而是筚曲的整体,胡人(蒙古人)对大自然、故乡及阿尔泰赞美颂扬的由筚管("潮儿")吹奏的一系列乐曲就是"摩诃兜勒"。[①]

"莫文"发表不久,王曾婉先生又在台湾《民俗曲艺》第 59 期上发表了《论汉代胡筚与斯布孜额》一文,更进一步理直气壮地申论了她的"斯布斯额"就是汉代的"胡筚"一说。尔后,随着喀纳斯湖地区的旅游开发和蒙族"绰尔"的广为人知,以及相关音乐史料载说的进一步释证,关于"绰尔"、"斯布斯额"这一独特演奏法(喉啭引声)的乐管应该就是汉代"胡筚"的观点也基本上渐被一些学者们所接受,但仍然有学者撰文表达了他们对此观点持有不同的看法。

1987 年发表在国家核心期刊《音乐研究》第 3 期上的由新疆学者道尔加拉(蒙古族)、周吉(执笔)撰写的《关于摩顿楚吾尔的研究》一文认为:近年来,莫尔吉胡、王曾婉等学者开展了对于"摩顿楚吾尔"以及在形制、吹奏技法基本相同甚至乐曲也十分接近的哈萨克族竖吹管乐器"斯布孜额"(斯布斯额)的历史渊源的研究并取得了一定的成果,继续开展这方面的深入研究是一桩对于中国音乐史学领域可能产生重大影响的大事。但是,对于"潮儿"、"斯布斯额"就是汉代的"胡筚"之说,他们在文章的最后表达了这样的意见:

> 至于"摩顿楚吾尔"和"斯布孜额"是否就是汉代的"胡筚",我们认为至今尚没有充足的理由肯定,也没有充足的理由否定。我们不同意把"胡筚"看成只是"卷芦叶吹之以作乐"的简单乐器,因为从汉、唐的记载和诗作看来,"胡筚"已经能演奏充满情感的曲调以至于感人泪下。但"胡筚"的形制究若如何?是如"摩顿楚吾尔"一样的直通空管还是如"皮列曼"(维吾尔族传统竖吹乐器,即古代所谓的筚篥)一样上端插有簧制哨片?这些目前还很难下定论。杨荫浏先生在其遗著《中国古代音乐史稿》中说:"筚与角,都有逐渐成为一种笼统的名称的倾向。"我们认为此说是比较中允的。所以,目前还是先不要肯定地把古代"胡筚"等认为当代某一个民族的某一种乐器较为妥贴。

该文的主要撰写者之一道尔加拉先生,正是 1984 年莫尔吉胡在新疆第一次听到的蒙古"绰尔"音响的提供者。当时,王曾婉先生的《汉代之"胡筚"并未绝响——关于哈萨克族吹管乐器"斯布斯额"探索的报告》一文已经在《新疆艺术》(1983 年第 4 期)上发表。那么,道尔加拉向莫尔吉胡提供"绰尔"音响的同时,是否也透露出王氏关于哈族"斯布斯额"(与"绰尔"同器)就是汉代"胡筚"这一新颖的学术信息,从而启发了莫氏满怀信心地进一步去追寻"胡筚"的踪迹呢? 对此我们不得而知。从"莫文"的全篇来看,其主述并不在相关"胡筚"形制的文献学理论考辨,而是在田野的实物考察。但文章却十分

---

① 莫尔吉胡《追寻胡筚的踪迹——蒙古音乐考察纪实文集》,上海音乐学院出版社,2007 年 1 月出版,第 59 页。

肯定地认为"潮儿"就是"胡笳",特别值得注意的是,"莫文"将阿勒泰地区的"潮儿"直接称之为"冒顿·潮儿";而紧接其后的道尔加拉、周吉的文章也将"楚吾尔"前冠以"摩顿"二字称作"摩顿楚吾尔"(此前由周吉先生主编的《中国民族民间器乐曲·新疆卷》中只称作"楚吾尔")。那么,"潮儿"或"楚吾尔"与冠以"冒顿"二字的"冒顿·潮儿"、"摩顿·楚吾尔"究竟是不是一回事呢? 其所指真的为一物吗? 这其中涉及到该乐管形态流变之奥秘,尚须专作一辨。

## 二、"冒顿·潮儿"辨

据现存的资料所察,大凡涉及到蒙族"绰尔"乐管的汉语文本记载,除官修之书《钦定皇舆西域图志》作"绰尔"之外,大体还见有如下各种写法:

"潮儿"、"潮尔"、"粗儿"、"楚儿"、"楚吾尔"、"潮兀尔"、"抄儿"、"抄兀儿"、"搠兀尔"、"苏儿"、"苏卧儿"等。

这些词组的基本读音大体都一样,都是对蒙族民间称之为"chu.wu:r"乐管名的一种汉语标音。据称,在蒙古语中,"绰尔"(choor)一词是蕴含有"和谐"、"共鸣"的意思。故此,"绰尔"及"潮儿"、"楚吾尔"等词不仅仅指称阿勒泰地区游牧民族运用"喉啭引声"演奏出两个声部效果的吹管乐器,还包括其他形式的多声音乐艺术。在内蒙古的一些地区,人们将一种可以演奏和音的拉弦乐器马头琴也称作"潮儿"或"楚吾尔";若干人用高低不同声调同时演唱一首民歌(低声部唱着持续长音)的一种民间长调特殊演唱形式,也被称为"潮儿"等。研究蒙族音乐的一些学者,如莫尔胡吉、李世相等人,针对"潮儿"的各种艺术形式,进行了归纳整理和研究,总结出"潮儿"约有以下几种类分:①

1. "浩林·潮尔",即人声"潮儿",亦称之为"呼麦"。"浩林"蒙语译为"喉咙",意为"喉声的共鸣"。演唱者运用特殊的歌唱技巧,一个人由喉音振动出持续的固定低音的同时,巧妙调节口腔共鸣,在与固定低音相差三个八度的上方形成清亮有金属质感的高音旋律,从而形成罕见的多声部形态。

2. "冒顿·潮尔",即管乐器"潮儿","冒顿"为蒙语"树木、木头"之意,合文即"木管的共鸣"。似与人声的"浩林·潮尔"相对应,"冒顿·潮儿"就是在木管、苇管或竹管制成的三孔或四孔管乐器上运用"喉啭引声"的方法,使管体产生出一种特殊的共鸣,形成喉音与管声双重声部的演奏效果。

3. "托布·秀尔",即二弦弹拨乐"潮儿",也称"托克·潮尔"。"托布"、"托克"意为"弹拨";"秀尔"或"修尔"则是"潮尔"的地方音变,合意为"弹拨琴弦的共鸣"。乐器有高低音两根弦,弦以兽筋制成,演奏时不再由演奏者持续唱出低音,而是代之以弹拨乐器

---

① 莫尔胡吉《心灵的自白》(2001年文),载《追寻胡笳的踪迹——蒙古音乐考察纪实文集》,上海音乐学院出版社,2007年1月出版,第5页。/李世相《"潮尔"音乐对蒙古族音乐风格的影响》,《中国音乐学》(季刊),2003年第3期。

的内弦 G 音,并保持始终,使其产生一种双声部的效果。

4. "叶克尔·潮尔"和"乌他顺·潮尔"都被称为是马头琴的前身,但是除了独立马尾弓弦之外,其二者的形制、定弦、指法和演奏方法都不同。"叶克尔·潮尔"是流传在新疆蒙古族聚居地,与流传于内蒙古科尔沁地区的"乌他顺·潮尔"(科尔沁地区直接称为"潮尔")一样,都是四度定弦。演奏时在高音弦上奏出旋律,同时附带另一低音弦发出持续低音,从而形成了二声部艺术。

5. "潮林哆",流传于内蒙古锡林郭勒盟的阿巴嘎,故亦称"阿巴嘎旗·潮尔"。"哆"在蒙语中是"歌唱"的意思,"潮林哆"也即"歌唱的和声"。通常为一人或多人发出呼麦的持续的固定低音的喉音,另一人唱出长调作为高音旋律声部(有歌词),形成多声部合唱的形式。其歌词内容庄重、含意古朴、哲理深刻,一般都是在国事祭奠、敖包祭祀、王公贵族升迁等庄严的场合和隆重盛大的群众集会中演唱。

我的学生柴彦芳(蒙古族)在她的硕士论文《蒙古族吹管乐器"冒顿潮儿"之考察研究》一文中,曾将以上几种"潮儿"一并制表图示如下:

| 类 型 | 属 性 | 表 演 形 式 | 流 传 地 域 |
|---|---|---|---|
| 浩林·潮尔 | 人 声 | 持续的低音与高音泛音旋律的二声部独唱 | 新疆阿拉泰地区蒙古族聚居地、蒙古国、俄罗斯图瓦共和国等 |
| 冒顿·潮尔 | 管 乐 | 持续的喉声低音与管乐的泛音旋律的二声部独奏 | 新疆阿拉泰地区蒙古族聚居地、蒙古国 |
| 拖布秀儿 | 弹拨乐 | 持续的内弦 G 音与外弦旋律的二声部独奏 | 新疆阿拉泰地区蒙古族聚居地 |
| 叶克尔·潮尔 | 弓弦乐 | 四度定弦,持续的内弦低音与外线旋律的二声部独奏 | 新疆阿拉泰地区蒙古族聚居地和内蒙古阿拉善地区额济纳旗 |
| 乌他顺·潮尔 | 弓弦乐 | 反四度定弦,持续的内弦低音与外弦旋律的二声部独奏 | 内蒙古科尔沁地区 |
| 潮林哆 | 人 声 | 一人或多人的持续低音或旋律的二声部合唱 | 内蒙古锡林郭勒地区阿巴嘎旗 |

由上可知,在学者们总结的蒙族音乐众多"潮儿"艺术形式中,他们是将"冒顿·潮儿"视作是:区别于人声的"浩林·潮儿"及弦乐的"托克·潮儿"、"叶克尔·潮尔"等,而对管乐"绰尔"的一种统称。然而,就历史的典籍及现今的采风资料来看,无论是新疆阿勒泰地区的蒙古人还是图瓦人,乃至于整个蒙古地区(包括蒙古国)的民间乐手,都世代相传将这种乐管只称作"绰尔"、"潮儿"或"楚吾尔",却从未见将其称之为"冒顿·潮儿"或"摩顿·楚吾尔"的。那么,这个"冒顿·潮儿"又是从何而来的呢?原来,在清代成书的《御制五体清文鉴》和民国初年编印的《蒙汉满文三合一》这两部辞书典籍中,都载有与汉文"胡笳"乐器条目相对应的蒙文词条,称之为"Moden—Choor",用汉文译过来就写作"冒顿·潮尔"。

据莫尔吉胡先生的《追寻"胡笳"的踪迹——蒙古音乐考察纪实文集》一书中所载的《"冒顿·潮儿"解析》一文来看,莫氏所以认定的阿尔泰山区蒙族牧人吹奏的"潮儿"乐管就是失传已久的"胡笳",其主要的文献证据就是:清代《御制五体清文鉴》和民国《蒙汉满文三合一》这两部官修辞书中,都有蒙语"冒顿·潮儿"就是汉文"胡笳"的明确记载。

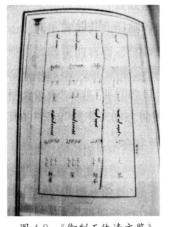

图 4.8 《御制五体清文鉴》中的"胡笳"条目

《御制五体清文鉴》是一部用满文、藏文、蒙文、维吾尔文、汉文等五种民族语言文字相对照的字典,成书于 17 世纪的乾隆年间。[①]此书无目录,以"天部"起首,共 46 部,部下分类,收入词条 19 800 多条,共 2 563 页。其中藏文和维吾尔文的下面有都有满文注音,而且藏文下面有两种满文注音:一种是"切音",即逐个字母的对译;一种是"对音",即实际发音。故这五种文字就有了八栏:首栏是满文、第二栏是藏文、第三栏是藏文的满文切音、第四栏是藏文的满文对音、第五栏是蒙文、第六栏是维吾尔文、第七栏是维吾尔文的满文对音、而最下面的一栏则是汉文。下图是该书第 719 页的"胡笳"条目,其蒙文的标记就是"冒顿·潮尔"。

另一部《蒙汉满三合一》是用蒙、汉、满三种民族文字相对照的字典,成书于 1913 年的民国初期,其中同样也有"胡笳"的条目,对应的蒙文也是"冒顿·潮尔"。参看下图:

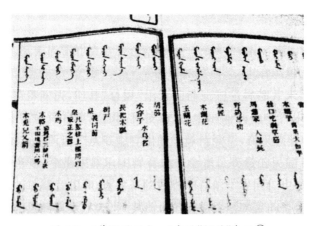

图 4.9 《蒙汉满三合一》中的"胡笳"条目[②]

正是这两部文献中的"胡笳"条目蒙古文的音译作"冒顿·潮儿",莫尔吉胡先生在文章的最后十分肯定地结论道:"冒顿·潮儿"就是胡笳,胡笳就是"冒顿·潮儿"!同

① 该书当时没有刊印,只有抄本,据《全国满文图书资料联合目录》载,国内现仅存两部:一部藏于故宫博物院,另一部藏于北京雍和宫。故宫藏《御制五体清文鉴》曾于 1957 年由民族出版社影印成精装三册本刊行。

② 图片采自莫尔吉胡《"冒顿·潮儿"解析》一文。

时，他据此顺理成章地将阿勒泰地区蒙族牧人吹奏的"粗儿"（即"潮儿"）乐管直接称之为"冒顿·潮儿"，由于文献中载明"冒顿·潮儿"就是"胡笳"，所以，他的深入实地考察之文便名之为"追寻胡笳的踪迹"。大体也就是自"莫文"开始，蒙族的"绰尔"乐管便渐被一些学者们改称为"冒顿·潮儿"。

前述所及的道尔加拉、周吉（执笔）之文《关于摩顿楚吾尔的研究》就是在蒙族乐管"楚吾尔"前冠上了"摩顿"（即"冒顿"）二字，称之为"摩顿楚吾尔"。此文的发表大体在"莫文"的一年以后，而在此之前，由周吉先生主编的、国家社会科学研究重点项目之一的《中国民族民间器乐曲集成·新疆卷》中，蒙族的这种吹管乐器是被称为"楚吾尔"的，并没有冠以"冒顿"二字。① 另一位研究蒙族音乐的李世相先生在《蒙古族长调民歌概论》一书中也认为："胡笳"蒙语称之为"冒顿·潮儿"，"冒顿"蒙语意为"树木"，即以木管为震动体来获得音响共鸣之意。这种乐管竖吹，三孔，类似箫。奏时先以人声哼鸣发出长低音持续音，然后再利用按孔发出高声部的管奏旋律。特点是人声与器乐结合，由一个人发出高低双声部的"二重结构"音响，音色圆润而动人。② 很清楚，他所描述的"冒顿·潮儿"就是具有"喉啭引声"吟奏特点的蒙族"潮儿"乐管。我的硕士研究生柴彦芳也是蒙古族人，她的硕士论文最后定名为《蒙古族吹管乐器"冒顿潮儿"之考察研究》，也是将蒙族的"潮儿"乐管称为"冒顿潮儿"，我在指导她的当时，也默许了这一观点，认为"冒顿·潮儿"作为相对于声乐的"浩林·潮儿"的管乐"潮儿"，名称所指似乎更为明确。然而，随着本人对"绰尔"乐管的进一步深入研究，却幡然发现，这原来是一个误识！"冒顿·潮儿"一名，并不能作为蒙族的管乐"潮儿"之统称，它只是"潮儿"乐管的一种变体，其名较为晚起，且是有所特指的，那就是木管材质的"胡笳"！如下具体析辨之：

首先我们来看："冒顿"一词的蒙语是为"树木"、"木头"之意，其冠于"潮儿"或"楚吾尔"之前，意思即为"用木料制做成的"③；用木料制作成的管乐器"潮儿"或"楚吾尔"，其实就是"木管潮儿"、"木管楚吾尔"，也即蒙语所称的"冒顿·潮儿"、"摩顿·楚吾尔"。而这"冒顿·潮儿"一名所指，根据清《御制五体清文鉴》以及民国《蒙汉满文三合一》典籍的对应条目，十分明确地记载就是"胡笳"；但是，这种蒙语"冒顿·潮儿"的"胡笳"，却并不是莫尔吉胡、李世相等学者们所认为的阿勒泰地区蒙族原生态的"潮儿"乐管，而是清代文献中多见有记载的、带有角哨或簧哨的木管吹奏乐器——燕飨乐（或鼓吹乐）的"胡笳"。请看如下的文献资料：

1.《皇朝礼器图册·乐器图》，该图册是由乾隆皇帝亲自作序的、乾隆三十一年告竣的清宫官修典籍，全册分为"祭器"、"仪器"、"冠服"、"乐器"、"卤部"、"武备"等六大部分，全书图文对照、各占半开，工笔彩绘、楷书缮写。书的五十三册至六十册是为"乐器"部分，其中就有"燕飨笳吹乐"的"胡笳"形制的彩绘图片及文字的详解：

———————————

① 参见《中国民族民间器乐曲集成·新疆卷》，中国 ISBN 中心 1985 年出版，"下卷"第 1474 页。
② 李世相《蒙古族长调民歌概论》，内蒙古人民出版社，2004 年出版，第 10 页。
③ 道尔加拉、周吉（执笔）《关于摩顿楚吾尔的研究》，载《音乐研究》1987 年第 3 期。

燕飨笳吹乐　　胡笳,谨按应劭《风俗通》:笳,吹鞭也,马端临《文献通考》:汉有吹鞭之号,笳之类也,其状大类鞭马者。

　　本朝定制燕飨笳吹乐　　胡笳,木管,三孔,两端加角,末翘而上口侈,管长二尺三寸九分六厘,内径五分七厘,角哨长三寸八分四厘,径三分六厘,口径一寸七分二厘,长八寸九厘,管以桦皮饰之。

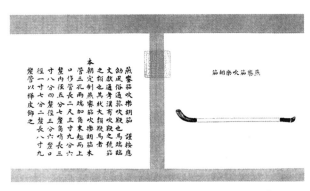

图 4.10　《皇朝礼器图册·乐器图》"胡笳"图①

　　2.《钦定大清会典》是由康熙、雍正、乾隆、嘉庆、光绪五位皇帝在位期间五次编修的宫廷典籍,共有五部,体例袭自前代的《大明会典》,与历代会典相类。《钦定大清会典》的卷三十三中也有"胡笳"乐器的记载:

　　　木管,三孔,两端施角,末翘而哆,自吹口至末二尺三寸九分六厘

　　3.《清史稿·礼乐志》是中华民国初年由北洋政府设馆编修的记载清朝历史的正史,全书五百三十六卷,其中包括纪、志、表、传。"礼乐志"从卷九十四到一百零一,共八卷。关于"胡笳"的形制的记载出自"礼乐志"的最后一卷,其曰:

　　　木管,两端施角、管长二尺三寸九分六厘,经五分七厘。末角翘上而哆。口径一寸七分二厘,上角口径三分六厘四毫,设三孔,第一孔是尺字,二孔是工字,三孔为六字,闭三孔为上字。

以上所辑的三处官方文献资料,对清代"胡笳"形制特征的描述,大致都是相同的:
其一,也是最重要的,就是制作材质上的"木管";
其二,是"两端施角";
其三,是"末翘而口哆";
其四,就是"三孔"之制。

---

　　①　图片采自《中国音乐文物大系·北京卷》,大象出版社 1996 年 11 月出版,第 270 页。

这些形制特征,除"三孔"之外,其他都与民间称之为"潮儿"的乐管形制大相径庭。特别是其"木管"材质(即"冒顿")的改变,乃是触及乐管吹法的一种本质性改变,为什么呢?因为只有以木质材料为管,才能在管的两端施以牛角,施角并不仅仅是为了好看,管尾施角口哆若小喇叭状,可以扩大音量;而管端施角作哨口,则易于吹奏。《皇朝礼器图册·乐器图》中对"胡笳"的文字描述,明确地载有"角哨,长三寸八分四厘,径三分六厘",虽然对这种木管"胡笳"的具体吹法未见有任何的文字说明,但据乐管的形制描述大致是可以推导出其吹奏方法的。依笔者对管乐之所谙,这种管端施以"角哨"的木管"胡笳",大体有三种吹法的可能:一是如民间"满口箫"那样直接含奏的"哨鸣";二是如军号吹奏那样的"唇鸣";三是如唢呐那样由管端插上苇哨的"簧鸣"。从《皇朝礼器图册·乐器图》所绘的燕飨笳吹乐中的"胡笳"图及文字明确载有"角哨"来看,该乐管的"哨鸣"和"唇鸣"的可能性较大;而对于第三种如唢呐那样的"簧鸣",倒是有另外一则相关"胡笳"的采风史料值得我们瞩目。

约当上个世纪初叶的清光绪三十二年(1908 年),日本民俗学家鸟居君子随其夫君鸟居龙藏(日本著名考古学家)到喀喇沁旗恭王府学堂教授日语,在这期间,她也兼及蒙古草原的考古和风俗考察,并撰著了《从民俗学的角度观察蒙古》一书。该书中,鸟居君子详细地介绍了她所考察到的喀喇沁王府一套蒙古族乐器,这其中,就包括被称为"胡笳"的管乐器。书中不仅描述了乐管的大致形制,并附有乐师持"胡笳"乐管的照片,其文字曰:

> 那件乐器是竹管,先端是牛角,吹口向上有个铜片,铜片上有洞,管身上有两个小洞。

图片是黑白的,并不十分清晰,但还是可以清楚看出该"胡笳"乐管的形制,与鸟居君子文字所描述的基本相符。只是乐管的材质文字中说是"竹管",而照片中似未见竹管所特有的节,质感上倒更像是"木管",不知是否是翻译上的问题,还是鸟居君子察之有误?照片中的乐师左手张开拇指与食指似正在比试丈量乐管的长度、抑或是由管端施角处与管身音孔的距离。乐管的尾部向上,

图 4.11  喀喇沁王府的"胡笳"
(鸟居君子摄于 1920 年)①

明显呈小喇叭口状,符合文献记载中的末端"口哆"之描述;但是,乐管向下的吹口处似没有完整照到,作者所描述的带有孔洞的铜片无法看见。若真的有带孔洞的铜片的话,该乐管的奏法应该是与唢呐吹奏相类的"簧鸣"(唢呐的上端就有带孔洞的圆形铜片,以抵吹唇),倒也符合古代文献中载说的胡人所吹之"笳"若"筚篥",其器或如日人林谦三《东亚乐器考》所言的为"筚篥之制"所夺者。

---

① 乌云塔娜《论二十世纪初日本人蒙古纪行中的音乐》第 40 页,中央民族大学 2007 年硕士学位论文。

上述据形制所推的"哨鸣"、"唇鸣"和"簧鸣"这三种吹法,无论是哪一种,都说明蒙语所称"冒顿·潮儿"的"胡笳"属于簧哨类的吹管乐器,是与蒙族民间所称的"潮儿"的形制及吹法都截然相异的一种乐管。由于这种乐管的最大特征就是制作材料上以"木料"为管(其两端"施角"、尾部作"侈口"、吹口置"角哨"……这些形制特征都是建立在以"木料"为管的基础上的),故此,蒙语将其称为"冒顿·潮儿",所冠"冒顿"一词,特别标明其"木管"的材质特征,以区别于民间苇质的自然植物茎秆之"潮儿"。而当今一些学者,却将"冒顿·潮儿"用来指称民间苇类乐管的"潮儿",当是一种张冠李戴的误识。实际上,"潮儿"是"潮儿","冒顿·潮儿"是"冒顿·潮儿";"潮儿"是民间的一种原生态的苇秆乐管,而"冒顿·潮儿"则是宫廷的一种再生态的木制乐管,二者各有所指,是不可以混为一谈的。

如上所辨,"冒顿·潮儿"一名所起,乃是用以特指以"木管"制作的一种簧哨类乐管,也就是清代宫廷中源于汉、魏鼓吹乐及后世卤部的燕飨笳吹乐"胡笳"。"冒顿·潮儿"就是"胡笳",这是没有错的!《御制五体清文鉴》和《蒙汉满文三合一》中的蒙、汉对应"胡笳"条目都是凿凿之证。但是,我们却不能据此认为:"胡笳"就是"冒顿·潮儿"!这个道理犹如"白马"是"马",而"马"却未必就是"白马"一样;因为,还有"黑马"、"黄马"同样也是"马","马"名是各种不同颜色马的统称。"胡笳"作为吹管乐器的一种器名也是一样,即如杨荫浏先生所说"笳与角,都有逐渐成为一种笼统的名称的倾向"。笔者以为:"胡笳"一名并非是专指一种乐管,而是大约自汉世以来,对胡人所吹之"笳"管乐器的一种统称,就现有的文献载说及民间考察资料来看,胡人所吹之"笳"大体上应有如下三种之不同:

1. "卷叶"胡笳——即《太平御览》引《蔡琰别传》所载的:"胡人卷芦叶吹之以作乐,故谓曰胡笳",具体形制无考,或可为"胡笳"的一种原始形态。

2. "木管"胡笳——即"冒顿·潮儿"("摩顿·楚吾尔")之称的、源于汉魏鼓吹乐的宫廷燕飨笳吹乐管,用木料为管并施以牛角而制成,管开三孔,或可也有无指孔的空筒形制,若中古之"箛",属于带哨口的簧哨类气鸣乐管。

3. "苇秆"胡笳——即"绰尔"("潮儿"、"楚吾尔")之称的民间原生态乐管,采自然苇类植物的空心茎秆制成,三孔或四孔,演奏带特殊的"喉声"共鸣,属边棱类的气鸣乐管。

在这三种不同类型的"胡笳"中,所谓"卷叶"胡笳,其实无考。林谦三在《东亚乐器考》中曾推想这种"卷叶"的胡笳可能有三种形制:其一,仅仅就是一个卷叶,相当于复簧乐器的簧;其二,将芦叶卷成圆锥管状,类似于后世用铇花制的笛;其三,用芦叶作复簧装在一个管端,即如"筚篥"之制。[①]但这只是学者的想象推说,其真实的形制乃于世无考。至于"木管"胡笳,其蒙语名之为"冒顿·潮儿"者,清代以来官修文献图文并皆有载,然其乐管实器却也溘然于世无传,吹法遂也失考;惟原生态的"苇秆"胡笳,民间称之为"绰尔"者,既见载于文献斑斑可考,又传承于民间而生生未息。然而,这种"苇秆"胡

① 林谦三《东亚乐器考》,人民音乐出版社 1962 年 2 月出版,第 366 页。

中国<br>古龠考论

笛的"绰尔",却缺少了像《御制五体清文鉴》所载"冒顿·潮儿"就是"胡笳"(木管"胡笳")那样明确的文献之证。时至今日,对于"绰尔"(包括与其同类的哈族"斯布斯额")是否就是汉代文献中记载的"胡笳",不少学者所表达出的即如前所述及的那样:"既没有充足的理由肯定,也没有充足的理由否定"的观点。

其实,就莫尔吉胡先生发现的清代官修文献明确载有"冒顿·潮儿"即汉语"胡笳"这一点来说,已经为含有"潮儿"语源的乐管与"胡笳"相关联提供了一种可资类比的间接证据。但是,若要认定今新疆阿勒泰地区蒙族图瓦人等所吹的带有喉声吟奏的"绰尔"乐管就是汉代人所说的"胡笳",还需要我们对汉魏时期相关"胡笳"的载说文献进行更深一层的研究和解绎;而这其中,最为重要的直接史料之证就是魏繁钦的《与魏文帝笺》一文。

## 三、《与魏文帝笺》解

关于繁钦的《与魏文帝笺》,前文已经述及,王曾婉先生于上世纪 80 年代中,以《汉代之"胡笳"并未绝响》一文(以下简称"王文")考证新疆哈萨克族乐管"斯布斯额"(与"绰尔"异名同器)就是汉代的"胡笳",即是以此笺的文献解读和音乐学阐释为主要依据的。尔后的莫尔吉胡先生《追寻胡笳的踪迹》一文并没有述及这一汉代文献的考释,而是以清代官修典籍《御制五体清文鉴》中载有蒙文"冒顿·潮儿"对应汉文"胡笳"的词条,认为新疆阿尔泰地区的"潮儿"就是"冒顿·潮儿",从而认定该乐管就是"胡笳"的。至本世纪以来,又有北京学者范子烨先生撰写的《潮尔与胡笳:中古时代的喉音艺术——对繁钦〈与魏文帝笺〉的音乐学阐释》一文(载《中国文化》2009 年"春季号",以下简称"范文"),较为深入细致地对《与魏文帝笺》进行了文献学的梳理和音乐学阐释,使得这一相关"胡笳"考释的重要史料再度显现出来,为更多的学者所瞩目。

就目前的资料来看,最早关注到《与魏文帝笺》这一史料、并将其与"胡笳"的考说联系在一起的应该是日本学者林谦三(见于《东亚乐器考》,详后述);而第一个将《与魏文帝笺》中的"胡笳"吹奏描述与新疆民间现存的带喉声吟奏的乐管联系起来进行考释的则是北京的王曾婉先生。当然,王氏的文章考察和论定的民间乐管是哈族的"斯布斯额",尚未述及蒙族的"绰尔"。近年来,明确将蒙族"潮儿"与《与魏文帝笺》相释证的则是"范文"。然而,"斯布斯额"与"绰尔"实际上就是同一种乐管,只是演奏的族群不同而名称各异而已。应该说,30 年前发表的"王文"正是这一考说的原创,而"范文"则是作了更进一步的文献学梳理和阐释。但是,若要真正令人信服地论定繁钦描述的"胡笳"吹奏就是新疆民间的带喉声吟奏的乐管,尚有对这一重要文献作进一步深究之必要。笔者以一个对"绰尔"乐管习练十余年的亲身体验者,试对繁钦的《与魏文帝笺》(以下简称"繁笺")再作一番解析。

"繁笺"的作者繁钦是三国魏时的著名文学家、诗人,字休伯,颍川人(今河南禹县),其生年不详,卒于公元 218 年。据《文章志》载,钦年少即以文才机辩而知名,长于书记,又善为诗赋,存世作品有二十余篇,其代表作《定情诗》为《乐府诗集》所著录。《与魏文帝笺》是繁钦在建安十六年(211)秋月随曹操西征(讨马超)后的次年正月写给曹丕的一封信,曹丕当时还是汝颖太子,尚未就帝位(故此笺亦有称为《与太子书》的)。由于曹丕酷爱音乐(尤其是胡乐),繁钦似乎是投其所好,写此信向他推荐此次西征时所发现的都尉薛访"车子"的音乐才能。"繁笺"采用了骈散兼用的华美笔调,对薛访车子演奏的"笳"乐进行了惟妙惟肖的生动、细致的描绘,读来如闻其声,遂被《昭明文选》选入卷四十而传为名笺。据李善注引《魏文帝集序》曰:"上西征,余守谯,繁钦从。时薛访车子能喉啭,与笳同音,钦笺还与余而盛叹之。虽过其实,而其文甚美。"可见,魏文帝曹丕对该笺文的赞许和欣赏。

为便于进一步探讨与解读,特将此笺全文迻录如下:

> 正月八日壬寅,领主簿繁钦,死罪死罪。
>
> 近屡奉笺,不足自宣。顷诸鼓吹,广求异妓。时都尉薛访车子,年始十四,能喉啭引声,与笳同音。白上呈见,果如其言。即日故共观试,乃知天壤之所生,诚有自然之妙物也。潜气内转,哀音外激,大不抗越,细不幽散,声悲旧笳,曲美常均。及与黄门鼓吹温胡,迭唱迭和,喉所发音,无不响应。曲折沉浮,寻变入节。自初呈试,中间二旬,胡欲傲其所不知,尚之以一曲,巧竭意匮,既已不能。而此孺子遗声抑扬,不可胜穷;优游转化,余弄未尽。既其清激悲吟,杂以怨慕,咏《北狄之遐征》,奏《胡马之长思》,①凄入肝脾,哀感顽艳。是时日在西隅,凉风拂衽,背山临溪,流泉东逝。同坐仰叹,观者俯听,莫不法泣殒涕,悲怀慷慨。自左颠史妠、睿姐名倡,能识以来,耳目所见,佥曰诡异,未之闻也。
>
> 窃惟圣体,兼爱好奇,是以因笺,先白委曲。伏想御闻,必含余欢。冀事速讫,旋侍光尘,寓目阶庭,与听斯调,宴喜之乐,盖亦无量。钦死罪死罪。

此笺描述并推荐的主人公是都尉薛访的"车子",一个年仅十四岁身怀绝技的匈奴少年。所谓"车子"也称之为"车儿",即为善于驾车的人。北方游牧民族通晓马性,故胡人善御,"车子"或"车儿"常作为善驾胡人的通名见于中古时期的文献载说。如《后汉书》卷八十九《南匈奴传》载:"居车儿一心向化"、"单于居车儿立"等;又如《三国志》卷八《张绣传》载曹操对"胡车儿"赏识之事:"绣有所亲胡车儿,勇冠其军。太祖爱其骁健,手以金与之。"这里的"胡车儿"之"胡"更是直接点明了"车儿"的民族属性,"胡人"即包括当时的匈奴人。由此可见,"繁笺"所述薛访"车子"的胡人属性应该是很清楚的。然而,对于这个胡人少年"车子"所展现的非凡乐声,究竟是器乐演奏还是人声歌唱?这篇写于一千八百多年前的笺文描述似乎显得有点语焉不明,颇费今人的揣度。

日本著名学者林谦三先生《东亚乐器考》中"关于胡笳"一节曾述及此笺,他以为繁钦

---

① 依《昭明文选译注》(阴法鲁审定,陈天宏、赵福海、陈复兴主编),吉林文史出版社 1994 年 11 月出版,其注曰:《北狄征》、《胡马思》为古歌曲名(用名延济说)。第五册,第 460 页。

（书中误作"魏繁"）所述的"车子"是一个擅于歌唱的"妙音少年"，他的歌声可与悲切高亢的笳声相比较；林氏同时认为，"繁笺"中所描述的"笳"是"黄门鼓吹"之中的笳，也即簧哨类的吹管乐器，在当时大概是开有音孔的，尔后传至隋唐时期则是无孔之"笳"。其原述如下：

> 魏繁《与文帝笺》，以笳声与少年声比较，笺云：（略）……这个妙音少年所歌的《北狄退征》、《胡马长（悲）思》就是上引孙楚《笳赋》里出现过的曲名。笺中的笳，似为黄门鼓吹——天子的鼓吹——中笳。鼓吹的笳，统系传至隋唐，却是无孔的。然则比之于少年之声，也许止在其悲切的高音。

与林氏上述解说大相径庭的是北京的王曾婉先生，她在首篇发表的《汉代之"胡笳"并未绝响》一文中，正是以"繁笺"的描述为重要的文献依据，提出了哈族的"斯布斯额"就是汉代"胡笳"之遗存；此后，她又撰有《论汉代胡笳与斯布斯额》一文作进一步的申论，该文中对"繁笺"的胡笳演奏描述作了如下的阐释：

> 繁钦这篇《与太子书》表达他对胡笳运用"喉啭引声、与笳同音"、"喉所发音，无不响应"，也即是对用喉音引出葭音、喉音与葭音同时发音、喉音贯穿乐曲始终，这种喉音与管音相结合的特殊吹奏法的赞叹。同时，还对胡笳"大不抗越，细不幽散"这适中的音量，和"曲折沉浮"的旋律线，以及"凄入肝脾，哀感顽艳"的表情特色，和听众"莫不泫泣殒涕，悲怀慷慨"的感受，于此详尽地描述。正是由于胡笳有此特殊的吹奏法和感人的音乐，才能被誉为"天壤之所生，诚有自然之妙物"，也才总结说"自左颓史姤，能识以来，耳目所见，佥曰诡异，未之闻也"。

王氏的这番阐释，是以其亲眼所见、亲耳所闻的新疆哈萨克族"斯布斯额"乐管的实际演奏感知为依据的，她认为，"繁笺"中的匈奴少年"喉啭引声，与笳同音"的胡笳演奏描述，与今天的哈萨克族"斯布斯额"乐管以喉声引出管声并持续作两个声部共鸣的演奏是完全相同的；故此，自汉以后世千百年来，"胡笳"乐器并未绝迹，它还遗存在新疆的伊犁、塔城、阿勒泰等地区的民间，哈萨克族的"斯布斯额"乐管就是汉代"胡笳"的遗制。但80年代中，黄翔鹏先生对王氏的这一考说似乎并不赞同，如前所述，他在审阅的"王稿"中明确地批道："魏繁钦所描述的笳，当是黄门鼓吹中所用之笳，与本文所指不同。"显然，黄先生认同的是林谦三《东亚乐器考》中的"黄门鼓吹之笳"说。所谓"黄门鼓吹"乃汉乐也，晋崔豹《古今注》曰："汉乐有黄门鼓吹，天子所以宴乐群臣。"[1]那么，"繁笺"中描述的14岁的胡人少年"车子"所展现的非比寻常的乐声，究竟是宫廷中天子宴群臣的"黄门鼓吹"之笳？还是今之所见的如哈族"斯布斯额"、蒙族"绰尔"一般的喉声吟奏之乐管呢？尚须深作一辨。

---

① 清版《古今注》（木刻本），［晋］崔豹著，［明］吴中珩校，"说郛"本之十六，卷中"音乐第三"，第3页，"面壁斋藏本"。

首先，"繁笺"中涉及对乐音描述的最重要的一句叙辞，当然就是"喉啭引声、与笳同音"这八个字。若仅从字面的意思来看，似乎就像林谦三所解说的那样，是"妙音少年"车子的歌喉堪与"胡笳"之声同音相媲美。因为，"喉啭"二字，常常是与歌唱的描述联系在一起的。如《晋书·隐逸·夏统》载："今欲歌之……统于是以足叩船，引声喉啭，清激慷慨"；唐段安节《乐府杂录》"雅乐部"述善歌者永新也有"喉啭一声，响传九陌"之句；唐王仁裕《开元天宝遗事》载"眼色媚人"一则曰："念奴者，有姿色，善歌唱。……帝谓妃子曰：此女妖媚，眼色媚人，每啭声歌喉，则声出于朝霞之上，虽钟鼓笙竽嘈杂而莫能遏。"①其"啭声歌喉"也即由"喉啭"一词生发而来。故林氏以为"喉啭引声"描述的是少年"车子"的歌喉，"与笳同音"是赞美其歌喉堪比"胡笳"演奏的音高。但这却是林氏限于本身的闻见，仅仅是望文而生其义的解说；因为，当时的林氏根本不知道，在中国北方游牧民族中至今还遗存着一种以喉声引出管音的古老质朴的"潮儿"和"斯布斯额"乐管，而这种古老乐管的吹法特点正就是"喉啭引声、与笳同音"的。

　　其实，在魏晋时期的文学作品中，"喉啭"之"啭"，往往就是与"胡笳"的演奏密切相关的。如《全宋文》载颜延之《七绎》曰："视华鼓之繁桴，听边笳之嘶啭"，《全后周文》载庾信《竹杖赋》曰："胡马哀吟，羌笛凄啭"，《全梁文》载沈约《郊居赋》曰："驱四牡之低昂，响繁笳之清啭"等。这些描述"胡笳"演奏的"嘶啭"、"凄啭"、"清啭"等词，大体都出于"繁笺"的写作之后。据《三国志》卷二十一《王卫二刘傅传》中注"繁钦"引《典略》曰："钦字休伯，以文才机辩，少得名于汝颍。钦既长于书记，又善为诗赋。其所与太子书，记喉转意，率皆巧丽。"此注特别点到了繁钦的《与太子书》（即《与魏文帝笺》）中的"喉啭"（注中的"转"当作"啭"）一词的"率皆巧丽"。可见，"喉啭引声"应该就是繁钦的代表性创辞，而为后世文人作品的相关描述所引申与仿效。可以说，繁笺中的"喉啭引声、与笳同音"这一词汇的创说，正是极其"巧丽"地道出了"胡笳"演奏以喉声嘶啭而引出管体之声的绝妙特征。如果你曾亲耳聆听到过喀纳斯湖畔图瓦老人的"绰尔"演奏，相信你就会深切地体会到"喉啭引声"一词的恰到妙处。

　　而关于"与笳同音"这四个字的解析，王曾婉先生在其撰文中曾以为："斯布斯额"的在实际演奏中，喉声所发的音是一个持续音，好像并不是"与笳同音"的。她认为，繁欣所说的"与笳同音"有两种可能性，一是由演奏者所发的喉音与笳管各音非常和谐，以至于使人误以为是"与笳同音"；所谓"同音"亦可理解为同时发音，并非是指同音高。第二种可能就是，还有别的乐手用喉管同时发出与笳同音的效果来。②王氏的这种解说，其实还是过虑了。以笔者习练吹奏"绰尔"乐管的亲身体验来察，繁欣所述的"与笳同音"的描述，正是"斯布斯额"及"绰尔"这种苇类乐管实际演奏奥妙之所在。所谓"与笳同音"，也就是"胡笳"演奏的喉啭持续长音与所引出的管体筒音的音高是一致的，而这一相同的音高，正是贯穿乐曲始终的主音——"宫音"（只有极少数的乐曲是高一个大二度的

　　① 明版《开元天宝遗事》（木刻本），唐王仁裕撰，明刻丛书零种本，第9页。
　　② 王曾婉《汉代之"胡笳"并未绝响——关于哈萨克族吹管乐器斯布斯额探索的报告》，载《新疆文艺》1983年第6期。

"商音",亦为乐曲的主音,属小调色彩)。今蒙族"绰尔"及哈族"斯布斯额"的演奏伊始,即是由喉啭开始发音,而这喉啭的始发音高往往是低于管体筒音的音高,但很快就滑向管体筒音的同一高度,当喉音与管体筒音的音高完全一致时,这才产生出一种特殊的共鸣,显现出"声若天际而来"的极为和谐的奇特效果。正是在这种喉声与管音共振的音效中,演奏者通过开闭乐管身上的音孔,获得所要的乐曲旋律;而喉声的音高则一直持续在管体筒音的音高上,与旋律音形成一种既和谐又有对比的二声部共鸣效果;直至乐曲(抑或是乐句)的结音时,乐管再以指孔全闭的筒音结束,管音与喉音又回归到同一个的音高——即乐曲的主音上。这是蒙族"潮儿"、哈族"斯布斯额"乐管演奏所有乐曲的共同规律,这种在乐曲的开始和乐曲的结束时,运用喉声与笳管声的"同音"共鸣效果,给听者的感觉是十分强烈的。可见,繁钦笺文中的"喉啭引声、与笳同音"一辞,描述的当正是这种特殊同音共鸣效果的"胡笳"演奏,而绝不是什么少年的歌喉与笳声的演奏相比较。此"以今之所见,求取古代之真实"之又一笃例也。

再者,我们从"繁笺"的具体描述和赞叹之辞中,也可以进一步推定"车子"这位 14 岁的匈奴少年所展现的非凡乐声,就是"胡笳"乐器的演奏,而非寻常的喉声演唱。繁钦在笺文中叙其首次与主上一起观听"车子"的表演,便由衷地发出这样的感叹:"乃知天壤之所生,诚有自然之妙物也!"这里所说的天壤之所生的自然之"妙物",指的应该就是"车子"演奏的"笳"管,而不可能是人声的歌喉。因为,人声的歌喉是人的身体所固有,何可谓"天壤之所生"? 而"绰尔"乐管却不一样,它采制于天然生长的植物,正可谓"自然之妙物"! 今蒙族图瓦人的"潮儿"乐管,其祖祖辈辈相传都是用自然苇类植物"扎拉特"草的茎秆制作的;而哈萨克人的"斯布斯额"乐管的制作原料则称之"乌古斯胡莱",是一种自然生长的粗壮空心芦草。"车子"运用"喉啭引声"演奏的笳管,就是这种自然植物的空心茎秆,它采制简单,截取一段挖上三、四个音孔即成,但由于特殊的喉声吟奏,这种简单质朴的乐管即可以展现出非同寻常的奇妙乐声,在繁钦听来是闻所未闻的,故不禁赞叹这种笳管是"天壤之所生"的自然之"妙物"! 而在另一魏人杜挚的《笳赋》中,也见有"唯葭芦之为物,谅絜劲之自然。托妙体于阿泽,历百代而不迁。"(《全三国文》卷四十一)之句,同样赞叹胡人所吹的笳管为"历百代而不迁"的自然之"妙体"。据此我们可以推定,"车子"演奏的"笳"管就是民间原生态的苇秆"胡笳",而不可能是宫廷黄门鼓吹的既雕既琢之木管"胡笳"。这一点,在"繁笺"接下来的笳声演奏的具体叙辞中,也可以得到进一步的印证,如"潜气内转,哀音外激"、"大不抗越,细不幽散"、"声悲旧笳,曲美常均"、"喉所发音,无不响应"、"曲折沉浮,寻变入节"、"清激悲吟,杂以怨慕"等,这些笳声演奏的描述,正是与今天阿勒泰地区的民间"潮儿"的喉声吟奏的演奏状态和情景完全相吻合的。此由今可以证古,而由古也可以知今矣!

此外,值得注意的是,"繁笺"中提到少年"车子"与当时随行西征的黄门鼓吹乐人(或为乐官)温胡"迭唱迭和"的技艺比试,温胡起初持其为专业乐人,欲以一曲傲年轻的"车子"所不知,但最终还是"巧竭意匮,既已不能";而少年"车子"的"胡笳"演奏则"遗声抑扬,不可胜穷;优游转化,余弄未尽"。范子烨《中古时代的喉音艺术》一文认为:车子与温胡的"迭唱迭和"乃是"呼麦"演唱的比试,所谓"此孺子遗声抑扬,不可胜穷,优游转化,余弄未尽"即"表明车子的呼麦大量运用了旋律拖腔,每个乐句都比较长,各个乐句衔接得自然、巧妙,构成一个又一个浑成、和谐的二重结构的音乐织体"云云,①不知"范文"的如此解说究竟依据的是什么? 鄙见以为,仅就"余弄未尽"一词而论,"车子"展现的"遗声抑扬,不可胜穷,优游转化"的乐声当是"胡笳"乐管的演奏,而非人声的"呼麦"演唱。因为,"弄"字也即"操弄"之义,一般都是用来描述器乐演奏的,而与人声无涉;所谓"迭唱迭和",也并非两人一定都是演唱,"和"也可以是乐器,如小笙就谓之"和"(《尔雅·释乐》)。温胡与"车子"的"迭唱迭和",完全可以理解为温胡演唱,而"车子"以"笳"声的吹奏作和,至于温胡的演唱是否就是二声部的"呼麦",我们不得而知,因为"繁笺"中对温胡的演唱并没有任何的描述。但"车子"所展示的乐声"余弄未尽"的描述,则应是十分明确的"胡笳"乐器的演奏;而在"繁笺"文中,更述及有同样见于晋人孙楚《笳赋》中的"咏《北狄之遐征》,奏《胡马之长思》"这两首著名的笳曲可以相佐为证,此当毋庸置疑。

14 岁的少年"车子",以一杆"天壤之所生"的自然"妙物"——简单质朴的苇秆"胡笳",运用游牧民族世代相传的"喉啭引声"之法,"潜气内转、哀音外激"地演奏出"曲折沉浮、寻变入节""遗声抑扬、不可胜穷"的绝妙乐声,使得当时在场的"同坐仰叹,观者俯听,莫不泫泣殒涕,悲怀慷慨",直令繁钦在笺文中不得不作出这样的感叹:"自左颠史妠、謇姐名倡,能识以来,耳目所见,金曰诡异,未之闻也。"仅此一句便可足证,"繁笺"中描述的胡笳演奏,决不是林谦三先生所说的、并为黄翔鹏先生所认同的黄门鼓吹之"笳";而是听惯了黄门鼓吹之"笳"的繁钦能识"左颠史妠、謇姐名倡"以来,闻所未闻的北方游牧民族的原生态苇秆"胡笳"。由此今天的喀纳斯湖旅游者们是那样地喜爱和沉迷于图瓦族叶尔德西老人的"绰尔"演奏,并呼之为"天籁"! 我们可以推想,一千八百多年前的繁钦是如何地被年仅十四的少年"车子"那喉啭引声出的"天籁"般笳声所感染!从而激发他满怀才情、极尽赞赏地给曹丕写了这样一封举荐信。然而,似乎很遗憾,曹丕好像并没有领情;甚至还以为"繁笺"的赞叹有点言过其实,只是"其文甚美"(《魏文帝集序》,见前述)。从《全三国文》卷七所载的曹丕《答繁钦书》来看,这位太子似乎更喜欢一位叫"王琐"的女伎,王琐年方十五,"素颜玄发、皓齿丹唇",在曹丕看来,她能歌善舞"振袂徐进、扬蛾微眺,芳声清激、逸足横集,……固非车子喉转长吟所能逮也"。曹丕在《答繁钦书》中明确表示"吾练色知声,雅应此选,谨卜良日,纳之闲房"②,由此推断,曹丕应该是婉拒了繁钦的一番美意。

杰出的胡人少年吹笳妙手"车子",最终或许并没有如繁钦所愿,能够真正的以其吹笳妙技侍奉在汝颍太子身边;但"车子"能"喉啭引声、与笳同音"的绝妙乐声,却凭藉着繁钦的《与魏文帝笺》而千古不朽。繁钦这篇充满才情的短短几百字的优美笺文,对"车子"胡笳演奏的惟妙惟肖、绘声绘色的描述,也为千百年后对汉代"胡笳"的考证和当代民间"绰

① 范子烨《潮尔与胡笳:中古时代的喉音艺术——对繁钦〈与魏文帝笺〉的音乐学阐释》,载《中国文化》2009年"春季号"。
② 清版《古今图书集成·乐律典》(铅印本),清陈梦雷编,光绪十年版,第八十卷第1页,"面壁斋藏本"。

中国古籍考论

尔"乐管的溯源,提供了极其难得的珍贵的文献之证,可谓是"字字值千金"的千古美文!

# 四、"苇 籥" 考 原

由上考辨已知,蒙族"绰尔"乐管的渊源可以追溯到汉代文献典籍中载说的"胡笳",似无疑义。然而,探赜到此却并不能止步。因为,"笳"或"葭"作为一种吹管乐器之名,仅见于汉魏时期以及后世的载说,距今最多不过两千多年的时间;而游牧民族世代相传的"绰尔"乐管,不论是其自然质朴的形制,还是其高古绝妙的吹法,都有着极其厚重的原始感,其渊源当更为古远。那么,在汉魏之前的先秦文献中,有没有与"绰尔"这种自然植物的苇秆乐管相关联的乐器名可资探究呢? 本人研究与考探的结论是肯定的:有!那就是确凿可凭的儒家经典《礼记》中载说极为久远的"苇籥"。

"苇籥"一词,见载于《礼记·明堂位》,其曰:"土鼓、蒉桴、苇籥,伊耆氏之乐也。"说的是远古氏族部落"伊耆氏"就是用草槌敲击土鼓、吹着以苇管制成的"籥"来歌舞以乐的;南宋王应麟《玉海·音乐》引《隋书·音乐志》曰:"伊耆有'苇籥'之音",①《隋书·律历志》中还见有"淳古苇籥,创睹人籁之源"的载说,足可见"苇籥"作为伊耆氏的代表性乐器,其渊源极其古远。但"苇籥"究竟是怎样一种吹管乐器,在先秦典籍及后世文献中却寻找不到任何文字的描述。仅就"苇籥"一词的字面意思来看,它应该就是一种以苇管材料制成的如笛、似笛的单管吹奏乐器。但今人在郭沫若氏"编管"籥说的误导下,却普遍地错误认为:"苇籥"就是用"苇"编制而成的"籥",好像"苇"字本身就含有"编"的意思,"苇籥"一词遂被约定俗成地当作了"编管"籥说的文献之证。请看如下当代音乐史著中对"苇籥"一词的界说:

1. 杨荫浏《中国古代音乐史稿》述"原始时代的乐器":

> 苇籥——伊耆氏时,有一种用芦苇编排而成的吹奏乐器,叫做苇籥。传说中谈到夏禹时候的乐曲《大夏》的时候,常把它和所用到的乐器籥联系在一起,可见籥的历史至少是和《大夏》的历史一样悠久。

2. 夏野《中国古代音乐史简编》述"远古及夏商的乐器":

> 郭沫若《甲骨文字研究·释和言》认为,"龠"就是"籥",乃编管乐器,再参以"苇籥"的说法,可见早期的籥当是一种编排两三支苇管而成的管乐器。

3. 廖辅叔《中国音乐简史》中"关于原始社会乐器的一些推测":

> 关于吹奏乐器……还有就是籥,由芦苇管子编成,称为苇籥,它不可能是伊耆

---

① 清版《玉海·音乐》(木刻本),[南宋]王应麟撰,"第一百三卷"第一页,"面壁斋藏本"。

氏的创造,但与大夏同时则是可能的。

4. 吴钊、刘东升《中国音乐史略》的第一章"远古先秦音乐":

> 《大夏》已具有一定的艺术性,它共分"九成"(九段),用"籥"伴奏,又称"夏籥九成"。"籥"在甲骨文里写作"⊞"像是用数根苇竹制成的管子,周围用绳子捆扎在一起,管子上端有一个吹孔,可以吹奏发声。一个籥,可吹出数个不同的乐音。这种乐器就是后来"箫"(排箫)的前身。

由上所辑可见:杨荫浏先生说"用芦苇编排而成的吹奏乐器,叫做苇籥";夏野先生说"籥当是一种编排两三支苇管而成的管乐器";廖辅叔先生说"由芦苇管子编成,称为苇籥";而吴钊、刘东升二位先生则更是煞有其事地描述道:"用数根苇竹制成的管子,周围用绳子捆扎在一起,管子上端有一个吹孔,可以吹奏发声。一个籥,可吹出数个不同的乐音"等等。几乎所有学者,都众口一词地将"苇籥"说成是用数根苇管编排而成的吹管乐器,并以此来印证郭沫若的"编管"籥说。那么,令人困惑的是,为什么"苇籥"一定就是"用苇管编制而成的籥"呢? 这种解说的证据又在哪里呢? 学者们并没有相关的释证和交待。笔者以为,将"苇"与"编"的概念必然地联系在一起,完全是一个误识! 这一误识应该是由历史上的一句成语叫"韦编三绝"生发而来。"韦编三绝"的成语典出《史记·孔子世家》,其曰:"孔子晚而喜《易》,序象、系、象、说卦、文言,读《易》韦编三绝。"[①]是谓孔子晚年反复研读《周易》,以致编连竹简的皮带因久经摩挲而多次断绝,后人们即以"韦编三绝"一词来形容读书的刻苦勤奋。但"韦编三绝"的"韦编"却并不是"苇编","韦"乃熟牛皮,古时以竹简写书,再将竹简用牛皮带编联起来,称作"韦编",这与一些学者所想象的"苇编"(用苇管编制)的概念完全是风马牛不相及的。大抵正是由于"韦编三绝"一词长期以来为人们所耳熟能详,故而误导了一些学者将"苇籥"之"苇"与"编"的概念顺理成章地联系在了一起,并以此来附会郭沫若先生的"编管"籥说。

事实上,文献载说中的"苇籥"一词中的"苇"字,指的就是自然生长的植物"芦苇",它与"骨籥"中的"骨"字、"竹籥"中的"竹"字一样,只是标明乐管制作材料的属性而已,本身并不含有任何的"编制"之意。所谓"苇籥",实际上就是以一根苇管制作而成的"籥",乃单管之器,并无"编管"之可能。就这一点上来说,日本著名学者田边尚雄的《中国音乐史》一书中所述大体是不误的:

> 纵笛之一管者,名篪及籥。……《礼记·明堂位》云:"苇籥,伊耆氏之乐也。"按苇籥为西亚细亚古代之纵笛,与古埃及之"赛彼"、阿拉伯之"奈伊"同种。[②]

---

① 和刻本《史记评林》(木刻版),日本明治三十二年(光绪二十五年)东京"嵩山堂"藏版,第二十八册,"面壁斋藏本"。
② 民国版《中国音乐史》(铅印本),[日]田边尚雄著,陈清泉译,中华民国二十六年五月商务印书馆印刷出版,第105页,"面壁斋藏本"。

当然,田边氏在书中的论述认为"此种乐器,殆与管同系古代由西域入中国者",实属囿于当时风行的中国文化"西来说"而形成的一种本末倒置的揣测推说,对此,本书的前一章有关"乃依"的考述已有专题论及,此不赘述。但田边氏在这里所说的中国"苇篪"乃是一管的纵笛,与阿拉伯流行的"奈伊"乐管同种,却是准确无误的。以今之所见求取古代之真实来看,蒙族的"绰尔"以及哈族的"斯布斯额"正就是这样一种以苇类的自然植物为制作材料的一管多孔的纵笛之器,我们完全有理由认为,这种游牧民族世代相传的古朴乐管应该就是远古"苇篪"的孑遗。

关于蒙族"绰尔"及哈族"斯布斯额"乃是远古"苇篪"之遗存这一命题,最早的提出是在笔者所撰写的《中国龠类乐器述略》一文中。该文发表于《人民音乐》2001年第10期,由于文章发表的篇幅所限,当时并没有就"绰尔"乐管为"苇篪"之遗存作较为详实的考述,而只将其作为"龠类乐器"统而列述之,可视为这一命题的最初提出。但若要真正地认定蒙族"绰尔"乐管就是远古"苇篪"的遗存,还需要作更进一步的令人信服的考说,本节于此试就如下三端而申论之。

1. "绰尔"乐管材质的"苇"类属性

所谓"苇篪",其第一要素当然就是乐管制作材料上的"苇"类属性。"苇"也即"芦苇",其与"葭"或"箷"实皆为一物,毛苌《诗》疏云:"苇之初生曰葭,未秀曰芦,长成曰苇。"古时所说的"苇"、"芦"、"葭"或"箷"等,其实指的就是一种多年生的草本植物,这种自然生长的草本植物,其茎秆都是中空的,是制作吹管乐器极好的天然质材。今蒙族的"绰尔"和哈族的"斯布斯额"的乐管制作材料,正就是这种天壤之所生的"苇"类中空草本植物的茎秆。

蒙族"绰尔"乐管的制作材料取自喀纳斯湖畔生长的"扎拉特"草,图瓦语称之为"芒德勒施"。"扎拉特"为蒙古语,意思就是头上带毛毛的蒿草("扎拉"汉语翻译为头部带有毛毛,"特"是形容词的词缀),也就是一种与芦苇相类的草本植物,其茎秆中空壁薄,但却颇为坚韧(图4.12)。"扎拉特"草一般都生长在山阴的背风处,每年的9月是采选"扎拉特"草的最佳时节。并不是所有的

图4.12 "绰尔"乐管原料"扎拉特"草

"扎拉特"草秆都可以做的,一般是要选择茎秆比较光溜的、没有节比较直的且都已经干透了的。

同样,哈萨克人制作"斯布斯额"的原料也是一种"苇"类植物的茎秆,称之为"乌古斯胡莱"。哈萨克语"乌古斯"指的是耕牛,"胡莱"即是草的意思,也即是指一种粗壮的芦草。采集"乌古斯胡莱"芦草的时间一般不宜在春、夏,而是在"百物具成"的秋季。也即如杜挚《葭赋》所云:"于是秋节即至、百物具成,严霜告杀、草木殒灵,宾鸟鼓翼、蟋蟀悲鸣。羁旅之士,感时用情,乃命狄人,操箷扬清。"据王曾婉先生说,中央民族学院的教

师穆合塔尔曾经告诉过她，从很小的时候，每年夏秋时节，穆合塔尔都要随其叔父上山采集制作"斯布斯额"的芦草管，这种芦草高约数米，正如毛苌疏《诗》所释："苇者，伟大也。"芦管开白花，大多生长在背阳的山坳里，在天山及阿尔泰山的深处，普遍生长着这种苇类的芦草。①

其实，像这样自然生长的中空茎秆之"苇"类植物，并非只有新疆阿勒泰地区一地，很多地方的山区都普遍生长有类似的这种植物。在安徽皖西的大别山区，就有一种称为"落花筒"的中空植物茎秆，据说，放牛娃常截其一节吹之作声，两山之间隔深谷牧童弄之，可以互闻。这种空心的芦草植物在唐段成式《酉阳杂俎》卷十九《动植四·草篇》似有记载，称之为"落回"，其曰：

> 落回（一曰"博落回"）有大毒，生江淮山谷中，茎叶如麻，茎中空，吹作声如勃逻回，因名之。②

笔者曾上世纪末到皖西六安时，托友人采集到了两支"落花筒"植物茎秆，略粗，吹之仍可作声，以水润之，则其声清越。参下图：

图 4.13　大别山区的苇类空心植物茎秆"落回"（落花筒）

不论是蒙族"绰尔"制作的"扎拉特"草，还是哈族"斯布斯额"的"乌古斯胡莱"草，乃至大别山区的"落花筒"，其茎秆都是中空的；但这种中空，却不像我们常见的芦苇或竹子那样有节，它是整个茎秆的中空，截取一段直接就可以制作吹管，不需人工去打通。这种"苇"类的植物比起一般的芦苇或竹子来，制作乐管更加质朴方便，真正是天然之"妙物"。在蒙族的图瓦人看来，只有用这种自然生长的"苇"类植物"扎拉特"草的茎秆制作的"绰尔"才是真正的"绰尔"，这也是"绰尔"乐管名称概念的最基本要素。③而这一基本要素也正合远古"苇籥"之"苇"的重要材质特征。时至今日，尽管"绰尔"乐管在制作上有着多种选材，如：有用柳条制的、有用木料制的、有用竹管制的、甚至还有用金属管（铜或铁）来制作的；但真正原生态的"绰尔"乐管，还是用天壤之所生的自然"苇"类植物的茎秆来制作的，这种"苇"类乐管的"绰尔"始自远古，代代相传，正如魏杜挚的《笳赋》所云："托妙体于阿泽，历百代而不迁"！

2."绰尔"乐管形制的"龠"类特征

"绰尔"乐管材质上的"苇"类属性既明，那么，它作为"龠"类乐器的特征又是什么

①　王曾婉《论汉代胡笳与斯布孜额》，载台湾《民俗曲艺》（双月刊）第 59 期。
②　明版《酉阳杂俎》（木刻本），唐段成式撰，汲古阁校本，"卷十九"第 8 页，"面壁斋藏本"。
③　桑海波《"楚吾尔"乐器辨析》，载《中国音乐》2007 年第 4 期。

呢？有学者根据我对"龠"类吹管乐器归纳总结的"斜吹"之法，认为：哈纳斯地区图瓦人的"绰尔"是独有的一件古老的重要吹奏乐器，无论是其乐器的名称和形制，还是乐器的演奏方法和音乐观念，似乎都表现出了有别于蒙古族"冒顿抄尔"胡笳乐器的原始功能特征和本质上与"筹"、"却奥尔"（鹰笛）等龠类乐器存在巨大差异的典型特质；故此，"对'楚吾尔'乐器的界定不能笼统地把它说成就是胡笳类乐器，更不能把它称为龠类乐器"。[①]关于这一点，的确是需要在此作进一步深入细致的辨析。

本书在前述的"序论"及"第一章"中都作过详实的考论：所谓"龠"类乐器，其实就是"笛"类乐器的先祖，其于形制上的一个重要结构特征就是：乐管不专门开设"吹孔"，而是以管的一端的自然管口作吹口，这是"龠"类乐器区别于"笛"类乐器的最本质的结构特征。蒙族的"绰尔"乐管，截取一节中空的植物茎秆，只开三个指按的音孔，并不另开吹孔，而是于自然的管端作吹口来演奏的，这一简单质朴的乐管形制，正是符合"龠"类乐器的典型结构特征。请看下图所示的"绰尔"乐管与贾湖"骨龠"、中原"竹筹"、塔族"乃依"等"龠"类乐管的管端吹口之比较：

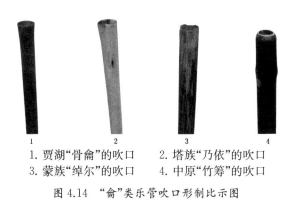

1. 贾湖"骨龠"的吹口　　2. 塔族"乃依"的吹口
3. 蒙族"绰尔"的吹口　　4. 中原"竹筹"的吹口

图 4.14　"龠"类乐管吹口形制比示图

由上图列示可以清楚地看到，蒙族"绰尔"的管端吹口与其他"龠"类乐管的管端正相一致，都是不开豁口，以自然的管端作吹口。但令人困惑的是，上图所列比的"龠"类乐管，除蒙族"绰尔"乐管外，贾湖"骨龠"、中原"竹筹"以及塔族"乃依"三种乐管的吹法，几乎都是一样的"斜吹"，而唯独"绰尔"是一种近乎"竖吹"的张口隐齿之"喉啭引声"奇特吹法，这一特殊的现象，也是有学者认为"绰尔"不应该归为"龠"类乐器的主要藉口，对此我们须作如下一番深究。

一般说来，乐管的某种结构形制直接决定其吹法，如：管身上开有"吹孔"的乐管，其吹法即为"横吹"（如笛）；管端开有豁口的乐管，其吹法即为"竖吹"（如箫）；管端插有簧哨的乐管，其吹法即为口含而"直吹"（如管）；而管端既不开豁口也不插簧哨、直接以自然管端作吹口的，其吹法即为"斜吹"（如龠）。这是寻常习见的常规现象，但任何事物都有例外，蒙族"绰尔"以自然的管端作吹口却并不"斜吹"，就是个典型的例外。这种例

① 桑海波《"楚吾尔"乐器辨析》，载《中国音乐》2007 年第 4 期。

外,其实只是"龠"类乐管在吹法上的一种特殊变异,并不改变其作为"龠"类乐管结构的本质特征。

从事物的发展总是由简单到复杂的一般规律来看,蒙族"绰尔"乐管的"喉啭引声"特殊吹法当是由一种相对比较简单的吹法发展而来;我们有充分的理由推断,这种简单质朴乐管最初的常规吹法也是为"斜吹"的。因为,"绰尔"乐管无论是其"苇"类的材质,还是其乐管的开孔形制等,都与阿拉伯的"奈伊"(Nay,即汉语之"籁")几乎完全一样,正如田边尚雄所说的,中国远古的"苇籥"与阿拉伯"奈伊"同种。比物连类,阿拉伯"奈伊"的常规吹法就是"斜吹",即管口贴于唇吻之外,斜持而吹;但有意思的是,"Nay"也有一种类似于"绰尔"那样的口含管端叩齿张嘴而带"喉声"的吹奏。请参看下图伊朗和土耳其的"Nay"演奏家的这种特殊持法吹奏的照片:

图 4.15　伊朗"Nay"演奏家　　　　图 4.16　土耳其"Nay"演奏家

这种口含管端、抵于齿鄂的持奏法,与蒙族的"潮儿"如出一辙。可见,与"绰尔"同种的阿拉伯人的"苇"类乐管"奈伊",除常规的"斜吹"之外,也有一种与"绰尔"相类的管端叩齿带"喉声"的特殊吹法,但其"奈伊"乐管的性质和名称却并未因此发生改变。其实,运用"喉声"来丰富乐管的演奏音色和技巧,在中国的其他吹管乐器中也并不鲜见。据道尔加拉、周吉的文章所述:"从喉中呼出的气鼻持续音,在汉族竖吹管乐器的演奏中也是存在的。1958 年时,上海民族乐团曾有过一个来自安徽的民间盲艺人在吹箫的同时从喉中发出一声与旋律音相和;近年来陕西省的音乐学界同仁也多次谈到,迄今在西安等各地都听到过相近的演奏方法。"[1]其所说的安徽民间吹箫的盲艺人叫张奎明,是淮北农村的吹管高手,早年即听我的老师洪安宁先生说过,张的洞箫可以运用喉音演奏出双声,十分绝妙;可惜的是,张老于 50 年代末因饥荒在老家农村去世,生前没有留下任何音响资料。但这种能运用喉音在"竖吹"的洞箫上演奏出双声,却是为诸多人士所闻见的客观事实。此外,另一种能在"横吹"的竹笛上运用喉音吹奏出双声的实例,则是笔者亲历所为。余自幼习笛,苦于无师,早年在练习笛子的"喉音"(实为一种舌根碎音效果)时,曾误打误撞地练出了一种"喉音双声"的吹法,可以在一根竹笛上成功地演奏出

---

① 道尔加拉、周吉(执笔)《关于摩顿楚吾尔的研究》,载《音乐研究》1987 年第 3 期。

和声和复调效果；尔后，遂将这种特殊的吹法正式运用于笛曲演奏中，创作了双声笛曲《独酌》，被入选参加了 1987 年的"全国第六届音乐作品评奖"的活动。[①]后又成功地改编创作了《双声小放牛》等曲，并为此撰写了一篇专论文章《中国竹笛的多声演奏开发》，载于《星海音乐学院学报》（1994 年第 3/4 期合刊本）。

如此，不论是在中国"竖吹"的洞箫上，还是在"横吹"的竹笛上，抑或是在与"绰尔"同种的阿拉伯"奈伊"上，都有运用喉音来演奏双声的现象存在。这些乐管上的喉音双声演奏乃是一种特殊的技巧，是常规吹法上一种变异现象，但其乐管形制上的本质却并不会因此而改变，"笛"类仍为"笛"类，而"龠"类则仍为"龠"类。蒙族的"绰尔"乐管也是一样，所不同的是，它是将喉声的特殊技巧发展到了极致，从而转变成了该乐管代表性的常规吹法。实际上，除去"喉啭引声"的喉声持续音因素，"绰尔"乐管的吹奏发声，主要是靠唇吻内的牙齿与舌头形成一个斜角吹口，破气而成声的，其本质上还是"斜吹"的发音原理。据莫尔吉胡先生称，他在阿勒泰地区的"绰尔"乐器演奏的曲目采风中，就曾采录到"绰尔"民间乐手玛尼达尔老人不加喉声持续音而吹奏的一般民歌曲调《可爱的小花马》，是一首由两个乐句构成的单一段乐曲，谱例如下：

谱4.2

无喉声演奏片段

该曲就是一个单声部的旋律，没有了"绰尔"常规演奏中的喉声持续音声部，莫尔吉胡先生认为"这已失去古朴特色，如同竹笛模拟人们中流传的民歌曲调，成了伴奏性乐器"。[②]其实，"绰尔"的这种不带"喉啭引声"的纯用舌齿控制气流的吹奏，所显现的正是一种难得的返祖现象。

据此，我们完全有理由相信，"绰尔"乐管作为远古"苇籥"的遗存，其最初始的吹法应该就是和同种的阿拉伯"奈伊"一样的"斜吹"，后来才逐渐将一种"喉啭引声"的吹奏技巧发展到极致而为常规吹法，但其"苇"类乐管的材质及不开吹孔、以自然的管端作吹口的"龠"类形制特征，却没有任何的改变，世代相传保留至今；至于其于管端唇内叩齿、双肘紧贴腰腹的特殊持法，则应是牧民们为适应马背上的演奏保持乐管平衡所致，这种持势与"喉啭引声"的吹法一样，都是北方游牧民族独特的创造。

3."绰尔"语源与"龠"类乐器的关联

如上二端所论，不管是从"绰尔"乐管制作的天然"苇"类材质上，还是从"绰尔"乐管

① 袁之《刘正国发明中国竹笛吹奏二声部复调新技巧》，载《文化周报》1988 年 10 月 16 日第一版；白祥兴《刘正国首创中国竹笛双声、和弦吹奏技术》，载《安徽日报》1992 年 7 月 18 日第一版。
② 莫尔胡吉《追寻胡笳的踪迹——蒙古音乐考察纪实文集》，上海音乐学院出版社，2007 年 1 月出版，第 56 页。

不开吹孔的"籥"类特征上,都足以推定蒙族的"绰尔"是为远古"苇籥"的一种遗存。除此之外,我们似乎还可以从"绰尔"器名的语源上,寻找到它与"籥"类乐管的些许关联。

前述已及,"绰尔"一名亦作"楚吾尔","楚吾尔"亦写作"楚儿"。有意思的是,这个"楚"字倒是真的和"籥"类乐器的器名相关联。本书的第二章"中原'竹籌'"中业已论及,中原一带民间"籌"乐器器名的本字应是见于汉代典籍中的"篍"字,而明清时期的文献则记载为"楚"字,如朱载堉的《律吕精义》和清《续文献通考》中,都有如下关于笛籥乐器的一段论说:

> 籥乃北音,《礼记》所谓"夏籥"是也;笛乃南音,《左传》所谓"南籥"是也,俗呼为"楚",有以也夫。

此段文字是谓:南方的笛就是《春秋左传》中记载的"南籥",而"南籥"在民间被俗称为"楚",也就是我们今天所说的"籌",这个"楚"字实际上是读若"籌"音的。那么,南方的"楚"与北方的"楚吾尔"或"楚儿",是否真的有语源上的内在联系呢?笔者早年曾经怀疑新疆蒙族所称的"绰尔"、"楚儿",或许是为中原的"籌"(即"楚")在北方口音中带卷舌音而成的器名。而已故的新疆学者周吉先生的观点则认为:中原一带的"籌"或"笛"最早可能传自北方游牧民族的"楚吾尔",后来"大约是因为以农耕为主的中原人民无需再考虑在和管身上孔数的增加,竖吹管乐器的按指方法才有了改变:左、右手都用食、中、无名三指来按孔(或右手用拇指代替其中一指)。同时,管上端也从嘴中抽出来。"[1] 记得约当 1996 年间,笔者与周吉先生曾邂逅于北京左家庄的中国音乐研究所,有机会相互交流了观点;其时,我们共同认为新疆游牧民族的"绰尔"(楚儿)与中原"籥"类乐管"竹籌"(楚),从语源上看,极有可能存在着渊源联系,但这是一个事关重大的极有研究价值的课题,需要极其谨慎地进一步深入去探赜。

此外,蒙族的"绰尔"乐管,不论是制作材料上的"苇"类属性,还是乐管形制上的自然管端作吹口的特征,都与阿拉伯人的"奈伊"乐器同为一物。本书前章业已论及,从器名语源上溯之,阿拉伯"奈伊"(Nay)一名,实际上是保留了中国汉语"籟"的音译,而"籟"字在两千多年前的汉代文献中就明确地训解为"三孔籥"。今阿拉伯"奈伊"和蒙族"绰尔"乐管正都是以"三孔"为其典型特征的,实也为"三孔籥"在今天之活化石。此由阿拉伯"奈伊"(籟)语源与"籥"的关联,也可间证蒙族"绰尔"乐管即为远古"苇籥"之遗存矣。

综上所论可以足见,蒙族"绰尔"乐管的渊源载说,不仅仅只能追溯到汉魏时期的"胡笳",而是可以向前追溯到更加古远的"苇籥"。据先秦儒家经典《礼记·明堂位》载,"苇籥"是为"伊耆氏之乐"的代表性乐器,而伊耆氏一说为远古著名的氏族,又一说为古帝王之姓(炎帝或尧帝)。据罗泌《路史后纪》载:"炎帝神农氏,姓伊耆,名轨……,其初国伊,继国耆,故氏伊耆。"是谓"伊耆"即华夏始祖之一的炎帝,传炎帝神农曾跋山涉水、

中国
古籥考论

---

① 道尔加拉、周吉(执笔)《关于摩顿楚吾尔的研究》,载《音乐研究》1987 年第 3 期。

遍尝百草,解百姓病疾之苦;教百姓耕作,制耒耜、种五谷,是人类由原始游牧生活向农耕文明转化的重要古帝。那么,作为伊耆氏之乐的代表性乐器"苇籥",是否正是保留了原始游牧向农耕文明转化的重要印痕呢？考察和研究远古"苇籥"在今天民间的遗存——蒙族"绰尔"、哈族"斯布斯额"等苇类乐管,是否可以揭示出些许远古的伊耆氏部落与北方游牧民族间的古老亲缘关系呢？这些关乎民族史乃至人种学的重要命题,或许在"绰尔"这一杆苇质的原始乐管上,会有令人意想不到的发现,这就有待于我们将来的深入探赜去揭示了。

# 第四节 "绰尔"演奏的乐曲

"绰尔"乐管世世代代在北方游牧民族中传承,向无乐谱、亦罕节奏,乐曲的传承是靠"绰尔"演奏的乐手们一代代地口授心传。直至上个世纪 80 年代中,随着全国性的大规模文艺集成志书的编撰,新疆的文化部门组织编写的《中国民族民间器乐曲集成·新疆卷》,对蒙族"绰尔"的民间乐手演奏曲目进行了抢救性的音响采录和曲谱整理。据其主编周吉先生称,一共搜集到了 29 首"绰尔"演奏的乐曲,其中 9 首与它曲异曲同名,实际曲目为 20 首。在这些乐曲当中,模拟自然景色,表达对家乡赞颂、热爱之情的乐曲占有相当比例。

鸟梁海、蒙恰克部落蒙古牧民的游牧区——阿勒泰山腹地是个风景秀丽,物产富饶的地方,喀纳斯湖的风光比天山天池更美,被公认为新疆最美的高山湖泊。额毕河(额尔齐斯河)、哈巴河、喀纳斯河是草场水源的保证。因此,"绰尔"的演奏就出现了《额毕河之浪》《哈巴河之流》《喀纳斯河之流》这类模仿流水的波浪和各支流交汇处波涛声的优美、流畅、起伏的乐曲。《百花争艳》表现了草原上百花盛开季节如画的美景和蒙古牧民对美的追求,《阿勒泰颂》《敬爱的母亲》《阿勒泰的欢乐》和《欣欣向荣的喀纳斯》则表达了牧民们对金色的摇篮——阿勒泰山区各个地区的赞颂和热爱,曲调明快、清新。按老一辈牧民的说法,经常演奏对家乡的赞歌,不但可以使人们得到欢娱,还会使家乡的水土得到安慰,这种祀水土的活动形式可以使我们联想到早期人类社会的原始崇拜。[①]

如下,兹将叶尔德西、玛尼达尔和泰宾太三位阿勒泰地区蒙族著名的民间"绰尔"乐手演奏的代表性乐曲作一列示,以见其独特的风格、神韵之概貌。

首先是根据已故著名"绰尔"乐手图瓦老人叶尔德西生前演奏的录像资料所整理记谱的两首乐曲。第一首《喀纳斯湖的波浪》是一首有大调色彩的宫调式乐曲,具典型的"绰尔"乐曲自然淳朴的风格,这类风格题材的"绰尔"乐曲还见有《额毕河之浪》《额尔齐斯河之波》《哈巴河水的波浪》和《叶敏河的流水》等曲名,其音调风格差不多都大同小异,应是一种传自远古的遗声。

---

① 道尔加拉、周吉(执笔)《关于摩顿楚吾尔的研究》,载《音乐研究》1987 年第 3 期。

# 喀纳斯湖的波浪

叶尔德西　演奏

刘正国　记谱

第二首《美丽的阿尔泰山》是一首极其少见的具有小调色彩的"绰尔"乐曲,需有高超娴熟的演奏技法方可吹成。一般来说,"绰尔"乐管受三孔之制的自然泛音列所限,演奏的乐曲大都是五声性的大调色彩风格,即以"宫"音为乐曲的主音;而此曲却以"宫"音开始,随即以"喉啭"向上引出"商"音为主音,又通过叉口指法的控制,吹奏出"绰尔"乐管三孔本身所不具备的"清角"音,形成了一种以"清角为宫"、"商"音为主的小调色彩的羽调式风格的乐曲,这在"绰尔"乐曲中是十分难得的。该曲亦被名之为《阿尔泰的欢乐》,见于《中国民族民间器乐曲集成·新疆卷》。

**谱 4.4**

美丽的阿尔泰山

叶尔德西　演奏

刘正国　记谱

　　在现今收集到的"绰尔"乐曲中,有很大一部分与游牧民族特定的境遇及民间传说故事相关。这其中,很多乐曲都以与蒙古族牧民的生产、生活结合得最紧密的伙伴——马为主要描写对象,或是对骏马优美步法的模仿、或是对帮助人们达到目标的赞颂、或是借思马之意表达对情人的怀念;或是失去爱马以后懊丧心情的流露等。如《黑走马》、《可爱的粉嘴枣骆马》、《上了马绊的黄走马》、《三匹枣溜马的步子》、《巴拉金的枣骆马》等乐曲。

谱 4.5

黑走马

额尔德什演奏

谱 4.6

## 上了马绊的黄走马

泰宾太　演奏

莫尔吉胡　记谱

　　* 所谓"马绊"约有三种：绊前双腿的是横绊，绊后双腿的是顺绊，绊三足的是横顺绊，该曲表现的是顺绊双腿的黄色走马的健蹄步伐。①

　　"绰尔"乐曲中还有很多是和早期狩猎生活相关的动物描述，如《黑走熊》和《抗爱山中的乌雉》等，表现的是狩猎生活中人与动物对话的故事。《抗爱山中的乌雉》表达了孤儿对孤鸟的同情，《黑走熊》则用简洁而又形象的音调模拟黑熊行走的步伐，富于喜剧色彩。

谱 4.7

## 黑走熊

马尼答尔演奏

　　①　莫尔胡吉《追寻胡笳的踪迹》，上海音乐学院出版社 2007 年 1 月出版，第 54 页。

谱 4.8

## 青褐山羊

泰宾太　演奏

此外，还有一首难得的特殊乐曲——《准噶尔的召唤》，这是迄今为止所搜集到的唯一一首表现古代蒙古勇士备战、行军、冲锋陷阵和欢庆胜利时吹奏的"绰尔"乐曲。其曲调激昂有力，自然泛音的大调色彩，赋有典型号角般的召唤性。据传，该曲在古代往往是由几十个乃至上百个"绰尔"乐手同时吹奏，用以整壮军威。

谱 4.9

## 准噶尔的召唤

玛尼答尔演奏

中国古籥考论

　　丰富而有特色的、饱含深情的"绰尔"乐曲,与阿勒泰地区蒙古牧民生活中的放牧、狩猎、征战、祀祠、情爱等古而有之的最重要活动有着密不可分的联系,它世代传承于游牧民族的民间,表达了牧民们热爱自然、热爱家乡以及对亲属和同类乃至牲畜、动物充满仁爱这一人类最朴素的感情。同时,由于"绰尔"乐管的取材方便、制作简易,乐手们大都处在感情自我流露的阶段,因此乐曲具有较大的随意性和即兴性特点,正所谓"天然去雕饰",从某种程度上说,它保留着人类久远的"童年时代"的印痕,是为真正难得的远古之遗声。

# 第五章 刘氏"九孔龠"

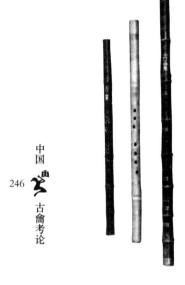

　　刘氏"九孔龠",一种新型的龠类"斜吹"管乐器,1995 年间由刘正国创制,1996 年获国家专利(专利号:ZL 95227204.0)。刘氏"九孔龠"以粗竹制成,乐管有 G 调、F 调和 E 调三种调高之分。其吹口一端平截,不开任何的豁口,即以自然的管端作吹口,保留了古老质朴的"斜吹"演奏法。管身开有九个音孔,科学地按手形自然把持的非直线形排列,可以快速流利地演奏十二个半音,又与传统的管乐指法毫不相悖。其音域可达三个八度,音色质朴、雄浑,具有兼笛、箫、埙于一体的特点,不仅是一件有着八九千年遗风余韵的特色独奏乐器,还是一种可以填补当代民族管弦乐队中声部的理想的新声源。

　　刘氏"九孔龠"通过近二十年来的演奏实践,成功地诉诸海内外舞台,演奏的主要曲目有:协奏曲《天山雪》和独奏曲《诗经·甘棠》、《闲庭偶忆》,改编古曲《妆台秋思》、《梅花三弄》及移植外国曲目《野蜂飞舞》、《威尼斯狂欢节》等。

## 第一节 "九孔龠"的基本形制

　　刘氏"九孔龠"的形制,基本上是以当代现存的"尺八"、"南音箫"和洞箫等竖吹的笛类单管多孔吹器为对象,进行综合逆向考察,废去管端破口的 V 形山口,恢复自然平截的端口创制而成。乐管以白竹或紫竹取近根部一节制成,其粗细大抵与横吹的大低音笛略同,以基本调的 F 调"九孔龠"为例,其乐管长约 70 厘米,作吹口的管端最大管径约 2.4 厘米,椭圆形的音孔八个径约 1.0—0.8 厘米,另有一圆形小孔径约0.4—0.5 厘米。

　　"九孔龠"音孔设置的特点是不开在一个平面上,即不呈直线排列,而是按照吹奏者的手形自然把持的按捺点来开孔。其最下第 1 音孔为小指孔,根据小指略短的特征,音孔偏向乐管平面的内侧约一个音孔的距离开设;第 2 音孔约偏半个音孔,而第 3、4 音孔则开在乐管平面的正中;此为右手所持的下把位的四个音孔。上把位开设有五个音孔,为左手用大把位托持,音孔按五个手指把持按捺的自然部位开设:第 5 音孔为小指按孔,圆形略小,开设在管身的正外侧,离第 4 音孔稍远而靠近第 6 音孔;第 6 音孔开在乐管平面偏向外侧约半孔的位置;第 7、8 两个音孔开在乐管的平面正中,与下把的第 3、4 音孔在一个平面的直线上;最上的一个是第 9 孔,按大拇指托持的自然把位,开设在乐管背面向内侧略偏的位置,角度可视演奏者手形大小的自然把持的位置来定。具体形制请参看下图(图 5.1):

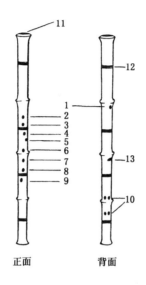

正面　　　背面

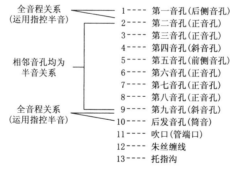

全音程关系
(运用指控半音) —— 1 - - - - 第一音孔(后侧音孔)
2 - - - - 第二音孔(正音孔)
3 - - - - 第三音孔(正音孔)
4 - - - - 第四音孔(斜音孔)
相邻音孔均为 —— 5 - - - - 第五音孔(前侧音孔)
半音关系 —— 6 - - - - 第六音孔(正音孔)
7 - - - - 第七音孔(正音孔)
8 - - - - 第八音孔(正音孔)
全音程关系 —— 9 - - - - 第九音孔(斜音孔)
(运用指控半音) —— 10 - - - 后发音孔(筒音)
11 - - - 吹口(管端口)
12 - - - 朱丝缠线
13 - - - 托指沟

图 5.1　刘氏"九孔龠"形制图示

　　这一九孔设置的音阶关系基本为半音阶,自最低的第 1 音孔至乐管正面的最高第 8 音孔均为小二度音程关系的开孔,而乐管最下的筒音与第 1 音孔和最上的第 8 孔与第 9 孔的音程关系则均为一个全音(大二度),演奏者通过下把的小指和上把的大拇指的控制可以演奏出准确的半音阶。如此,"九孔龠"音孔的设置,不需要任何的加键孔,即可以流利地演奏十二个半音。以第 4 孔作"dou"的 F 调龠为例,手指全按音孔管体筒音为"C",下把依次开孔:小指半掩第 1 孔为"♯C"、全开则为"D"、第 2 孔为"♯D"、第 3 孔为"E"、第 4 孔为"F";上把依次开孔第 5 孔(侧孔)为"♯F"、第 6 孔为"G"、第 7 孔为"♯G"、第 8 孔为"A"、第 9 孔大拇指半掩为"♯A"、全开则为"B"。如此,"九孔龠"自最低的筒音

"C"至第 9 孔的"B",正好十二律齐备,加之音孔开设的位置依演奏者把持的自然手形而定,手指直接触孔就可以毫无负担地流利演奏十二个半音。

　　这种不用任何加键而用手指直接触孔,即可以巧妙地演奏十二个半音的"九孔龠",乃是中国管乐的一种独特创制。在"九孔龠"创制数年后,笔者有幸于洪安宁老师处获赠收藏到一支几乎是具有异曲同工之妙的"十二平均律"洞箫。这管洞箫是著名音乐史学家杨荫浏先生于民国三十七年(1948 年)亲手试制的,箫体自铭为"十二等程律箫",其实就是"十二平均律箫"。杨氏洞箫开孔的基本音律结构亦均为半音关系,共开有十个音孔,其上把的音孔设置与笔者的"九孔龠"基本一样,亦为五个音孔,一孔居后,为上把大拇指所按;而不同的是,其下把比"九孔龠"多出一个音孔,为五个音孔,亦有一孔居后,为下把大拇指所按(图 5.2)。

　　该洞箫的正面八孔,背面为二孔,这种十音孔设置的管体筒音与第 1 音孔即为半音关系,如此一孔具一律,筒音加九孔共有十律;而最上的背面第 10 孔仍是全音开孔,是一孔具二律的,与"九孔龠"一样,演奏者以大拇指半掩音孔,便可获得"♯A"之音、全开音孔则为"B"音。这是吹管乐器不需加任何键即可流利获得十二个半音的必然之法,因为一孔一律,人的手指最多只能按十个音孔,加上管体的筒音,共有十一律,尚缺一律,必须有一个指控半音,该指控半音不在最下一孔,便在最上一孔。若再少开一孔,便须再增加一个指控半音。

　　据笔者的试吹,杨氏"十二等程律箫"只是一种十二音律的试验之器,而非可用于实际演奏的乐器。[①]其下把的五音孔设置虽然满足了从筒音到第 5 音孔全部为半音阶构成的要求,但却不便于实际的演奏。因为,其作为乐管构成主要音级的第 5 音孔由大拇指按捺,十分地不便,很难作流畅的演奏,且与管乐传统的指法完全相悖。而只有像"九孔龠"的音孔设置那样,其下把少开一孔(即大拇指不按孔以便于演奏),增加了最低音孔的指控半音(该音孔与筒音为全音关系),这才能像长笛那样流利地演奏十二个半音,且又与千百年来代代相因的传统管乐指法毫不相悖。这种依据手形的九音孔设置,可以说是中国民族管乐器不用加键即可获得十二音流利演奏的最为科学的孔制。

正面　　反面

图 5.2　杨荫浏试制的
"十二等程律箫"

# 第二节　"九孔龠"的创制原理

　　"龠"作为一件被公认为是久已失传了的我国上古时期的吹管乐器,其真实的形

————————————
　　①　参见刘正国《杨荫浏"十二等程律箫"与"十二平均律"之异名》,载《音乐研究》2007 年第 4 期。

制一直是个谜。刘氏"九孔龠"的创制,是在坚实的古龠理论探赜的基础上,纵考于历代文献与图像的资料、横察于当今民间各类"斜吹"乐管的遗存,从乐器的实体上进行的一种前所未有的开发。"九孔龠"创制于 1995—1996 年间,它从几番的试制到最后的成型,几乎是和关于古龠考证首篇理论文章《笛乎 筹乎 龠乎——为贾湖遗址出土的骨质斜吹乐管考名》的撰写、以及笔者对"斜吹"技法的习练是完全同步的。其创制的原理,大体可以从古龠考证的理论支撑和中国乐管"斜吹"的古老渊源这两个方面来看。

## 一、创制的理论支撑

已故中国音乐家协会书记处书记、著名音乐学家冯光钰先生在其《音乐之本在于民》一文中,专门谈及中国古龠乐器时写道:

> 就目前所知,刘正国教授开拓龠研究之先河,……经刘氏的研究和开发,创制出了一种既保留了古龠的"斜吹"之法,又能流利演奏半音阶、音域可达三个八度音程的新颖别致的吹管乐器——九孔龠。笔者曾聆听过刘正国教授演奏的"九孔龠",感到十分新奇、古朴而悠远,演奏流畅自如、优美动听。当即与刘正国一道拜访音乐界泰斗吕骥先生,并向他报告研究成果和演奏"九孔龠",得到了吕骥先生的支持。其后,刘正国的论文发表在《音乐研究》上,揭开了古龠的新时代。[①]

冯先生所说发表在《音乐研究》上的论文,指的即是笔者考证古龠的首篇代表性论文《笛乎 筹乎 龠乎——为贾湖遗址出土的骨质斜吹乐管考名》(以下简称"考名")。该文撰写于 1994—1995 年间,正式发表曾经一些曲折,最后得到了中国音乐家协会名誉主席吕骥、副主席赵沨及《音乐研究》主编李业道等前辈们的支持,终于 1996 年 9 月以封面标题的形式刊载于《音乐研究》第 3 期。

文章运用多重证据法,通过对出土文物、民间遗存和文字训诂三者结合的相互释证,论定了贾湖新石器遗址出土的骨质斜吹单管乐器既非"骨笛"、也非"骨筹",而是正宗原形的"骨龠"。这一突破性的考证,钩沉了一个失落的文化(龠),破解了史载"龠如笛"的千古之谜,指正了一个集体的误说(即当代音乐学界依据郭沫若氏的考释,将龠误定为"编管"乐器)。对贯通华夏八九千年的音乐文明、澄清中国管乐的源头乃至探索人类音律的缘起等,均具有开拓性的学术意义。[②]文章持学术之天下公器,不为尊者讳,对郭沫若先生的《甲骨文字研究·释和言》及音乐史家杨荫浏、黄翔鹏等先生的某些定说提出了公开问难。对古文献中的"籥"、"籹"、"楚"等字的音义训诂进行了全新的释读,发乎千载之覆,为古文献(文字)学的研究提供了富有启迪意义的跨学科的例证。文章还通过字源学、乐器学的推

---

① 冯光钰《音乐之本在于民》,载《音乐周报》2008 年 2 月 27 日"音乐评论"版。
② 安徽省哲学社会科学联合会编《安徽社会科学年鉴》(1996—1998),"社科评奖"第 146 页。

证,原创性地提出了:龠为中国管乐之鼻祖、古龠乐器本源于人类早期的炊具——吹火管、中国乃至世界音乐的发轫极可能与人类用火的文明相关联等重要的学术命题。

该文于 1998 年 8 月荣获"安徽省第四届社会科学优秀成果奖"的论文三等奖(学科组评审提名为一等奖)。

另一篇发表在《音乐研究》上的重要学术论文,是 2006 年第 3 期《音乐研究》作为封面标题首篇刊载的《贾湖遗址二批出土的骨龠测音采样吹奏报告》(以下简称"报告")。该文积作者十余年的古龠理论考证和"斜吹"技法习练的功力,对 2001 年度中国科技大学技术考古系在贾湖遗址第二批发掘中出土的三支掩埋了 8 000 多年的"骨龠"实器进行的测音采样吹奏,作了全新的、客观真实的实录报告,前所未有地揭示了这一古老吹器实际存在的音阶、音响奥秘,也是迄今为止对贾湖"骨龠"实物吹奏音响数据记录和解读的最详实、最系统也最具权威的发布。

文章以二批出土"骨龠"的实际测音采样吹奏次第为序,分为三层,标题为"一、无孔骨龠:函宫吐角激徵清"、"二、二孔骨龠:五度取律制式新"和"三、七孔骨龠:多宫翻转七调生",详实地报告了贾湖遗址新近出土的三支代表性乐管"无孔骨龠"、"二孔骨龠"和"七孔骨龠"实器音响的吹奏。"报告"一文融实录性、学术性于一体,以客观真实的测音数据和富有学术性的音响解读,揭示了蕴藏在这一古老乐管深处的重要文化价值,为当代音乐史及音律学的研究提取了极其宝贵的原始实物音响资料,对探赜人类音乐的发轫及中国远古音律、音阶的形成,都具有重要的学术意义。

该文于 2008 年 10 月荣获"上海市第九届哲学社会科学优秀成果奖"的论文"一等奖"。

"考名"与"报告"两篇古龠专论的发布,虽然从理论考证上揭开了史载的"龠如笛"之谜,但由于"龠"的具体形制先秦文献并未有任何述及,只有汉代以降的历代文献"如笛"、"似笛"的描述;自郭沫若在《甲骨文字研究》中否定了历代的载说,对"龠"字提出了"象编管之形"的训释后,在当代所编的辞书(包括《辞海》、《汉语大字典》、《中国大百科全书》等)及音乐史家(包括杨荫浏、沈知白、夏野等著名史家)的著述中,"龠"便被众口一致地定说成是一种状若"排箫"的编管乐器,这与两千多年来"龠如笛"的历史载说完全相悖的。鉴于此,笔者藉十余年对古龠探赜的学术积累,在"考名"、"报告"二文的基础上,进一步撰写了《论当代辞书史著对"龠"的错误定说》一文,对当代辞书、史著所持的几成不易之定论的"龠"为编管(排箫)的误说进行了匡正。

文章通过大量详实的文献之征、图像之征乃至实器之征的综合论证,阐述了史载"龠如笛"说的确凿可信;并对郭沫若先生龠为"编管"乐器的假说实质和不可据性、以及据此而形成的辞书书著众口一致的"编管"误说进行了深入细微的辨析,从而明确地指出:不论是两千多年来的文字记载,还是历代图像资料显现,抑或是当代古器物的遗存,都已确凿无误地证明:"龠"就是一种单管"如笛"的吹管乐器,而郭沫若先生认为甲骨之"龠"像编管乐器"排箫",只是一种从文字到文字、从书本到书本的一家之言的假说,并不足为据,当代辞书史著依此对"龠"作为"编管"乐器(排箫)的定论是一个误说。尽管这一误说是有其特定的历史成因,但时至今日,随着当代音乐学术的进步和考古材料的新发现，史载"龠如笛"的真相已然昌明，当代辞书、史著当不能再固守郭说、继续蹈谬踵误；而应重新检点故籍、尊重历史的成说及当代客观科学的考证，不为尊者讳、不为贤者讳，对"龠"的错误定说予以全面的拨谬返正，早日还"如笛"、"似笛"的古龠历史之真实。

该文于 2010 年 12 月荣获"上海市第十届哲学社会科学优秀成果奖"的论文"三等奖"。

以上诸篇关于古龠考论的重要学术论文的发布，乃以多重的理论考辨和凿凿的实器之证揭开了史载"龠如笛"的千古之谜，论定了"龠"就是一种不开吹孔的"斜吹"乐管，它是中国"笛"类乐器的先祖，其质朴的形制及吹法至今仍生生不息地活在民间；而当代考古发现的河南舞阳贾湖新石器遗址出土的形状像笛并被误称为"骨笛"的骨质斜吹乐管，其实就是正宗原形的"龠"。这些理论考证的学术论文，先后三度荣获省部级哲学社会科学的"优秀成果奖"，彰显出不同寻常的学术价值和社会影响，是为"九孔龠"乐器的创制及古老的"龠"乐器在当代的重现，奠定了坚实的理论基础。

## 二、"斜吹"的古老渊源

"龠"类乐管作为一种质朴原生的器乐文化，其不另开"吹孔"而由自然的管端作吹口的"斜吹"之法，是中国管乐的"竖吹"、"横吹"、"直吹"诸法之本宗，也是人类乐管最古老的吹法。然而，就是这样一种关乎中国管乐的源头乃至音律的缘起、既不同于笛之横吹、又有别于箫之竖吹的另类"斜吹"乐管，却历来不被人们悉晓和关注，只能在民间自生自灭。刘氏"九孔龠"创制的一个重要的理念，就是要将"龠"类乐管的最为古老、最为质朴的"斜吹"之法真正能传承下去，使其不至于泯灭。

至于"斜吹"之龠，究竟起源于何时，于史似乎无稽。笔者根据字源学上被尊为"律吕之本"的"龠"之本义正可解作"吹火管"，而《说文解字》中的从"炊"从"龠"之"龡"字也被直接释作"音律"等凿凿之证，推论认为："斜吹"的缘起应该与人类用火的文明息息相关。在《论人类"音阶"意识的觉醒》一文中，笔者有这样一段论说：

在那荒远的年代，先民们揖别了"茹毛饮血"的年代，开始造火熟食，跨进了真正的文明门槛。人们生火做饭，必少不了吹管助燃，而最初的"吹火筒"当然就是骨管。人们将狩获来的禽兽熟食后，取长长的翅骨或腿骨，敲去两端的骨关节，吸干管中的骨髓，再将管端口磨平，一根中空的"吹火管"便浑然天成了。初民们用它来吹火助燃，日复一日地操弄于唇吻之间。忽然有一天，有人在"斜吹"的吹口竟然发出了声响。真奇妙！再来一次，奇怪？怎么又吹不响了；再来，如此反复习练，终于可以正常吹响了：管中发出了：一个音——两个音——三个音，好像还有更多音……。又有人想到：一只手持管，另一只手为什么闲置着呢？用它来开闭管不是很有意思？于是，更多的音阶、低音及滑音也都出现了……。就这样，初民们很快便可以轻松地获得管中各种不同的音高，并逐渐感觉到了这"吹火管"中音高的规律和有序。于是，人类沉睡的"音阶"意识开始觉醒：一些女人和孩子们模仿吹火管中音高唱出了悦耳动听的"三音歌"、"四音歌"。男人们中的一些吹奏高手吹出了很神秘的声音,如天外来音,可以知气数、卜吉凶。于是,普遍应用于战事和民事的吹管、吹龠、吹律就这样代代传习不已。——这,就是发生在我们这个地球上几万年前或十几万年前、抑或是几十万年前的音乐古事。①

如上所叙,并非是一种天方夜谭似的遐想,它是笔者通过十余年的民间考察以及对"斜吹"空管的孜孜习练,"手格其物"而后"致知"的感悟,应该是极有可能的真实。作为音律本源之"龠"字的"吹火管"释义,加之贾湖遗址八九千年前骨质"斜吹"龠管的出土,足以支撑笔者的这一富有逻辑的推论。

"斜吹"发源于"吹火管",是为人类管乐器的最古老的吹法,在经历了不知有多少万千年的衍变之后,其在吹管乐器上的主导地位最终被后起的"竖吹"、"横吹"所取代。这一时期,大体可以追溯到中国"笛"类乐器兴盛的汉代。但大道难泯、真器不灭!"斜吹"乐管一直仍生生不息地存活在民族民间,即如本书所述的中原"竹筹"、新疆塔族的"奈依"、哈族的"斯布斯额"、蒙族的"楚吾尔"等器。然而,自汉以来两千多年的历代文献典籍中,有关"斜吹"的记载似乎于文本无征;值得庆幸的是,在古代遗存的大量图像资料中却有着众多的"斜吹"形迹可寻,特别是浩繁的敦煌壁画中,就有不少此类乐管的珍贵图证,但却大都不被学者所识。以下试摘取数幅以辨之:

其一,建于北凉时期的莫高窟第 275 窟壁画中,有二乐伎,一持四弦曲项琵琶作弹奏状,另一乐伎则手持细长乐管作舞蹈欲吹状,其实,这正是"斜吹"持势的艺术性夸张与模仿(参见下图 5.3)。

其二,建于西魏时期的莫高窟第 285 窟中的"伎乐天",有面目清癯的中原风格的飞天乐伎数人,其中一飞天女伎乐双手持一乐管抵于嘴唇右侧作吹状,其实也是"斜吹"乐管(参见下图 5.4)。

图 5.3 莫高窟 275 窟"斜吹"舞乐伎　　　图 5.4 莫高窟 285 窟"伎乐天"

① 刘正国《论人类"音阶"意识的觉醒》,载《第六届东亚乐律学会国际学术研讨会论文集》,2011 年 11 月 13—17 日宁波大学艺术学院。

其三,建于隋代的莫高窟第388窟中有一男性乐人(似为胡人),手持细长乐管抵于嘴唇左侧,与上图同,也应为斜吹乐管。但在中国音乐研究所的"中国音乐史展厅"中,却被标识为"筚篥";"筚篥"乐管短粗,而该图乐人所持乐管细长,其"斜吹"之状乃十分清晰(参见下图5.5)。

其四,建于晚唐时期的莫高窟第156窟南壁的"张仪潮出行图"中,有出行歌舞伴奏乐队十人,其中一乐手左持乐管,管端抵于唇边作咬吹状,正是"斜吹"之势,应为"龠"类乐管,但在《中国音乐史图鉴》中,却被误识为"横笛"(参见下图5.6)。①

图 5.5　莫高窟 388 窟"斜吹"乐人

图 5.6　莫高窟 156 窟"斜吹"乐人

此外,在宋代著名道教画家武宗元所画的《朝元仙杖图》里"仙乐龟兹部"的奏乐女仙中,吹管乐器除横笛、排箫和笙外,还见有一女乐手持一细长乐管,看上去很像是竖吹的洞箫;而细辨之,则可见其管端位于嘴唇的一侧,应为"斜吹"状,是为龠类乐管。在《中国音乐史图鉴》中,此乐管被误识为"尺八"(参见下图5.7)。③

如上数例,仅限于笔者孤陋所及。在浩繁的敦煌壁画等古代音乐文物图像中,其实还有更多的"斜吹"乐管有待于我们去辨识。有意思的是:这种"斜吹"的乐管——"龠"在先秦曾是礼乐文明的重要标帜,本为孔(儒)教音乐"佾舞"中的重器;中原一带,民间斜吹名之为"筹"(䈁)的"斜吹"乐管却多为道士所操;而以"横吹"为其本宗的佛教文化之敦煌石窟,却竟也有如此众多的"斜吹"乐管的图像学资料可寻。如此,中国传统文化的儒、释、道"三教合一"似可窥其一斑于此类"斜吹"乐管。

图 5.7　[宋]武宗元《朝元仙杖图》"斜吹"乐人②

① 《中国音乐史图鉴》(刘东升、袁荃猷编撰),人民音乐出版社 1988 年 11 月出版,第 79 页。

② 以上 5 幅线描图均为刘正国据原图手绘。

③ 《中国音乐史图鉴》(刘东升、袁荃猷编撰),人民音乐出版社 1988 年 11 月出版,第 91 页。

"斜吹"的古龠，源远流长、原生质朴，在全人类都关注和倡导非物质文化遗产保护的今天，总结、继承和开发中国"龠"类乐器的这种独特的"斜吹"之法，必将使中国吹管乐器乃至整个民族器乐在更高的层次上，有一个八九千年文化渊源的返璞归真。有着现代"横吹"之笛、"竖吹"之箫及"直吹"之管等吹奏乐器所不可取代的实用价值。刘氏"九孔龠"的创制，旨在继承和倡扬这一古老而独特的"斜吹"之法，让中国当代民族器乐之林还古龠一席之地并使其得以真正保护和传承。

# 第三节　"九孔龠"的舞台呈现

"龠"既是一件被公认为是久已失传了的上古吹管乐器，笔者在致力于中国古龠的理论考证的同时，从乐器实体的开发上创制出了"九孔龠"，重要的是要将其真正地付诸音响、展示于舞台，使"斜吹"之龠广为人识。自上世纪 90 年代中开始，笔者凭藉着自幼练就的数十年吹管功底，躬身习练，将失传久远的古龠乐器成功地诉诸舞台，使失落久远的古龠文化得以重新彰显于世，产生了较为广泛的影响，被海内外众多媒体评价为"破解了龠如笛的千古之谜"、"开当代古龠演奏艺术之先河"（香港《大公报》）、"使断响千年的古龠又重续香火、再现辉煌"（台湾《省交乐讯》）等。①

## 一、国内舞台的呈现

1996 年 6 月 22 日，在北京"国际艺苑"举行的由全总歌舞团主办的《丝竹之夜》室内乐音乐会上，应著名笛子演奏家、中华全总歌舞团团长詹永明之邀，特约演奏了古龠独奏曲《梅花三弄》，深受欢迎，并应亲临现场的中华全国总工会主席尉建行的要求，在音乐会的结尾加奏了一首《阳关三叠》。该场音乐会由著名音乐学理论家伍国栋先生主持导聆，中国国际广播电台现场录音，同年 11 月在《中国音乐史已知最早的源头》专题广播节目中播出。

图 5.8　演奏古龠独奏《梅花三弄》

① 香港《大公报》2001 年 2 月 19 日"文化"版载文《中乐团办管乐演奏会》；台湾《省交乐讯》88 年 5 月刊，唐朴林文《古龠重辉》，第 20 页。

1997年10月22日,在天津音乐学院举行的"第二届中日音乐比较研究国际研讨会"演出的《中国民族音乐会》上,应邀与天津音乐学院民族管弦乐团合作,首演了著名作曲家唐朴林先生创作的古龠协奏曲《天山雪》、古龠与古筝《诗经·甘棠》等用"九孔龠"演奏的乐曲。此为中国古龠乐器在大型音乐会上的首次展现,引起了参会的中日音乐学人的特别关注和反响,天津人民广播电台作了现场的采访和录播。

图 5.9　演奏古龠协奏曲《天山雪》

1999年9月16日,在杭州召开的"99杭州国际尺八学术研讨会"期间,于宋城大舞台举办的中、日、韩吹管乐器演奏会上,展示演奏了"九孔龠"独奏古曲《梅花三弄》和改编外国名曲《野蜂飞舞》两首乐曲。同台演出的还有日本都山流尺八大师范西川利秀先生的尺八独奏、韩国留学生李晋源先生的韩国洞箫独奏、中国上海艺术研究所的陈正生先生的泰始笛独奏等。

图 5.10　演奏古龠独奏《野蜂飞舞》

2001年2月23—24日,应香港中乐团的邀请,在"香港大会堂"音乐厅举办的《回响八千年》大型民族音乐会上担纲古龠独奏的演出,与著名指挥家瞿春泉先生合作,在香港中乐团的协奏下,成功地演奏了著名作曲家唐朴林先生创作的大型古龠协奏曲《天山雪》和《诗经·甘棠》、《威尼斯狂欢节》(改编移植曲目)、《奈依曲》等乐曲。该场音乐会以古龠的八千年文化首现香港为宣传点,香港特区政府在因特网上专门发布了"新闻公报",香港《大公报》等媒体均给予了专题报道和宣传,称"九孔龠"的创制"开当代古龠演奏之先河"①。香港 TVB(电视台)专门进行了采访并全程跟踪拍摄,制作了以古龠为主要宣传(另含古琴、提线木偶)的专题片《在湮灭的边缘》,3 月间在"翡翠台"播出。国内的《天津音乐学院报》以《〈回响八千年〉音乐会在香港举行》为题作了报道,文章称:"《回响八千年》音乐会的举行,实为中国龠乐器自汉代于宫廷雅乐中断响以来,首次重现于大雅之堂,也是八千年的龠文化首次在境外的传播,具有重要的现实意义和学术意义。香港中乐团作为境外大型的一流职业乐团,此次对古龠乐器的首倡之功,也必将载入音乐史册。"②《新安晚报》也以《天籁再现,古龠重辉》为题,对古龠文化的香港首现作了专题的报道。

图 5.11　香港中乐团"回响八千年"音乐会节目单

2001 年 5 月 30 日,由"安徽省宣传文化发展基金"资助,安徽省艺术研究所、安徽省音乐家协会主办,在省城合肥成功举办了"刘正国古龠演奏会",是为古龠在国内的首场独奏音乐会。音乐会由著名黄梅戏音乐大师、安徽省音乐家协会名誉主席时白林先生主持导聆,安徽省艺术学校民乐队伴奏。演奏了唐朴林先生作曲的《诗经·甘棠》、《秋词》、《幽思》和改编古曲《苏武牧羊》、《妆台秋思》以及移植外国名曲《野蜂飞舞》、《威尼斯狂欢节》等近十首"九孔龠"曲目,展示了"华夏一管龠、文明九千年"的古老而独特的风韵。音乐会取得了圆满成功,作为主持的时白林先生激动地说:"古龠重辉来之不易啊!这是我们安徽的骄傲。我送刘正国一联,叫做'立下坚忍不拔志,成在一鸣惊人时'。"③著名美学家郭因、作曲家唐朴林、音乐家田瑛等都莅临了现场并一起合影致贺(图 5.12)。国家核心期刊《人民音乐》在 2001 年第 9 期的封二刊登了音乐会演奏的现

① 参见香港《大公报》2001 年 2 月 19 日"文化"版载文《中乐团办管乐演奏会,邀刘正国演奏古龠、骨龠、鹰骨笛》。
② 参见《天津音乐学院报》2001 年 5 月 7 日第 30 期。
③ 参见《合肥晚报》2001 年 5 月 31 日"文化·连载"版载文《"立下坚忍不拔志,成在一鸣惊人时"——刘正国昨日省城吹古龠》(何素平文/郑成功摄)。

场照片,并以"刘正国古龠演奏会于 2001 年 5 月在合肥举行"为题作了报道。安徽的《新安晚报》、《合肥晚报》及《安徽商报》等媒体都给予了各种形式的评价和报道。安徽人民广播电台、安徽电视台均作了现场采录和连续报道,此后,安徽人民广播电台制作了音乐专题节目《回响八千年——记刘正国和他创制的"九孔龠"》(参见附录八),电视台的"国际部"进一步专门制作拍摄了专题片《一个失落的文化》,对古龠文化作了更进一步的广泛宣传和介绍。

图 5.12 "刘正国古龠演奏会"合影

2002 年 5 月 12 日,在北京科技大学会议中心举行的、由中国民族管弦乐学会主办的"2002 全国当代民乐作品创作研讨会"上,应会议的特约展示演奏了"九孔龠"乐曲《妆台秋思》、《野蜂飞舞》以及空筒吹律表演的《阿细跳月》等,引起了与会作曲家的极大兴趣和反响,《中国民乐报》给予了相关的载文报道。同年的 5 月 18 日,在"安徽民管学会"揭牌仪式的《民乐专场音乐会》上,与北京的二胡演奏家宋飞、琵琶演奏家吴玉霞、古筝演奏家王中山先生同台,特别展示演奏了古龠独奏曲《妆台秋思》。

图 5.13 在"当代民乐作品创作研讨会"上演奏"九孔龠"

图 5.14　在天津音院音乐厅
演奏纸筒吹律

　　2005 年 5 月和 2008 年 5 月间，两次应天津音乐学院的邀请，在该院音乐厅举行的"唐朴林古稀音乐会"、"和之乐——唐朴林甲子伎中华音乐会"上，与天津音乐学院民族乐团再度合作，演奏了唐朴林先生创作的古龠独奏曲《诗经·甘棠》（九孔龠与古筝、笙及鼓）、《吹律听声》（双竹筒与民族乐队）等。此外，还特别现场表演了纸筒吹奏的《苗岭的早晨》（图 5.14）。

　　2010 年 20—25 日，在天津音乐学院召开的"第七届国际音乐考古学学术研讨会"上，22 日的会上作了《回响九千年——贾湖遗址二批出土的骨龠测音采样吹奏报告》的论文海报学术宣讲，通过现场"斜吹"演示仿制的舞阳贾湖遗址骨龠类乐器，前所未有地揭示了贾湖骨龠的实际音响奥秘，论证了中国史前音乐的文明程度已远远超乎了人们的想象，为参会的国内外专家学者所惊叹。同时，在当晚举行的"中国古乐器专场讲座音乐会"上，登台演绎了"九孔龠"与古筝《诗经·甘棠》及双律管、纸筒、奈依等中国民间的"斜吹"乐管，长达二十多分钟的吹奏演示，引起了全场经久不息的掌声。

图 5.15　在国际考古学会议上演奏"九孔龠"

　　2008 年 5、6 月间，应中央电视台"CCTV—音乐"频道"风华国乐"栏目的邀请，携上海师大音乐学院的钢琴学生黄薇敏、古筝学生黄超等，赴北京中央电视台现场录制了古龠独奏乐曲五首，于 7 月 20 日—8 月 10 日每周二、周五晚 6:15（次日 9:23/14:55 两次重播）连续在全国播演。这是古龠演奏艺术首次在中央电视台的"音乐频道"出镜，具体演播的日期和曲目是：7 月 20 日：《诗经·甘棠》（古龠与古筝、笙、鼓），7 月 24 日：《游思》（古龠独奏、钢琴伴奏），7 月 27 日：《闲庭偶忆》（古龠与钢琴），8 月 7 日：《吹律·黄梅欢歌》（用双竹筒演奏），8 月 10 日：《妆台秋思》（古龠与古筝）。这五首古龠曲目，除一首《吹律·黄梅欢歌》用双竹筒演奏之外，其余四首皆为"九孔龠"演奏的曲目。

## 二、欧美诸国的巡演

自 2011 年初开始,作为笛龠演奏家和音乐学者,先后三次应邀赴欧洲的瑞士、斯洛文尼亚、克罗地亚、意大利以及美国的密苏里州等多个城市,进行了十余场的中国笛龠艺术的巡演兼讲学。这是中国九千年的古龠文化首次在欧洲大地上的展现,包括"九孔龠"在内独特的各类龠乐器演奏和展示,使中华古老而悠久的音乐文明为更多的欧美人士所了解,并为之惊愕和叹服。

2011 年 2 月 12—21 日,应瑞士国马提尼市的邀请,赴瑞士参加了由马提尼市和中国驻瑞士大使馆文化处共同举办的"欢乐春节"系列文化活动,先后在马提尼(Martigny)市政音乐厅和日内瓦的克劳尼(Cologny)、达代尼(Drdagny)等地及社区音乐厅作了 5 场主题为"回响八千年——中国笛龠独奏音乐会"的巡演,获得了热烈反响和圆满成功。

图 5.16　访瑞巡演海报

本次访瑞巡演的音乐会由长期从事瑞中友好文化交流活动的日内瓦大学汉学系的王飞先生直接筹划和主持,笔者与南京艺术学院的王晓俊博士联手在音乐会上以独奏、合奏的形式向瑞士听众展示了具有八九千年历史可考的中国龠、笛类吹管乐器多彩而独特的风韵,整场音乐会展示吹奏有:贾湖"骨龠"(出土乐器)、塔族"奈依"(三孔龠)、蒙族"潮儿"(苇篪)、刘氏"九孔龠"及陶埙、洞箫和曲笛、梆笛等多种中国乐管,令听惯了西方音乐的瑞士观众耳目一新。特别是本人演示的古龠"空管吹律"的绝技,以其独特巧妙的形式揭示了人类"音阶"起源的奥秘,引起了音乐欣赏水平极高的瑞士听众心灵上的呼应,在音乐会后的例行酒会上,许多人发出这样的感叹:

"太精彩了! 真是不可思议,我们听过许多大师级演奏家的表演,他们的演奏能令我们感动,但却从未带给我们像今天音乐会这样的惊异和震撼。"

"你们的演奏,唤醒了我们西方人早已沉睡了的古老音响记忆,谢谢!"

音乐会的成功演出,推进了瑞中文化的了解和交流,增进了瑞中的友谊。巡演期间,瑞士马提尼市的文化官员麦兹·奥莱森(Mads Olesen)及中国驻瑞士大使馆的文化参赞李克明先生、冯新增女士都亲临了音乐会现场致以祝贺并予以了高度赞扬。①

2011 年 5 月 8 日—16 日,应斯洛文尼亚卢布尔雅那大学经济学院、孔子学院的邀请,携本院民乐专业学生黄骁蔚、董君于在斯洛文尼亚进行为期一周的文化交流活动——两场音乐会演出、一场学术演讲及考古遗址的实地考察等。此次交流活动正值

---

① 　巧灵、彦芳《音乐学院刘正国教授应邀访瑞巡演大获成功》,载上海师范大学网站"新闻"网页。

中斯建交纪念日,斯洛文尼亚国家电视台、电台及报刊杂志等各种媒体给予了大量报道并在当地引起了热议,特别是斯国唯一的英文期刊《时代》(TIME)杂志专门对笔者作了书面采访(参见附录三、四)并连续刊载了演出海报和专题报道。音乐会受到了政界的高度关注,包括斯国总统夫人、中国驻斯国大使、马其顿大使及市政要员都到场亲聆观摩,取得圆满的成功。

两场音乐会分别在首都卢布尔雅那"Slovenia Philharmonic"音乐厅和第二大城市马里博尔音乐厅举行,笔者携手于去年在天津"国际音乐考古学会议"中结缘的斯国演奏家柳本·狄姆卡洛斯基一同演奏了两地出土的远古骨管乐器——贾湖"骨龠"(距今九千年)和迪维·巴贝"熊骨笛"(距今约五万年);主要还演奏了古龠独奏《牧归》、《妆台秋思》及龠、笛、筝三重奏《江南风韵》(图 5.17),并展示了独门绝技"空筒吹律",令斯国的听众惊叹不已;音乐会上还与斯国著名女钢琴演奏家玛丽娜·霍拉克合作演奏了本人的代表作笛子名曲《巢湖泛舟》和西方名曲《查尔达什舞曲》,遂将音乐会气氛推至高潮,引起了经久不息的掌声;最后的谢幕,是和柳本先生的演出小组共同演绎中国名歌《茉莉花》,以乐器加人声作为献礼给这场中西文化交融的音乐会画上了完美的句号。斯国总统夫人以一身银色套裙出席了首都的音乐会,并在演出后的酒会上进行了专门接见,表达了中国音乐给她所带来的感动,同时盛赞此次访问演出给中斯文化交流带来了重要的影响。

图 5.17　在卢布尔雅那音乐厅演奏龠、笛、筝三重奏

一场学术演讲是在卢布尔雅那大学的哲学院举行的,由斯洛文尼亚著名汉学家米佳教授现场翻译。笔者以"Echo From 9,000 Ago"(回响九千年)为题,现场诠释了对中国贾湖"骨龠"这一名闻遐迩的出土乐器的音响解读,将沉睡了数千年的中国"骨龠"文化拨云见日,令到场的斯国学生大开眼界,使他们对中国文化充满了好奇和惊叹,演讲引起了现场热烈的互动和反响。

访斯期间,还在斯国著名考古学家 Ivan Turk 的引领下,攀岩考察了斯国著名的迪维·巴贝"熊骨笛"出土的洞穴遗址,斯洛文尼亚国家报纸以头版头条的图文形式详细地报道了此次实地考察活动,此次访问的演出、演讲及考察活动促进了中斯两国学者在音乐文化上的交流和探讨,加深相互的了解、增进了友谊,为中斯友好增添了浓墨重彩的一笔。①

　　2012 年 5 月 7 日—16 日,应斯洛文尼亚、克罗地亚及意大利等中欧三国的邀请,带领本院民乐专业学生朱晓雪(二胡)、翟艾吟(古筝)携同上海戏剧学院、上海音乐学院的舞蹈、声乐表演团队一起组成的"中华韵"友城艺术团,在斯洛文尼亚、克罗地亚及意大利(威尼斯)进行为期十天的文化交流巡演活动。此次交流活动正值中国和斯洛文尼亚及克罗地亚的建交 20 周年的纪念日,斯、克两国的电视台、电台及报刊杂志等各种媒体给予了大量报道并在当地引起了热议,包括斯国总统夫人、中国驻斯、克两国的大使以及当地的市政要员都到场亲聆观摩,巡演取得众望所归的圆满成功。

　　此次巡演是经国家汉办批准、由上海市教委负责组团的,笔者是唯一的一位由外方点名特邀的演奏家。总共六场演出,分别在斯洛文尼亚的首都卢布尔雅那、马里博尔和克罗地亚的首都萨格勒布、南部著名古镇杜布罗夫尼克古堡以及意大利著名的水城威尼斯举行。巡演中,不仅用两国出土的远古骨管乐器——斯国迪维·巴贝"熊骨笛"(距今五万多年)和中国贾湖"骨龠"(距今九千年)演奏了《小河淌水》和《沂蒙山小调》,更令人耳目一新地展示了"空筒吹律"——即在用纸卷成的空筒以及两根空竹筒上演奏出完整的乐曲,令欧洲的听众倍感新奇。此外,还与学生们一道演绎了竹笛、二胡、古筝三重奏《江南风韵》和《步步高》,巧妙的构思、默契的配合使演出气氛达到最高潮。

　　在每场演出后的酒会上,各国市政要员都进行了接见,表达了中国音乐给他们所带来的感动;斯洛文尼亚的马里博尔电视台、克罗地亚的电视台都对本人进行了特别的采访,当地的网站、报纸及各种媒体也都刊登了古龠的演奏照片,产生了广泛的影响。②

图 5.18　在斯洛文尼亚、克罗地亚诸国巡演

　①　骁蔚《刘正国教授访问斯洛文尼亚演出、演讲获圆满成功》,载上海师范大学网站"新闻"网页。
　②　晓雪《刘正国教授中欧巡演"空筒吹律"倾倒老外》,载《上海师大报》2012 年 5 月 30 日第 2 版。

2013 年 9 月 18—24 日,与上海师范大学舞蹈团一道,应邀赴美国参加了密苏里大学的国际日活动,本人担任了两个方面的活动内容,一是为密苏里大学相关的校院作了题为"回响九千年——中国贾湖遗址出土的'骨龠'乐器专题讲座"的专题学术报告,报告中展示了根据贾湖"骨龠"而创制的"九孔龠",流利地演奏了《野蜂飞舞》的片段;二是在师大舞蹈团的专场演出中,两次上台客串演奏了贾湖"骨龠"、"空筒吹律"等,特别是用改良的蒙族"绰尔"——五孔"苇籥"演奏了美国极其流行的《My Way》,引起了美国听众的极大兴趣和反响。

图 5.19　在美国密苏里大学的"苇籥"独奏《My Way》

## 第四节　"九孔龠"演奏的曲目

古龠乐器失传久远,民间的孑遗乐管所吹的也只是一些简单的曲牌,当然没有自身积淀的传统乐曲。"九孔龠"创制后,在海内外舞台的呈现中,所演奏的曲目基本分为两大类:一类是作曲家唐朴林先生专门为"九孔龠"而创作的乐曲,另一类则是笔者根据传统器乐曲或外国经典乐曲改编的曲目。

### 一、唐朴林创作的龠曲

唐朴林先生,中国著名民族音乐作曲家、理论家和教育家,天津音乐学院名教授。先生为河北唐山人,有着从戎并参加过朝鲜战争的传奇经历;50 年代中考入上海音乐学院学习民族音乐的作曲,毕业后终身服膺华夏民族音乐,数十年如一日,笔耕不辍,作品累累、著述等身。1993 年荣获国务院颁发的"有突出贡献专家"证书,并终身享受"政府特殊津贴";2006 年荣获中国民族管弦乐学会颁发的"民乐艺术终身贡献奖",是当代民族音乐界极为难得的一位德艺双馨、成果卓著的前辈音乐家。

1996 年的夏月间,唐朴林先生在北京左家庄的中国音乐研究所与笔者邂逅,在我所寄居的《中国音乐文物大系》编辑部办公室里,他第一次听到了古龠独特的质朴音色,便一见钟情,深深地被打动并为之而"感到震撼"! 他眼光独到地认为"不仅仅是古龠独特的演奏方法填补我国管乐器某些方面的空白,也不仅仅是它宽广的音域以及能演奏流畅的半音而便于转调,还因为它本身蕴含着中国八九千年的音乐文明"。此后,他将笔者视为一个难得的志同道合的理想合作者,并饱含热情不断地对笔者的古龠理论研究和演奏开发予以鞭策和鼓励,在 1999 年 11 月 25 日给笔者的信函中,他满怀真诚地写道:

> 我以为,古龠的出现,不仅仅是一件乐器的事,它将对中国音乐史乃至世界音乐史的某些方面,尤其是吹管乐器的源流问题产生重大影响! 刘正国根据出土骨龠而创制的"九孔龠"也不仅仅是为现民族乐器家族中增添了一个新品种,更重要的是把断响了几千年的乐器重新展现在舞台上,其功不可估量。

自此以后,唐朴林先生以极大的热情和全部的精力投入到对古龠理论的响应和古龠乐曲的创作中:先后撰写了《刘正国创制"九孔龠"》(载《安徽日报》)、《古龠重辉》(上、下篇)和《NAY 之谜》(载台湾《省交乐讯》)、《龠——单管? 编管?》(载《乐府新声》)、《古龠与安徽》(载《安徽新戏》)等一系列的古龠专题文论,[①]并自筹经费编辑出版了第一本古龠研究文论的专集《古龠论》;更为难能可贵的是,先生不顾年事已高、不惜多病之体、不计回报,日以继夜地主动为这种乐器连续创作了大型古龠协奏曲《天山雪》、《地籁篇》和独奏曲《诗经·甘棠》和《幽思》、《秋词》、《阿兰若》、《吹律听声》等一系列古龠乐曲,成为当代中国音乐界为古龠作曲的第一人。此外,唐朴林先生还利用各种场合宣传和推崇古龠,多方联络寻求古龠乐器的公开演出和展示的机会,极力促成了古龠与香港中乐团合作"回响八千年"音乐会的海外首演,是为失传久远的古龠乐器的阐扬及其在当代舞台的重现,作出了不可磨灭的贡献。

时至今日,唐先生以八十岁的耄耋之龄,仍满怀着对华夏音乐的深厚情感,乐思不竭、笔耕不辍地为包括古龠在内的"中华乐舞"谱写着系列的新篇章。感唐先生多年来对古龠的特别情缘,笔者曾于 2014 年间专程赴天津探望先生以致贺寿,并奉律诗一首为赠,其曰:

> 津门八十不老翁,声若铜钟气若虹;
> 皓首穷经谱舞乐,丹心烁古铸唐风;
> 闲来撒把米戏雀,兴起操支龠弄筒;
> 妙想奇思永未懈,盘根华乐问西东!

拙句,实乃不足以表达对先生的无限敬意。如下,仅就唐朴林先生创作的部分古龠

---

① 参见唐朴林《民:音乐之本——唐朴林民族音乐文集》,上海音乐学院出版社 2008 年出版。

曲作一简单的列述：

1.《天山雪》（古龠协奏曲）

乐曲以新疆天山一带少数民族的音调为素材,通过四个乐章拟人化地展现了天山风雪的四种不同的性格,即:瑞雪飘渺、虐雪号风、飞雪起舞、腾雪狂旋。富有地道典型的异域风情。该曲先后在天津音乐学院的"中国民族音乐会"(1997年)和香港中乐团的"回响八千年"大型民族音乐会(2001年)上成功地进行了舞台演奏。

2.《地籁篇——祭·狩·舞》（古龠协奏曲）

曲作者获感于庄子《齐物论》中的"地籁、人籁、天籁"千古之说,又认同笔者"龠"即庄子的"众窍"之"地籁"的考说,专为古龠(地籁)而作,乐曲力图通过古老质朴乐管"龠"的音响,展现出一幅荒古先民们的祭祀、狩猎和欢娱的原始风俗画卷。

3.《诗经·甘棠》（七孔龠独奏,古筝、笙、排鼓伴奏）

《甘棠》是《诗经》中赞美古贤召伯的一首诗。相传周武王时,召伯循行南国,广布仁政,决讼于甘棠树下,深为民众传颂,时人作《甘棠》一诗赞美他,后世遂有"甘棠遗爱"之成语。本曲取意于《诗经》,曲调古雅,娓娓道来,凭君遐想(参见谱5.1)。该曲2008年5月由中央电视台"CCTV—音乐"频道"风华国乐"栏目录制并演播。

4.《游思》（七孔龠独奏,钢琴伴奏）

乐曲具有福建"南音"的基调色彩,通过钢琴伴奏中五声琶音固定音型的衬托,古龠吹奏出飘逸、深情的旋律,加上变奏中的远关系调性的对比,表现了对远方海岛的一种游动不安的思念之情,悠扬动人的旋律以及古龠营造出的独特氛围引起人们无限遐想。该曲2008年5月由中央电视台"CCTV—音乐"频道"风华国乐"栏目录制并演播。

5.《苏武牧羊》（七孔龠与古琴）

乐曲由近代著名的歌曲《苏武牧羊》改编而来,古龠与古琴的合作,恰好地表现了历史名臣苏武不屈的民族气节(参见谱5.2)。

6.《秋词》（古龠与琵琶）

乐曲以江南小曲为素材,展现了一种乐观向上的情调。曲意取自唐刘禹锡《秋词》诗:自古逢秋悲寂寥,我言秋日胜春朝;晴空一鹤排云上,便引诗情到碧霄。表达了作者对秋色晚景的不同感想和对未来生活的美好向往(参见谱5.3)。

7.《吹律》（用双竹筒演奏）

"吹律"行于上古之世,后渐绝迹失传。据先秦众多典籍记载:古时,每逢帝王出行、军队征战,多有大师"吹律听声"来测吉凶、鼓舞士气。经笔者的考证,破解了"吹律"的真相就是在一根空筒上吹奏出自然的音阶和旋律,并由此发明了用两根空竹筒左右开弓来演奏。《吹律》是唐朴林先生特地为笔者的"空筒吹律"而写的,该曲通过简单质朴的音调和行进律动的节奏,展示了奇妙古老的"吹律"之风和音律、音阶的自然天成之奥秘。该曲于2008年在天津音乐学院举办的"和之乐——唐朴林甲子伐中华音乐会"上首奏,指挥:张列。

## 二、改编、移植的乐曲

除以上唐朴林先生为古龠专门写作的古龠作品外，笔者还根据"九孔龠"的乐管性能及演奏特色，改编和移植了一部分笛、箫类的传统古曲作品和个别的西洋长笛作品，此简介如下：

1.《梅花三弄》(古曲，刘正国改编)

此曲相传为东晋名将良臣桓伊所吹，实借梅花风骨自抒壮士胸臆。有同名琴曲传世，今人多以琴箫合奏之，意趣只在清雅、高洁，疑与古曲本意不尽相合。改编移以古龠演绎此曲，沉浑劲节，但能返璞归真，别是一番胸襟，可与古意暗合。该曲曾在北京的"国际艺苑"的"丝竹之夜"室内乐音乐会上演奏，得到了当时的中华全国总工会主席尉健行的特别青睐和赞赏。

2.《妆台秋思》(古曲，刘正国改编)

该曲为流传甚广的古曲，多用笛、箫演奏，表现的是王昭君对中原故土的思念之情。乐曲以古龠(九孔龠)奏之，别具古朴的情调，听来尤为深情徘恻，博古之意，胜于笛、箫。该曲2008年5月由中央电视台"CCTV—音乐"频道"风华国乐"栏目录制并演播。

3.《闲庭偶忆》(戴　维作曲，由长笛曲移植而来)

该曲的作者戴维，毕业于上海音乐学院附中，为英国皇家音乐学院全额奖学金本科及硕士生。乐曲运用了新颖的现代作曲思维，通过调性游移的手法，表现了一种闲庭独坐中随感而发的无拘无束的记忆思绪，飘忽不定又绕有闲趣。该曲创作理念及手法新颖但又以五声性为基调，具有相当的可听性。"九孔龠"演奏此曲，音区对比度强、调性游移自如，为传统笛、箫一类吹管乐器所不能及。该曲2008年5月由中央电视台"CCTV—音乐"频道"风华国乐"栏目录制并演播。

4.《黄梅欢歌》(吹律演奏，刘正国编配)

此曲由黄梅戏《天仙配》中的著名唱段《夫妻双双把家还》(时白林、王文治曲)改编而来，用双竹筒左右开弓式的"空筒吹律"表演，巧妙而别致，并编配有电声民乐效果的伴奏音响，在境内和境外的各种古龠讲学中的演示，深受海内外听众的喜爱和欢迎。该曲2008年5月由中央电视台"CCTV—音乐"频道"风华国乐"栏目录制并演播。

除此之外，还有其他一些特殊的古龠演奏乐曲，如顾冠仁编曲的笛、筝、二胡三重奏《江南风韵》，在我的欧洲巡演中，就曾将二胡的声部改为古龠来演奏，倒是别有一番情趣。另还有两首欧洲著名的乐曲：手风琴独奏曲《野蜂飞舞》和长笛独奏曲《威尼斯狂欢节》，都被成功地移植为"九孔龠"的演奏，由香港中乐团委约配器为民族管弦乐伴奏，在香港大会堂首演。"九孔龠"作为一种简单质朴的"斜吹"乐管，可以流利畅达地吹奏出十二个半音，加之自然淳厚的音色和三个八度以上的宽广音域，足令西洋长笛演奏者们为之兴叹。

附:"九孔龠"乐曲三首

谱 5.1

# 诗经·甘棠

(九孔龠独奏)

唐朴林 曲

中国
古籥考论

# 苏武牧羊

（古筝与古琴）

唐朴林　编曲

中国
古籥考论

**谱 5.3**

# 秋 词

（古箫与琵琶）

唐朴林 曲

中国

古琴考论

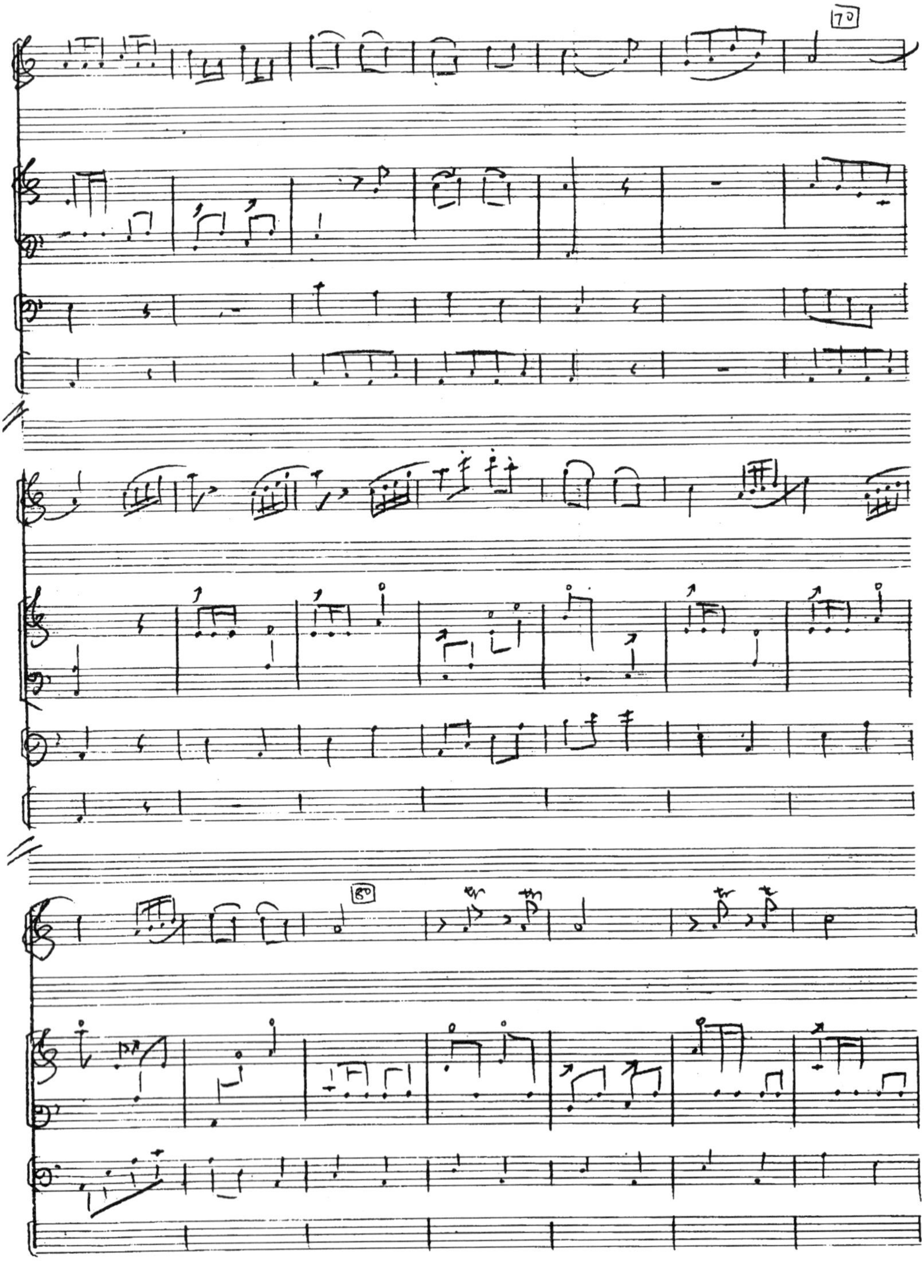
70
80

1997. 5. 10.

# 附录一：德国音乐考古研究所编《音乐考古学》论文

# An Echo from 9000 Years Ago
## A Report on Testing the Tone of *Yue* Bone Pipes Unearthed in the Second Lot of Jiahu Relics

*LIU Zhengguo*

## Zusammenfassung

*Im Verlauf der 7. Grabungskampagne (2001) wurden in Jiahu, einer neolithischen Siedlung am Oberlauf des Gelben Flusses (Huaihe), Provinz Henan, überraschenderweise weitere mehrlöchrige Blasinstrumente aus Knochen (Flöten; Gu Yue) ausgegraben, nachdem dort bereits 15 Jahre zuvor 20 derartige Instrumente entdeckt worden waren. Experimentelle Versuche mit drei Flöten führten zu interessanten Beobachtungen, die im Artikel beschrieben und durch Beispiele belegt werden.*

## Introduction

The Jiahu site is an old habitat of the ancient Chinese in Neolithic times, and it lies on the upper reaches of the Huai River in today's Henan Province. As early as 8000 to 9000 years ago, the ancient people there created the splendid Jiahu culture. *Gu Yue*, a flute-like multi-hole pipe instrument made of bone which is blown from an angle and understood to be a flute, is one of the most remarkable embodiments of this culture.

Two sets of Jiahu *Gu Yue* were unearthed; the first were found in six excavations by the Cultural Relics Department of Henan Province in about 1986, and the second set was recovered in the seventh excavation, which was supported also by the Archaeology Department of the University of Science & Technology of China (USTC) from April to June 2001. Over 30 *Gu Yue* are elaborately made of the wing bones of certain cranes and have standard holes. They can still be played and produce a whole range of seven different tones, even though they were buried underground for over 10,000 years. It is unique in the world of music archaeological history that Chinese and world music civilization has now been advanced by a thousand years.

In the second lot of Jiahu *Gu Yue*, over 10 pieces were unearthed (including some broken pipes).

Compared with the first set, we find something new both in the length and the hole patterns. In July 2001, I was invited to the Archaeology Department of USTC to sample the tone of three pipes, which were complete and had been restored. The whole process lasted two evenings, presided over by the chief of the Archaeology Department of USTC, Mr. Wang Changsui. Mr. Zhang Juzhong, the excavator of the Archaeology Department of USTC, was in charge of the testing. Mr. Xu Fei, a USTC professor proficient in temperament, operated the computer.

Owing to long practice, I am good at blowing from an angle. So I played the seven-hole *Gu Yue* (M511:4), the two-hole *Gu Yue* (M521:1) and the holeless *Gu Yue* (identification number unknown) one after the other. Those three pipes had been buried underground for more than 8000 years. During the process, I played approximately a dozen pieces of Chinese folk music of different styles and tonality, which were simultaneously recorded for 100 minutes. This revealed for the first time the existing scales of tone features and the possibility of performing on Jiahu *Gu Yue*. And it provides valuable tone material from the original instruments for researching these representatives of ancient pipes. The report of the tone-testing is as follows:

## 1 Seven-holed *Yue* Pipe with Different "do's" Found by Changing Finger Positions

The seven-holed *Gu Yue* is the most typical representative within the group of Jiahu *Gu Yue*, and it is also the most unearthed in the excavation of Jiahu. Of all the unearthed *Gu Yue* in the second lot, two seven-holed *Gu Yue* were in a fairly good condition. They have the same length and hole patterns. No. 494:2 was not used for this tone testing because of some damage in the middle. And it is difficult to produce tones from it because of a slight

中国古簫考论

deformation at one end of the mouthpiece. The other seven-holed *Gu Yue*, M511:4, was intact. The 25.15 cm pipe was smoothly bright and with some remains of bone joints at both ends. Seven sound holes were uniformly centered and open on the slightly concave side of the bone pipe (Fig. 1).

It had been buried underground for over 8,000 years, and was broken into two parts when unearthed. But it can still produce clear and sonorous tones, no less fascinating than traditional stringed and woodwind instruments. Because of the careful restoration by Mr. Zhang Juzhong, the excavator, it became a complete instrument. On the spot, I played the unearthed seven-holed *Gu Yue* for the scale structure and produced seven different tones and "do's" by changing finger positions.

Scale played on the seven-holed instrument: I played a set of scale from low to high with dah (do, re, mi, fa, sol, la, si, do, si, la, sol, fa, mi, re, do) and then returned in a low octave register. The seven-tone C major produces "mi" by blocking all holes, and opening the first hole for "sol" and the fourth for "do". The specific pitch is shown in figure 2.

It is worth noting that the hole on the top of the seven-holed *Gu Yue* (hole 7) is actually a "live hole". It produces "4#" (fa#) by stable and slow blowing, "5" (sol) by headlong and rapid blowing, and "4" (fa) by cross fingering. That is called "one hole with three tones" in folk music, which is a kind of playing skill handed down from generation to generation.

High octave scale played on this seven-holed *Gu Yue*: It also has a complete seven-tone system, but we used the original "4" instead of "4#", and changed fingers to make the result extra smooth.

In the following tone testing, I chose some popular folk tunes, and the transmutation of modes on the No. M511:4 *Gu Yue* is as follows:

1) "sol" is produced by open the first hole, "do" the fourth hole, with a "Xiaogong tone" of a folk flute. Works: Shandong folk song "Minor Yimeng Mountain" and the theme tune of the "Butterfly" violin concerto. The theme has a range of thirteenths, and the subsidiary phrase in the end contains a seven-tone melody with "fa" & "si", smoothly and naturally. The simple fingering proves that the Jiahu *Gu Yue* does contain a complete set of seven tones.
2) "re" is produced by open the first hole, "do" the seventh hole, with a "Zhanggong Tone" of a folk flute. Works: Northern Shanxi folk song "Ganshenglin" and "A Tune of Jiaofu".
3) "la" is produced by open the first hole, "do" the third hole, with a "Chizi Tone" of a folk flute. Work played: the Shanxi folk song "Xiuhebao".

4) "do" is produced by open the first hole, with a "Yizi Tone" of a folk flute. Work played: a passage of instrument folk music, "A Moonlit Night on the Spring River".

Above all, the common four playings of "do's" show the possibility of multi-mode performance of the seven-hole *Gu Yue*. In order to further test the tone, I ventured to use this *Gu Yue* to try to skillfully transmute the mode in seven tones, that is, to transmute the mode of the melody of one tune in seven tones of one instrument. On the spot, I successfully played the tune of Kunqu "Liuqingniang" on this pipe (Fig. 3).

From the scale play of two eighths, the seven-holed Jiahu *Gu Yue* was proved to have a complete seven tone system, and it can transmute different modes of music. Compared to the current six-holed Bangdi flute, it is one minor third wider (one more "mi" at the bottom), as to two octaves and one perfect fourth, far beyond imagination.

## 2 Two-holed *Yue* Pipe with Unusual Patterns

The two-holed *Gu Yue* (M521:1) is the most eye-catching in the excavation, 30 cm long with a peculiar two-holed pattern and elaborate carving, and the only one found in past excavations. As a result, it is regarded as a national treasure, and was categorized as an "Astonishing Finding" when it was unearthed.

This pipe is made of bones from birds of prey, which are obviously different from crane bones. It is thicker, curved, and smoother on the side with the holes (unknown whether polished or not). Two holes are in the middle of the pipe, with smaller diameters and further apart (about 7 cm). It is worth noting that the side of this pipe with the hole openings differs from the other relics because it lies on the archer (usually it lies on the curver). It has almost the same hole patterns as the pop folk Tajik "Corneille" (that is "Scoundrel" – a three-holed *Yue*, once mistaken for a flute made of eagle bone), just differing in the hole locations and numbers. The two-holed *Gu Yue* was smoothly brown, with five 18 cm long beautiful geometric decorations on its back.

However, it is a pity that this beautiful pipe is seriously damaged. Broken at both ends from the centre when unearthed, especially the bottom, it was about 29.5 cm long after repairing. So it is hard to say whether it is a kind of music instrument because of the unusual patterns. As I had made a trial play beforehand, the playing actually could be controlled. Firstly, I successfully produced a three-tone scale with each tone separated by a fifth on the unearthed two-holed *Gu Yue* (all seven pitches including a harmonic fifth and a bottom hole eighth), as can be seen in figure 4.

Secondly, I performed the entire Hunan folk song "Minor Dongting" by open and blocking pipe end by hand.

As both ends of this *Gu Yue* are seriously damaged, broken when unearthed, it is hard to make the acoustics perfect even though the instrument has been repaired. In addition, I intuitively feel that it is questionable whether it is really a music instrument because of the smaller holes, narrower fifth interval and wider eighth. Anyway, owing to the delicate patterns and peculiar length, this pipe seems to be a sign of some mystery of strength and power, and it may have been involved in ancient religious culture.

## 3 Holeless *Yue* Pipe with a Complete Five-Tone System

The holeless *Gu Yue* is a hollow bone without holes for tones. Such hollow bones are not unique; two pipes were unearthed in the first excavation 15 years ago among the Jiahu relics. However, as there is no hole for tones and the instrument was seriously broken when unearthed, at that time such bones did not capture the attention of music scholars. In their report, the archaeologists simply called them "half-finished bone pipes". As for me, I maintain that the multi-hole version may originally have evolved from the holeless Jiahu relics.

The holeless *Gu Yue* unearthed from the ashes of a tomb is 25.2 cm long, like the seven-holed *Gu Yue* M511:4 in the same excavation, but without holes. The mouthpiece of the pipe is about 1.1 cm in diameter and almost completely preserved except for the damage on the mouthpiece.

Before the tone testing, the excavator, Mr. Zhang Juzhong, repaired the tip, but the plasticine he used began to turn soft when heated by playing, which affected the normal sound.

At first, pipe end naturally open, the three-tone natural "do" "mi" "sol" harmonic series was successfully produced. In spite of the narrow and

short pipe, the higher "sol" is hard to produce; it has the complete three-tone "do" "mi" "fa".

Then I tried to fluently produce a complete five-tone scale by blocking and open pipe end by hand alternatively, on the principle of harmonic series. As the plasticine affected vibration, it is hard to produce the higher "re" (fourth hole-blocked tone), but a fourth-tone scale including "la" (third hole-blocked tone) (Fig. 5) was possible.

Immediately, in this way I produced in both the high and low register the complete tune of "Axi Tiaoyue" (Fig. 6).

Lastly, I played the whistle-flute song "Miao Mountain's Morning" edited by Miao's "Flying Song", to present the mysterious effect of this holeless *Gu Yue*, and the simon-pure music sounded fluent and natural (Fig. 7).

Above all, it seems incredible that we can perform on this holeless pipe, actually at the origin of harmonic series. According to etymology, the Chinese word "*Yue*" means a cooking tool – an air blowing pipe to aid the burning of fire. What's more, the name for the 12 pitch pipes called *lǜlǚ* (律吕) comes from the Chinese word "*Yue*". I surmise that human awareness of music scale is associated with the discovery of pipe overtones from the same class of fire blowing pipes (holeless *Yue*), which means that pitch is related to the development of the human use of fire. Now my idea is confirmed by the unearthed holeless *Gu Yue*, and the tone testing this time has important academic significance for exploring the origin of human music and scale.

The sonorous music, the wide range, the complete seven-tone system and the delicate standard equal to seven-hole patterns are astonishing. It is not unique worldwide; some other relics are more ancient, but it is unique in excavations worldwide that they have been unearthed in such quantity, with holes open in such standard, sound produced so far and "do" transmuted in so many modes, from a complete bone instrument like the Jiahu *Gu Yue*. As a wind instrument 8000 or 9000 years old, with a complete seven-tone system, Jiahu *Gu Yue* represent the highest achievement in the development of this prehistoric period of music civilization.

中国
古龠考论

Fig.1　Playing the seven-holed *Yue* pipe(photo by Zhangjun).

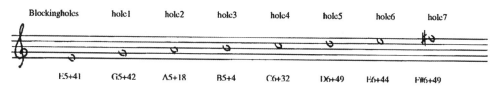

Fig.2　"Cool Edit Pro" sound measurement figure(drawn by the author).

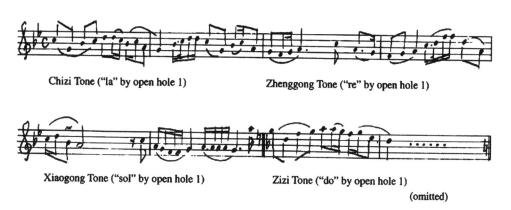

Fig.3　Fan qi diao(drawn by the author).

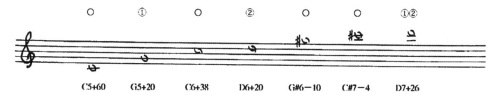

Fig.4　"Cool Edit Pro" sound measurement figure. Note：○＝blocking holes；
①＝open hole 1；②＝open hole 2(drawn by the author).

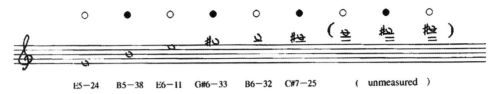

E5−24     B5−38     E6−11     G#6−33     B6−32     C#7−25          ( unmeasured )

Fig.5　"Cool Edit Pro" sound measurement figure. Note：
○＝open pipe；●＝blocking pipe(drawn by the author).

Fig.6　*Axi Tiaoyue*, Chinese folk song. "Cool Edit Pro" sound measurement figure. Note：
○＝open pipe；●＝blocking pipe(drawn by the author).

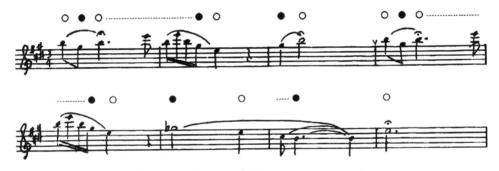

Fig.7　*Miao Mountain's Morning*, Chinese folk song(the remaining music
is abbreviated). "Cool Edit Pro" sound measurement figure. Note：
○＝open pipe；●＝blocking pipe(drawn by the author).

**Orient-Archäologie
Band 27**

Ricardo  Eichmann/Fang  Jianjun/
Lars-Christian  Koch(Hrsg.)
**Studien zur
Musikarchäologie VIII**

# 附录二:《中国日报》(海外版)全版载文

## Professor blows new life into ancient flute

Working from some excavated bone flutes that date back 8000 years, Chinese music scholar Liu Zhengguo has developed his own version of the yue, a flute popular in ancient times but about which little is known today, as **Mu Qian** finds out.

Few Chinese people have heard of the yue, an ancient wind instrument that belonged to the flute family.

However, this flute, the name of which is pronounced the same as the word for "music" in Chinese, used to be an important instrument in many ancient ceremonial rituals.

In The Book of Songs(Shi Jing), the most ancient collection of Chinese poetry, which was compiled in the 6$^{th}$ century BC, yue is the most frequently mentioned wind instrument.

After the Han Dynasty(206BC-AD220) about 1700 years ago, the yue seemed to have disappeared. Two ancient instruments, the dizi, or bamboo flute, which was played transversely and the xiao, another form of bamboo flute, but played vertically, seemed to have become the dominant wind instruments.

The Tang Dynasty(AD618-907) saw a proliferation of musical forms in China, but there was almost no mention of yue in rather court or folk music.

The disappearance of the yue was a mystery, and even modern researchers had only a vague idea of what the yue might have been like.

In 1986 and 1987, a number of wind instruments made of animal bones were unearthed in Wuyang County, in central China's Henan Province.

These instruments, about 20 centimetres long and 1 centimetre in diameter, look like the bamboo flute and could produce a complete seven-note scale. They were named gudi, or bone flutes, by Chinese music experts.

Dating tests indicated that these bone flutes were about 8000 years old. The discovery pushed the history of Chinese musical instruments back a further 3000 years.

It was heartening news to find out that instruments as advanced as the bone flute existed so long ago, yet musicologists have not found any historical accounts of this instrument, and the blank of several thousand years in the history of Chinese instruments is hard to explain.

However, the enigma of the mysterious yue and the bone flutes seemed to explain one another in the eyes of Liu Zhengguo, a scholar of Chinese music history who is also skilled in playing the transverse bamboo flute(dizi) and its vertical twin the xiao. Liu is convinced that the gudi is, in fact, the yue.

"The gudi should be called guyue," said Liu, who is a professor in the music school of shanghai Normal University. "It is the ancestor of the dizi and xiao."

Liu became interested in the ancient bone flute when he was teaching the history of ancient Chinese music at South China Normal University in 1992. Because Liu himself is a wind instrument player, he wanted to play the ancient bone instrument for his students when he was discussing it in his course.

When he played a reproduction of the guyue, as he preferred to call the instrument, he found that it was structurally different from the traditional bamboo flute.

There is no mouth hole corresponding to the one on the dizi, so the ancient instrument could not be played transversely like the bamboo flute.

It is not likely that was played vertically either, for there is no notch at the end of the instrument, as there is the xiao.

Similar to wind instruments with neither a mouth hole nor a notch, such as the bamboo chou of central China and the ney of the Tajik people, the bone flute has to be played obliquely.

"Oblique blowing is almost a lost technique in China. It can be only found in some less-known folk instruments," said Liu. "This style of playing has connections with the origin of Chinese wind instruments."

According to Liu, among today's instruments, the ney of the Tajik people is closest to the ancient bone flute. They are not only similar in structure, but also are both made of animal bone and played obliquely.

Liu noticed that the name of the ney is close to the Chinese word "lai", which is defined in "Shuo Wen Jie Zi" China's first dictionary, which dates from the Eastern Han Dynasty (AD25-220), as "s three-hole yue".

The Tajik bone flute is also a three-hole pipe. Thus Liu believes that the so-called ancient Chinese bone flute was actually the yue, which was the father of all other Chinese wind instruments and the Japanese shakuhachi.

While researching the origin of guyue, Liu also practiced oblique blowing on a reproduction of the ancient instrument.

"The ancient method of oblique blowing is very flexible, and it should be passed on," said Liu. "Professional wind instrument players should master not only regular instruments like the bamboo flute and the vertical xiao; but should also study the various instruments and playing techniques of folk music."

Liu always wanted to try the original bone flute but had had no opportunity.

The opportunity finally came in 2001, when the archaeology team of the University of Science and Technology of China unearthed another group of ancient bone flutes also at Wuyang, in Henan, and invited Liu to play them.

Liu was very excited when he tried the original instruments, playing about 10tunes on them, including popular folk songs.

"The original guyue had a uniquely sonorous sound because of fossilization," said Liu. "It is really amazing that an instrument 8000 years old can still be played."

Liu has published a number of academic these on the mysterious yue, but has not limited himself to textual research. He aims at something more meaningful: to revive the tradition of oblique blowing and the yue itself.

Because the ancient bone flute was rather limited in terms of expressiveness, Liu decided to develop a contemporary bone flute.

To do that, he read a large amount of related materials and interviewed many folk musicians. After four years of experimenting, he finally developed a nine-hole instrument made of bamboo.

Liu's 70-centimetre-long nine-hole flute preserves the most important structural feature of the ancient bone flute with no embouchure, and it produces music when he blows obliquely from the natural end of the bamboo pipe.

However, the nine-hole instrument is much thicker and longer than the ancient bone flute. The nine holes enable the instrument to produce the complete chromatic scale, and its range covers three octaves.

The most characteristic aspect of the instrument is that the nine holes are arranged according to the natural positions of the human fingers, which makes it possible to play chromatic scales fluidly.

This is especially obvious when Liu plays Rimsky-Korsakov's "The Flight of the Bumblebee" on the nine-hole instrument.

The fast flowing of notes in the work might be difficult for any other Chinese blown instrument to accomplish, yet Liu plays it on his nine-hole yue with ease.

In February 2001, Liu gave two concerts with the Hong Kong Chinese Orchestra in Hong Kong, where he introduced the ancient bone flute to the audience with a rendition of "A Cow's Song," a folk song from East China's Anhui province, where Liu comes from. He also played the Tajik ney accompanied on hand-drums.

The programme for the nine-hole yue included Paganini's "Carnaval de Venise," a yue and guzheng (Chinese zither) duet, "three variations on the Plum Blossom" (Meihua Sannong), and a nine-hole yue concert to "Snows of Tianshan Mountain," composed by Tang Pulin, a professor from Tianjin Conservatory of Music.

"The nine-hole instrument has a wide range and is very convenient in modulation," said Tang, who is the first person to have composed for the instrument. "With its resonant low rang, mellow medium rang and smooth high rang, the nine-hole yue can be an ideal solo instrument and a new source of sound for Chinese orchestra."

Introducing the new nine-hole instrument into Chinese orchestra as a regular instrument is also one of Liu's dreams.

He said that in the coming years he will concentrate on training some soloists in the instrument, as well as writing a history of Chinese wind instruments. "I got into the world of yue quite by accident, but now I feel I am responsible for preserving the instrument and developing its repertoire" said Liu. "It takes the work of generations of musicians to perfect an instrument, and I have faith in the nine-hole yue."

# 附录三: 斯洛文尼亚《时代》杂志载文

## The Sounds of Prehistory

Music is sometimes referred to as a universal language which "makes time and geographical borders disappear" as a musician Ljuben Dimkaroski would say. In may two unique concerts are going to be held where two completely different cultures, the Slovenian and Chinese, are going to meet and express themselves through music played on ancient instruments, including the oldest instrument in the world the Divje Babe flute mastered by Dimkaroski.

### By Polona Cimerman

The idea for this one-of-a-kind event came from the Confucius Institute in Ljubljana which is part of the Faculty of economics and it is going to mark its first anniversary of existence along with the 12th anniversary of the signing of the diplomatic agreement between Slovenian and China. "The institute aims to bring Chinese culture closer to Slovenians. We wanted to organize something truly unique to connect the two countries," explains the president of the board at the Institute Dusan Mramor.

And the two concerts, one held in Maribor and the other one in Ljubljana, are surely going to be remarkable events since the two performing musicians are going to play on ancient instruments and thus offer entirely new sounds to the ears, reviving the music of very distant past. The science that takes special interest in the sounds of the past is called archaeomusicology or musical archaeology. "It is part of the ethnomusicology and a blend of various approaches," says an expert on the subject professor Svanibor Pettan. He has studied the 60,000 years old Divje Babe flute for yeas, putting his efforts to prove it is the oldest instrument in the world made by the Neanderthal since the archaeological artefact has been subject to discussions whether it was just a cave bear's femur randomly pierced by an animal or really something more. " I've presented the arguments at the world symposium of archaeomusicologists in China last year Dimkaroski who has explored the find since 2009 with greatest passion," Pettan adds.

### Distant yet similar

Through his devoted study Dimkaroski discovered a special technique of blowing the flute and can now play entire melodies on it. In his opinion the event means recognition of the fact that the find really is an instrument: "It is a great honour for me to be the Divje Babe flautist. The flute for which I coined the name Tidldibab allows me full musical expression." He demonstrated the playing on it on the previously mentioned symposium where also Liu Zhengguo, a Chinese musician and university professor, was present. He wanted to try play the flute and with his knowledge of ancient playing techniques he instantly succeeded.

Zhengguo is a virtuoso on guyue, the Chinese ancient wind instrument made of crane bones and for Dimkaroski he was an obvious choice for joining him on the stage. The flute he plays and is also going to present in Slovenia is 9,000 years old and he is amazed by the fact that "the ancient bone flutes from two extremely distant countries sound so similar." Its seven tones enable him to play a perfect melody and in it is one of the most precious archaeolomusical finds in the world. Besides guyue, he is going to play on reed pipe welyue and the cylindrical flute chuilu too. "It is amazing that the Slovenian flute requite the same tech nique of playing as guyue. This must have a deeper meaning," Points out Zhengguo who is coming to Slovenian for the first time and is very excited about it.

## An exceptional event

The event is also politically significant and, according to Mramo "is very important for closer economic and broader social links between the two countries." But in the first place the concert is going to be a distinctive opportunity for Slovenians to learn about the Chinese cultural achievements and its instruments where the past and the present are going to merge. Pettan believes "it is going to be a musical treat where two exceptional instrumentalists from different cultural backgrounds are going to

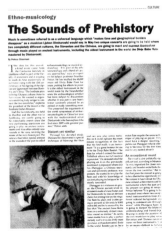

中国
古龠考论

communicate through music" while Zhengguo hopes it is going to deepen the bilateral understanding and friendship. Bearing in mind the promise of the two musicians to play some Slovenian and Chinese national tunes on their instruments，it is by no meas difficult to believe that a truly spectacular event well worth attending is about to happen.

# 附录四：刘正国教授答斯洛文尼亚"TIME" (《时代》)杂志的书面采访

## Prof. Zhengguo Liu's Response to the Written Interview with Slovenia's *TIME*

应斯洛文尼亚国卢布尔雅那大学的邀请,上海师范大学音乐学院刘正国教授将于5月8—15日赴斯洛文尼亚进行三场演奏和演讲活动。由于去年在天津召开的"国际音乐考古学会议"上,刘正国教授用中国古老的"斜吹"技法吹响了斯洛文尼亚国出土的5万年前的迪维·巴贝"熊骨笛",在斯国音乐界引起了极大的反响,斯洛文尼亚文化部、外交部等政府部门对刘教授的此次访问演出和演讲十分重视,斯国最大的新闻媒体"TIME"(《时代》)杂志定于近期刊载刘正国教授的专题图片和介绍,并用书面形式对刘教授作了专门采访,以下是此次采访的主要内容:

At the invitation of the University of Ljubljana, Slovenia, Zhengguo Liu, Professor of Music College, Shanghai Normal University, will pay a visit to Slovenia from May 8th to May 15th to present three concerts and several lectures. At the 7th Symposium of the International Study Group on Music Archaeology held in Tianjin last year, Prof. Liu, by using the age-old Chinese oblique blowing method, successfully played on the 60,000-year-old Divje Babe "bear-bone flute" unearthed in Slovenia, which caused a stir in Slovenia. As a result, Slovenian Ministry of Culture, Ministry of Foreign Affairs etc. are paying great attention to Prof. Liu's coming performances and lectures. The biggest Slovenia news media *TIME* has made arrangement to publish in it the feature photos and introduction of Prof. Liu along with a special written interview. The following is the main content of the interview.

**1. It's going to be your first visit to Slovenia. What do you expect from it?**

**问:这是您第一次访问斯洛文尼亚,请问有没有什么期待或期望?**

答:首先要感谢卢布尔雅那大学的盛情邀请,对于此次访问我是充满期待的。

记得去年9月间,在中国天津的"国际音乐考古学"会议上,我有幸结识了斯国的著名民族音乐学家斯凡尼伯·派坦(Svanibor Pettan)和演奏家柳本·狄姆卡洛斯基(Ljuben Dimkaroski),并尝试着用中国贾湖出土"骨龠"乐器的吹法吹响了斯国出土旧石器时代的迪维·巴贝"熊骨笛"(Bone Flute from Divje Revisited),这是令人吃惊的!中斯两国相距如此地遥远而出土的远古骨管乐器吹法却竟然如此地相似! 它似乎在暗示着什么:是人类早期音乐文明上的某种渊源和共性? 抑或是中斯两国在古老器乐文化上的某种缘分。自那时起,我就有一种期待:期待着有一天能到美丽的斯洛文尼亚来介绍中国古老的吹管乐器文化;期待着能有机会实地考察迪维·巴贝"熊骨笛"出土的洞穴遗址;期待着与斯国的音乐家斯凡尼伯和柳本的再次会面及同台演奏;更期待着与斯国音乐学者们进一步交流,共同探讨人类早期音乐文明的渊源。令人高兴的是,这一期待在即将到来的5月就会变为现实,真的是很激动!

Let me begin by extending my thanks to the University of Ljubljana for its kind invitation and I have been looking forward to this visit. Last September, I had the honor to get to know the famous Slovenian ethnomusicologist Svanibor Pettan and the prominent performer Ljuben Dimkaroski and tried playing Divje Babe "bear-bone flute" unearthed in Slovenia by using the technique adopted in playing the ancient Chinese musical instrument "*Yue*", unearthed in Jiahu, China. What an amazing experience! Though China and Slovenia are two counties so far away from each other, the two unearthed ancient musical instruments made of bone can be played in such a similar way! Does it imply that there is something similar in the ancient musical civilization of the human beings? Or is there a kinship in the ancient cultures of musical instruments in China and Slovenia? Since then, I have cherished a hope to go to the beautiful land of Slovenia to introduce ancient Chinese pipe musical instruments to Slovenian people and to visit in person the cave where the Divje Babe "bear-bone flute" was unearthed. At the same time, I expect to have the chance to meet your musicians Svanibor and Ljuben again, and perform on the same stage with them. Also, I hope to see more Slovenian scholars to share our view on the early history of the ancient musical civilization of human beings. To my excitement, my expectations are to come true this May.

### 2. Where does your interest for ancient instruments come from?
**问:您对古乐器的兴趣来自哪里?**

答:是来自一种学术感悟吧,或许也是来自一种缘分、一种使命。我从小就迷恋吹管乐器的演奏,但吹奏的只是中国民族乐器中十分流行的常规乐器——横吹的"竹笛"。后来,颇为坎坷的艺术经历,让我不知不觉地走进了学术的殿堂,从而也使我具备了一种独特的眼光,发现了不被人们注意的、渊源更为古老的"斜吹"管乐器"龠"。这种古老的"龠"乐器其实就是中国"笛"类乐器的先祖,它关系到人类音乐音阶(音律)的起源,是一种原生的文化,却已失落久远、濒临灭绝。经过十多年艰辛的从理论研究到新型"九孔龠"乐器的创制及古龠演奏艺术的开发,终于使这种有着近万年历史可考的中国"龠"类乐器得以再续香火、重登了音乐的大雅之堂,这是非常值得欣慰的。

My interest may have come from a kind of academic revelation, or my love of music which has given me a mission. I have always been fascinated with playing pipe musical instruments since young. However, what I was playing in my early years is the bamboo flute, an ordinary and popular instrument in the China, which is placed horizontally before the lips. After a period of hard pursuit in my career, I entered the palace of art. The experience equipped me with a unique eye that enabled me to find the ignored but more ancient pipe musical instrument "*Yue*" which is place obliquely before the lips. This ancient "*Yue*" is in fact the predecessor of China's "bamboo flute", which is related to the origin of musical notes or the scale in human history. In a sense, "*Yue*" is a part of the aboriginal culture, having been forgotten for so long, almost on the verge of extinction. After over a decade of hard efforts, including theoretical studies and actual innovative creating and playing of the new type of "nine-holed *Yue*", I have ultimately succeeded in reviving the kind of ancient Chinese musical instrument "*Yue*", which has a history of nearly 10,000 years, and putting it onto the stage of music halls, which offers me a great satisfaction.

**3. Could you describe your instrument and tell us some things about it? How old it is?**

**问:简单描述一下您的乐器好吗？或者介绍一下它的历史或其他故事？**

答:所谓"龠"一类的乐器,其实就是一种不开设"吹孔"而以自然的管端作吹口来演奏的简单质朴的乐管,它的吹法既不像西洋长笛那样的"横吹",也不像单簧管那样的"竖吹",而是一种独特别致的"斜吹",这种"斜吹"其实就是人类早期音乐文明最古老的遗存,但现已不被人们所悉知。在中国的民间,这种独特的"斜吹"管乐器有着多种遗存,而考古发现这种"斜吹"乐管至少已有 9 000 年的历史可考。这次来斯国的巡演,我要演奏和展示的中国"龠"类乐器主要有如下几种:

1)"骨龠",一种是用鹤禽类动物的翅骨制成的、以骨管的自然管端作吹口的"斜吹"管乐器,是竹制吹管乐器的前驱。中国贾湖新时期遗址成批出土了 30 多支距今约 8 000—9 000 年的"骨龠",其制作精美、七声齐备,至今仍能吹之成声,这在全世界音乐考古发掘中还是绝无仅有的。本人曾对出土乐管实物进行过测音采样的吹奏,本次音乐会上将向斯国听众展示贾湖出土"骨龠"仿制品的演奏;此外,还有塔吉克族民间现仍流行的、用大鹰翅骨制成的三孔骨龠"奈依"(亦称作"鹰骨笛")吹器的演示。

2)"苇龠",是流传于新疆阿勒泰地区蒙古族部落的一种特殊的古老乐管,今人称作"潮儿",是一种极其远古的孑遗。其形制非常拙朴,就是一根中空的蒿草茎秆,下开三个音孔;其吹法十分独特,张口露齿、以喉声啸引出管声,能发出声如"天际自然而来"的双声部奇妙音响。

3)空筒"吹律",据中国的古籍记载:远古帝王出行、军队征战,都有大师"吹律听声"来测吉凶、鼓舞士气。"吹律"行于中国上古之世,后渐绝迹失传。本人经多重考证,终于破解了"吹律"的真相就是在一根空筒上吹奏出自然的音阶和旋律,并由此发明了用

中国古龠考论

两根空竹筒左右开弓的奇特演奏方法。本次音乐会我将现场用竹筒、纸筒及塑料筒等中空之管来演奏完整的乐曲,展示古老的"吹律"之风和人类音阶的自然天成之奥秘。

此外,音乐会的演奏还有本人发明创制的专利乐器"九孔龠"和"七孔笛",以及古老的陶埙、洞箫等乐器,恕不一一介绍。

What is called "*Yue*"(龠)is a kind of pipe musical instrument, simple and unsophisticated, with no embouchure hole, played by blowing through one end of the pipe. Such a way of playing is different from that of the western instrument flute, which is place horizontally before the lips or that of the clarinet, which is placed vertically. "*Yue*" is unique in that it is placed obliquely before the lips, which is a technique left over from the earliest musical civilization of human beings but was forgotten. In some local areas of China, techniques derived from the "oblique blowing" can still be found. The unearthed "*Yue*", played obliquely, has a history of at least 9,000 years. The "*Yue*" I will play and exhibit in my performances in Slovenia will include the following kinds:

1)"The bone-pipe *Yue*"(骨龠). It is made of the wing bone of some kind of cranes, the predecessor of the bamboo flute, with a natural hole at the end serving as the embouchure hole that can be played obliquely. In the Jiahu archaeological site, a whole lot, over 30 bone pipes were unearthed, which were made in a period 8,000 to 9,000 years from today. Those pipes, delicately produced with the capacity for all the seven notes in the scale, can still be played and produce melodies. It is the archeological discovery in musical instruments unprecedented in history. I once made a test play of the original unearthed pipe. During my performances in Slovenia, I will play and show to the audience the replica of the bone pipe unearthed in Jiahu. Aside from that, I will play the "three-holed *Yue*"(三孔龠)called "Naiyi"(乃依)which is made of the wing bone of big eagles (thus also called "eagle-bone pipes"), popular with the people of China's Tajik national minority.

2)"The reed-pipe *Yue*"(苇龠).It is a unique ancient pipe musical instrument, called "Chao'er"(绰尔)today, found in tribes of China's Mongolian national minority in Aletai, Xinjiang. The pipe is a heritage left over from ancient times, unsophisticated in appearance, made of hollow stems of kobresia with three holes. The technique used in playing it is unique. With his mouth open and teeth exposed, the player uses his larynx to sound the pipe with a miraculous effect of double sound that seems to come from the heaven.

3)"The *Lu*"(吹律)Music Producing Hollow Pipes. As is recorded in ancient Chinese books, when emperors were to go out, or when armies were going to the battle field, there were always great musicians who were asked to blow hollow pipes to produce "*Lu*" music that was supposed to predict luck and boost morale. Such a practice was popular in the early history of China but was gradually forgotten. I made arduous researches into it and finally reached the conclusion that ancient "*Lu*" music was produced with hollow pipes which can generate natural scale and melody and later on，I came up with a special technique to produce "*Lu*" music with the hollow pipes-one at each side of the mouth. In my performance in Slovenia，I will use pipes made of bamboo，paper，plastics etc. to show to the audience complete music compositions，displaying the ancient style of "*Lu*" music producing hollow pipes and disclosing the mystery of natural music scales and melodies.

Moreover，I will play the "nine-holed *Yue*"(九孔龠)I invented，the "seven-holed flute"(七孔笛)，the ancient egg-shaped pottery musical instrument "*Xun*"(埙)，the vertical bamboo flute "*Xiao*"(箫)etc. which I cannot describe in detail here.

**4. In your opinion，why are such instruments special and also important?**

**问：在您看来，这些古乐器的特殊之处和重要性是什么？**

答：一种乐管的形制决定着一种乐管的吹法，一种乐管的吹法往往蕴涵着一种重要的文化，就器乐演奏上而言，一种吹法失传了，它所蕴涵的文化也就随着消解了。中国"斜吹"乐管的"龠"其实就是一种古老的原生文化，它关系到音乐中所用到的"音阶"的起源。根据中国古典文献的载说和字源学上的论证，"龠"被认为是"律吕之本"，而"龠"字的本义就是"吹火筒"，所以，我有一个重要的学术观点：音阶的起源是与人类用火的文明联系在一起的！人类是通过"吹火筒"才发现了音阶的高低有序，而"斜吹"正是"吹火筒"吹法的遗存。但遗憾的是，现今的人们只知有"横吹"（如西洋长笛、中国竹笛）、"竖吹"（如西洋黑管、中国洞箫）和"直吹"（如西洋巴松、中国唢呐）等，却几乎不知有"斜吹"乐管的存在，这是很悲哀的！不管人类的音乐文明进步到何种程度，"本"是不能忘的。"斜吹"就是音律之"本"！斯国柳本先生演奏旧石器时代的迪维·巴贝"熊骨笛"用的就是"斜吹"之法，我将中国"斜吹"的古老"龠"类乐器展示于舞台，也就是要唤醒人们听觉上那种沉睡久远的古老音响记忆。我想，这大概也就是古老的"斜吹"管乐器存在的特殊之处和重要性吧。

Usually the outside form of a musical instrument decides the method used in playing it. The technique adopted in playing a pipe may imply in it a certain significant culture. As far as the methods are concerned，if one technique in playing a musical instrument is in oblivion，the culture will be lost together with it. The "*Yue*" which is played obliquely is a symbol of an ancient aboriginal Chinese culture，which has something to do with the origin of the scale. As is indicated in ancient Chinese documents and evidence from etymological studies，the musical instrument "*Yue*" is the basic tool to decide the tonality of music and in Chinese language，the word "*Yue*" actually means the "blow-tube" for the fire in stove. It is one of the important conclusions of my academic researches that the origin of the scale is related to the human civilization of fire ulitization. It is through the use of fire that man found the order of the music notes and the oblique blowing is the remnant of the blowing of the "blow-tube". To my regret, people have just seen the horizontal blowing (as in the western flute and Chinese bamboo flute), vertical blowing (as in the clarinet and Chinese vertical bamboo flute "*Xiao*") and straight blowing (as in the bassoon and Chinese horn "*Suona*"), practically without any knowledge of the existence of oblique blowing. No matter how advanced the human civilization is, the origin is something that cannot be ignored and the oblique blowing method is the origin of tonality. Mr. Ljuben Dimkaroski, when he is playing the Divje Babe "bear-bone flute" of the Paleolithic times, uses the oblique blowing method. The reason why I exhibit on the stage the oblique blowing of the ancient "*Yue*" is to awaken the memory of the ancient melody that people have long forgotten, which, to my mind, may be the special function and importance of the existence of the ancient oblique blowing musical instrument, "*Yue*".

### 5. Where do you see the importance of the upcoming concerts?

问:您认为这次音乐会将给斯洛文尼亚以及中斯两国带来什么影响?

答:此次应邀来斯洛文尼亚演奏和演讲,是我生平的第一次。说实话,过去对斯国了解的还很少,但我知道,斯国有着非常优秀的音乐传统,世界上最古老的交响乐团就在卢布尔雅那,"莱巴赫"乐团是那样的举世闻名。而对我来说,出土于旧石器时代迪维·巴贝洞穴的5万年前的"熊骨笛"则更是令人神往! 我想,此次音乐会和演讲,通过中国贾湖新石器遗址出土的骨质"斜吹"乐管——贾湖"骨龠"的介绍和演示,或可对斯国十年前就热议的关于迪维·巴贝"熊骨笛"的乐器性质问题的学术论辩有所补益;此次音乐会正值中斯两国的建交纪念日,藉此,可以促进中斯两国学者在音乐文化上的交流和探讨,加深相互的了解、增进友谊。相信此次音乐会是一个良好的契机和开端。

This is the first time I am invited to Slovenia to give concerts and lectures. Frankly speaking, I have so far known little about your country but I do know that Slovenia is a country that has an excellent music tradition. The oldest symphony orchestra in the world is in Ljubljana and *Laibach* is world famous. What fascinates me most is the unearthed Divje Babe "bear-bone flute" of the Paleolithic times, which has a history of 60,000 years. I think, through my performances and lectures, and through my introduction and playing of the "*Yue*", the oblique blowing bone pipe musical instrument of Neolithic times unearthed in Jiahu, China, I can make some contributions to the academic discussion of the nature of the Divje Babe "bear-bone flute" which gave rise to a heated discussion ten years ago in Slovenia. My concerts in Slovenia coincide with the 10<sup>th</sup> anniversary of the establishment of the diplomatic relation between China and Slovenia and I hope that the event will promote the communication and discussion between scholars of the two countries in musical culture，thus boosting the mutual understanding and friendship. I believe the concerts will serve as a good chance and nice beginning.

**6. What do you expect from the concert? It's going to be a blend of two completely different musical cultures?**

问：您对这次音乐会有什么期盼？它将会是两种完全不同音乐文化的和谐交融吗？

答：有道是：一方水土养一方人，一方人创造了一方独有的文化。中国和斯洛文尼亚两国相距遥远，各自有着不同的文化背景和渊源，但"音乐"本身就是一种世界性的语言，虽然可能有风格、特色上的不同，却并不影响心灵上的沟通和呼应。我期盼在此次音乐会上，能用多种古老的中国乐器来与斯国的听众作心灵上的交流，特别是希望能再度和演奏家柳本·狄姆卡洛斯基先生同台用斯国出土的 5 万年前的迪维·巴贝"熊骨笛"来"斜吹"共奏中国民歌《茉莉花》或斯国的民间小调；相信，那将是真正不同音乐文化的和谐交融，或许会对探究人类史前音乐文明上某种共通的东西富有一定的启迪意义。

As the old saying goes，a specific land shapes the character of its inhabitants and the inhabitants create their unique culture. China and Slovenia are oceans apart，each having her own origins and cultural background. However，music is a world language. The music of each country may involve different local colors and special characteristics，but those differences cannot hinder the communication and response in the mind of the people from different countries. What I expect from the concert is that I can communicate with the audience of the Slovenian people through my presentation of various ancient Chinese musical instruments. I am especially looking forward to the chance to perform on the same stage with the famous performer Mr. Ljuben Dimkaroski and to present Chinese folk music "*Jasmine*" or some Slovenian folk music by obliquely blowing the unearthed Divje Babe "bear-bone flute" made 60,000 years ago. I am convinced that it will really be an occasion for the harmonic cultural blend，which will be significant in the understanding of the commonalities of different prehistoric musical civilizations of the human beings.

（2011 年 3 月 18 日卢布尔雅那大学孔子学院）

（Confucius Institute，University of Ljubljana. March 18<sup>th</sup>，2011）

# 附录五：台湾音乐刊物《省交乐讯》载文

## 古龠重辉(下)

唐朴林：天津音乐学院理论作曲系教授

## 龠 的 评 说

龠，离我们太久远了，文字记载又不详尽，且是长时间的断层，所以使龠这种乐器增加了某种神秘感，在它身上出现了一些不解之谜。尤其在中国本土，对龠的认知似乎是左右摇摆、莫衷一是，亦或是截然不同的看法，这些看法是：

古代文献资料都肯定籥是一种单管多孔的乐器。其中，汉、魏虽然距远古也甚，但籥的遗留物是有可能遗存的。汉、魏学者对籥字的训释和注疏都是"籥如笛"、"籥若笛"，说明是单管多孔的乐器。东汉·许慎、郑玄《说文解字》、《礼记注》中说"籥三孔"。《说文解字》在说到"籁"时，也是"籁，三孔龠也"。其后西汉·毛亨《毛诗注》，"籥三孔"。三国·魏张揖《广雅》："籥七孔"……。魏晋时期人们普遍认定籥是有空的单管乐器似无疑问，这种论断直到《元史·乐志》中仍是："……竹部籥，制如笛，三孔。"清《皇朝祭器乐舞录》中"籥考"还是："朱红竹管为之，六孔。"

到了公元 20 世纪，在中国出现了一位天才而伟大的文学家、考古学家郭沫若先生。由于他的学识和在文学、考古学方面的造诣，使他的声誉鹊起，威望日盛，郭老在诸多方面显示出的正确性，权威性，使他的言词、论断，似乎是不可改变的"真理"。但，"智者千虑，必有一失"，郭老却在释甲骨文"龠"字时出现了偏差。郭沫若在他的"甲骨文·释和言"中称：龠字"象形，象形者，像编管之形也"。此语一出，即把龠由汉魏时期所说的单管、多孔"如笛"、"若笛"的乐器，而改变为多管编排的像排箫一类的乐器；此语一出，使中国本土的中国音乐史学者的研究、论述和教学大多步其后尘，附会其说，把龠的形制引入了误区，整整影响了一、二代中国音乐学者对龠的认知。

杨荫浏《中国古代音乐史稿》："苇籥—伊耆氏时。有一种用芦苇管编排而成的吹奏乐器，叫做苇籥。""龠，卜辞中作龠、龠，像编管吹奏乐器之形，可能是后来排箫的前身。"

李纯一《我国原始时期音乐试探》："据郭沫若考证（龠、龠）即籥字，乃编管乐器。……便可大致推知，最原始的龠或当有二或三管。"

沈知白《中国音乐史》："籥为编管乐器，后世误认如笛状六或三孔之管"，"……直至一种像排箫（龠）那样的编管乐器创造出来以后，音高和音与音之间的关系才初步明确地规定下来"。

高厚永《民族乐器概论》："还有一种乐器叫苇籥，是用芦苇管编起来吹奏的。"

《中国音乐史料陈列室说明》(中央音乐学院民族音乐研究所编)在龠字条目下称:"是排箫一类的乐器。"

………………等等。

其后,学者们大都沿袭此说,并把其付诸著书立说,或教学中。

比较特殊的情况发生在音乐学家吉联抗先生身上,他在为古代有关音乐资料的注释中,在不同的地方对"龠"的注释却不相同。在《孔子、孟子、荀子、乐论》(人民音乐出版社,1983年版)中第32页注(三):"龠"古代的编管乐器,后来发展为排箫。在《吕氏春秋的音乐史料》(上海文艺出版社,1983年版)一书中第47页注(二):"籥"是古代的一种编管乐器,或者就是排箫的一种,……《说文》曰:"籥"三孔龠也。"龠"郭沫若《甲骨文研究·释和言》说即"籥",甲骨文作 册、册,像编管乐器的形状。但在《乐记》(人民音乐出版社,1982出版)中第12页注(二)其后一段的文字是:"……'龠'有吹龠和舞龠两种,吹龠是一种管乐器,像笛,比笛短小,三孔。舞籥较长于笛,六孔,舞时舞者拿着吹出节奏来。"

饶有趣味的是,在中国本土以外的某些资料在论及龠时,大多采用了汉、魏时期史料的观点。《大陆音乐辞典》称:"朱载堉认为箫由龠而来(笔者注:即肯定龠是一种单管多孔乐器),龠为古代乐器,本作龠,有吹龠与舞龠两种,吹龠似笛而短小,三孔、从管之一端吹之,古代常为舞者采用。"《朝鲜概要》:"龠之制,以黄竹为之,声从窍出。"韩国1991年出版了《我国的古乐器》(朝鲜文),在龠的彩色照片下,其释文是:"龠于高丽睿宗11年(公元1116年)随着大晟雅乐,作为文舞的舞具进入了高丽。到了朝鲜朝代编入在雅乐的'登歌'与'轩歌'。龠只有三个音孔,……"。

谁是谁非? 龠究竟是怎样一种乐器?

# 龠 的 重 辉

1996年第三期《音乐研究》发表了一篇关于龠的专论文章《笛乎 篪乎 龠乎——为贾湖遗址出土的骨质斜吹乐管考名》,作者:刘正国。该文以大量的材料、翔实的考证和对民间仍留存的同类或变体俗称的乐器,进行了艰苦而细致的工作。尤其是对古代"籥"的解释和对《庄子·齐物论》中"地籁则众窍是已,人籁则比竹是已,敢问天籁?"的诠释,令人信服地证明,庄子在此用的是"对偶句",是个对应的概念,是偕统称为籁而又是不同形制的籁来喻自然现象,说明古代之龠,乃单管三孔之器,非排箫类。同时,刘正国以尊重历史、尊重事实的科学态度,推翻了近现代在音乐学界和考古学界在有关"龠"的某些谬误,肯定了龠是我国土生土长、来源于生活,取材于自然的一件由骨质到竹质的斜吹管乐器,使断层千年以上的古龠,又重续"烟火",焕发青春。

刘正国不仅挖掘、考证除了古龠的形制、演奏法,予以清本正源。同时他又以执着的态度和锲而不舍的精神,开发、发展我国这种特有的古乐器。他翻阅资料,访问民间艺人,历经四年多的艰苦磨练和反复试验,终于创制出新型的"九孔龠"。它形制古朴、音色纯正,保留了以管的自然管端为吹口,斜吹振动管腔而发音,具埙、箫、(无膜)笛的特点,又不同于它们而有自己的个性;它低音区浑厚、中音区甘美、高音区细腻而柔和,无论音色或力度都有较大的张力,表现幅度比较宽广;而它的音域可达三个八度的音程,这在我国民族管乐器中是绝无仅有的;同时由于刘正国是一位优秀的笛子演奏家,他把传统的笛箫指法与新的创造结合起来,在不失传统技法、韵味的前提下,充分利用人的十个手指,按照手的自然形位,开创九孔(加筒音为十孔)的龠,这样既可轻松自如地演奏传统乐曲,不失去风韵,又可毫不费力演奏十二个半音和任意转调,为古老的龠迈向新的音乐境界打下了坚实的基础。它是一件理想的独奏乐器,也是民族(国乐)乐队中吹管族的新的声源。

古龠的再现,除了它本身就是一件了不起的事情——把我国固有的最古老的竹管乐器展现在现代人的面前外,它的出现还有可能在音乐史学,尤其在乐器史学上(特别是竹管类乐器)产生深刻的连锁反应,对此前的竹管乐器的"源流"之说产生某些影响。它以(至少)八千岁的高龄向世人宣称:龠——竹管类乐器——篪、箫、笛等乐器是在中华大地上诞生、发展起来的固有乐器,并对世界上同类乐器发生过或多或少的影响。龠以新的姿态跻身民族乐器之林和世界乐器宝库,以它那古朴的形制、独特的演奏法、丰富的音色、多变的力度和宽广的音域,成为我国民族乐器中的佼佼者,为中华的民族音乐增添新的、绚丽的色彩。

# 附录六：《音乐周报》载文

## 钩沉一段失落的文化
# 千年古龠走进中央院

张　蕾

在四大古代文明当中，中华文明是唯一没有断流的文明，然而，在漫长的岁月长河当中，有些关乎我们文明源头的、不该失落的文化却失落了，"龠"便是这样一个不该失落而又失落了的文化。

6月16日下午，在中央音乐学院一间简陋的教室里面，一场关于中国"龠"类乐器的讲座正在进行，主讲人是来自上海师范大学的刘正国教授。教室里没有空调，但北京六月的高温没有打消同学们的积极性，来听讲座的师生挤满了教室，德高望重的张前老先生也亲自赶来，吸引他们前来的正是这神秘的"龠"。

"龠"（yuè）是中国远古时期的神秘吹管乐器，它关乎于中国管乐的源头及音律缘起，也是华夏礼乐文明的重要标帜。在先秦的史料中，《诗经》、《逸周书》、《穆天子传》以及庄子、孟子、荀子等诸家论著中，里面都有关于龠的记载。周代的龠更是一件重要的礼乐之器，《周礼》中记载，宫中有乐师专门"掌教国子舞羽吹龠"，可见龠在先秦是一件非常辉煌的乐器。然而在秦汉以后，雅乐沦丧，龠亦渐失其制。及至明清时期，它早已形匿声绝，无从稽考，史籍中有关"龠如笛"的记载也成了一道千古难解之谜。

对于"龠"的考论，郭沫若曾经在其早年所著的《甲骨文字研究》中，以"象形"训甲骨文之"龠"，提出了"龠为编管乐器"之说，从此被音乐学术界所全面接受。在当代，几乎所有的音乐史学家的论述中，龠被众口一词地说成是"编管乐器"排箫的雏形。对于这一权威论断，刘正国并没有轻易地迷信，他从上个世纪90年代初开始致力于中国古龠的理论考证和乐器的研究开发，多年来，他寻访民间，搜集图式，辨证史料，经过近十年的艰辛考证，终于破解了"龠如笛"的千古之谜。龠的结构上没有吹孔，吹法上为管端"斜吹"，这种原始形制的无吹孔斜吹之龠，实际上就是后世横吹之笛、竖吹之箫的先祖乐器，他撰写的《笛乎　箎乎　龠乎——为贾湖遗址出土的骨质斜吹乐管考名》提出：河南舞阳贾湖出土的"骨笛"其实就是正宗的"骨龠"，这一突破性的论断，在学术界引起反响，并得到当时音乐学界泰斗吕骥和赵沨两位前辈的青睐和支持。

这次讲座，刘正国结合出土文物、民间遗存和史料文征等多重论证，为现场听众详实地介绍了"龠"文化。他提到："龠"文化具备三个层面，即物质、精神和制度三个层面，从物质层面来说，"龠"可用于实际演奏，是一个实实在在的物质存在；从精神层面来说，"龠"是华夏礼乐文明的重要标帜；从制度层面来说，"龠"是度、量、衡三者法制制度的根本所在。在讲座过程中，刘正国现场演奏了多种斜吹管乐器，有中原的"竹筹"、塔吉克族"那依"（三孔龠）、哈萨克族的"斯布斯额"（古苇籥——汉胡笳）、贾湖"骨龠"以及他自己发明的"九孔龠"等，他还演示了远古"吹律"，即用空纸筒和竹筒吹奏以及单管上的多声部吹奏绝技，令现场的听众大开眼界。

精彩的讲座引起了现场听众的极大兴趣，一位哈尔滨师范大学的老师说："我在学校是教中国音乐史的，一直以来我上课时讲的都是'贾湖骨笛'，以后我会纠正过来，向学生介绍'龠'。"中央音乐学院音乐研究所的宋瑾在讲座结束后总结时说："传承发展要落到实处，不能只停留在口头上，应当重视实践，研究学问也不能仅考证文献，同样也要从实践中发掘古人未知的东西。"宋瑾表示，今天是刘先生第一次来中央院讲学，以后还会邀请他来开音乐会，甚至在中央音乐学院开设"龠"类乐器的专业课，让古"龠"这一失落久远的文化，获得新生。

# 附录七:《上海师大报》人物专版载文

## 立下坚忍不拔志,成在一鸣惊人时

### ——记著名笛龠演奏家、音乐学院刘正国教授

赵 戚 黄玉佩 颜 彦

**刘正国**:著名笛龠演奏家、音乐史学家,国家专利乐器"九孔龠"、"七孔笛"的发明人。早年毕业于安徽师范大学艺术系,后结业于中国艺术研究院研究生部。曾任中国音乐研究所《中国音乐文物大系》(国家"七五"重点项目)北京总编辑部副主任、安徽省艺术研究所研究部主任。2003年通过人才引进调入上海任教,现为我校音乐学院教授,国家一级演奏员。

坐落在上海音乐学院的"贺绿汀音乐厅"出现了难得一见的爆满现象,在这里举行的由上海师大音乐学院主办的刘正国教授"霜竹神韵——刘正国笛子作品暨刘氏'七孔笛'首奏音乐会"正吸引了来自全国各地的音乐界专家和朋友。该场音乐会是刘正国教授在笛坛沉寂20多年后的首次登台亮相,也是他发明的国家专利乐器"七孔笛"的首次公开演奏。七孔新声,顿使笛坛群英为之一振,亦使古老的中国竹笛艺术焕发出新的生机,难能可贵。现已94岁高龄的前国家文化部长、中国文联主席周巍峙先生特地为刘正国教授的音乐会题词:"霜竹神韵";年届89岁高龄的笛子一代宗师陆春龄先生也欣然题词:"双声绝技,七孔神奇";而84岁高龄的黄梅戏音乐大师时白林先生则为音乐会题贺曰:"立下坚忍不拔志,成在一鸣惊人时"。现在,就让我们一同走近刘正国教授,一睹这位坚忍不拔、一鸣惊人的"多栖"音乐家的风采。

## 笛龠理论考证贡献卓越,科研立项著述成就斐然

刘正国教授是当今音乐学界极其少见的一位集科研、演奏、创作于一身,"理论与实践并重、学术与演艺双栖"的笛龠艺术家。他年少习笛,无师自通,练就一身童子功;及长,宗法陆春龄氏南派,学有成就;1977年考入安徽师范大学艺术系,师从陆氏南派在皖传人洪安宁先生;后又广交笛友、遍访名师,遂登堂入室,自成一格。刘正国教授早年创作并演奏的主要代表作品有:《巢湖泛舟》《花三七》《岭南春谣》《布谷忙》和《双声小放牛》《独酌》等。他曾首创中国竹笛"咔奏双声"的新技法,至今仍为海内独步。虽然在演奏上极具天赋,但刘正国教授大学毕业后却并未能如愿以偿地从事职业演奏,而是不知

不觉地走上了一条坎坷、寂寞的学术之路。

上世纪 80 年代末，刘正国教授开始沉寂笛坛，转而埋头于中国古乐史的理论研究及古龠乐器的考证开发。一些偶然机缘的诱发，让刘教授认识了"龠"——这个传统而又神秘的古管乐器。古龠作为中华民族乐器的开端之一，已有 9 000 多年的历史，却由于年代久远、史料缺乏而失传。早年习笛的刘教授对此产生了浓厚的兴趣。他潜心研究十数载，终于破解了史载"龠如笛"的千古之谜，将失传已久的"斜吹"古龠文化重新带回世人眼中。为了此项研究，刘教授自修训诂学、考古学；去旧书市场淘古本，再回家修复；自费报读中国艺术研究院研究生部……多年的付出终于结果：他的处女作论文《笛乎 筹乎 龠乎——为贾湖遗址出土的骨质斜吹乐管考名》以科学严谨的学术态度和多重有力的证据，论定了出土于河南贾湖新石器遗址的中国最古老的骨管乐器应名之为"骨龠"，而非学界所普遍认为的"骨笛"。这一石破天惊的观点直接动摇了当代学术界依据郭沫若先生考证所作的"龠为编管乐器"的定论，贯通了华夏 9 000 年的音乐文明，在中国音乐学界引起了相当的反响。由于这篇论文颠覆了大师的观点而在音乐学术界引起了争论，但严谨的逻辑、翔实的史料又让原本怀疑的所有学人深深信服。当时还健在的音乐界泰斗吕骥先生对此给予了特别关注和支持；音乐界的权威学术期刊《音乐研究》多次刊登了刘正国教授的理论成果并重点推荐；《中国日报》通版介绍他的古龠研究成果。后来刘正国教授的这一学术成果还获得了安徽省第四届社会科学"优秀成果奖"。

2001 年间，作为"骨龠"研究的权威专家，刘正国教授应中国科大的邀请吹奏在贾湖新石器遗址刚刚挖掘出土的 8 000 多年前的古遗物"骨龠"，并撰写了海内外学者所期待的重要学术论文《贾湖遗址二批出土的骨龠测音采样吹奏报告》，该文于 2008 年 9 月荣获"上海市第九届哲学社会科学优秀成果奖论文一等奖"，这也是音乐学教师的论文首次获得政府大奖这一殊荣。

近些年来，作为"项目主持人"，刘正国教授先后承担了国家教育部人文社科项目"中国上古乐史综论"、文化部科技项目"中国古龠乐器的研究与开发"、上海市教委重点项目"中国龠类乐器概论"等多项科研任务；参加并完成的国家级重点科研编著有：《中国音乐文物大系》（国家重点出版工程）、《中国戏曲音乐集成》（国家重点艺术科研项目）、《安徽文化史》（国家教育部科研项目）等近 10 部，荣获过多项省部级的奖励。

## 创制"九孔龠"，开当代古龠演奏艺术之先河

在理论考证的基础上，刘正国教授还致力于濒临失传的古龠演奏艺术的研究与开发，成功创制出新型的"九孔龠"（国家专利号：ZL 95 2 27204.0）。刘氏"九孔龠"既保留了古老的"斜吹"之法、又有科学的按手形自然持势排列的"九孔"设置，可以快速流利地演奏十二个半音，同时又与传统的管乐指法毫不相悖，其音域达到了三个八度，其音色质朴、雄浑，具有兼笛、箫、埙于一体的特点。这不仅是一件有着 8 000 年遗风余韵的特色独奏乐器，还是一种可以填补当代民族管弦乐队中声部的理想的新

声源。

近年来，刘正国教授先后应邀到中央音乐学院、中国音乐学院、上海音乐学院和香港、澳门，以及日本等地的高等学府举办古龠专题学术讲座和演奏活动，备受赞誉。2001年间，刘正国教授应香港中乐团之邀，担纲了在香港大会堂举行的大型民族音乐会"回响八千年"的客席独奏，登台吹奏多首古龠协奏曲，在当地引起轰动，并被海内外众多媒体评价为"破解了'龠如笛'的千古之谜"、"开当代古龠演奏艺术之先河"（香港《大公报》等）、"使断响千年以上的古龠又重续香火、再现辉煌"（台湾《省交乐讯》）。

由于刘正国教授对笛龠研究、开发的杰出贡献，中央电视台特邀他参加了《寻找失落的文化——龠》的专题拍摄，录制了他编创并演奏的《妆台秋思》等五首古龠独奏曲，向全国演播。香港 TVB 电视台也为其录制专题节目《在淹没的边缘》，包括《中国日报》、《人民音乐》在内的各大媒体均对其古龠艺术成就给予专题介绍和报道。

刘正国老师自 2003 年"人才引进"来到上海，任教于我校的音乐学院后，成就卓著、硕果累累。目前，他主要负责"中国音乐史论"和"笛龠演奏与教学"两个方向的研究生培养工作，着力推广"九孔龠"与"七孔笛"。值得一提的是，刘教授还有一手绝活：一张普普通通的白纸，在他手中卷成一个筒后，就是一管会流淌美妙音符的"乐器"。在今年"上海市科技节"的开幕式上，刘正国教授应邀现场演奏绝活"空管吹律"，当《阿细跳月》《苗岭的早晨》等动人的旋律从纸卷中缓缓流出时，现场所有的人都被惊得瞠目结舌，此等"斜吹"绝技更是让在场的副市长沈晓明和市政协副主席、上海世博局副局长周汉民等领导赞叹不已。周汉民当即表示："刘教授的这种演奏绝技应该要推到 2010 年世博会上展示！"在今年上半年市总工会正式命名的首批 8 项"上海市职工岗位绝技绝招"中，刘正国教授的"空管吹律"被名列榜首。

## 发明"七孔笛"，实现中国竹笛千百年来重大变革

继发明"九孔龠"专利乐器之后，刘正国教授一鼓作气，又成功地创制出了新颖的"七孔笛"，2009 年 9 月，"七孔笛"正式获得国家知识产权局的"发明专利"授权（ZL 2007 1 0036280.1）。

刘氏"七孔笛"是在完全继承和保留传统六孔竹笛的结构形制和演奏指法的基础上，通过下把附加一个侧孔以取代原有四个基音孔的办法，使传统竹笛的音域扩展了近一个八度，而在乐器的制作上却比传统的"六孔笛"还要简单（少开三个孔）。"七孔笛"前所未有地拓展了竹笛的表现力，实现了中国传统竹笛在音域上千百年来的重要突破。

在 11 月举行的"霜竹神韵——刘正国笛子作品暨刘氏'七孔笛'首奏音乐会"上，刘正国教授共演奏了 11 首曲目，他通过其中新创及改编的牧童三曲（《牧归》等）和《良宵》、《婺江欢歌》、《新编欢乐歌》、《江南吟》和《小桥·流水·人家》这八首乐曲的演奏，全方位展示了刘氏"七孔笛"的神奇魅力。其中《布谷忙》、《牧归》、《巢湖泛舟》和《花三

中国
古龠考论

七》都是刘正国教授个人的原创作品。刘正国教授在接受采访时提到："《巢湖泛舟》这支曲子是我在大学二年级的时候创作的，1980年曾由安徽省人民广播电台录音于华东六省一市展播。"而其他部分曲目也是由他自己完成编曲、改编及配器工作。此次音乐会为中国笛坛带来一股清新风气，引起了极大的反响。著名音乐学家、原南艺音乐学院院长伍国栋先生热情评价它是"艺术与学术的有机、和谐的结合"，并将刘正国教授在学术和艺术两方面的成就称之为难得的"刘正国现象"。

采访时，笔者有幸阅读到一位比刘正国教授年长的同行前辈邓玉玺先生寄来的祝贺信，信中这样写道："音乐会让我们感动，笛界震动，史无前例。从你的演奏技艺到选曲等都非常成功！特别是《巢湖泛舟》、《花之七》，把安徽的美好风情和地方戏曲文化表现得淋漓尽致。"中国笛箫名家周林生老先生更是在网上撰写了《一孔越千年》的文章，文中高度赞扬说："刘氏'七孔笛'的发明，将中国笛的发展向前超越了一千五百年，真是一孔越千年啊！……刘氏'七孔笛'将会在今后漫长的时空里受到越来越多的人的喜欢，发出越来越嘹亮的充满艺术魅力的声响，这是毫无疑问的！"

虽然蜚声海内外，但刘正国教授至今却仍是一个不折不扣的"布衣教授"。荣誉面前他十分淡然："我还有很多研究要做，很多论文要写，我的愿望是让更多的人知晓我们中华民族9 000多年的音乐文明史，让它重新发扬光大。"一转身，他又投入了繁重的科研和教学工作：为"斜吹"龠类乐器申请联合国人类口头与非物质文化遗产而努力；撰写论文冲刺《Nature》杂志；筹办个人作品的独奏会；组建刘正国笛龠工作室等，在清贫寂寞的学术之路上，温润儒雅的刘正国教授走得很执着、很坚定。

**采访手记**：采访刘正国教授的时候，已是傍晚时分。上了一整天课的刘老师如约而至，一点都能没有名人的架子。来到刘老师的工作室，首先映入眼帘的是门上古色古香的书斋名。入室,形形色色的竹笛乐器摆放有序,古朴简洁,颇有一番韵味。这位"布衣教授"耐心地介绍着有关古龠和七孔笛的知识。为让我们更好地理解乐理方面的知识,他特地让我们阅读了《伶伦作律"听凤凰之鸣"解谜》一文,并让我们把玩了一下精致的"九孔龠"与"七孔笛",尤其是"九孔龠",它的孔看似分布得不像别的笛子那么整齐有序,但倘若把手指自然地往上一摆,就正正好好依势摁在了孔上,正是妙不可言!

中国
古龠考论

# 附录八："安徽人民广播电台"音乐专题节目

## 回响八千年

——记刘正国和他创制的"九孔龠"

安徽人民广播电台,现在播送音乐专题《回响八千年——记刘正国和他创制的九孔龠》。

（出刘正国用九孔龠演奏的乐曲《苏武牧羊》,混入。）

听众朋友,您现在听到的这首古朴的《苏武牧羊》乐曲,既不是用笛来演奏的,也不是用箫来演奏的,它的演奏乐器是一种被公认已失传了的我国上古时代的神秘吹管乐器——龠（籥）。古龠这种乐器,没有吹孔,所以它既不像笛子那样横着吹,也不像洞箫那样竖着吹,而是以管的一端作吹口"斜吹"的。这种"斜吹"的古龠,实际上就是中国吹管乐器的鼻祖。据先秦文献记载:早在5千年前的黄帝时期就有了伊耆氏的"苇籥",大禹时期的"夏籥九成"是边吹边舞的,到了周代的"羽籥"之舞,龠被推崇为华夏礼乐文明的一种标帜,发展到辉煌的顶点。而汉代之后,古龠逐渐失传,文献中只有"龠如笛"的记载,它的真实形制和吹法却不得而知,一直是个难解之谜。安徽省艺术研究所的刘正国先生经过多年研究论证,终于解开了这个千古之谜,并创制出了"九孔龠",使断响2 000多年的天籁之声重新回到我们今时今日的生活当中。

（乐续完）

那么,一直从事竹笛演奏、研究和创作的安徽省艺术研究所的刘正国是怎么和古龠结下不解之缘的呢？这还得从15年前的一次考古发现说起。那是1987年,我国考古工作者在河南舞阳贾湖新石器遗址发掘出大量文物,其中有一批骨制吹管乐器,其形制规范,七声齐全,经测定为8 000多年前的遗物,比留存在古埃及王室旧址希拉孔波利斯的竹制竖笛要早3 000年。这一考古新发现,极大地震动了中外音乐学者。当时,人们都将这种骨管乐器称作"骨笛"。于是,贾湖"骨笛"随之名闻遐迩。1992年10月在北京召开的"中国音乐家协会民族管乐器研究会"成立十周年庆典上,时已80高龄的我国著名音乐家吕骥先生对贾湖"骨笛"的发现表示出自豪与激动,同时,也对"骨笛"一名提出了质疑,他殷切希望中国吹管乐演奏家们对贾湖遗址出土的骨管乐器进行深入的研究。

参加了这次庆典的刘正国深受感染和启发,自此对贾湖"骨笛"情有独钟,锲而不舍地进行研究。他遍查文献、辩证史料、考察文物,并深入民间调查遗存,历经多年艰辛,终于以题为《笛乎 筹乎 龠乎——为贾湖遗址出土的骨质斜吹乐管考名》的论文向世人宣称:贾湖出土之物就是先秦以及其后史料中所描述的形状像笛的"龠"。由此解开了史载"龠如笛"的千古之谜,并从根本上动摇了当代音乐界、古文字学界将"龠"作为编管乐器的错误定论,给古龠以正名。同时,刘正国还对古龠的渊源问题提出了更为独到的见解:

（出录音:古龠还涉及到中国一个失落文化的钩沉。这种开许多孔的乐器是从早期的律管来的,而早期的律管又是从吹火管而来的,所以现在我有个观点:人类最早意识到音有高低是从吹火管感受而来的,而吹火管又与用火的文明联系在一起,那么,这种文化就特别的久远。保留这种吹法,就保留了一种原生的文化,涉及到音乐的起源。）

是的,古龠的确与吹火管有关。老子在《道德经》中说:"天地间,其犹橐籥乎。"这个"橐籥"的"籥"就是吹火通风的管子。可以想象,在那荒古的年代,我们的先民集聚在旷野的火堆旁,看着变幻不定的火焰,心中充满了不可名状的美妙幻景,光明的新生命在他们疲惫的身体中飞翔起来,他们拿起吹火管吹奏出各种美妙而又质朴的乐音来表达他们的有所思。如此美丽、浪漫而辉煌的画面随着岁月流转远逝而去,留给今人无尽的遐思。那么,在一个孔也没有的中空吹火管上,究竟能演奏出什么样的音响来呢? 下面,就请听刘正国用"斜吹"绝技为我们揭示吹火管的音响奥秘。

（出刘正国用空竹管演奏的乐音音响:《阿细跳月》。）

刘正国并不停留在理论层面上,他更向往的是深入挖掘这种吹管乐器的魅力,努力拓展传统的"斜吹"绝技,并躬身诉诸实践,让远古之声重新回响于今天的舞台。他首先根据河南舞阳贾湖遗址出土的骨龠原样,精心仿制了一批竹制骨龠。

（出《牛歌》,混入。）

现在您听到的是安徽民歌《牛歌》,这是刘正国用竹管仿制的贾湖骨龠演奏的,这旋律是多么贴近自然,多么富有原始韵味,它让我们领略到一番八千年前的遗风余韵。

（乐续完）

在贾湖遗址出土骨龠的启发下,结合民间现有的"斜吹"类管乐器遗存情况的考察,刘正国通过反复试验,终于创制出了"九孔篪",使这种古老的乐器焕发了新的生命。这一研究成果很快获得了国家专利,它不仅保留了古老的斜吹技法,还利用科学的开孔扩大了传统古篪的音域、增强了艺术表现力,并且可以流利地演奏十二个半音。下面就请听刘正国用九孔篪演奏的外国名曲《野蜂飞舞》的片断,由香港中乐团伴奏。

(出刘正国与香港中乐团合作排练的《野蜂飞舞》录音。)

下面这首乐曲是刘正国根据长笛名曲《威尼斯狂欢节》改编的,在这里您将充分领略"九孔篪"在表现西洋风格的不同调式调性间自由转换的独特魅力。

(出刘正国用"九孔篪"演奏的《威尼斯狂欢节》。)

音为知者悦,器为识者珍。天津音乐学院教授唐朴林与刘正国合作了一则"高山流水"的佳话。1996年,唐教授与刘正国在北京中国音乐研究所邂逅,他对刘氏创制的"九孔篪"一见钟情,随即主动为这种乐器创作了大型协奏曲《天山雪》、《诗经·甘棠》和《幽思》等乐曲,成为当代中国为古篪作曲的第一人。谈起对古篪的推崇,唐朴林教授说:

(出录音:我所以竭力推崇出土古篪和刘正国根据出土古篪而研制的九孔篪,不仅仅是古篪独特的演奏方法填补我国管乐器某些方面的空白,也不仅仅是它宽广的音域以及能演奏流畅的半音而便于转调,还因为它本身蕴含着中华音乐的文明。古篪的出现我以为可以和湖北随县的楚国编钟媲美。从中国音乐史来看,古篪出现的年代比编钟久远得多,大概早了六千年。)
(出刘正国用"九孔篪"演奏的《幽思》,混入。)

古篪独特的音色深深地打动了唐朴林教授,这是他以福建南音的音调为古篪创作的乐曲《幽思》,那悠扬动人的旋律以及古篪营造出的独特氛围引起人们无限遐想。

(乐续完)

为了展示古篪的表现力,刘正国这么多年含辛茹苦、孜孜探索,从无到有,逐渐积累曲目,现在他能用古篪演奏十几首乐曲了,古篪的再现舞台受到各方面的关注。近年来,刘正国先后应邀到中国音乐学院、天津音乐学院、上海音乐学院和上海民族乐团举办古篪专题学术讲座和演奏活动,备受赞誉。2001年2月,他又应邀赴香港与蜚声中外的"香港中乐团"合作,担纲客席独奏,成功地将八九千年的古篪文化首次展现于香港音乐舞台,引起了广泛的社会反响。6月底,首场"刘正国古篪演奏会"又在安徽合肥举行,古篪神奇的艺术魅力经由刘正国的心与手传达给了他家乡的人民。演出结束后,人们

纷纷走上台去向他表示祝贺,著名音乐家时白林激动地说:

(出录音:古龠重新辉煌来之不易啊,这是我们安徽的骄傲！我送刘正国一句话,叫:"立下坚忍不拔志,成在一鸣惊人时!")

成功地举办了首场古龠演奏会之后,刘正国并没有因此而放松,在弘扬古龠的演奏艺术上,他还有一个更大的心愿:

(出录音:我最大的心愿是把这个乐器作为常规的职业乐器在民族乐团里占一席之地,填补现在民乐团里管乐的中声部。现在我要做的就是多介绍,让大家多了解这个乐器,把演奏艺术进一步完善,进一步开拓,进一步规范,这个路还很长很长,我希望有更多的专家、同仁能够和我一起来关注古龠文化,弘扬古龠演奏艺术。)

就在刘正国古龠演奏会举行后不久,一个意外的好消息令他振奋不已。那就是在贾湖新石器遗址最近一次考古发掘中,又出土了近 10 支骨龠,其中有几支骨龠的形制和开孔是 15 年前的发掘中所不曾见到的,极其精美。鉴于刘正国对贾湖骨龠有着独到的见解和研究,这次考古的主要发掘者、中国科技大学科技考古系的专家们热情地邀请刘正国对这批出土骨龠的实物进行测音的采样吹奏。7 月 21 日晚上,有关专家集聚在中国科技大学对这些骨龠进行了正式测音,刘正国凭藉着多年练就的斜吹功底,现场将骨龠的吹口一端斜斜地往唇边一贴,那质朴而又坚实的悠扬乐声就从八千多年前的古老乐管中流淌出来。

(出刘正国现场吹奏贾湖骨龠实物音响录音:《沂蒙山小调》。)

一支在地下掩埋了八千多年的骨龠,竟能吹出如此通畅、明亮的乐音,令世人叹为观止。这真是大道难泯,真器不灭！

(出刘正国用九孔龠演奏的乐曲《诗经·甘棠》,混入。)

从贾湖遗址出土的"骨龠"到刘正国创制的"九孔龠",一条八千年的音乐长河豁然贯通,川流不息。这一曲《诗经·甘棠》不仅仅是对古代贤人的追念,更是对远古文化的遐想。它牵动着我们的无限情思,去追寻远古先民的遗踪,探索出更多的华夏古文明的奥秘。

(乐续)

刚才播送的是音乐专题《回响八千年——记刘正国和他创制的九孔龠》,这次节目播送完了。

（编辑:周妍、马云涛;撰稿:朱彪军;播音:方玲;制作:吴俊生;艺术顾问:刘正国;监制:苏拉。2002年6月安徽人民广播电台录播)

# 参考文献总目

## 一、斋藏典籍(面壁斋藏本)[①]

明版《律吕新书》(木刻本),[宋]蔡元定著,嘉靖三十一年叶氏“广勤堂”刻本。

明版《性理大全书》(木刻本),万历二十五年新安吴勉学重校刊本。

明版《尔雅注疏》(木刻本),皇佑崇祯改元古虞毛氏镌,“书业德”刊印。

明版《开元天宝遗事》(木刻本),[唐]王仁裕撰,明刻丛书零种本。

明版《礼记·乐记》(木刻本),陈澔集说,明末刻本。

明版《酉阳杂俎》(木刻本),[唐]段成式撰,明“汲古阁”校本。

明版《歌学谱　三百篇声谱》(木刻本),[明]林希恩、张蔚然撰,《说郛》零种本。

明清版《玉海·艺文》(木刻本),[南宋]王应麟撰著,嘉靖、万历、康熙递修本。

清版《玉海·音乐》(木刻本),[南宋]王应麟撰著,清刊刻本。

清版《文献通考纪要》(木刻本),[清]尹会一奉敕撰编,乾隆四年武英殿刻本。

清版《春秋左传》(木刻本),[晋]杜预、[宋]林尧叟注释,乾隆版,杨伯峻先生朱批藏本。

清版《杨椒山先生集》(木刻本),[清]杨继盛著,康熙三十七年版。

清版《四书通典备考》(木刻本),[明]太史陈仁锡原订,康熙刊刻本,“树德堂”藏版。

清版《诗经体注图考》(木刻本),[清]召溪范紫登先生原本,康熙五十年刊刻,“三槐堂”藏版。

清版《庄子解》(木刻本),贵池吴世尚注评,清雍正四年版。

清版《论语》(木刻本),清早期仿宋刻本。

清版《状元四书·大学中庸》(木刻本),乾隆五十四年冬镌,金阊“书业堂”梓行。

清版《周官精义》(木刻本),[清]颍川连斗山编次,乾隆乙未金陵李士果刊“致和堂”本。

清版《康熙字典》(木刻本),嘉庆、道光年间刊刻,“经纶堂”旧藏。

清版《说文声定》(木刻本),[清]河间苗夔撰,道光二十一年刊,“忍庵校本”。

清版《路史摘要》(木刻本),[宋]罗泌撰,[清]郑景际辑选、陈宗参详,嘉庆丙寅年孟



① 斋藏典籍,即本书所注“面壁斋藏本”,为本人书斋(面壁斋)所藏之古旧书籍,主要为明版、清版及部分民国版的线装古籍,另涵少数同时期境外的汉籍古旧刻本(“和刻本”、“高丽本”和“安南本”)。

秋镌,"逊志堂"藏版。

清版《史通削繁》(木刻本),[清]河间纪昀撰,道光十三年冬两广节署刊,粤东"翰墨园"藏版。

清版《恭简公志乐》(木刻本),"周舞"卷,[明]韩邦奇撰,乾隆十二年开中"式古堂"刻本。

清版《皇朝祭器乐舞录》(木刻本),湖北巡抚严树森奉命修撰,同治十年楚北崇文书局开雕。

清版《御制律吕正义》(木刻本),湖北官刊,同治十年楚北崇文书局开雕,"中祀合编"卷全本。

清版《竟山乐录》(木刻本),[清]毛奇龄撰,乾隆大酉山房刊刻,"龙威秘书"本。

清版《碧鸡漫志》(木刻本),[南宋]王灼著,乾隆"知不足斋丛书",述古堂主人手校本。

清版《玉芝堂谈荟》(木刻本),[明]徐应狄辑,清早期刻本。

清版《穆天子传》(木刻本),[晋]郭璞注,南城郑濂校,乾隆戊申年木刻丛书零种本。

清版《风俗通义》(木刻本)[汉]应劭撰,练江汪述古山庄校刊。

清版《马季长集》(木刻本),[汉]扶风马融著,[明]太仓张溥阅,"寿考堂"藏版。

清版《吴越春秋》(木刻本),[汉]赵晔撰,[清]新安汪士汉考校,清刻丛书零种本。

清版《古今注》(木刻本),[晋]崔豹著,[明]吴中珩校,清刻丛书零种本。

清版《小学集注》(木刻本),[宋]朱熹撰著,莱郡戊戌新刊。

清版《徽郡聚文堂四书》(木刻本),[宋]朱熹章句,程"聚文堂"藏版。

清版《隋书·音乐志》、《隋书·律历志》(木刻本),同治十年淮南书局刊成,"静盦"旧藏。

清版《古今图书集成·乐律典》(铅印本),[清]陈梦雷编,光绪十年版。

清版《仿宋刻阮本十三经注疏》(石印巾箱本),光绪十三年脉望仙馆原刻,袖海山房石印。

清版《百五十家评注史记》(石印本),上海文瑞楼发行,鸿章书局石印。

清版《尔雅音图》(石印本),[晋]郭璞注,光绪十年仲夏月上海点石斋石印。

清版《方言》(石印本),"小学汇函第一",[汉]杨雄纪、[晋]郭璞注,余姚卢氏"抱经堂"本。

清版《释名》(石印本),"小学汇函第二",[汉]刘熙撰,长洲吴氏"璜川书屋"本。

清版《广雅》(石印本),"小学汇函第三",[魏]张揖撰、[隋]曹宪音,钱塘胡氏"格致丛书"本。

和刻本《孔子家语》(木刻版),日本宽保二年(乾隆七年)江都书肆嵩山房梓。

和刻本《小学图说》(木刻版),日本天保(道光)年间刊本,北京谭志远写刻。

和刻本《十八史略》(木刻版),日本明治四年(同治十年)鹿儿岛县刊行。

和刻本《史记评林》(木刻版),日本明治三十二年(光绪二十五年)东京"嵩山堂"

藏版。

安南本《性理大全节要·律吕新书》(木刻版),越南绍治三年(道光二十三年)新镌。

安南本《诗经》(木刻版),越南绍治(道光)年镌。

高丽本《虞注杜律》(木刻版),朝鲜大正二年(1913 年)"新旧书林"刊行。

民国版《古乐书》(石印本),"四库全书珍本初集",〔清〕应㧑谦著,商务印书馆景印故宫博物院藏"文渊阁"本。

民国版《茶香室丛钞》(石印巾箱本),〔清〕俞曲园著,进步书局校印。

民国版《苏东坡全集》(石印本),国学整理社编,上海世界书局民国二十五年五月出版。

民国版《中国度量衡》(铅印本),林光澂、陈捷编著,商务印书馆民国十九年四月版,"万有文库"本。

民国版《新字典》(铅印本),商务印书馆民国元年出版。

民国版《中国人名大辞典》(铅印本),商务印书馆民国十年六月初版。

民国版《中国古今地名大辞典》(铅印本),商务印书馆民国二十年五月初版。

民国版《辞海》"丁种"(铅印本),上海中华书局民国二十六年首版。

民国版《中国音乐史》(铅印本),〔日〕田边尚雄著,陈清泉译,商务印书馆民国二十六年五月出版,"天瑞"旧藏。

民国版《四库全书学典》(铅印本),杨家骆著,世界学院中国学典馆编,世界书局民国三十五年九月初版。

## 二、辞书史志

《汉语大词典》(缩印本)罗竹风主编,世纪出版集团汉语大词典出版社 1997 年 4 月出版。

《汉语大字典》(缩印本)徐中舒主编,四川、湖北辞书出版社 1993 年 11 月出版。

《辞海》(缩印本)"89 版"、"99 版"、"09 版",上海辞书出版社出版。

《辞源》(修订本),1—4 合订本,商务印书馆 1988 年 7 月出版。

《甲骨文字典》,徐中舒主编,四川辞书出版社 1986 年出版。

《简明甲骨文字典》,崔恒昇编,安徽教育出版社 1992 年 3 月出版。

《甲骨文字丛考》,李实著,甘肃人民出版社 1997 年 10 月出版。

《金文编》,容庚编著,张振林、马国权纂补,中华书局 1985 年 7 月出版。

《说文解字注》,〔汉〕许慎著、〔清〕段玉裁注,上海古籍出版社 1981 年 10 月版。

《说文解字通训定声》,〔清〕朱骏声撰,武汉古籍书店 1983 年 1 月影印出版。

《说文解字系传》,〔南唐〕徐锴撰,中华书局 1980 年 11 月影印出版。

《说文解字义证》,〔清〕桂馥撰,齐鲁书社 1987 年 12 月影印出版。

《说文释例》,〔清〕王筠撰,中华书局 1987 年 12 月影印出版。

《广雅疏证》,〔清〕王念孙著,钟宇汎点校,中华书局 1983 年 5 月出版。

中国古籥考论

《古文字类编》,高明编,中华书局 1980 年 11 月出版。

《御制五体清文鉴》,清代官刊,民族出版社 1957 年影印刊行。

《中国音乐史图鉴》,刘东升、袁荃猷编撰,人民音乐出版社 1988 年 11 月出版。

《中国乐器图鉴》,中国艺术研究院音乐研究所编,山东教育出版社 1992 年 7 月出版。

《古今中外乐器图典》,刘瑞祯编绘,人民美术出版社 1995 年 12 月出版。

《中国音乐辞典》,中国艺术研究院音乐研究所编,人民音乐出版社 1985 年版。

《中国音乐文献书目汇编》,薛宗明编,台湾高雄市政府教育局实验国 1996 年 3 月出版。

《点校本二十四史》(精装版),司马迁等著,顾颉刚等点校,中华书局 2011 年 7 月第 1 版。

《二十五史》(影印本),上海古籍出版社、上海书店编,1986 年 12 月出版。

《历代乐志律志校释》(第一、二分册),邱琼荪校释,人民音乐出版社 1999 年 9 月出版。

《中国大百科全书·语言文字卷》,中国大百科全书出版社 1988 年 2 月出版。

《中国大百科全书·音乐舞蹈卷》,中国大百科全书出版社 1988 年 2 月出版。

《中国大百科全书·民族卷》,中国大百科全书出版社 1988 年 2 月出版。

《中国民族民间器乐曲集成·新疆卷》(上、下卷),中国 ISBN 中心 1996 年 12 月出版。

《中国民族民间器乐曲集成·河南卷》(上、下卷),中国 ISBN 中心 1997 年 12 月出版。

《中国戏曲志·安徽卷》,中国 ISBN 中心 1990 年 12 月出版。

《中国音乐文物大系·河南卷》,大象出版社 1996 年 12 月出版。

《中国音乐文物大系·新疆卷》,大象出版社 1996 年 12 月出版。

《中国音乐文物大系·北京卷》,大象出版社 1996 年 11 月出版。

《安徽文化史》(上、中、下卷),南京大学出版社 2000 年 11 月出版。

《安徽社会科学年鉴》(1996—1998),安徽省哲学社会科学联合会编,1998 年版。

### 三、著作文论

[汉]史游《急就篇》,曾仲珊校点,岳麓书社 1989 年版。

[宋]郭茂倩《乐府诗集》,中华书局 1979 年版。

[明]朱载堉《律学新说》,人民音乐出版社 1986 年出版。

[明]朱载堉《律吕精义》,冯文慈点注,人民音乐出版社 1998 年 7 月出版。

[明]王圻《三才图会》,"器用四卷"。

[明]成倪《乐学轨范》,明万历三十八年刻本,韩国 1986 年影印出版。

[明]马端临《文献通考》(上、下卷),中华书局 1986 年 9 月出版。

［明］余庭璧《事物异名校注》，杨绳信校注，山西古籍出版社 1993 年 8 月出版。

［明］火源洁(蒙古族)《华夷译语》，洪武十五年编著：《续增华夷译语》，四夷馆永乐五年编著。

［清］《钦定皇舆西域图志》，官修地方志之一，乾隆二十年编纂。

［德］罗伯特·京特《十九世纪东方音乐文化》，金经言译，中国文联出版公司 1995 年版。

［日］林谦三《东亚乐器考》，人民音乐出版社 1962 年 2 月首版、1996 年 1 月二版。

［日］林谦三《隋唐燕乐调研究》(郭沫若译)，商务印书馆 1955 年上海第一次重印。

［美］郭颖颐《中国现代思想中的唯科学主义》(雷颐译)，江苏人民出版社 1989 年 3 月出版。

［瑞典］Cajsa Lund 编著《MUSICA SVECIAE》书册。

中国艺术研究院音乐研究所编《音乐学文集》，山东友谊出版社 1994 年 3 月出版。

郭沫若《甲骨文字研究·释龢言》，上海大东书局 1931 年首版。

郭沫若著作编辑出版委员会编《郭沫若全集》"考古编"，科学出版社 1982 年出版。

缪天瑞《律学》，上海万叶书店 1950 年 1 月初版。

吴南薰《律学会通》，科学出版社 1964 年 12 月出版。

陈应时《中国乐律学探微》，上海音乐学院出版社 2004 年 2 月出版。

朱谦之《中国古代乐律对于希腊之影响》，音乐出版社 1957 年 8 月出版。

朱谦之《中国音乐文学史》，北京大学出版社 1989 年 3 月出版。

杨荫浏《中国音乐史纲》，上海万叶书店 1952 年 2 月 10 日初版。

杨荫浏《中国古代音乐史稿》(上、下册)，人音乐出版社 1981 年 2 月出版。

沈知白《中国音乐史纲要》，上海文艺出版社 1982 年 12 月出版。

邱琼荪《燕乐探微》，隗芾辑补，上海古籍出版社 1989 年 11 月出版。

牛龙菲《古乐发隐》，甘肃人民出版社 1985 年出版。

赵玉卿《〈乐书要录〉研究》，中央音乐学院出版社 2004 年 7 月出版。

唐朴林编《古龠论》，2002 年 1 月版，津内部资料准印证：图第 01254 号。

唐朴林《民：音乐之本——唐朴林民族音乐文集》，上海音乐学院出版社 2008 年出版。

陈鼓应《庄子今注今译》，中华书局 1983 年 4 月出版。

袁柯校译《山海经》，上海古籍出版社 1985 年 7 月出版。

文征义《山海经　穆天子传·跋》，岳麓书社 1992 年 12 月出版。

祖保泉《文心雕龙解说》，安徽教育出版社 1993 年 5 月出版页。

陈天宏、赵福海、陈复兴主编《昭明文选译注》(阴法鲁审定)，吉林文史出版社 1994 年 11 月出版。

戟傅玫《敦煌史话》，中华书局 1995 年出版。

陈星灿《中国史前考古学史研究》，生活·读书·新知三联书店 1997 年版。

河南省文物考古所《舞阳贾湖》,科学出版社 1999 年出版。

杜金鹏、杨菊华编著《中国史前遗宝》,上海文化出版社 2000 年 7 月出版。

高厚永《民族器乐概论》,江苏人民出版社 1981 年 6 月出版。

袁静芳《民族器乐曲欣赏手册》,中国文联出版公司 1986 年 2 月出版。

俞逊发《中国竹笛名曲荟萃·序》,上海音乐出版社 1995 年 5 月出版。

伍国栋编著《中国少数民族传统乐器独奏曲选》(中),人民音乐出版社 1994 年 5 月出版。

王兆乾《黄梅戏音乐》,安徽人民出版社 1957 年版。

时白林《黄梅戏音乐概论》,人民音乐出版社 1989 年版。

方集富《黄梅戏传统音乐》(第一、二册),安庆市群众艺术馆 1984 年印。

成一等撰《丝绸之路漫记》,新华出版社 1981 年出版。

中华书局《中华成语故事》"第九集",民国年刊。

陆发春编《胡适家书》,安徽人民出版社 1996 年出版。

南山主编《风俗故事》,陕西师范大学出版社 1991 年 1 月出版。

李世相《蒙古族长调民歌概论》,内蒙古人民出版社 2004 年出版。

莫尔胡吉《追寻胡笳的踪迹——蒙古音乐考察纪实文集》,上海音乐学院出版社 2007 年 1 月出版。

[英]Giles：*China and Chinese*,*Chap.*(薛澄清译)

[美]JZ Zhang, Garman Harbottle, CS Wang, ZC Kong：*Oldest playable musical instruments found at Jiahu Neolithic site in China*,NATURE(《自然》)401,366—368(23 September, 1999)。

[日]黑泽隆朝《高山族弓琴与五声音阶发生的启示》、《音阶形成的要素》,载日本《东洋音乐研究》第十、十一期合刊号;第十六、十七期合刊号。

[斯洛文尼亚]Svannibor Pettan/Ljuben Dimkaroski：*Paleolithic Bone Flute from Divje Babe Revisited*,载《"第七届国际音乐考古学学术研讨会"论文集》。

阴法鲁《中国古代的箫》,载《民族音乐研究论文集》(第二集),音乐出版社 1957 年 11 月出版。

阴法鲁《丝绸之路上的音乐文化交流》,载《人民音乐》1980 年第 2 期。

郭乃安《音乐学,请把目光投向人》,载《中国音乐学》1991 年第 2 期。

王子初《汉籥试解》,载《艺苑》1984 年第 1 期。

王子初《汉籥再解》,载《中国音乐学》1988 年第 2 期。

王子初《汉籥余解》,载《中国音乐学》1993 年第 2 期。

高德祥《说龠》,载《中国音乐学》1986 年第 2 期。

高德祥《再说龠》,载《中国音乐学》1989 年第 2 期。

牛龙菲《评所谓"汉龠"》,载《乐器》1995 年第 3 期。

尼树人《中州佛教特有乐器"筹"的溯源》,1988 年香港"佛教音乐国际研讨会"论文。

尼树仁《"筹"的辨证与辨析》，载《中国音乐》1988 年第 3 期。

吕骥《传统音乐研究要坚持实事求是的科学态度》，载《音乐研究》1991 年第 4 期。

张居中《考古新发现——贾湖骨笛》，载《音乐研究》1988 年第 4 期。

黄翔鹏《舞阳贾湖骨笛的测音研究》，载《文物》1989 年第 1 期。

刘正国《笛乎 筹乎 龠乎——为贾湖遗址出土的骨质斜吹乐管考名》，载《音乐研究》1996 年第 3 期。

刘正国《中国龠类乐器述略》，载《人民音乐》2001 年第 10 期。

刘正国《贾湖遗址二批出土的骨龠测音采样吹奏报告》，载《音乐研究》2006 年 3 期。

刘正国《〈弹歌〉本为"孝歌"考》，载《音乐研究》2004 年第 3 期。

刘正国《伶伦作律"听凤凰之鸣"解谜——中国上古乐史疑案剖析》，载《音乐研究》2005 年第 2 期。

刘正国《道是无缘却有缘——忆对黄翔鹏先生的唯一一次拜谒》，载《交响》2006 年第 4 期。

刘正国《田连考——嵇康〈琴赋〉中的上古乐人发隐》，载《中国音乐》2007 年第 2 期。

刘正国《杨荫浏"十二等程律箫"与"十二平均律"之异名》，载《音乐研究》2007 年第 4 期。

刘正国《论当代辞书史著对"龠"的错误定说》，载《交响》2008 年第 4 期。

刘正国《"樂"之本义与祖灵（葫芦）崇拜》，载《交响》2010 年第 4 期。

刘正国《古龠与十二律吕之本源》，天津"第 3 届中国律学学术讨论会"宣讲论文。

刘正国《论人类"音阶"意识的觉醒》，载《第六届东亚乐律学会国际学术研讨会论文集》，2011 年 11 月宁波大学艺术学院编。

韦勇军、刘正国《长沙马王堆汉墓出土的竹管乐器"篪"名考疑》，载《音乐与表演》2010 年第 4 期。

唐朴林《古龠重辉》（上、下），载台湾《省交乐讯》1999 年 5 月刊。

唐朴林《古龠与安徽——写在"刘正国古龠演奏会"之后》，载《安徽新戏》2001 年第 4 期。

唐朴林《"NAY"之谜》，载台湾《乐览》2002 年总第 37 期。

唐朴林《籥—单管？编管？——兼与王秉义先生商榷》，载《乐府新声》2002 年第 2 期。

唐朴林《再说"贾湖骨龠"——答王秉义先生》，载《民：音乐之本》，上海音乐学院出版社 2006 年 12 月出版。

王秉义《"龠"考辨——答唐朴林先生兼与刘正国先生商榷》，载《音乐研究》2004 年第 2 期。

中国科技大学科技史与科技考古系、河南文物考古研究所、舞阳县博物馆《河南舞阳贾湖遗址 2001 年春发掘简报》，载《华夏考古》2002 年第 2 期。

高厚永《最宝贵的音乐财富——沈知白先生的民族音乐观》，载《沈知白音乐论文集》，上海音乐出版社 1994 年 3 月出版。

夏野《沈知白先生指导我编写中国音乐史教材》,载《沈知白音乐论文集》,上海音乐出版社 1984 年 3 月出版。

萧兴华《中国音乐文化文明九千年——试论河南舞阳贾湖骨笛的发掘及其意义》,载《音乐研究》2000 年第 1 期。

郭树群《上古出土陶埙、骨笛已知测音资料研究述论》,载《天籁》2008 年第 3 期。

郑祖襄《关于贾湖骨笛测音数据及相关论证问题的讨论》,载《中国音乐学》2003 年第 3 期。

荣政《舞阳骨笛吹奏方法初探》,载《黄钟》(武汉音乐学院学报)2000 年增刊。

徐飞、夏季、王昌燧《贾湖骨笛音乐声学特性的新探索》,载《音乐研究》2004 年第 1 期。

孙海《德国出土的"万年骨笛"》,载《人民音乐》2003 年第 10 期。

童忠良《舞阳贾湖骨笛的音孔设计与宫调特点》,载《中国音乐学》1993 年第 3 期。

李寄萍《骨笛仿制试验及分析推测》,载《天津音乐学院学报》2005 年第 4 期。

孙毅《舞阳贾湖骨笛音响研究》,载《中国音乐学》2006 年第 4 期。

邵锜、方晓阳、潘伟斌、王昌燧、韩庆元《贾湖骨笛复原新技术》,载《华夏考古》2012 年第 1 期。

文虎《吹筹艺人谈吹筹——访吹筹老艺人》,载《人民音乐》1993 年第 10 期。

王曾婉《汉代之"胡笳"并未绝响——关于哈萨克族吹管乐器斯布斯额探索的报告》,载《新疆文艺》1983 年第 6 期。

王曾婉《论汉代胡笳与斯布孜额》,载台湾《民俗曲艺》(双月刊)第 59 期。

道尔加拉(蒙古族)《关于摩顿楚吾尔的研究》(周吉执笔),载《音乐研究》1987 年第 3 期。

莫尔吉胡《"冒顿·潮儿"解析》,载《追寻胡笳的踪迹——蒙古音乐考察纪实文集》。

李世相《"潮尔"音乐对蒙古族音乐风格的影响》,《中国音乐学》(季刊)2003 年第 3 期。

范子烨《潮尔与胡笳:中古时代的喉音艺术——对繁钦〈与魏文帝笺〉的音乐学阐释》,载《中国文化》2009 年"春季号"。

刘勇《中国唢呐历史考索》,载《中国音乐学》2000 年第 2 期。

桑海波《"楚吾尔"乐器辨析》,载《中国音乐》2007 年第 4 期。

章俊《中原豫、皖两地民间宗教乐器"筹"的考察与研究》,福建师范大学 2002 年硕士学位论文。

乌云塔娜《论二十世纪初日本人蒙古纪行中的音乐》,中央民族大学 2007 年硕士学位论文。

柴彦芳(蒙古族)《蒙古族吹管乐器"冒顿潮儿"之考察研究》,上海师范大学 2013 届硕士论文。

范文澜《历史研究必须厚今薄古》,载《人民日报》1958 年 4 月 28 日版。

袁之《刘正国发明中国竹笛吹奏二声部复调新技巧》,载《文化周报》1988 年 10 月

16 日第一版。

白祥兴《刘正国首创中国竹笛双声、和弦吹奏技术》，载《安徽日报》1992 年 7 月 18 日第一版。

唐朴林《刘正国考证千年古龠》，载《江淮时报》1998 年 4 月 17 日版。

冯光钰《音乐之本在于民》，载《音乐周报》2008 年 2 月 27 日"音乐评论"版。

张家濂《天籁再现　古龠重辉——我省古龠演奏家刘正国下月赴港》，载《安徽商报》2001 年 1 月 19 日"文娱新闻"版。

报讯《中乐团办管乐演奏会　邀刘正国演奏古龠、骨龠、鹰骨笛》，载香港《大公报》2001 年 2 月 19 日"文化"版。

刊讯《刘正国古龠演奏会于 2001 年 5 月在合肥举行》，载《人民音乐》2001 年第 9 期。

何素平《"立下坚忍不拔志　成在一鸣惊人时"刘正国昨日省城吹古龠》，载《合肥晚报》2001 年 5 月 31 日"文化·连载"版。

报讯《河南贾湖遗址考古又有惊人发现》，载《人民政协报》2001 年 6 月 20 日版。

素平《河南贾湖遗址发现国宝级文物二孔骨笛》，载《合肥晚报》2001 年 6 月 22 日版。

贤湘《〈廻响九千年〉音乐会在香港举行》，载《天津音乐学院报》2001 年 5 月 7 日第 30 期版。

素平《庆"七一"展示考古新成果——刘正国现场演示"二孔笛"》，载《合肥晚报》2001 年 6 月 29 日版。

晓雪《刘正国教授中欧巡演　"空筒吹律"倾倒老外》，载《上海师大报》2012 年 5 月 30 日第 2 版。

Mu Qian：Professor blows new life into ancient flute，CHINA DAILY，MONDAY APRIL 26. 2004.

## 四、网络资料

衡山《失落在民间的音乐传奇》中新网河南新闻 2009.9.1。

郭雯《筹:遗落在民间的音乐化石》河南新网 2004.8.20。

靖哥儿博中原《河南非物质文化遗产筹音乐》许昌网 2007-06-19。

孟庆云《白云寺与古代稀有佛教乐器"筹"》，中华论文网 2011-12-29。

佚名《世界之绝响　佛家之仙乐——吹"筹"人隆江师傅》，中国商丘网载文。

尚海《中国塔吉克族风情探秘》，网络搜索报刊文献。

王麟《新疆五城记》，《人民画报》杂志社供稿，2005 年 10 月 13 日"人民网"。

张孝成《来自喀纳斯的天籁之音》，2006 年 6 月 28 日"中国广播网"。

巧灵、彦芳《音乐学院刘正国教授应邀访瑞巡演大获成功》，载上海师范大学网站"新闻"网页。

骁蔚《刘正国教授访问斯洛文尼亚演出、演讲获圆满成功》，载上海师范大学网站"新闻"网页。

# 后 记

当这本凝聚了二十多年心血的书稿,历经几番校订和修整,最终得以收笔而行将付梓之际,鬓发飞霜的我,不禁掩卷长思、遥想联翩而感慨万千。我首先在想:若不是因为二十年前一位耄耋老人的一句话,我的人生轨迹或许会是完全另外一种境遇,而中国"龠"类乐器的真相,迄今则很有可能仍然笼罩在重重迷雾之中;当然,也就决不会有今天这样一部系统的论龠之著。

我说的这位耄耋老人,就是2002年1月5日以92岁高龄在北京辞世的中国音乐家协会名誉主席、音乐界泰斗吕骥先生。那还是1992年的10月间,刚刚在笛子演奏上探索出一种"喉音双声"吹法的我,应邀赴北京参加"中国民管研究会十年庆典"活动,展演新编的笛曲《双声小放牛》。临了,在恭王府内举行的闭幕式上,时已82岁高龄的中国音乐家协会名誉主席吕骥先生亲自到场讲话,他十分激动地对来自全国各地的管乐演奏家们说:河南贾湖遗址出土的八千多年前的"骨笛",其实就是"骨龠"——骨头做的"龠"! 正是这么一句话,使得在场的我心头为之一震! 因为,此前我曾不止一次地听到过关于"龠"的一种乐器。最早是在大学本科时,竹笛专业老师洪安宁先生曾对我说过,他小的时候吹过一种叫"龠"的乐器,斜着吹和笛差不多,后来就淘汰了。再一次听说"龠",那是在安徽省艺术研究所编撰《中国戏曲音乐集成·安徽卷》的工作期间,时任主编的著名黄梅戏音乐家时白林先生一日对我说:黄梅戏早期有一种叫"龠"的乐器,是道士吹的,像笛子,因歪着吹,故也叫"歪嘴龠"。当时的我,对此也只是听听而已,并未真正地经心。而当吕骥先生以十分坚定的语气说:贾湖"骨笛"就是骨头做的"龠"! 直让人好生惊讶! 原来,八九千年前的贾湖"骨笛",竟然是和我经常听说的民间"龠"乐器是一样的,这似乎是太不可思议了! 会下,我径直找到吕骥先生,告诉他安徽的民间也有"龠"。他当即对我说:这个"龠"字从来不作乐器名解,但民间都叫"龠",很奇怪! 你是搞民管的嘛,回去可以好好研究一下你们安徽的"龠"! ——正就是吕骥先生这样一句似乎是并不经意的指点和嘱托,却对我一生的专业轨迹产生了重大的影响。

出于对"龠"乐器吹法的好奇,也带着吕老先生的那句嘱托,回皖后,我便开始了对安徽民间"龠"乐器的积极寻访和考察。首先是专程赴母校向我的竹笛老师洪安宁先生请教"龠"的吹法,当洪先生现场取出一根竹笛,从吹孔处截去(即不要吹孔),以新截的管口斜抵于唇边吹之便呜呜作响时,我即刻被这种简单、古朴而又别致的"斜吹"之法所深深地吸引。我隐约感觉到了这种"斜吹"并非是一般人所认为的那样是落后的、被淘

后
记
333

汰的吹法,它似乎蕴含着一种厚重的原生文化感,决非竹笛所可比! 自此,我便开始了对这种"斜吹"技法的艰苦习练,同时,也尝试着进行这种古朴吹法乐管的研制与开发。

最初的我,对"篪"及贾湖"骨笛"的兴趣,还只是停留在演奏的层面。而随着对这"斜吹"乐管的日益操弄,越发感到了它的原始与厚重,便开始试图对它的名属渊源问题一探究竟。我相信:这种"斜吹"的乐管,既然八九千年前就已经完全成型且有了规范的制作,历史上一定有它的真正名属,而这一名属不可能是到五六千年后的汉代才开始出现的"笛"、"篪"或"籈"、"𥱧"等,它的真正名属应该要到更加久远的先秦典籍中去查考。就这样,我遍查典籍、广征文献,结果就发现了学者们一直争论不休的、充满迷雾而又众说纷纭的"龠"。于是,我便大胆地将这种质朴的"斜吹"乐管与记载极为古远的"龠"联系了起来;接下来,我尝试着从文献的载说、文字的训诂、民间的遗存及器名的语源等诸多方面去寻找各种证据来进行论证。令人意想不到的是,所征各类资料竟然触处融通、左右逢源而证据确凿:"龠"正就是这种如笛、似笛而又不是笛的"斜吹"乐管;而当代辞书、史著中,众口一致的"龠"为编管乐器的定论,则无疑是一个天大的误说! 至此,我惊奇地发现,自己不知不觉地步入了一个从未有过的学术境地,这种境地真的如近代著名女学者、五四文坛耆宿苏雪林先生在她的文集中所描述的那样:

> 你循此路向前走去,忽然有个庄严灿烂的世界展开在你面前,奇花异卉,触目缤纷,珍宝如山,随手可拾。这都算不上什么,顶叫你咄咄称异的是:一般原则到了此地,会发生改变,价值也因之不同了。原来是金科玉律不能动摇的,忽如冰山遇日而崩溃;原来是针芥之微的,忽然要泰岱比重。还有一切一切触目惊心的壮丽景致,说不尽、赏不完,你几乎要怀疑是踏入了天方夜谭的世界。

正是在这近乎"天方夜谭"般的学术境界中,几乎是一心无二欲地潜心研究,经年至1995 年的 8 月间,我便携揣着撰写的古龠研究首篇论文《笛乎　篪乎　龠乎——为贾湖遗址出土的骨质斜吹乐管考名》,身背着自己开发创制的"九孔龠"乐器,满怀信心地北上叩门问学;此时的我,最想拜谒和求教的就是中国艺术研究院音乐研究所原所长、著名音乐学家黄翔鹏先生。因为,我对贾湖"骨龠"的考证,正是遵循黄先生的"不以后裔之名来为先祖乐器定名"、"以今之所见求取古代之真实"之训导;但是,却得出了与黄先生的"骨笛"定名并不一样的结论。这让我既感到十分的意外又有点不安,一心想面谒而亲聆教诲。

然而,非常不幸的是,就在我到达北京左家庄中国音乐研究所大楼的那天,黄翔鹏先生竟因病重而刚刚住院。当得知先生的病情十分危重,一时间不可能接见任何来访者时,不禁令人扼腕长叹:我与先生真是无缘! 为了古龠课题的深入研究,也为了寻求和等待当面求教黄翔鹏先生的机会,我遂留在了北京深造,入读中国艺术研究院研究生部的硕士学位课程进修班。1996 年 5 月,在行将结业之际,又意外地受到正在主持《中国音乐文物大系》编撰工作的王子初先生的邀请,加盟《大系》的编辑工作(任总编辑部副主任），从而有幸得到了面谒黄翔鹏先生的一次机缘。

　　那是 1996 年 10 月的一个秋高气爽的傍晚，子初先生偕我一同前往黄先生的住宅汇报《大系》编辑出版工作的进展。临了，我便抓紧时机向黄先生表述对贾湖"骨龠"考证的新观点，我用了尽可能简洁的语言对黄先生说：贾湖遗址出土的骨管乐器并不是"笛"，而是"龠"……；"龠"并不是编管乐器，而是一种"斜吹"的单管乐器……；历代文献都说"龠如笛"，而当代学术界却只依郭沫若的一家之言，便将"龠"定论成"编管"乐器，是个失误……；郭老先生未从乐器考察入手，只以象形来训"龠"，实为悬猜，犯了"皮相"之说的大忌，并不足为据……等。沉疴在体的黄翔鹏先生身靠在病榻上，鼻子上还插着输氧管；静静地听完了我对贾湖"骨龠"考证的简明表述后，他约略沉思了一会儿，便点了点头，对坐在床边的我和王子初断续地说了如下几句话：

　　　　郭沫若，是未见过"龠"这个乐器，他是根据字形来"猜"的。（摇头、又沉思）看来，"龠"的问题，是要好好地再讨论一下！你的那个（指王子初的"汉簫三解"），还可以算一说嘛。

　　黄先生几乎是一字一顿地、非常吃力地说完这番话的。我很清楚，先生已从心底基本认可了我这个略带"牛犊"之气的年轻后生之不同观点，显示出他那非同寻常的学术敏感和大家风范。先生用了一个"猜"字，准确地道出了郭沫若"编管"龠说的本质；而"龠的问题，是要好好地再讨论一下！"则可以说是黄先生生前对廓清古龠学术问题的明确表态和临终嘱言。此后的不久，黄先生便因病情的恶化而过早地离世了。明年，便是黄先生逝世的 20 周年，谨此以拙文《道是无缘却有缘——忆对黄翔鹏先生的唯一一次拜谒》的一段结语，再次表达对先生的缅怀：

　　　　我循黄先生之学，却未曾入黄师之门；我仰黄先生之人，却只得一面之缘分。道是无缘，却也有缘；正是这无缘之缘的一面之缘，直让人感怀万端。每每思起，如在眼前。……更拈小诗一首，以志怀念：
　　　　　　学步寻径访名山，心仪鹏鸟向崖攀；
　　　　　　山头壁立山涧水，道是无源却有源。

　　有位学界的前辈曾经对我说过这样一句话：如果"龠"不是被郭沫若考定为"编管"乐器的话，黄翔鹏先生对贾湖骨管的定名一定也会想到是"龠"。此言的确是不错的！我相信：如果苍天怜才、哲人永寿，黄先生真的可以健在的话，他定会倡导和主持关于"龠"乐器真相的重新讨论，当代辞书、史著的"编管"龠说也会得到及时全面的拨谬反正；而作为中华九千年音乐文明之确证的贾湖"骨龠"，也决不会至今仍被误称为只有两千余年文献可考的"笛"。然而，历史和现实的无情，却并没有这个"如果"。

　　记得那一年，我应邀在中央音乐学院作一场题为"钩沉一个失落的文化"的古龠专题讲座,新颖的学术观点和现场演示,引起了学生们的强烈反响。在最后的互动提问中,有位研究生站起来这样问我说:刘老师,听了你对古龠的考证和演示,的确令人信服。但我们的教科书、工具书都还在说"龠"是编管乐器、贾湖出土的是"骨笛";请问,学术界什么时候能够全盘接受你的观点? 这,真是一个让我无法明确回答的问题! 我只能这样告诉他:作为一个学者,他的天职就是要"辨彰学术、考镜源流",揭示历史的真相,发明事物的真理。至于学术界何时能够全面接受这个真相和真理,那当然是学术界的事情,是涉及方方面面的复杂而艰难的问题;特别是,古龠的问题纷繁复杂,它是要将一个已经被颠倒了的真相再颠倒过来,殊是难上加难! 岂乃一人一时所可为。没有人可以预测,在教会"地心说"占统治地位的哥白尼时代,"日心说"何时能够被全面接受;在亚里士多德错误的传统"落体"理论已经流行了近两千年的伽利略时代,"自由落体定律"何时可以被普遍认定。但是,有一点是可以肯定的:只要你所揭示的是事物的真相、是科学的真理,不论历时多久,终究是会被普遍认定和接受的。

古人谓:人生有三不朽,曰:立德、立功、立言。窃以为:当官者,在"立德";从戎者,在"立功";而为学者,则在"立言"。学者"立言",当要立"真言",不可立"伪言"、立"妄言"! 要立万世之言,不可立一时之言。学术为天下公器,学界为圣洁之地,不能"因人信言",也不能"因人废言"。学不在位卑位尊,当惟真理是论。我始终笃信:是"伪言"者,可以"因人信言"而立于一时,却不能立于万世;是"真言"者,可以"因人废言"而泯于一时,却不能泯于万世。此所谓:文章千古事,立废岂一时;学者当自勉,得失寸心知!

陶行知先生说:"人生天地间,各有其禀赋;为一大事来,做一大事去。"是乃一人一生,若能以其禀赋,执着而专注地做好一事,此事便大矣! 如此便足矣! 回首如许年来蹒跚走过的古龠研究之路,有坦道、也有坎坷,有兴奋、也有困惑,有彷徨、也有失落。而这一切的一切也都走了过来,时至今日,即如王阳明《啾啾吟》所云:"信步走来皆坦道,由天判下非人谋"。我于花甲之年也尝有诗感赋:"坎坷回眸知天意,蹒跚积步悟道行。"

就本课题的研究来说,自上个世纪 90 年代末开始,曾经几度申请国家科研立项未果,幸于 2004 年获得了上海市教委"重点课题"的立项支持。凭藉着一种使命感和执着的信念,从未言放弃;而最终通过上海三联书店让本书成功地获得了国家社科基金的后期资助立项,这也算是天意所成吧! 相信本书的撰成与出版,对重拾中国古老的龠文化、贯通华夏九千年的音乐文明,以及廓清中国吹管乐器的西传东渐之源流等,都具有筚路蓝缕的学术意义。

当然,这要特别感谢著名编辑家、"中华国乐·经典文献库"的总主编方立平先生,他长期兼任上海中华笛文化研究所所长、倡导"中华笛文化"研究,正是他的如炬编眼和鼎力举荐,这才促成了今天这部数十万言的《中国古龠考论》的面世。

谨以此书,告慰已故的吕骥先生、黄翔鹏先生,还有原中国音乐家协会的副主席赵沨先生,原《音乐研究》的主编李业道先生,原中国音乐家协会书记处书记、著名音乐学家冯光钰先生等生前曾给予我鼓励和支持的学界前辈。

我非常地感谢,一直以来坚定不移地支持和鼓励本课题研究的著名黄梅戏音乐家、

中国古龠考论

中国戏曲音乐学会名誉会长时白林先生和著名民族音乐作曲家、理论家、天津音乐学院教授唐朴林先生。

我还要感谢当年在京期间,曾经给予我真诚帮助和宝贵支持的《音乐研究》编辑部主任黄大岗女士、《中国民族民间器乐曲集成》总编辑部副主任刘新芝女士以及中国艺术研究院音乐研究所的相关前辈和专家同仁们;感谢本书责任编辑方舟先生付出的辛勤劳动。

该是本书的最后落笔了,却巧然发现,今天正是我与发妻结婚 30 周年的纪念日。吾妻陈焕南,著名法学家陈安明先生的爱女。三十年前,不究门当户对、不嫌人窘家贫,来归吾室。其贤良厚德、深明大义而不流世俗,是乃家教、家风所沐。岳翁陈安老,身兼双学,是为法学、文学双教授,然却一生清贫、两袖清风,"出无车、食无鱼,不弹长铗意自抒!"——是生徒们对他的赞语。吾妻焕南秉承家风,从我以来,省吃俭用、恪守清贫,不为世俗金钱所动;穷达无悔、宠辱不惊,一如既往支持我的古龠开发与研究,实相携一起走过这清贫、寂寞且不无坎坷的学术之路。可以说:无吾妻,则无吾之学术;无吾妻,则无此部论著。然遗憾者,我曾许诺 30 周年的结婚纪念日,定赴澳门女儿欣儒处一起共度庆贺,且有礼物相送,可今日佳期既至,我却因书稿的校定和付印,羁守沪上而不能赴澳岛践约,是为无限之憾事!值此两地相望之时,且喜阳光灿烂之日,仅以此书,作天赐之礼以为奉。

后 / 记　337

2015 年 12 月 12 日,阳光灿烂之午,记于莘松"闲堂"

图书在版编目（CIP）数据

中国古龠考论/刘正国著.-- 上海：上海三联书店，
2015.12
（中华国乐·经典文献库/方立平主编）
ISBN 978-7-5426-5049-8

Ⅰ.① 中… Ⅱ.① 刘… Ⅲ.① 管乐器 – 古乐器 – 研究
– 中国 – 古代  Ⅳ.① K875.54

中国版本图书馆 CIP 数据核字（2015）第 006343 号


中国古龠考论

著　　者 / 刘正国
中华国乐·经典文献库 主编 / 方立平

责任编辑 / 方　舟
特约审读 / 周大成
装帧设计 / 居鼎右 ARK 文化设计苑
监　　制 / 王天一
责任校对 / 张大伟
校　　对 / 莲　子
策划统筹 / 7312·舟父图书传媒工作室


出版发行 / 上海三联书店

(201199) 中国上海市都市路 4855 号 2 座 10 楼
网　　址 / www.sjpc1932.com
邮购电话 / 22895559
印　　刷 / 上海展强印刷有限公司

版　　次 / 2015 年 12 月第 1 版
印　　次 / 2015 年 12 月第 1 次印刷
开　　本 / 787×1092  1/16
字　　数 / 420 千字
印　　张 / 22.5
书　　号 / ISBN 978-7-5426-5049-8/ J · 188
定　　价 / 68.00 元